心语录

梁勤卷首语

演讲文选

梁 勤 ◎ 著

XINYULU
LIANGQIN JUANSHOUYU
YANJIANG WENXUAN

企业管理出版社
ENTERPRISE MANAGEMENT PUBLISHING HOUSE

图书在版编目（CIP）数据

心语录：梁勤卷首语·演讲文选 / 梁勤著. —北京：企业管理出版社，2024.5
ISBN 978-7-5164-3034-7

Ⅰ．①心⋯　Ⅱ．①梁⋯　Ⅲ．①企业经营管理—文集　Ⅳ．① F272.3-53

中国国家版本馆 CIP 数据核字（2024）第 029575 号

书　　名：	心语录——梁勤卷首语·演讲文选
书　　号：	ISBN 978-7-5164-3034-7
作　　者：	梁　勤
责任编辑：	徐金凤　黄　爽　宋可力
出版发行：	企业管理出版社
经　　销：	新华书店
地　　址：	北京市海淀区紫竹院南路 17 号　　邮　编：100048
网　　址：	http://www.emph.cn　　电子信箱：emph001@163.com
电　　话：	编辑部（010）68701638　　发行部（010）68414644
印　　刷：	北京联兴盛业印刷股份有限公司
版　　次：	2024 年 5 月第 1 版
印　　次：	2024 年 5 月第 1 次印刷
开　　本：	710mm×1000mm　1/16
印　　张：	28.5
字　　数：	430 千字
定　　价：	131.00 元

版权所有　翻印必究　·　印装有误　负责调换

题词

> 探索管理真谛
> 获取创新智慧
>
> 袁宝华
> 二○○六年十二月

中国管理学界泰斗、中国人民大学原校长、国家经贸委原主任、中国企业联合会、中国企业家协会创始会长袁宝华先生为作者题词

潜心研究管理

寄语企业同仁

邹广严

二〇二三年九月

著名企业家、管理专家、杰出教育家、四川省人民政府原副省长、锦城学院终身校长邹广严教授为《心语录——梁勤卷首语·演讲文选》题词

图片展示

企业调研

2023年3月15日，陪同中国企业联合会、中国企业家协会党委书记、常务副会长兼秘书长朱宏任在中石油四川销售公司调研

2019年10月，陪同中国企业联合会、中国企业家协会驻会副会长李明星在成都天府新区调研

陪同工业和信息化部复工复产巡视组到企业调研

带队到东电集团调研,与四川省杰出企业家、东汽公司党委书记、董事长刘辉合影

带队到世界品牌 100 强企业宜宾五粮液集团调研

陪同中国企业联合会、中国企业家协会常务副理事长于吉到世界 500 强企业成都兴城集团调研，与全国优秀企业家、成都兴城集团党委书记、董事长任志能，四川省杰出企业家、成都兴城集团总经理赵卫东合影

带队到世界品牌 100 强企业长虹集团调研，并与集团领导座谈

带队到 5719 工厂调研，并与全国优秀企业家、5719 工厂厂长张铀在制造现场对话

带队到专精特新企业调研，并与四川省优秀企业家、开元集团董事长潘敏，四川省优秀企业家、成都济通路桥科技有限公司董事长伍大成合影

品牌活动

主持2022中国智慧企业发展大会暨首届成渝地区双城经济圈数智人才发展大会

主持2020年全国企业家活动日暨四川企业家年会，并接受媒体采访

主持中石油川西北气矿"四川省企业文化最佳实践企业"专家评审

在四川省企业联合会、四川省企业家协会第八届理事会上作工作报告

组织承办"创客中国""创客天府"创新创业大赛并接受媒体采访

在 2023 中国西部企业信息化峰会上宣读表彰决定

公益服务

主持由四川省经济和信息化厅主办的全省工业企业质量品牌建设典型经验交流大会

参加四川省委讲师团专家组宜宾行活动

接受四川卫视专访，谈推进行业和园区调解组织建设及和谐社会构建

陪同四川省企业联合会、四川省企业家协会第九届理事会会长、省人大原副主任彭渝到遂宁市蓬溪县拱市村开展精准扶贫及农旅融合发展调研

应邀带队到峨眉山国家现代产业园开展产业振兴与共同富裕调研

应邀为专精特新"小巨人"企业宏观政策与管理能力提升培训会作"坚定文化自信,打造一流企业"专家报告

学术交流

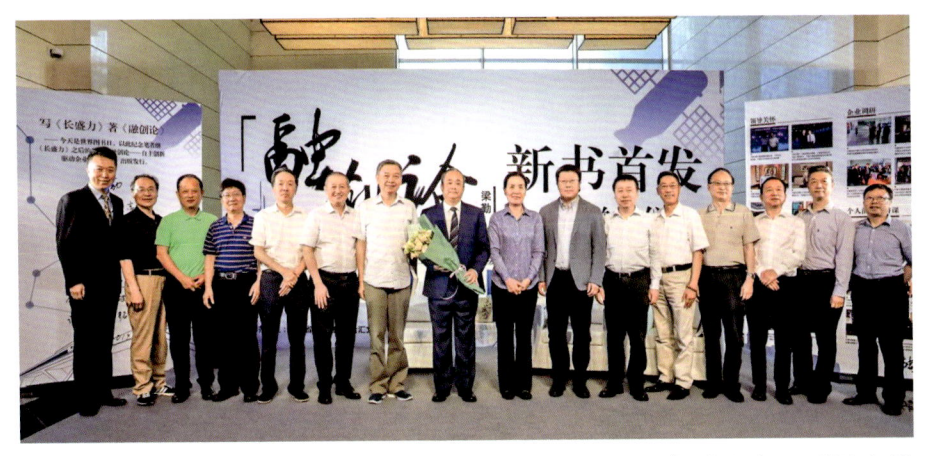

2019年,在《融创论——自主创新驱动企业转型升级》首发式及"梁氏管理理论"学术交流会上,与中国企业联合会驻会副会长、中国企业管理科学基金会理事长尹援平等嘉宾合影

出席中国产业与金融春季论坛并作专家发言

在乡村振兴战略高级研修班上作专家报告

应邀为干部专题班作"坚定自主创新，建设人类文明新形态"学术报告

在中国管理五环峰会上作"大变局下的企业家思考"专题报告

在四川省企业文化建设示范单位现场会上作专家点评

社会活动

陪同《消费日报》社社长、总编辑赵曦一行到"全国企业文化最佳实践企业"中石油西南油气田公司调研

陪同四川省企业联合会、四川省企业家协会第八届理事会会长、四川省人民政府原副省长邹广严到《企业家日报》调研，并与龙良贤总编合影

2022年12月，与四川省委、省政府决策咨询委员会副主任、四川省经济和信息化厅原党组书记、主任焦伟侠，四川省委、省政府决策咨询委员会副主任、四川省经济和信息化厅原党组书记、主任王海林共同出席企业家座谈会

带队与四川省扶贫开发协会会长傅志康、四川省黄河文化研究会会长张晋川、四川省企业文化研究会专家马方元共同出席精准扶贫调研会并合影

2022年12月，与全国优秀企业家、全国企业文化最佳实践企业、智慧企业创新文化成果主创者、四川品牌联盟理事长、国能投大渡河公司党委书记、董事长涂扬举，2022四川十大经济影响力人物、全国企业文化最佳实践企业"和气文化"成果主创者、四川省企业文化研究会理事长、中石油四川销售公司党委书记赵厚川共同出席四川省企业家年会并合影

与践行"一带一路"、共同富裕的杰出企业家、中国搜了集团董事长唐华同志合影

应主办方世界500强企业通威集团邀请出席第五届中国农业品牌年度盛典并致辞

以总裁班导师身份应邀为四川大学总裁校友会等单位主办的"儒商之家"中秋晚会致辞并赋诗

应国务院国资委主管的《企业管理》杂志社邀请，出席第八届电力企业管理创新论坛并致辞

应邀出席全国优秀企业家、中国民营经济国际合作商会常务副会长胡成高，四川省杰出企业家、四川省民营旅行社协会会长张哲共同发起的四川省川商经济国际合作商会筹备会并合影

应成都琴台商会会长、"榜上有名"创立者何建华盛邀，在何氏读书会启动仪式上做"梁氏管理理论"分享，并向读书会赠送本人的专著《长盛力》和《融创论》

接待广州企业家考察交流团并参观四川国有企业脱贫攻坚图片展

与《消费日报》社四川记者站站长冯举及三位商协会秘书长就拉动内需、扩大消费、创造品牌进行了探讨交流

推荐序

中国人民大学商学院教授　杨杜

学者善出专著，领导善出选集。学者在特定专业领域深耕，领导在职责所辖领域播种。而梁勤副会长则历经企业、企业联合会、媒体、政府等多家单位，是既做过经理人、管理顾问、兼职教授、人大代表，又著作颇丰的特色领导。受朋友所托，粗读细思梁勤副会长这本由卷首语和演讲文选结集而成的大作，颇有收获，得如下几点感悟，权当推荐序。

1.时间：长期的坚持

从2010年到2022年，本书的时间跨度长达13年，作为公务繁忙的协会领导，能长期执笔，留此厚重文字，堪称具有学者风范的领导。卷首语和演讲文选紧扣每年的社会热点和实时主题，并结合自身工作提出了指引方向的原则和策略。做领导，搞管理，能坚持十多年的思考与写作，这要求自己不仅要做出优秀的工作业绩，还要做出持续的思想贡献，可谓相当不易。优秀的领导者理当如此，君不见优秀的企业，也大都是既能提供高质量的产品和服务，又能创造卓越的管理思想和模式的企业吗？我以为，奋斗有价值，贡献有价值，长期持续的贡献更有价值。我和中国企业联合会、中国企业家协会（以下简称中国企联）有着20多年的合作经历，这使我更加理解梁勤副会长长期坚持写作的可敬精神。

2. 空间：全球的视野

书中文字给人以开阔的视野。从投身"一带一路"建设，助力川企拓展非洲市场的呼唤，到回应同一个世界、同一个梦想的号召；从以信任打造中国品牌，到企业崛起：为中国重返世界之巅；从世界正重新认识中国，到企业家之梦：打造世界一流企业，处处能感受到作者身居四川，展望全国，胸怀全球的宽阔视野。过去我们站在地方看全国，看世界；现在我们需要一上来就从全球的视野做战略布局，从高一维的定位做战略设计。正所谓"不谋全局者，不足以谋一域"。

3. 历史：经典的传承

文中将老子的思想、孔子的语录、孙子的兵法、荀子的观点、罗曼·罗兰的名言等中外历史经典人物和优秀企业家的观点信手拈来，并深刻理解历代领导人的思想和精神实质，旁征博引用于中国企业管理的诸多现实课题，体现了作者文字的历史逻辑，展现了作者观点的历史脉络，并以此为现实课题的解决和未来课题的预见提供了诸多有益的启发。书中对四川历史悠久、表现优秀的企业如数家珍，对这些有价值的企业的经营管理案例做了系统、深入的介绍分析。

4. 未来：时代的洞察

从历史逻辑转到现实逻辑，书中引用从邓小平理论到习近平新时代中国特色社会主义思想的经典论述，探讨分析了经济转型期的企业管理创新之路：如何顺势而为、创新驱动；如何拥抱新常态、树立新思维；以及新时代的伟大企业家应具备何种量子思维等课题，展现了作者对时代问题的洞察。文中还对"双碳"目标、智慧企业、共同富裕、四川企业的战略发展方向等，做了积极的展望。在这个变化迅速、充满不确定性的时代，人的想象能力、假设能力是成功的关键要素，站在后天看明天地设计未来是做领导的必要任务之一。

5. 博览：广泛的汲取

书中观点，有着广泛的借鉴和吸收。除了书中对企业管理、技术进步的理性描述之外，我尤其赞赏书中对众多上进、奋斗、阳光、正能量诗句的引用，比如"暮色苍茫看劲松，乱云飞渡仍从容"的心态；比如"莫愁前路无知己，天下谁人不识君"的豪迈；比如"莫嫌天涯海角远，但肯摇鞭有到时"的笃定；比如"大鹏一日同风起，扶摇直上九万里"的胸怀；比如"老夫喜作黄昏颂，满目青山夕照明"的成就感。这体现了作者优异的、健康的精神风貌。

6. 自悟：深入的思考

《企业家用灵商逐梦改变世界》一文，展现了作者勇于创造新的概念和观点，力图解决中国企业管理特殊新课题的努力。而"有梦可做、有事可干、有情可续"的幸福三要素；"不知有之、上善若水、上兵伐谋"的管理三境界；"学而不思则罔，思而不学则殆""纸上得来终觉浅，绝知此事要躬行"，以及"君子学以聚之，问以辩之，宽以居之，仁以行之"的学习与思考、学习与实践、学习与做人的学习三部曲；从创客、黑客到极客的《"双创"者升级三跨越》等文章，都用了三分法表述，这种方法展现了作者思考问题的逐层深入且系统构建的结构性特色。作者依据中央全面深化改革委员会审议通过的《关于加快建设世界一流企业的指导意见》中所提出的世界一流企业"产品卓越、品牌卓著、创新领先、治理现代"16字标准，深入思考并形成了自己独特的解读和观点。正如作者所言，境界决定眼界，眼界决定世界。思想就是力量。一个民族要走在时代前列，就一刻不能没有理论思维，一刻不能没有思想指引。

学习之，思考之，感悟之，写作之，贡献之，故作序。

"心语录"之合声
——写在前面的话

弹指一挥间，恍然若梦境。笔者自2007年参加全省公招，以笔试第一名（正厅级岗位）从企业调入省城工作已整整15年；阴差阳错，到省企联工作，任秘书长也10年了。在企联工作的经历与意义恐怕是我人生最不会忘却的，尤其是在岗的学习机会，广泛的朋友圈，加上能以多种话题穿梭于为企业和企业家服务的活动与平台之间，在"充分发挥桥梁纽带作用，全心全意为企业和企业家服务"的过程中，我真正领悟到了老子"圣人不积，既以为人，己愈有，既以与人，己愈多"的利他与知足。正因如此，在同仁、企业家及朋友圈的鼓动下，我许下心愿，尽快编辑出版《心语录——梁勤卷首语·演讲文选》，以表达对四川省企联这一"企业和企业家之家"平台的无愧与对诸君的敬意。

忙与累是现代人生活的常态，加之新冠疫情、"城市病"等使人们焦虑感普遍上升，如何改善这种亚健康状态，降低"心身耗竭综合征"带来的危害，使自己忙而不累，心甘情愿地干得舒畅，过得通透，活得有趣，死得明白？我就从文化的视角来回应这一话题，以此开启本书的"前言"吧。

"人在江湖，身不由己"已成为市场经济的人文特征，商品流、信息流、资金流等加速迭代与推波助澜，使"人流"频次更高，人们也变得忙碌。科技的发展在解放了显形生产力的同时，也增加了隐形生产力解放的难度；当手机成为人类最佳"伴侣"后，人们往往也成了手机的奴隶。特别是即将开启的元宇宙，以自我为中心、万物互联、沉浸无边的多维空间的生活方式，使人们所思所做，用脑多于用心；所做之事借助人工智能及算力的不断提升，大多只在生命灵体的外围打转。事情或许有进展，目标也许有递增，"能者多劳"可能使个人财富递增，大多数人确实能获得一种"天天向上"的短暂喜悦。当偶尔停下脚步静思时，"蓦然回首"，看走过的风景，听大地的心跳，清自己的灵魂，发现你和身边的"高人"与"贵人"们的生活并非想象的那样精彩，也并非期待的那样滋润。这种有距离、无成长、没故事的状态让心骤然累了。由此，我确信，人生就是一种过程，过日子就是一种心态，日子的好坏完全是一种心情。于是，我才真正明白了"人生无常，心安便是归处"的寓意。我认定把工作及管理研究的乐趣"转型升级"在更关注人"心"上，试图通过心语、心识、心得的梳理提炼、交流分享，让人与人之间、心与心之间产生共感与共情，使彼此变得心静、心安、心明、心智，让更多人能感染好心情并以此投入生活、工作与创造之中，让本无意义的人生增添有趣的元素并找到"同心圆"，自己也"心安理得"当作一场修行。

深入了多少现场，心中就藏有多少底气。心存"企业家是我良师，我是企业家益友"的感激，每年到企业调研不少于40家（近几年几乎走遍了四川的大型骨干企业），通过向企业界、管理界、学术界人士讨教，与企业家的互动交流及产品研发、制造、总装、服务现场的体验学习，不仅极大地填充了自身的知识空白，而且感觉到自己活在了自己的心里。于是，"文由心生"，"思无邪"地发表了《企业家精神永放光芒》《全民抗疫：伟大精神国力的爆发》《从世界500强看中国大企业高质量发展方位》等多篇卷首语；也应会议安排与政府部门、学院及研究机构邀请，做了《搭建融智创新平台，有效推进四川企业管理咨询业的科学发展》《弘扬新时代优秀企业家精神，打响"川字号"品牌》《推进智慧企业建设是数字经济时代企业家的创新之举》等多场报告与演讲。偶尔也利用碎片化时间"忙里偷闲"，转换"心频"，切换到曾经"文艺青年"的初心，撰写发表了诸如《融合共享，助力"双创"》《郎酒行》等赞美企业和企业家与新时代精神的诗歌与散文。由此，助长和丰富了我出版《心语录——梁勤卷首语·演讲文选》的底气。

"感人心者，莫先乎情"。自己用心策划、倾心服务、尽心推动的企业咨询服务项目，得到了大多数企业和企业家的认可与"买账"。在任专家组组长期间主导的十余年企业管理咨询服务中，使"心无距离，善达天下"（阆中天然气公司提炼的企业核心理念，现在已成为千年古城阆中新时代文化旅游的品牌用语）等"纸上谈兵"的文案见到了实功、实绩、实效。如与国家能源投资集团大渡河公司精心合作，共同打造的智慧企业"创新文化"，与中石油西南油气田公司协同打造的"合和共生，气美家国"的"合气文化"，与成都兴城集团通力打造的"精工善成，兴城弘业"的"精善文化"，使这些企业成为国家级企业文化最佳实践企业（基地）。其中某些成果还荣获了国家级企业管理现代化创新成果一等奖及国家级、省级科技进步奖。这些生动的实践成果，既有力地推进了企业高质量发展与品牌建设，切实助力了企业家成长，也使自身得到了最大的回报——被认同！它带给我的不仅仅是激动、感恩、舒畅的心情，甚至胜于我参与 2008 年北京奥运会主题口号全球征集时选中"同一个世界、同一个梦想"带给我的超值感、满足感、幸福感。印证了伟大导师马克思所言："如果我们选择了最能为人类造福的职业……我们的幸福将属于千万人。我们的事业并不显赫一时，但将永远存在。"

留得雄心在，不怕无奇迹。令大多数人想不到的是成都兴城集团成长的故事，仅用四年半时间，从营收近 50 亿元到近 2000 亿元，成长为四川省市属国企第一家世界 500 强。它的成功不仅成为中国企业界、管理学界具有里程碑的事件，而且鼓舞了更多的企业和企业家为中华民族重返世界之巅、建设人类文明新形态与推动构建人类命运共同体而发奋图强。当我第一时间收到他们发来的感谢信，我感觉像是中了彩票头奖一样，心中填满了这份工作带给我的荣光、尊严与价值。这也成为此书的亮点与读点之一。

面对世界百年未有之大变局下"乌卡时代"的挑战，不少企业家有"心力交瘁"之感；但从打交道的众多优秀、杰出企业家的辉煌故事中，我感悟出他们以其确定性战胜不确定性、取得成功的秘诀是"心三力"，即能牵引企业始终向前，是企业家心之魄力；能拨动全员恒久向创，是企业家心之能力；能撬动内外矛盾向和，是企业家心之魅力。也因此，我先后发表了《在不确定性中做魅力型企业家》等多篇提高企业家心力的卷首语。这些"零打碎敲"的不断积累，提振了我加快整理、出版本书的信心。

"不能胜寸心，安能胜苍穹。"中华优秀传统文化所强调的"宇宙即吾心，吾心即宇宙"的管理学意义在于以文载道、以文化人、文化自觉、文化归心，其终极归属是凝练人心，从而引领人心合于道、归于光明的本质。阅读先哲经典，是扬弃的过程，也是给心赋能的过程，更是用心来穿越生命真谛的过程。肉眼所见皆是执迷的后天人心，唯有突破人心的迷雾，才能以本心得见本质，即是"悟"，亦是"道"，甚是"心定本源"。就此，笔者才能写出"学习三部曲""管理三境界""幸福三要素"等读者点赞率颇高的"卷首语"。

欲赢人先赢己，欲赢己先赢心。未来世界的真正英雄是既有创新能力、又能赢得人心的人，他们是企业强盛、社会繁荣、人民幸福的"赢创者"。为什么我要强调"赢得人心"呢？因为心是万事万物的导源，一切社会现象都由心而生。心的奥秘、心与心之间的联系甚至共鸣，比"量子纠缠"更复杂、更深奥、更混沌、更无解。我们的每一个念头都是暗物质能量的作用。我们就是通过一个又一个的起心动念建立起与这个世界的链接。企业家、职业经理人、创客就是市场经济及全球化产业链、价值链、创新链的主核心节点或链接者，甚至所有参与者都是数字资产的创造者、所有者、使用者，他们的能量将会影响员工、消费者、生态圈及社会。对此，作为"赢创者"，甚至未来的产业领袖，必须拥有使命担当的"至诚如神"之心，让自身拥有对产业的话语权与产业生态的优化能力，并使之成为引领产业超越自我、跨界融合、创新分享的核心领导力，成为让自身和他人都能更加健康成长的指南。在万物互联的数字化宇宙世界中，只要有人使用你的App等产品与服务，在某种程度上，他就与你的心建立了无形的链接。如果你与其建立了善意、利他且持久的链接，你就能与这个能量场建立起良性的互信互利、共享共赢的生态伙伴关系。因此，真正成功的"赢创者"是以优良的心灵品质和深邃的心智素养，依道而行，善于达成共识，乐于缔造同心，同时拥有圆满觉悟并实现美好自在的人生。这便是我出版此书的初心。

"治天下者先治己，治己者先治心。"企业家只有治心才能保持定力，也才能顺势而为与逆周期生长，在看清世界真相、悟透商业本质、顺应市场脉动之后，依然执着、坚韧、热爱这个充满矛盾的世界，并在混沌的天地间找到一条行得通的金光大道。当下，建设世界一流企业成为中国第二个百年奋斗目标企业的努力方向与新时代企业家的重大使命，也是笔者目前重点关注的课题。截至 2022 年，我国企业入围世界 500 强的数量已连续三年居首，这是企业和企业家在国家战略驱动下取得的举世瞩目的伟大功绩。但细看效益指标并与世界一流企业做结构与全要素指标对比，我们离世界一流企业在质量上尚有不小差距。与此同时，百年全球一流企业对我们最重要的启示在于，建设品牌悠久、大规模、高效益的产业领军企业是完全可能的。因此，建设世界一流企业成为当下企业家之梦，也构成了中华民族伟大复兴梦的坚强支撑。在本书中笔者多角度地探讨了习近平总书记所倡导的"敢为天下先，爱拼才会赢"的"企业家精神"，认为建设世界一流企业的关键是要有一流的企业家。一流企业家即业界领袖，必须首先在业界成为融智创新的标杆人物。而融智创新的关键在于"拢人"，"拢人"的本质是"俘心"。"拢"钱及看得见的资产都是相对容易的，而能"拢"到一颗颗充满忠诚、创意、担当、无我的"心"，胜过千万亿元资产。这也成为本书内容中所要呈现给读者的心里话。

本书以"不拘一格"的"散打"形式呈现，有别于笔者早期所著的《长盛力——缔造富有灵商的管理文化》和近期所著的《融创论——自主创新驱动企业转型升级》的完整性、逻辑性、体系性。但它是心态的自由表达，是思想火花的"串烧"，是我们四川人心中的"麻辣烫"，是 K 歌舞台上的"大联唱"。其主体基调尚未脱离"千篇一律"，总体上围绕"企业生态——企业管理——企业家精神"的脉络展开，其心思的脉动、文字的跳动、韵律的抖动、气场的鼓动，与笔者的格调、身份、本性、段位是匹配的。不失为换一种风格来思考、换一套手法来提笔、换一个思路来编辑，以轻松自在的浏览、体会、领悟、书写、修正，挖掘出管理洼地中的"真金白银"。

忠于心而不止于心。本书以文字形式记录下笔者的心念、心动、心情、心智、心境和心善，使之表现出的不仅是笔者"星星之火"才华的"自我雇佣"，也是"可以燎原"人格精神的出路，更是平衡你的不平衡心态的调和方式。它尽管存在"脱口而出"的不完美（演讲文的内容绝大部分来自现场录音整理），却有昂扬不休的神韵，是"心作良田，百世耕之有余"的人生"意外"之获。无论是其中的"卷首语"与时代大势的偶然相拥，还是"演讲文"与时运碰撞的起伏巧合，凸显的都是一颗阳光、率真、随缘、坦诚之心。并以此期待能与广大读者产生"心有灵犀一点通"的共鸣。

　　"人之相知，贵相知心"。心语录，我之心，你之语，他之录。愿本书能带给读者养心的润泽、提气的舒坦、强身的磁场。期待能与自赋人生意义的你各取所需，相互包容，一起遥看星河中的美妙与未知世界的极光，为人类无穷的知识海洋增添一个里程浮标，为浩瀚宇宙的神奇引力与人类持续创造的梦想相通提供一个平凡人看得明白的窗口。

　　春天看万紫千红，夏天听蛙鼓蝉鸣，秋天赏风月无边，冬天邀梅雪入杯。心若没有栖息的地方，到哪里都是流浪。让我们一切从心开始吧！

梁勤
2023 年 10 月

目　录

卷首语

推进低碳战略，发展绿色经济 …………………………………… 003
充分发挥社会组织在依法治企与依法维权中的重要作用 ………… 005
幸福三要素 ………………………………………………………… 007
管理三境界 ………………………………………………………… 009
学习三部曲 ………………………………………………………… 011
屠呦呦："中国创造"的报春花 …………………………………… 013
心定力——成功的智慧经脉 ……………………………………… 015
用"工匠精神"研磨"中国名牌" ………………………………… 017
供给侧改革：把一只手放在客户的心上 ………………………… 019
加快信息化企业建设，助推供给侧结构性改革 ………………… 021
"僵尸企业"留下的珍贵"剩余价值" …………………………… 023
发扬长征精神，打造企业长盛力 ………………………………… 025
做乐观的创新创业者 ……………………………………………… 027
努力提升企业家创新领导力 ……………………………………… 029
没有品牌就像没有护照的远行 …………………………………… 031
"双创"者升级三跨越 …………………………………………… 032

企业家精神永放光芒	034
推动依法治企，川企再铸辉煌	036
打造企业投融资平台，推进企业创新生态建设	038
企业家用灵商逐梦改变世界	040
新时代伟大企业家应具备量子思维	042
转型升级时期企业家应努力提升变革力	044
以信任打造中国品牌	046
弘扬企业家精神，以文化自信引领自强	048
弘扬企业家精神，遂商整装再出发	050
和谐政商关系事关民族崛起信心	054
不忘初心，牢记使命，用企业家精神推动企业可持续创新	056
把企业家精神融入品牌培育的全过程	058
企业崛起：为中国重返世界之巅	061
融创力：驱动新一轮管理革命	063
全民抗疫：伟大精神国力的爆发	065
法治是最好的营商环境	067
活下来、归本位、继续奋斗	069
在不确定性中做魅力型企业家	071
决战"十四五"：实体、科技与金融资本的融创	073
企业家应向中国共产党学习管理	075
推动健康企业建设，提升员工幸福常值	080
企业家应成为共同富裕的带头人	082
世界正重新认识中国	084
企业家之梦：打造世界一流企业	086
从世界500强看中国大企业高质量发展方位	088
党的二十大绘蓝图，企业家立新功	090

演讲文选

搭建融智创新平台，有效推进四川企业管理咨询业的科学发展……095
我国经济转型期企业管理的创新之路……098
构建信息化工作平台，为企业发展增添翅膀……102
认清形势，坚定信心……103
顺势而为，创新驱动……106
悟道管理，创新发展……108
梦想不改，创新不变，激情长燃，服务永远……117
创新驱动企业转型升级……119
传承优秀文化基因，推进四川白酒业健康发展……124
转变观念，融智创新……127
拥抱新常态，树立新思维……133
用企业文化引领新常态，提升软实力，创造新价值……136
构建和谐劳动关系是企业家的重要使命……140
灵商与长盛力……145
发挥海归人才优势，助力大众创新创业……151
发展无止境，创新无边界……155
快鱼吃慢鱼："互联网＋"对物流业的挑战……161
学习型团队建设是企业长青的基石……164
它山之石，可以攻玉……167
教化育人，文化筑品……171
妇女能顶半边天……178
创新是永恒的起点……179
展翅"云"天，努力建设智慧企业……185
新金融、大场景，努力打造消费金融新生态……199
千里之行，始于足下……202

带着问题思考，助力企业成长	205
积极履行法律使命，做好立法调研工作	212
天地英雄气，千秋尚凛然	218
以文学的"真善美"提升管理的"精气神"	222
拥抱新时代，努力打造四川企业综合金融服务平台	225
投身"一带一路"建设，助力川企拓展非洲市场	233
同一个世界、同一个梦想	237
弘扬新时代优秀企业家精神，打响"川字号"品牌	240
精工善成，兴城弘业	251
不负韶华，忠实履行为企业和企业家服务宗旨	256
勇于担当、善诚履职，为抗疫复工作贡献	267
疫情下与后疫情时代对企业发展的思考	271
文化筑梦同心圆，创新塑造"东方"牌	281
品牌彰显川企力量，数智引领创新发展	283
创新无止境，赶超正当时	289
坚定信心，迎难而上再出发	291
推进智慧企业建设是数字经济时代企业家的创新之举	293
学党史，铸忠诚，提境界，聚精气，谋奋斗	300
推进产融结合，实现"双碳"目标	305
坚持文化引领，推进企业高质量发展	310
坚定文化自信，打造一流企业	314
奋发有为七十载，乘风破浪再扬帆	331
为实现共同富裕而奋斗	333
新征程，新使命：全力推进大企业大集团高质量发展	337
创新赋能，推动酒业高质量发展	346

相关文章链接

"梁氏理论"：重释人性和人性化管理 ··········· 351

缔造长盛力的管理王国 ··········· 357

梁勤——一只手搭在企业脉搏，一席话切中创新痛点 ··········· 360

一部有文化温度的管理专著 ··········· 369

学者梁勤和他的《融创论——自主创新推动企业转型升级》 ··········· 374

用金牌礼赞企业家精神 ··········· 377

与优秀企业家对话

对话全国优秀企业家任志能：融智创新，兴城弘业 ··········· 381

对话全国优秀企业家张铀：践行强军梦的企业家 ··········· 385

对话全国优秀企业家李嘉："黄金产业"的使命与担当 ··········· 393

对话四川省杰出企业家刘万波：涅槃重生，再显川煤雄风 ··········· 397

对话四川省优秀企业家谭光军：涅槃重生，扬帆远航 ··········· 401

对话四川省优秀企业家潘敏：数智赋能中国工程咨询业发展 ··········· 406

后记 ··········· 412

卷首语

推进低碳战略，发展绿色经济

2003年英国能源白皮书《我们能源的未来：创建低碳经济》中首次提出"低碳经济"的概念；在其后的巴厘路线图中被进一步肯定；2008年的世界环境日主题定为"转变传统观念，推行低碳经济"，更是希望国际社会能够重视并采取措施将低碳经济的共识纳入决策之中。以节能减排为中心目标的2009年哥本哈根世界气候大会，更是把低碳经济提到前所未有的高度，在全球范围掀起全民低碳热潮。

低碳经济是低碳发展、低碳产业、低碳技术、低碳生活等经济形态的总称。低碳经济以低能耗、低排放、低污染为基本特征，以应对碳基能源对于气候变暖影响为基本要求，以实现经济社会的可持续发展为基本目的。低碳经济的实质在于提升能源的高效利用水平、推行区域的清洁发展、促进产品的低碳开发和维持全球的生态平衡。这是从高碳能源时代向低碳能源时代演化的一种经济发展模式，是人类社会继农业、工业文明之后的又一次重大进步。从历史上看，工业文明在创造巨大财富的同时，也带来了日益严重的资源能源、环境和气候问题，引起了人们对自身生存环境的极大关注和忧虑。而低碳经济、绿色经济和以清洁生产、节能降耗为核心的循环经济本质上就是生态经济，其目标从"为利润而发展"延伸到"以和谐促发展"。企业若能行之，必将开创出一种新的发展模式，创建出新的生态文明和商业文明，承载起一种积极而内生的社会责任与历史责任。某些企业若能先觉先知，率先抢占战略制高点，将获得前所未有的发展机遇并迅速构筑其核心竞争优势，提升绿色低碳竞争力，确保长盛不衰。

我国改革开放30年虽然实现了从工业化初期向工业化中期跨越，但在国际产业链分工中仍是中低端产品的"世界工厂",产业结构亟待优化和升级;加之实现工业化与城镇化并举的任务艰巨,以煤、石油为主的能源结构和核心技术的缺失都将在很长一个时期内成为我国向低碳经济转型的重大挑战。因此,我国倡导的低碳经济和低碳技术是以节能减排为核心(而非单纯的碳减排),重点要通过技术改造和自主创新,提高能源利用效率,大力发展可再生能源,提高环境质量和加强生态保护,为当前的经济转型和结构调整提供必要的政策和技术支持。就四川省而言,要在推进新能源等技术研发和推广应用的同时,兼顾传统工业生产能效与资源利用效率的提高,对其加以绿色改造,开发适合四川省情的能源与环境新技术、新工艺、新设备,为发展低碳经济和生态省建设提供技术支撑。在绿色经济框架下,探索符合四川的可持续发展道路。

低碳经济发展模式作为我国转变经济发展方式,调整产业结构,实现国民经济和社会可持续发展的一种可行的战略选择,是对传统发展方式进行的根本性变革。四川作为西部的经济和生态资源大省,若能充分利用这一经济模式和地震灾后恢复重建发展契机,及时启动低碳发展战略,在试点的基础上建成一批低碳产(企)业集群和生态城市,对四川建设西部经济高地、长江上游生态屏障具有重大战略意义;同时,也是落实科学发展观,坚持以人为本,改善人民生活环境,提高人民幸福指数的现实需要。

富饶而广袤的川蜀大地,历来不乏智者和觉者。近年来涌现出的一批富有境界与远见并拥有高度责任感与使命感的企业家,他们以"敢为天下先"和"铁肩担道义"的谋略、胆识与价值观,在企业低碳发展领域做了大量有益的探索,将打造企业竞争优势的重点逐步转移到创建技术创新型、资源节约型、环境友好型上,为四川省低碳经济的发展与生态省建设积累了有效可借鉴的经验。

四川九洲电器集团有限责任公司首创"OSC"环保低碳之道,从开源(O)、节约(S)、清洁(C)着手,建立起一个有利于企业自身生存和发展的成本生态系统,实施效果显著,得到国家领导人的称赞和高度肯定。

五粮液集团有限公司推进"生态企业"建设,率先提出"三废是放错位置的资源""污染治理要讲求经济效益"等先进理念,全面发展循环经济和推进低碳战略。其《提升酿酒企业价值的循环经济建设》获"第十四届全国企业管理现代化创新成果一等奖"。

攀枝花钢城集团有限公司坚持走低碳循环的生态企业发展道路,确立了建设环境友好型和资源节约型企业的奋斗目标,开发和利用一大批节能减排和资源循环再生利用的技术,形成"资源—产品—废弃资源—再生资源"的循环经济发展模式,实现了经济效益、环境效益和社会效益的统一。

21世纪,我们渴望干净的地球,渴望健康的生命,渴望绿色的家园,渴望幸福的生活。推进低碳战略,发展绿色经济,建设生态四川,既是"以人为本"执政理念的体现,也是党和政府及全省人民共同的奋斗目标与神圣使命。我们坚信,只要坚持科学发展观,遵循可持续发展的规律,结合四川实际,融智创新,顺势而为,卧薪尝胆,就定能实现"建设美好新天府,创造和谐新生活"的目标。

(原载于《四川低碳发展战略与生态省建设论坛会刊》2010年)

充分发挥社会组织在依法治企与依法维权中的重要作用

党的十八届四中全会明确指出,"加强社会组织立法,规范和引导各类社会组织健康发展""发挥人民团体和社会组织在法治社会建设中的积极作用……发挥社会组织对其成员的行为导引、规则约束、权益维护作用"。这些都凸显了党中央对于社会组织在全面深化改革、全面推进依法治国中发挥积极作用的殷切期望。

目前,我国社会组织伴随着社会主义市场经济的日趋成熟同步发展。

我国现有企业联合会、企业家协会等7万家协会、商会，联系会员企业（含个体工商户）2000多万家；律师协会联系全国23万名律师。这些社会组织可以反映不同群体的利益诉求，成为新常态下民生需求的"扫描仪"、诉求表达的"传感器"、和谐社会构建的"稳定阀"，是党和政府联系企业与社会、市场的桥梁纽带，是党和国家依法治国的重要力量。

在国家构建和谐劳动关系三方机制中，四川省企业联合会、企业家协会（以下简称四川企联）作为四川企业和企业家的代表组织，与泰和泰、高扬两家律师事务所本着平台化发展、价值链共赢的战略，建立合作服务联盟。借助四川省企业维权工作委员会平台，联合推出《川企维权》杂志，开启了为企业和企业家维权服务、助力企业和企业家实施依法治企的新篇章。这将成为四川省社会组织贯彻"依法治国"战略、建设法治国家迈出的可喜一步。

先贤讲："国无常强，无常弱。奉法者强，则国强；奉法者弱，则国弱。"办好《川企维权》是我们贯彻党和国家战略，努力实现伟大中国梦的现实要求和具体体现，也是我们社会组织积极履行社会责任的重要实践。

因此，我们必须以高度的使命感、责任感和良好的职业精神、职业道德与担当，维护法律的权威和尊严，保护企业和企业家的合法权益，倡导以法治企与以德治企相结合，弘扬依法维权与自觉自律相统一，为企业的可持续发展、企业家队伍的成长壮大、助推"大众创业、万众创新"提供良好的外部生态。

与此同时，我们必须运用法律利器，建设和保护好社会主义市场经济健康发展的两大基石——法制和诚信。新常态下，企业家响应落实好"敢为天下先，爱拼才会赢"的指示精神，为更多的川企实现转型升级与自主创新并早日成为一流品牌企业，推进四川科学发展、和谐发展、可持续发展提供更好的法制保障与创新智慧。

（原载于《川企维权》2015年2期）

幸福三要素

天下幸福的人都有同感，而不幸福的人各有各的不同。

作为管理学研究幸福的第一人，经常有学者及粉丝远道而来与我探讨《长盛力——缔造富有灵商的管理文化》中的"幸福模型""幸福五天地"等问题。

在这样一个物质财富骤增、幸福感并不协同且特别需要正能量的"颠覆时代"，我认为不仅要知道幸福的本质是灵商的感应，是人的一种状态和过程；而且要明白幸福并非风花雪月，也不是呼风唤雨，更不是吃喝玩乐，而是由操之在我的三要素所构成的。

要素一，有梦可做。无论是中国梦，还是个人梦、家庭梦、团队梦，都是组织存在与人活着的价值、目标和精神追求。"梦"在主观上是属于灵魂的东西，客观上表现为"人"能"立"得起来的"精、气、神"。一方面，它如灯塔般给人以指引与照亮，为人带来神圣、崇高、敬仰与使命的动能；另一方面，它又给人以明月般皎洁而朦胧的向往与追寻。在美好的现实中，一个人真正的生命激情、灵感、魅力创意等核心"内功"与年龄关系不大，唯有梦想所激发的生命活力、学习定力和创新初力，才与其成强正相关的关系。梦想就像自由飞翔的鸟儿，不在乎飞多高多远，关键是要有目标。因此，从这个意义上讲，中国梦是凝聚中华民族共识并通过民富、民强、民主这一渐进过程，最终实现民族复兴的愿景，是14亿民众获取共同幸福的最大公约数和每个人的"幸福常值"。

要素二，有事可干。人的一生，唯有自己独特的经历是一笔不可复制的财富。有事可干，才能使人保持足够且富有意义的时间支撑和延伸幸福的边界。有些人一生没有少干事，有些人不知干了多少事，也有一些人感觉没有干成事。尽管各自的人生轨迹纷繁复杂，过程各不相同，角色分量差异巨大，但有一点是共同的，那就是这个"事"可以归为两类，一类是干事，另一类是干事业。一字之差，看似做加减，但人生的深度与强度、宽度与刚度、跨度与幅度的差距却是几何级数的。这就是人生的差距。这也是人生幸福落差的根本原因。生命所经历的时间就像绵延不断的蚂蚁大军，只有用事业的大厦才能抵挡其对幸福的蚕食。一个人若能早悟，先知先觉，找准人生定位和目标，把梦想的事落地生根做成事业，那将获得更多的幸福机遇和倍增的幸福效应。把"事"做成"事业"的关键，是把握好"想干事、能干事、干成事"三者的逻辑关系与流程节点，用灵商统领好康商、智商、情商三者之间的动态平衡，实现本事、成事、故事三重境界的升华，这样才能算个真正成功的人。

要素三，有情可续。人类能够繁衍进化，一方面依赖DNA；另一方面是人类的情感，它包括亲情、友情、爱情和触景生情所形成的文化。人是由肉体、情体和灵体构成的。肉体是构成人的材料，灵体是人的意识，而情体就是人的能量。从这一角度出发，人类延续自身的情感比延续自己的后代和思想还要重要。不然，人生就没有了更有色彩、富有意义的存在感、价值感。文学、艺术等代表人类情感的文化之所以长盛不衰，就在于它对人的进化发展的内生力、推动力与持续力。它超越了人们对物质、生理及功利的需求，跨越了宗教、信仰及文化的距离，是我们赖以生存的精神食粮。因而，一个人要获取幸福并不断提升幸福指数，亲情、友情、爱情及触景生情都是不可缺失的。

人类五千年以上文明中唯中华文明不衰，其根源就在于这个"情"字上。因为我们的民族基因里世袭着"情义无价"的做人宗旨，遵循"拳拳赤子心，报得三春晖"的亲情之道，固持"海内存知己，天涯若比邻"的友情传承，崇尚"但愿人长久，千里共婵娟"的爱情之美。今天，网络时代虽然推翻与否定了许多传统的思维、交流，以及处世模式、方法和选择，但唯一保持恒久不变的是人对情感的本质需求。因此，如何珍惜好、经营好、传承好、发展好这份"情"，不仅是个人、家庭、团队、社会和谐的关键要素，更是我们自身感知幸福、体味幸福、把握幸福、提升幸福的关键和核心。

（原载于《经营管理者》2015 年 5 期）

管理三境界

习近平同志曾在《之江新语》一书中指出："文化的力量，或者我们称之为构成综合竞争力的文化软实力，总是'润物细无声'地融入经济力量、政治力量、社会力量之中，成为经济发展的'助推器'、政治文明的'导航灯'、社会和谐的'黏合剂'。"挖掘、传承、发扬好优秀的传统文化，并与时俱进地用于指导由"中国制造"向"中国智造"的跨越，不仅是一种创新，而且是当今经营管理者，尤其是企业家们的历史责任和光荣使命。因此，借用优秀传统文化与互联网思维，我把它归纳为"管理三境界"，即"三上三无"，期望能为今天的管理创新注入智慧的正能量。

老子说："太上，不知有之；其次，亲而誉之；其次，畏之；其次，侮之。"这个"上"从今天企业管理角度研究，是一种隐形的主宰力或战略决策力；准确地讲，是思想力或文化力。这也是管理战略，即愿景、宗旨、价值观等管理思想及决策层面的问题。在当今时代，尤其是随着"互联网+"与"一带一路"倡议的推进，中国企业家如何理解与运用好"太上"这一古老哲学思想的精髓，是一种大智慧、大境界、大格局、大文化。这不仅是企业可持续发展与核心竞争力塑造的"隐形翅膀",更是中国由经济大国向经济强国迈进的现实与历史需要。从而解决"大道无为"的现实"痛点"与"落脚点",攀达到"无为而治"的境界。

罗兰贝格战略咨询公司已经是世界知名的咨询公司。作为"太上"式的人物,罗兰·贝格的政策建议被纳入德国多项关键改革措施中,其中最著名的当数"2010议程"。自2010年以来,德国经济增长率每年都高于欧盟27国的平均增长率。今天的德国在经济上被誉为"欧洲巨人",专家认为,这很大程度上应归功于10年前的这项经济改革。而作为"不知有之"的幕后功臣罗兰·贝格功不可没。

"上善若水"。水利万物而不争,水能载舟亦能覆舟。水体现了以柔克刚、滴水穿石、大道无形的精神。水因山势而变,人因环境而改。从现代管理角度讲,这是权变理论的本质,是解决管理层面的问题。这个"上"是解决取势、借势、顺势与战略实现路径和资源整合的问题。这是战略导向、文化凝聚、资源整合的集中体现。因此,由文化与价值观、战略所引领的企业管理,只有如水般顺势而为、厚德载物、积聚优势与形成核心能力,并不断自动合成源源不竭的"势能",才能实现"无坚不摧",抵达"无形胜有形"之境界。

率领两个企业同时进入世界500强的中国建材和中国医药董事长、"袁宝华企业管理金奖"获得者宋志平谈到,做企业的基本方法是"布道",即用思想、文化指导企业发展。在他统领两大企业26万人的改革创新中,用"三宽三力"文化解决了上千家不同所有制企业、五湖四海员工的"归属感",逐步建立起了新常态下"与自我和谐、与社会和谐、与竞争者和谐、与员工和谐"的如水般"上善型"融合文化。如他所指:"混合所有制企业好比一杯茶水,水可能是国企的,茶叶可能是民企的,但变成茶水之后就没办法分开了。"

"上兵伐谋"。孙子讲:"上兵伐谋;其次伐交;其次伐兵;其下攻城。"这种不战而屈人之兵的战例在古代有孔明的"空城计"等,当今有"资本杠杆""虚拟经营"等众多以小博大蛇吞象的经营案例。这在管理上是战术与执行层面的问题。只有做好这个"上",才能"无往而不胜",实现"战无不胜"的境界。

(原载于《经营管理者》2015年8期)

学习三部曲

企业的竞争优势来源于比别人更快一步的学习能力。在如今我国企业加快国际化进程的过程中,"如何学习""如何创建学习型团队"是每位企业家与经营管理者急需破解的难题。这里,我借用先哲智慧与广大同仁分享学习三部曲。

孔子讲:"学而不思则罔,思而不学则殆。"这是讲"学习与思考"的辩证关系,是学习型团队打造的方法论。联合国教科文组织专家埃德加·富尔先生说:"未来的文盲,不再是不识字的人,而是没有学会怎样学习的人。"

随着中国经济的崛起,我国的经营管理理论在世界上具有越来越大的影响力。比如,《孙子兵法》这部浓缩东方军事与管理智慧的经典之作,以它深刻的战略思维、卓越的管理思想、独特的表述方式启迪着不同时代人们的智慧。然而,企业家在将《孙子兵法》用于经营管理的实践中时,如果不能真正理解商业竞争与军事战争的差异,则会导致许多消极影响的出现。《孙子兵法》中的某些原则、方法,若在市场上不择手段地加以运用,对建立正常的市场秩序、规范竞争各方行为是极其不利的。如《孙子兵法》强调的"诡道"与现代商业必须具备的"诚信"精神之间的冲突;"兵以诈立,以利动""是故智者之虑,必杂于利害"等过于功利主义的行动原则和现代企业社会责任之间的冲突;《孙子兵法》中对士兵管理的专制和权威主义特点与现代企业员工管理中重视"平等""尊重"及人本主义精神之间的冲突等。

陆游的诗句"纸上得来终觉浅,绝知此事要躬行"是指"学习与实践"的问题。如何做到学以致用,知行合一?如何把"大众创业,万众创新"与"一带一路""中国制造2025"的国家倡议,以及"十三五"规划中"创新、协调、绿色、开放、共享"的发展理念相结合,把学习思考力转化为绿色和谐发展、共建共享的生态链建设和走出去的战略?如何把领导层的决策力转化为全员敬业度与执行力?这是我们在学习与实践、改革与创新中急需解决的问题。这方面,海尔给我们做了有益的探索。海尔2015年再次迭代了"人单合一"理论,运用"互联网"从制造工厂向创业平台转型。"文化型"杰出企业领袖张瑞敏以其思想力、心定力、创新力、实践力再次调整了海尔的发展战略。他指出:"从传统时代到互联网时代,退缩等待是死路一条。""学颠覆真的没有榜样。"为此,海尔正在推动"三化",即企业平台化、用户个性化和员工创客化,确保海尔大型家用电器在连续六年全球市场占有率第一的高台上向新的目标和更高产业层次进发。

《周易》道:"君子学以聚之,问以辩之,宽以居之,仁以行之。"这是谈"学习与做人"的哲学。从现代管理讲,经营的最高境界就是经营人心。这是企业家如何将学习力转化为思考力,最终形成个人品格力与团队品牌力,从而积累并形成企业核心竞争力的永恒课题。

华为领袖、"中国创造"的领军型伟大企业家任正非领导着拥有15万员工的国际化公司,其中外籍员工超过了30%。他运用中国的传统智慧创造性地解决了"跨文化管理"这一中国企业家国际化经营的"魔鬼百慕大三角"。从当初《华为的冬天》到如今以"乌龟精神"追赶龙飞船;从创业推崇"雷锋精神""床垫精神""知识就是资本"的假设,到今天创新驱动实现近8万股东的"工者有其股"的成"仁"之美的制度首创,形成了强大的"心聚力"与"长盛力",铸就了全球通信行业第一的地位,赢得了市场的尊敬。

(原载于《经营管理者》2015年12期)

屠呦呦："中国创造"的报春花

——献给四川企业家 2016 年的新年贺词

"前村深雪里，昨夜一枝开"。羊年"喜洋洋"给我们报喜送大礼——中国科学家屠呦呦荣获 2015 年诺贝尔生理学或医学奖。她的成就标志着曾诞生"四大发明"的中国这块近代创新的冻土开始解冻，发出新芽，实现了中国本土科学家诺贝尔奖零的突破。向世人展示出中国创新型国家建设已弹响美丽的序曲，尤其是在当前传统产业面临"严冬"、企业由于创新能力不足而导致转型升级缓慢且下行压力较大的情况下，她更像一枝报春花，让我们看到创新带来的希望，使国人为之振奋并为之骄傲。

屠呦呦获诺贝尔奖，一方面，向世界展示了中华古老文明的精粹——中医的神奇力量和中华文明为人类造福之贡献，又突然让我联想到了李时珍和他伟大的《本草纲目》。灵商的顿悟、感觉与思索并期盼昨日辉煌的重现……另一方面，屠呦呦获奖虽然是迟来的爱，但她毕竟让 21 世纪的世界看到了中国旧貌变新颜的崛起之力与科学家身上率真、朴实、执着、淡泊名利的奉献精神。她的获奖不仅是对她率领团队四十年如一日发明中药"青蒿素"对攻克疟疾巨大贡献的肯定，而且也是给我国改革开放以来以 GDP 导向的急功近利、浮躁泛滥、竭泽而渔的为成果而成果的花拳绣腿式的科研打上了一个漂亮的休止符。让科学的真谛和民族文化的传承与创新精神得到了光复，尤其是为党的十八大所确立的创新驱动战略和"大众创业、万众创新"的推进注入了巨大的正能量。

荀子讲："锲而不舍，金石可镂。"屠呦呦获奖看似偶然，实属必然。它不仅符合先贤们"长期积累，偶然得之"的哲学逻辑，也让世界科技界对中国科技创新实力与贡献有一个客观公正的评价。她的研究团队从 1969 年开始研究，从接受研发任务起，收集整理了历代中医药典籍，走访名老中医并收集他们的药方，在汇集了包括植物、动物、矿物等 2000 余内服、外用药方的基础上，编写了以 640 种中药为主的《疟疾单验方集》；克服设备、工艺方面的重重困难，发扬"为有牺牲多壮志，敢教日月换新天"的信念，带头与科研团队成员不惧艰辛，不畏失败，反复攻关，并冒着风险自身服用进行人体实验，最终取得了研发成功。1981 年以《青蒿素的化学研究》为题的报告让世界知晓。1986 年她所带团队研发的"青蒿素"获得原卫生部新药证书。在这一难熬漫长且默默无闻的研发中，她和她的团队以其高度的使命感、责任感和无私无畏的科学献身精神与合作恒力，为中医药研究走向世界迈出了开创性的一步，为人类疟疾患者贡献了中国智慧，为"中国创造"的先驱者们献上了一碗原汁原味的心灵鸡汤，受到了世界科技界的盛赞和同行的尊敬。

屠呦呦的成功，印证了习近平总书记在中国科学院第十七次、中国工程院第十二次院士大会上所提出的"自力更生是中华民族自立于世界民族之林的奋斗基点，自主创新是我们攀登世界科技高峰的必由之路"的论断。即将制订的"十三五"规划也第一次把"创新"列入指南性的五大理念之首，由此拉开了通过自主创新谋取中华崛起之大幕。愿屠氏的原创光芒像攻克疟疾一样，能带来攻克由"中国制造"迈向"中国创造"中的"山寨疟疾"之病痛；以屠氏的科学态度和发奋图强、敢为人先的创新与科研钉子精神改良我们"以市场换技术"的科技短视行为，尤其是改造企业技术创新的基因，不断提振企业自主创新能力和企业家勇于担当、不断超越的自信，涌现出一批屠呦呦式的科学巨匠及其用"青蒿素"给人类带来福音的大美至诚的品牌。造就出"一花独放不是春，万紫千红春满园"的科技创新花园，早日实现中华民族伟大复兴的"中国梦。"

（原载于《经营管理者》2016 年 1 期）

心定力——成功的智慧经脉

笔者在《长盛力——缔造富有灵商的管理文化》一书中提出了灵商的六种辐射力。第一力就是自我心理定位力，简称心定力。它是人成功的智慧经脉与精神积聚，是获取创新资源的强大内藏力。

在目前我国政治、经济、社会及企业"新常态"下，尤其是在我国改革处于攻坚期、社会处于转型期、企业处于艰难期、人心处于浮躁期、创新处于乏力期这一似乎迈入"中等收入陷阱"的历史性矛盾叠加期，心定力对每位领导者、管理者、执行者都能够发挥不可替代的积极作用。特别是对于处于转型升级"寒冬期"的广大企业家们，拥有强大的心定力就拥有"冬天里的一团火"与"咬定青山不放松"的思考力、自信力，就有清晰的目标感、路径感，就会面对"旧常态"与"新常态"的过渡而树立起"乱云飞渡仍从容"的心态与拥有"为有牺牲多壮志，敢教日月换新天"的使命担当与家国情怀。

心定力对于历史变革期的政治家来讲，是国家的财富，人民的福音。穆斯塔法·凯末尔这位为土耳其做出过卓越贡献，至今无人能与其比肩的人物，是一位典型的拥有强大心定力的卓越领导。他对国家满腔热忱，渴望解救身处绝望的土耳其人民，成为他们心目中的"救世主"。凯末尔胸怀如此伟大志向用"灵商"理论诠释就是其拥有强大心定力的表现。他憧憬美好未来，为绝望的土耳其人民勾画出一幅美丽蓝图，令他们重拾信心，号召了众多忠诚的追随者与之共同进退，使土耳其摆脱民族危机，赢得独立。在他执政期间，他大刀阔斧地推行了宗教、服饰、文字及解放妇女等一系列改革，领导土耳其走上民族复兴之路。而习近平主席在2016年新年贺词中所发出的"只要坚持，梦想总是可以实现的"中国之声，向世人展现了一个以"中国梦"为引领、正在崛起的大国政治家无比强大的心定力。

强大的心定力是企业家不可或缺的心智资源，它不仅是企业家精神的活水源，更是其领导企业从优秀驶向卓越的"压舱石"。前通用董事长、全球企业界教父级人物杰克·韦尔奇，以其"数一数二"和"六 σ（西格玛）"原则，将治理企业的心定力发挥到了极致，成为历史性人物。前红塔集团董事长、烟草大王、中国企业家群体中的传奇人物褚时健曾从人生的高峰坠落到深渊，以超乎常人的心定力卧薪尝胆，近八十高龄二次创业种褚橙再创人生辉煌。苹果公司联合创始人史蒂夫·乔布斯是一位拥有强大心定力且天才般的企业家，他以极高的灵商智慧，跨界融合了预言家、科学家、艺术家的特质，不断提出卓越构想。当然，他提出的构想一开始并不被人们所接受。然而，乔布斯正是凭着这种至高无上、与众不同的心定力，以其强大的咬合力排除一切障碍，将这些远见卓识快速转换成战略、目标、产品并投放市场，创造出新需求、新模式。恰恰是乔布斯不竭的心定力所牵引的灵商创意及追求完美的极致精神，持续创新，成就了苹果神话，引领着全球资讯科技和电子产品的潮流。

对广大新企业而言，创业期间领导人的心定力直接决定了企业的生存发展与未来之路。阿里巴巴创办之初，其创始人曾信誓旦旦：我们要建成世界上最大的电子商务公司，要进入全球互联网站的前十位。当时，大多数人对此持怀疑态度。阿里巴巴发展至今已成为全球最大的网上交易平台之一，创造和刷新了中国企业在互联网时代的多项纪录。曾经的豪言壮语已不再被视为异想天开、虚无缥缈，众人纷纷赞誉他富有远见和魅力。在其成功的背后，我们不难看出他拥有不同寻常的心定力，这个多次创业失败者忍受了别人难以忍耐的挫折、嘲讽与痛苦，没有被自己所打倒，更没有被竞争对手所淘汰，他以全球化视野、国际化胸怀及互联网时代中国创业者的自信力、运势力、创新力、执行力战胜了自我，颠覆了中国传统创业者的成长规律和中国企业国际化的模式，成为一匹难以复制并笑傲"云端"的"飞马"，使"中国好声音"在"互联网+"时代毫不迟疑地占据了与国际巨星联唱的同一舞台，成为中国创业创新故事中的超级"明星"和企业家群体中"平台型领导"的先驱者。

（原载于《经营管理者》2016年5期）

用"工匠精神"研磨"中国名牌"

"工匠精神"是指工匠对自己的产品的精雕细琢、精益求精的精神理念与敬业态度。工匠们享受着职业热爱所带来的人生价值，对细节有永不满足的追求，崇尚极致。他们持之以恒地坚守着"10000-1=0"的一丝不苟法则，以崇敬诚挚的心态对待工作，以严谨专注的态度严守工艺规程，以坚韧精湛的技艺追求完美，实现产品的超凡性能与卓越品质。有可能他们几十年如一日重复做一种产品，甚至仅干一道工序，但他们不厌其小、不厌其烦、不厌其精、不厌其苦。因此，"工匠精神"的实质是技艺与人格的双重修炼，是人类社会文明传承与创新的完美融合。

在中国历史上，"工匠精神"曾大放光芒。有技艺精湛的鲁班，也有"游刃有余"的庖丁。我国近代最长寿且最具品牌力的百年老店之一"同仁堂"以其始终坚守"炮制虽繁必不敢省人工，品味虽贵必不敢减物力"的核心价值，使"工匠精神"得以传承并发扬光大，赢得了世人的尊敬并为民族品牌文化的传承与创新做出了贡献。但随着改革开放后消费"爆炸式"增长所带来的功利化、自动化的刺激，在极大地丰富人们需求的同时，也带来了产能严重过剩及供给侧与需求侧的不匹配。中国消费者在国外"爆买"马桶及"扫货"等一系列看似荒唐事件的发生对"中国制造"提出了质疑与"拷问"。是否"工匠精神"确实在自动化流水线的"引力波"与急功近利的短、平、快的"冲击波"中慢慢化为尘埃了？"中国制造"似乎成了低端产品和廉价商品的代名词，着实让一些具有天下使命与责任担当的企业家们深感困惑与反思。

产品的比拼，质量的比拼，名牌的较量，国家的魅力，到最后都是品牌与文化的比拼。因此，"工匠精神"落在个人层面，是一种认真精神与敬业度所展现的细节完美；"工匠精神"落实在企业家层面，是一种在创新引领下的执着与坚定；"工匠精神"落实在企业层面，是恒久的动态能力；"工匠精神"落实在社会层面，是一种良好的社会秩序、品性与人格之美。据统计，全球寿命超过200年的企业，日本有3146家，德国有837家，中国仅6家。为什么这些长寿企业在日本、德国扎堆？是一种偶然吗？这些长寿企业的秘诀又是什么呢？不容置疑，他们都在传承着一种精神——"工匠精神"！这也是"中国制造"与"德国制造""日本制造"相比的"短板"所在，这更是"中国制造2025"急需补上的一课。

古人云："玉不琢，不成器。""德国制造"的代表西门子、奔驰、博世……都是在德国拥有百年历史的企业。这些"百年老店"的成功有着共同的特质，正如宝马车间场景所展现的，他们对每道工序循规蹈矩地严守，对每件产品都凝神聚力地组装，对每一个不起眼的拧螺钉工步都精益求精地操作，所折射出的是现代化大生产时代永不消逝并发扬光大的"工匠精神"。

当今世界上最古老的企业是日本金刚组公司，其专门从事寺院建筑建造及维修，至今已有1437年历史。直到今天，金刚组仍在坚持用传统建造技术，大梁、立柱、雕花、楔子，全部用手工打磨。数百年后无论何时改修，工匠后辈们都可以感受到前人的荣光、智慧心定力与精神之钙。

一个拥有"工匠精神"、推崇"工匠精神"的国家和民族，必然会少一些浮躁，多一些纯粹；少一些投机取巧，多一些脚踏实地；少一些急功近利，多一些专注持久；少一些粗制滥造，多一些精品名牌。因此，我们的企业，尤其是企业家们要有"乱云飞渡仍从容"的心态与定力，通过体制、机制、人才的创新深化，让"工匠精神"代代相传，大放异彩，让大国工匠脱颖而出，不断提高修炼水准，成为强国工匠，世界工匠。

企业做优、做强、做大、做久的根基来源于"工匠精神"所支撑的产品的做精、做专、做细、做深。让我们用"企业家精神"+"工匠精神"塑造企业品牌与品质的灵魂，构建与不断积累核心竞争力，研磨出长青的"中国名牌"，成就"双创"伟业，让世界热爱"中国智造"。

（原载于2016年5月《经营管理者——企业家活动日特刊》）

供给侧改革：把一只手放在客户的心上

互联网时代宣告了真正"以客户为中心"的时代的来临，今天我国消费层次也进入了一个差异化品质时代。消费者对商品的评判标准也由短缺经济时代的"好""坏"进入"喜欢""不喜欢"，并上升至"满意"与"不满意"的"海选"阶段。个性化的产品与服务不仅提升了消费者的满意度，为企业与消费者在供需上实现"微公差"的"动配合"，更为企业有效供给和不同消费群体的品质性需求达到"契合型创新"创造了前所未有的条件。

企业要实现供给侧结构性改革目标，实现精准市场定位的资源配置与供需的良性匹配，关键在于研究把握好消费者心理的倾向与变化，真正以消费者为中心，在不断优化自身基因（如价值观、流程、资源等）的同时，重点把一只手实时放在客户的心上，以动态性能力支撑市场与客户体验性的需求变化和个体结构性差异。就像雷军做小米手机，做手机之前，他搞了一个二十万人的粉丝群，问大家需要什么样的手机；问苹果、三星、华为手机什么地方好，什么地方不好。雷军用了几个月时间做这件事，他知道了消费者想要什么样的手机，就宣布要做一款品牌手机叫"小米"，它具备什么功能、什么特点，完全是针对大家讨论的结果，所以小米取得了奇迹般的成就。小米上市的时候，每一个粉丝都认为自己参与了设计，所以他们不是一般意义上的消费者。

目前我国企业供给侧普遍出现的问题表现为供需结构失衡，似乎供给方在集体合唱"同一首歌"，而需求方在各自演唱"告别昨天""明天会更好"……其本质原因是消费者对产品及服务的个性化、品质化需求未得到有效满足。亚马逊个性化消费引导的实践值得我们借鉴。你在网上今天搜一个东西、明天还搜、后天还在搜的时候，亚马逊就知道你喜欢这个东西，然后就把这个东西寄给你了；你可以选择付款，也可以选择退回，不需要付邮费，亚马逊甚至会打折卖给你。最终，所有的一切都是从客户需求的角度出发，同时也向客户快速传递了价值并可能实现价值增值。青岛红领作为一家传统服装企业，从2003年开始主动放弃传统经营模式，瞄准用户个性化需求，利用新一代信息技术对生产线、信息化系统、营运平台等进行全面改造，探索定制化生产模式，用工业化的成本和效率大规模生产定制产品，同时打造"C2M定制直销电商平台"；用户在互联网平台上全程参与服装设计、下单和订单跟踪，取消库存和中间代理环节，将"标准号批量生产+批发、零售"的传统模式转型为"个性化产品大规模定制+C2M"的全新互联网经营模式；设计成本下降了90%，生产周期缩短了40%，生产成本下降了30%，原材料库存下降了80%，在同质化竞争惨烈、"无数英雄竞折腰"的服装"红海"中开辟了一片"蓝海"，实现了在逆势中强劲发展。

"互联网+创新"，特别是云计算、大数据、人工智能等为我们把握消费者的喜好提供了有效解决方案和手段，比如数字化制造技术既可以帮助企业用结构化、虚拟化、可视化的方式进行工艺规划、设计、验证和管理，也可以通过仿真模拟、虚拟现实等得到客户体验真实数据和客户的真实感受。实现供需双方之间的信息交互,打通了虚拟与现实、生产与消费的全要素通道,企业就能准确把握好客户的"消费喜好"与"需求迭代",就能精准地通过资源整合、平台分享、微创新等企业行为使消费者的"心"迅速转化为企业满足其需求的"芯",从而实现供给侧与需求侧的完美匹配。

(原载于《四川企业管理》2016年7期)

加快信息化企业建设,助推供给侧结构性改革

从企业信息化到信息化企业是企业成长的一个巨大跨越。从过去"高投入、高消耗、高污染"拉动我国经济快速发展到今天的自主创新驱动转型升级是企业的一场"革命"。曾经的"三驾马车"驱动GDP高速奔跑的故事已经成为历史。而在这一环境中成长的我国企业多少存在一些"好大喜功、急功近利"的通病,中小微企业平均寿命仅3至5年,大型企业平均寿命不足10年,远远低于日本及欧美企业的平均寿命。究其主要根源,就是不专注企业战略目标,掉入盲目多元化的陷阱;不注重长远投资价值回报,片面追求机会盈利能力而导致核心能力缺失。"一招鲜吃遍天"的市场定位和产品供给模式,在改革开放中期,消费呈井喷式增长的状态下确实管用;但进入目前跨越"中等收入陷阱"的大环境下,供给侧与需求变化严重错位甚至扭曲,导致了近年来消费者日益增长的品质化、差异化、个性化有效需求只能靠进口和出国"扫货"来满足,且无效供给严重滞压。

为了尽快改变我国企业生命周期短暂,即企业社会资源浪费大且企业行业地位长期处于全球产业链中低端水平的现状,推动供给侧结构性改革,

我们必须树立互联网思维，发扬"企业家精神"+"工匠精神"，加快推进信息化企业建设与品牌建设，在产品的"专、精、特、新"上狠下功夫；在产业链的建设上做牢、做深、做精、做透；在价值链平台上做实、做强、做优、做大、做久。实现企业的长青发展，由"中国制造"升级为"中国智造"。

第四次工业革命的来临为"中国智造"带来了前所未有的机遇和挑战。迈向高端制造业和高端服务业，实现以信息化和智能化为核心的具有高度灵活、人性化、数字化的产品生产与服务，是我国企业自主创新驱动转型升级的必由之路。它需要将制造系统从能量驱动型转变为信息驱动型，利用人工智能、自组织和超柔性等技术，依靠互联网+、大数据分析等手段，应用分布式人工智能相关理论与方法，以顾客为中心，以体验为先导，围绕产品研发设计、流程控制、市场服务等环节，实现制造单元的柔性智能化与基于网络的制造系统柔性智能化集成，以实现高效合理配置企业生态资源，创造新的消费，提高消费者的参与度、满意度、追捧度和忠诚度，创造新需求、构筑新市场、形成新业态。

今天，"互联网+工业"把美国带入了再工业化时代，把德国制造带入了工业4.0时代。"互联网+"时代带给我们企业的意义不在于简单的颠覆，而是一场涉及企业生态链全域创新的革命。我们发起召开西部企业信息化峰会，就是为践行"五大发展理念"和"不忘初心，继续前进"的号令，充分发挥企联桥梁纽带功能，助力"中国制造2025"，搭建起一个交流、沟通分享、创新的平台，提高西部地区信息技术应用水平，打造具有学习能力与自我创新能力的西部信息化智能制造与服务生态，推动西部企业转型升级，培育一批在全球产业分工和价值链中占有显著地位的跨国公司和产业集群，实现弯道超车和西部崛起。

（原载于《中国西部信息化峰会会刊》前言 2016年8月）

"僵尸企业"留下的珍贵"剩余价值"

供给侧结构性改革是我国企业转型升级输不起的攻坚战。这一战役，务必要清除"僵尸企业"这一障碍，以降低"野蛮生长"之殇的"余毒"，盘活残值，整合资源，化腐朽为神奇，从而更加明确产业结构整合优化与企业转型升级的定位、路径和方法。

所谓"僵尸企业"，是指那些低效占用资源、连续亏损、丧失自我修复能力和发展能力，本应退出市场，却靠政府"关照"、银行续贷等非市场因素而得以存活的企业。

"僵尸企业"的成因，从宏观层面讲，是由于地方对税收、就业的维稳、信贷风险等"有形之手"的管控干预之力大于市场"无形之手"的自然淘汰之力所造成的。从企业微观层面看，尤其是占比相对较高的中小民营企业，主要有三大原因：

一是"囫囵吞枣"。

盲目追求多元化，总想"一口吃个胖子"，稍有发展和财富积累，便变得冲动和任性，盲目扩能或跨界做项目。项目一旦建成，又很难根据市场变化灵活地调整，加之后期新产品开发跟不上趟，技术、工艺升级等方面的投资断链，从而产生"多米诺骨牌效应"，致其无药可救。

二是"玩火自焚"。

传统的政商关系使企业与企业家的生态更倾向于靠近"权力"，从而导致众多商界人士"用心良苦"去寻找、构筑人脉，较少有群体像任正非、张瑞敏等杰出企业家卧薪尝胆苦练"内功"，专注于企业长青之道，最终导致企业"飞蛾扑火"。其中一批企业之所以陷入绝境，并非竞争性因素所造成的，而是由于经营者没有把握好与政府间"亲"与"清"的关系"维度"，最终"城门失火，殃及池鱼"。

三是"弱肉强食"的"丛林原则"导致"僵尸"遍布荒野，这属于正常的企业生态规律。

清理"僵尸企业"是市场与产业调整不得不忍受的阵痛，更是校正我国供给侧结构被扭曲的需要。目前，我国政府已使出"洪荒之力"，对症下药解决"僵尸企业"的问题，很多企业将在不久的将来被清理，被关停并转，甚至消失。这对于众多"逃过一劫"，想避免"僵尸化"的企业来讲，必须引以为戒，面对玩"虚拟资本""金融杠杆"等时尚流行的种种诱惑，坚守做实业的本分，强精固体，敬畏市场规律，保持专注与定力，努力练就市场化、国际化、品牌化的"撒手锏"。

"沉舟侧畔千帆过，病树前头万木春"。"僵尸企业"给了我们举一反三的珍贵"剩余价值"，这就是：针对转型升级叠加的环境重压与供给侧结构性改革的重任，我们必须努力实现"三个突破"来拥抱未来。

首先，质量的突破。企业可持续发展必须遵循"质量第一"的"铁律"。中国不差钱，更不缺市场，而是缺高质量的产品与诚信的名牌。这是中国产品成长为中国品牌必须解决的首要问题。

其次，创新能力的突破。我国企业创新能力不足，严重制约了产品的更新换代与提档升级，使企业无法满足不断变化的市场需求，形成差异化、动态化、常态化的竞争优势，这也是解决供给侧问题的突破基点。因此，在标准化、精益化强化质量基因的基础上，弘扬"工匠精神"，敬仰和挚爱技术与职业，发展大数据驱动下的智能制造，使云计算支撑的个性化柔性制造融入客户需求的血液，不断提升企业动态与即兴能力，打造智慧企业与"幸福企业"。

最后，企业家困惑的突破。企业家是企业可持续发展与国家强盛的最宝贵、最稀缺的资源，是自主创新的源动力。突破"学而优则仕"的传统价值观，在全社会营造出一种"企业兴，国家旺，企业家舒坦，人民幸福"

的尊重创造、尊敬创新、包容过失、宽容失败的和谐环境，是国家强盛、民族复兴的必由之道。

（原载于《经营管理者》2016年9期）

发扬长征精神，打造企业长盛力

长征是人类历史上最伟大的壮举。长征精神是信仰的壮美史诗；是不怕牺牲，排除万难，去争取胜利的伟大的英雄主义；是患难与共，生死相依的崇高团队情怀……

80年过去，天翻地覆，人间巨变。"每一代人有每一代人的长征路，每一代人都要走好自己的长征路。"如何面对"互联网"时代下的新长征？如何传承和发扬伟大的长征精神并永葆长征精神的基因活力？这不仅是执政的中国共产党人要从战略上考虑的重大问题，也是企业和企业家需要深谋远虑的创新性课题。

面对新一轮科技革命所带来的前所未有的颠覆，企业和企业家面临着新的长征。尤其是企业家们在引领企业做优、做强、做大、做久的征途上，不仅要与国际强手在激烈的市场竞争中频繁"交火"，还要不断穿过未知需求世界的"草地"和跨越持续创新的"雪山"，更要突破国际巨头、资本大鳄等对关键核心技术、标准等的"壁垒"与"垄断"。而最终要赢得主动权与国际话语权，实现企业的长盛不衰与我国经济社会的可持续发展，长征精神是我们独有且不可或缺的核心资源。

把长征精神作为基因植入企业动态核心能力的建设之中，从而使企业拥有长盛力是一个永恒的进行时。如何将长征精神这一人类最伟大的基因在企业长盛力的细胞中植入、培育、传承、壮大持久并起到灵魂的作用，既是探寻中国特色企业管理文化的需要，更是企业家在国际化经营中应固守与发扬的中国智慧与管理创新。

我认为，发扬长征精神，打造企业长盛力，企业家应重点抓好以下工作：

首先，把长征精神熔于企业的核心价值观中。企业在新时代的长征中首先要具有红军长征的大无畏的首创精神。没有长征这一创造性的伟大壮举，没有"革命理想高于天"和"为有牺牲多壮志，敢教日月换新天"的大无畏精神，就不可能打开中国革命的新局面。当前，市场竞争和企业发展面临着许许多多的新情况、新问题、新挑战，无论是供给侧结构性改革，还是"一带一路"走出去倡议的实现，都会遇到很多荆棘、坎坷甚至失败；如果缺乏大无畏的首创精神，就谈不上发展与最后的胜利。

其次，以核心价值观为驱动，塑造企业精、气、神，熔铸企业品牌。企业核心价值观是企业愿景、使命、据以建立及指导企业形成共同行为模式的精神元素，是企业得以安身立命的根本，是企业的灵魂。鲁迅说："人是要有一点精神的。"企业更是需要有精神，需要用精神来组织人，激发人，并产生凝聚力和创造力。这种精神的聚集、融合与提炼，就是企业核心价值观。华为发展之初，任正非就高瞻远瞩地提出"为客户服务是华为存在的唯一理由，客户需求是华为发展的原动力"的核心价值观，这也曾遭到一些人的嘲笑。然而，许多当年嘲笑他的公司，由于自身企业没有核心价值观作引导，大多已经销声匿迹。正是因为华为坚守价值观，才有今日华为成功的整体价值链和创新生态圈。

最后，弘扬企业家精神，建设智慧企业。国家的强大必须靠一大批优秀企业家所引领的企业的崛起。因此，企业家精神就是新时代"长征精神"的延续与凸显，其核心就是"敢为天下先，爱拼才会赢"。当前，经济发展进入新常态，"创新创业""中国制造2025"等建设创新型国家的一系列国家战略，为广大企业家施展才华提供了广阔的舞台，也带来诸多新挑战与机遇，尤其需要大力弘扬企业家精神，保护、尊重企业家不可替代的创造力与引领作用，激发全社会创业创新，充分运用新科技革命的成果，颠覆传统思维，建设智慧企业，实现企业的长盛不衰，为实现伟大中国梦发挥尖刀班作用。

（原载于《经营管理者》2016年12期）

做乐观的创新创业者

——献给四川企业家2017的新春贺词

10年前谁也不曾料到，一群风尘仆仆的快递小哥在日后竟成为我们生活中最离不开的人群之一。这个变化告诉我们，只要有适当的土壤，创新创业就可以爆发出无穷无尽的力量。

中国近四十年的改革开放发展史，实际上就是乐观向上的创新创业者的历史。比如，20世纪80年代初以家庭联产承包制为核心的农村体制改革极大地激发了农民的创新创业热情，一大批乡镇企业异军突起，成就了今天以万向集团为代表的一批创新创业企业。此后，随着经济体制和科技体制改革，又有一大批科研人员和国有企业职工"下海创业"，一大批民营企业异军突起，成就了今天以华为、联想、海尔等为代表的一批创新创业企业。随后的国际化和互联网浪潮成就了阿里巴巴、腾讯等一批"中国创造"的世界级品牌企业。正是这些"草根创业者"，推动着中国进步，成就了中国今天的强大。

如今，世界级企业正试图通过"创新"与第二次创业改变产品与服务，为顾客创造更多的价值和满意度，拓展自己生存和发展的空间。2015年，一个名为泰坦的项目（Project Titan）被多家媒体曝光，让以"创新"为己任的苹果再次成为焦点。"车是终极的移动设备"这一理念，让苹果对于汽车的投入远远超过了Mac、iPhone、iPad。苹果从2013年到2015年增加的研发资金高达 47 亿美元。相比之下，苹果从 2004 年到 2006 年研发 iPhone 期间新增的研发资金大约只有 2 亿美元；iPad 筹备期间新增 6 亿美元；手表和新的互联网服务多了 20 亿美元。而紧随其后的是谷歌，在做了一大批改装车后，也希望能将最核心的软件系统独立出来，从而能移植到传统汽车厂商的车型上，获得必要的数据。如果这个计划能够成功，就相当于谷歌在一百多年历史的汽车行业创造了一个 Android。因为没有哪位企业家及企业能一直站在世界的巅峰，曾经的雷曼兄弟、通用汽车、安然公司、克莱斯勒、柯达胶卷……无一不给我们以警醒。

"新故相推，日生不滞"。眼下中国的企业已经开始习惯把创新创业当作企业求生的本能，不断拓展自己的发展"蓝海"。华为领袖、世界杰出企业家任正非提出"在饱和攻击理论下，最重要的理念创新是敢于在'战略机会点'上聚集力量，不在'非战略机会点'上消耗力量"的战略。2016 年华为研发投入高达 120 亿美元，确保在行业创新上成为领先者。顺丰以其物流的优势，在今年 8 月正式上线 B2B 生鲜电商大物图；而从最初放弃实体店走网络零售的"三只松鼠"开始大举进攻线下，其首家"投食店"在芜湖开业，第一周总销售额就达到 110 万元；2016 年收入 368 亿港元的"好孩子"中国市场占比仅 18%，已决定大举进攻中国市场……

企业家无法培养，需要在适合创新的环境中，由生意人成长为商人，再修炼为企业家。今天的中国，正紧随人类社会发展步伐和节奏，进入一个以创新创业为特征的"创"时代。站在这一时代的起点，每个真正的企业家都应"识时务者为俊杰"，善于学习，抢占先机，成为新疆土的开拓者、新生态的创造者，充分发扬企业家创新精神，顺势而为，融智创新，做一个新常态下乐观的创新创业引领者。

(原载于《四川企业管理》2017 年 1 期)

努力提升企业家创新领导力

著名经济学家熊彼特指出"企业家就是创新者"。企业家的创新领导力是我们当今时代最稀缺、最宝贵的资源。

国际常青树政治家基辛格博士说:"领导就是要带领人们从他们现在的地方,去他们还没有到过的地方。"管理大师德鲁克也指出"领导力就是愿景的能力"。我认为,在我们目前所处的颠覆性的时代环境下,领导力就是信念、担当与创新。企业家的创新领导力在企业可持续发展的路径与定力上主要表现为:无摩擦的分享文化与共同的核心价值观;与客户及企业生态圈的紧密融合;确保核心团队的连续性。

在当下"互联网+"的企业生态中,随着我国企业走出去的步伐加快,企业家在国际化进程中的创新领导力尤为重要。目前,对众多企业家来讲,其创新领导力可能面临以下挑战:首先,位置权力的逐渐弱化,"互联网+"所带来的国际化、众创、众包、众筹等管理体制、机制、模式的巨大变化完全或更多靠个人影响力的时代逐渐远去,平等参与、去中心化、去权威化的互联网精神正在崛起;其次,"互联网+"时代个人的影响力方式将会有较大改变,层出不穷的"新人类""新物种"与"虚拟现实"让人看得目瞪口呆,企业家与管理者亲力亲为的"快递小哥式"直接行动的作用会降低,群体智慧、价值观引领与创意驱动的作用会大幅提升;最后是扁平化管理,或者说大数据驱动的"云管理"带来的一个重要的改变就是变化与变革频率加快,"机器人""野蛮人"敲门,"黑天鹅"及"外星人"事件频发,防不胜防。

2017年4月18日召开的中央深改领导小组第三十四次会议审议通过了《关于进一步激发和保护企业家精神的意见》,强调企业家是经济活动的重要主体，要深度挖掘优秀企业家精神特质和典型案例，弘扬企业家精神，发挥企业家示范作用，造就优秀企业家队伍。这是党和国家对我们隆重召开"企业家活动日"的最佳肯定。

与此同时，企业家要成为自主创新国家战略中的核心力量，需要积极面对时代的挑战与应对创新中的重大难题。

第一，把握跨界领导角色，储备相应的知识，不断提升素质能力，对外部环境能及时准确地做出判断。"互联网+"打破了原有的经济结构、社会结构、文化结构，改变了权力分配、游戏规则及话语主导权。企业家必须重新反思自我，审视自我领导角色，寻求重塑自我的对策。面对不确定性的未来与变化莫测的"风口"，企业家必须不断提升自身学习力与变革力，善于洞察各种变化，善于整合各种资源，努力提升借势、运势、造势的灵商智慧，尤其是艰难险阻特别是颠覆到来之时，能够进行及时有效的应对，管控危机，采取从容而果断的措施推动变革创新，稳步向前。

第二，学会互联网生存方式，做到快速反应，行动果敢坚定。

第三，忠诚于企业的目标愿景，既要富于激情，更要富于理性。就企业管理来说，没有一劳永逸的方案，只有层出不穷的问题。"互联网+"会使组织内的员工分工越来越复杂，分布越来越广泛。不同宗教信仰、知识背景，不同需求层次、思维方式等同时存在，把差异如此之大的员工凝聚在一起，单靠组织制度是不够的，仅靠企业家自身的能力也不行。组织目标、愿景及核心价值观是把所有人聚集起来的灵魂与灯塔。因此，只有紧紧围绕企业文化这个神经枢纽，形形色色的员工才能凝聚成一个召之即来、来之能战、战之能胜的命运共同体。

第四，营造宽松的人才环境，以柔性管理凝聚人心，积聚力量，融智创新。特别是在"人工智能"即将风行、产业洗牌加剧的动态应变中，企业家要鼓励员工的工作重塑与自我实现，把握好新生代知识员工中创新型人才与优秀匠人系统性整合的艺术，缔造出真正属于"中国智造"的"世界名牌"。

（原载于《经营管理者——企业家活动日特刊》2017年8月）

没有品牌就像没有护照的远行

品牌建设是企业核心战略的重点，它始终贯穿于企业的整个生命周期。品牌建设的过程就是企业健康成长的过程，它不仅是企业如何做优、做强、做大、做久的必修课，更是企业核心竞争力打造与积累的终身修炼之功。

从企业生态视角看，品牌建设在企业产业链打造、价值链与生态圈建设的不同阶段，承载方式与重点是不一样的。它由表及里、由低到高、逐步渗透积累，有以下三部曲。

一部曲：从"颜值"到"气质"。"颜值"是人性化对企业与产品服务的感官评价。企业的"颜值"就是企业形象在消费者、合作伙伴与社会的口碑价值。而产品与服务的"颜值"则是产品与服务外在质量的综合体现。在当今知识经济与"互联网+"大环境下的"眼球"消费时代，"颜值"是诱导消费者产生"一见钟情"，并且提高企业及产品、服务知名度的重要指标。"气质"是企业通过产品与服务所体现的内在质量与"颜值"匹配在消费群体及生态圈中所形成的"人气场"，是其产品与服务差异化的突出体现，是吸引"回头客"的"利器"。

二部曲：从"气质"到"品质"。"品质"是企业及产品与服务内外兼修的集中体现，是企业产业链与全要素生产力建设的核心支撑，是提升企业及产品和服务美誉度与品牌"含金量"的基石。而"品质"的修炼是企业与企业家真正的"内功"，是用市场换不来、金钱买不回的"秘宝"。中国制造之所以离品牌制造相差甚远，是因为"品质"中不仅包含了价值观、技术、人才、创新等企业重要的价值要素，更彰显了企业家创新精神与团队工匠精益求精的精神融合。

三部曲：从"品质"到"增值"。企业从产业链生存平台上升融入价值链与创新链的生态圈中，一个核心的竞争优势就是其产品与服务的增值能力。尤其是在当今平台型网络化经济发展模式下，企业不仅要考虑自身在行业中的竞争与生存状态，计算与管控好产品与服务自身的成本、质量与效价，更要用互联网思维、用户思维考虑其"品质"给消费者所能带来的价值增值、功能再造、品牌提升与用户深度体验，想方设法满足并创造消费者消费迭代升级的个性化、人性化需求，使消费者能沿着生存消费→理性消费→感性消费→自我实现的情感消费不断循环上升，使消费者获得不一样的存在感、美感、快感和幸福感，从而提高消费者、合作伙伴与市场对企业及产品与服务品牌的忠诚度。这样才能把"品牌"做成"名牌"，从根本上消除供给侧与需求侧之间的结构性矛盾，确保供需之间的动态平衡，达到智能制造与增值消费的均衡，实现消费迭代与创新需求的动态和谐，最终赢得"人心"，赢得未来。

邓小平同志在1992年南方谈话中指出："我们应该有自己的拳头产品，创出中国自己的品牌，否则就要受人欺负。"伟人的告诫值得我们今天的企业和企业家反思与发奋图强，也是我们当前和今后一个时期自主创新驱动转型升级中应优先补上的最大短板。

（原载于《经营管理者》2017年6期）

"双创"者升级三跨越

——热烈祝贺第二届西部企业信息化峰会隆重召开

"新故相推，日生不滞"。无现金支付、共享单车、用户参与设计定制……一系列"互联网+"带来的企业生态的巨变告诉我们，只要有适当的企业生态，创客将无处不在。

我国创客作为"双创"时代的一队群体力量与时代符号，将对国家自主创新战略影响深远。他们正朝着成长为企业家的目标，"撸起袖子加油干"。"双创"者从创客、黑客到极客升级的三跨越无不闪现着创新思想的光芒。

创客是指具有强烈创新意识，甚至把创新作为信仰，勇于创新并将创意转变为现实的个人或群体。随着信息技术的发展、知识社会的来临，传统的以技术发展为导向、科研人员为主体、实验室为载体的创新1.0模式，正在转向以用户为中心，以社会实践为舞台，以共同创新、开放创新为特点的用户参与的创新2.0模式转变。面向知识社会的创新2.0模式，消融了创新的边界，连用户都成为创新的动力、创新的主体。

从古至今，中国不乏创客。孔子开创了中国平民教育模式，张衡发明浑天仪、地动仪等。现在，中国的科大讯飞语音处理技术水平已经达到世界第一，"墨子号"量子通信卫星发射成功开创人类先河。当今中国创客成为自主创新的主力军。

黑客原意指"利用自己在计算机方面的技术，设法在未经授权的情况下访问计算机文件或网络的人"。时至今日，黑客已经发展成"互联网＋"时代激发与推动技术创新领域创客的一个独特而更高级的群体。因此，广义的黑客是指能探索发现技术、标准、运营等漏洞、缺陷或瑕疵，勇于打破现有规则，突破现在的技术壁垒，创新发现与捕捉新机会，提出新问题，找到新途径的"弱强变"专家。他们有着比常人更独特的"灵商"及差异化的价值观和追求，有着自己独特的行为模式。

为了成为一名受人尊敬的黑客，用"人类命运共同体"所体现的普世价值观驱动其自我约束的行为模式非常重要，我以为下述几点可以与之"交流"：让自己爽，让别人和生态不爽，你就是危险品；让自己不爽，让别人和生态不爽，你就是废品；让自己爽，让别人和生态也爽，你就是正品；让自己不爽，让别人和生态爽，你就是贡品；让自己爽，让别人和生态特爽，你就是优品；让自己特爽，让别人和生态最爽，你就是极品。

极客是美国俚语"Geek"的音译。随着互联网文化的兴起，这个词附加了智力超群和努力的语意，又被用于形容对计算机和网络技术有狂热兴趣并投入大量时间钻研的人。现代的极客更多的是有一种在互联网时代创造全新的商业模式、尖端技术与时尚潮流的寓意。

极客对这个世界的影响，不仅局限在物质层面。崇尚科技、自由和创造力的极客精神正越来越成为这个时代新的意识形态。如果说黑客是地下的点对点的进攻或者点对面的防卫，极客就是公开的智慧分享。极客将带来人类社会更大的进步和更多的喜悦。他们代表人类"灵商"的最高水准；代表人类以他们为先锋，突破地心引力、力求早日自由翱翔太空的"自主创新"和"快乐共享"精神与追求更高、更快、更美未来的崇高境界，比如乔布斯、马斯克、马化腾等。

（原载于《四川企业管理》2017年7期）

企业家精神永放光芒

近日，《中共中央 国务院关于营造企业家健康成长环境 弘扬优秀企业家精神 更好发挥企业家作用的意见》（以下简称《意见》）正式发布，为即将召开的党的十九大增加了强劲动能与创新力，更为中国发展史树起了一座丰碑。《意见》为真正建立起法治、诚信、良好的社会主义市场经济体制与健康的企业生态，确保"四个全面"战略实现及中华民族伟大复兴，递增了强大的正能量。加快建立了依法平等保护各种所有制经济产权的长效机制；对大胆探索、锐意改革出现的失误予以容错；依法清理废除妨碍统一市场公平竞争的规定做法；建立企业家个人信用记录和诚信档案；政府重大经济决策主动向企业家问计求策;加大党校、行政学院等机构对企业家的培训力度。这一系列亮点与新政,为改革开放的成果得以延续与国家的创新性持续发展奠定了良好的社会生态基础。

作为企业和企业家代表组织的四川企联,要在继续深入学习贯彻习近平总书记系列重要讲话精神和治国理政新理念、新思想、新战略的基础上,深刻领会、深入贯彻《意见》精神,切实做好《意见》的落实工作;秉承"融智创新、敬业奉献、维权服务、自强自律"的价值观,着力营造依法保护企业和企业家权益的法治环境,促进企业家公平竞争、诚信经营的市场环境,尊重和激励企业家创业创新的社会氛围;搞好维权调研,推动四川保护企业和企业家合法权益的地方立法工作;大力弘扬优秀企业家精神,组织开展好"企业家活动日""管理创新大会""智慧企业建设"等服务项目,发挥优秀企业家示范带动作用,加强党对企业家队伍建设的领导。

"企业家"一词最早来源于法文,原意是指冒险事业的经营者和组织者。在当今国际经济一体化的企业生态下,企业家是企业的灵魂和统帅,是改革创新的核心力量,更是推动经济社会发展的主力军,是新经济时代的英雄。恩格斯指出:"一艘穿行在暴风雨中的航船,要想行稳致远,关键靠拥有绝对权威的优秀船长掌舵领航。"改革开放近四十年辉煌历程证明,正是因为有一大批"天下为公"和"敢为天下先、爱拼才会赢"的企业家引领与示范、创造与奉献,中国的成就才令世界刮目相看。海尔因为有了张瑞敏这样的企业领袖,才成就了"遍地英雄下夕烟"残酷竞争下白色家电世界之冠的梦想;华为因为有了任正非这样的灵魂舵手,才创造了中国制造的"世界名牌";阿里巴巴正因为有了杰出的统帅才造就了"一马当先,万马奔腾"的"中国式企业图腾"。

企业家精神是企业家所特有的时代精神,是人类最稀缺与宝贵的财富。他们以其狂热的气质、伟大的人格、博大的胸怀、远大的目光和超常的灵商,聚集一流的人气、造就卓越的团队,不断筹划宏伟的目标,创造伟大的公司，营造一流的生态，成就幸福的事业。创新是企业家精神的灵魂；冒险是企业家精神的天性；合作是企业家精神的精髓；使命是企业家精神的动力；学习是企业家精神的关键；执着是企业家精神的本色；诚信是企业家精神的基础；担当是企业家精神的核心。

当今颠覆性时代更加需要企业家精神。无论是新常态下的供给侧结构性改革，还是精准扶贫；无论是从"中国制造"走向"中国创造"，还是"一带一路"用中国智慧建设世界命运共同体；无论是跨越"中等收入陷阱"，还是实现中华民族伟大复兴，这一切归根结底都要靠"发展是硬道理"来完成。这是一个国家、一个民族的创造力与活力的基因。因此，如何让优秀企业家精神像中华优秀传统文化一样传承便成为我们时代的主旋律与执政党的战略优选项。只有这样，才能推动中国发展取得新成就，形成新优势，实现新跨越，创造新历史，助力"中国梦"早日实现。

（原载于《四川企业管理》2017年9期）

推动依法治企，川企再铸辉煌

刚刚过去的八月，是极不平静的八月。

先是加多宝和王老吉之间持续了五年之久的"红罐包装"之争终于落下帷幕。8月16日，最高人民法院对广东加多宝与广州王老吉、广州医药集团擅自使用知名商品特有包装装潢纠纷上诉案进行公开宣判，双方共同享有"红罐王老吉凉茶"包装装潢的权益。

在此之前的8月1日，四川某知名上市企业子公司总经理和常务副总经理同时因涉嫌合同诈骗罪被批准逮捕；

8月31日,四川另一知名上市企业集团传闻因债务缠身,部分资产被法院查封;

…………

连续几件发生在知名企业身上的法律事件,让"依法治企"再度成为各企业、法律人士共同关注的话题。

中国人无论是从政还是经商,都有一个习惯思维,就是希望能够找到自己的靠山。从政有了靠山,仕途可以走得很顺;经商有了靠山,遇到麻烦似乎也能化解。因此,中国的政商关系一直是企业和企业家们比较关心,甚至是比较头疼的问题。王健林给出的原则是"亲近政府,远离政治";王石则斩钉截铁地说"不违规,不行贿"。看看多年来他们在中国企业界屹立不倒和呼风唤雨,应该说,这些建议皆属比较中肯的智慧之语。

但理念归理念,实际归实际,"靠山"也有倒塌的时候。习近平总书记在党的十八大上明确指出要全面推进"依法治国"。四川省企业联合会、四川省企业家协会也不断强调并向企业家们倡导"依法治企"。

八月份发生的几个事件有个共性:都发生在知名企业,都与法律相关。我们暂时无法预知这一系列法律事件会对企业的未来经营发展产生什么样的影响,但可以肯定的是,企业品牌美誉度必然会受到一定伤害。这同时再次提醒我们的企业和企业家必须正视一个现实:企业家不可以没有法律知识,更不可以没有法律意识,尤其是事前防范法律风险的意识。

经过多年市场经济的历练,我国企业家们的法律意识得到普遍增强,大多都能够在"事后"通过法律途径维护自己的合法权益。但企业家们现阶段的法律意识还存有很大的被动性,即亡羊补牢的多,事前防范的少;只有在发生纠纷时,才想起法律并拿起法律的武器。随着市场经济的深入,企业家如果还停留在这种用事后救火式的法律救济方式来维护合法权益,已跟不上时代发展的要求了。

可喜的是,在省企联的牵头下,维护企业正常经营和发展,对企业家进行立法保护的努力，在四川已经行动起来了。其中，"《劳动合同法》实施对四川企业的影响"调研活动，就是省企联2017年的重要项目之一。该项目是由省企联、高扬律师事务所，以及泸州、雅安、自贡、达州、眉山等20个地市州企业联合会共同举办的大型调研活动。从今年2月下旬开始，经过5个多月的实地考察、深入调查研究，"《劳动合同法》实施对企业影响的调研报告"终于在8月出炉。同月，省企联维权工委牵头成立的"首个四川省维护企业和企业家合法权益维权律师团"的140余名维权律师也首次成功会师理工大参加首次培训。

省企联肩负着"为政府分忧，为企业解难"的使命，承担着"维权、服务、自律"的社会责任。我们知道：要真正使企业和企业家合法权益得到保障，我们还有很长的路要走。我们坚信：在党中央"四个方面战略"指引下，在法治四川的建设过程中，四川将有更多的企业在依法治企的进程中做优、做强、做大、做久，再铸辉煌。

（原载于《川企维权》2017年3期）

打造企业投融资平台，推进企业创新生态建设

刚刚闭幕的党的十九大开启了中国特色社会主义新时代，而对新时代下的新征途我们需要用什么样的创新服务来为企业持续发展、企业家队伍健康成长做些实实在在的工作呢？我认为，遵循省企联"平台化发展，品牌化运营，价值链共赢"的服务理念，以专委会工作平台为抓手，扎实地开展好企业需要、政府支持、市场欢迎、自身有能力的专精特新项目，才能唱好"同一首歌"，圆"同一个梦"。

四川省企联创投工委作为省企联的重要专业服务平台之一，以"促进

专业金融机构、投融资机构与企业之间的对称沟通、交流合作，同时推动四川投融资行业的进步，提升本地投融资行业环境的成熟，为企业特别是中小企业的发展提供有力支持"为目标，于2010年11月19日报省经信委批准，省民政局登记注册成立。新时代的开启，为创投工委指明了新的蓝图并赋予了新的使命。

创投工委在省经信委的指导和省企联的直接领导下，秉承省企联"融智创新，敬业奉献，维权服务，自强自律"的核心价值观，承担着四川"双创"投融资平台的服务功能。办好创投工委，是省企联服务功能转型升级的重要起点，是团队能力与服务满意度提升的创新手段，更是新一届理事会需要发奋图强、勤奋扎实、加倍努力的优先"补课"目标。

此次隆重召开年会及四川资本论坛，云集了在川投资、银行、证券、保险、孵化园等方方面面从事资本经营与创投服务的专业机构，邀请了一大批四川中小企业的领军企业家和新兴产业的代表人物。目的是贯彻落实党的十九大报告所指出的"深化金融体制改革，增强金融服务实体经济能力，提高直接融资比重，促进多层次资本市场健康发展"的精神，加强交流互动，提升资源整合能力，实现融资融智创新，为"双创"及良好企业生态的建设打造出一个产融对接、实体经济与虚拟经济相融相生、共享共荣的生态化平台。

"双创"与国家自主创新战略的落地，特别是企业价值链提升急需推进企业创业创新生态的建设。美国硅谷的奇迹足以证明：因为硅谷创建了全球最优的企业创业创新生态平台，成为创业新公司的"栖息地"，才诞生了苹果、英特尔、谷歌、思科等一大批世界知名企业与行业领袖企业。硅谷的成功不仅仅是不断诞生新的企业，更体现在孕育了伟大的企业。这些企业能催生和引领一个全新产业，代表着新经济未来的方向与国家的竞争力。

"它山之石，可以攻玉"。值得从事创业投资者学习与深思的是，新兴企业可能是靠创业者的一个想法、一次创意、一项技术或者一次机遇建立起来的，但新兴产业的健康持续发展却离不开以资本为杠杆，以投融资为手段等金融与资本制度创新所形成的良好企业生态。以色列虽然地域狭小，资源贫乏，但是以色列科研水平领先全球，人均创新企业数、科技研发支出比重世界第一，科技贡献率达到90%以上。它有着全球创新文化突出、投融资体系最完备、管理最良善、对财产权利保护最佳的适宜科技创新的体制，拥有"创意+资本+实业+政策""世界上最先进"的孵化器，震动全球的创业公司和创新产品层出不穷。其形成的政府引导风险投资、鼓励孵化器私有化、时刻瞄准国际市场的企业创新生态，使以色列这个弹丸小国成了名副其实的创业大国与创新的超级大国。从1948年至今，以色列除年均经济增长10%以上外，目前在通信、计算机、高端装备、半导体、现代农业等高附加值领域称雄世界。

（原载于《四川企业管理》2017年11期）

企业家用灵商逐梦改变世界

改革开放40年以来，中国经济发展成绩斐然，已经成为世界第二大经济体，对世界经济增长的贡献率超过了30%。2018年，《福布斯世界2000强》排名中有291家中国企业上榜；《财富》世界500强中有中国企业120家入榜。作为取得如此辉煌成绩的企业领路人，企业家成为时代楷模当之无愧！

创新是企业家的本质特征。企业家作为创造社会财富、推动人类进步的先行者、领导者，是经济发展的核心推动力，是现代企业创新驱动的灵魂。他们怀有崇高的愿景，是要让世界成为他们想象的那样。他们从事的事业与工作时刻充满挑战，是因为他们的梦想与使命就是要改造世界。因此，企业家创新是企业家灵商智慧的核心与外溢显现。

"同一个世界、同一个梦想"。平常人用智商、情商就可以应对面临的复杂问题，从而实现人生的梦想。而企业家的使命、责任、担当和与众不同的情怀决定了必须用灵商驱动来逐梦而改变世界，让自己的生命更有故事和富有意义的同时，也让世界更美好。

梦想是一种奇特的东西，它产生于一个人的心中，无数发明创造、奇思妙想都来自梦想之中的灵感。谷歌创始人之一的拉里·佩奇23岁时就做了一个梦：能把整个互联网下载下来，仅保存着链接。醒来后，他开始描绘出梦中的细节……谷歌就这样诞生了。企业家用灵商逐梦及其伟大梦想的实现，将造福千千万万人。正如在车库创立苹果公司的史蒂夫·乔布斯，多次失败、忍辱负重，让千百万人实现创业梦的马云。

在大数据已成为人类进步"新能源"的时代，企业家逐梦的首要目标是如何成为平台型领导。

平台型领导，简单地讲就是事业驱动型领导，是指领导者重视自己和下属的共同梦想与事业，通过事业范围的扩展和事业质量、层次的提升，激发自己和下属的激情和潜能，调动团队的积极性、创造性，朝着梦想奋斗，并同时影响合作伙伴和下属的一种领导类型。

领导者为什么需要通过共同梦想与事业的打造并促进其实现与发展来领导员工？本质上讲，这是因为知识经济和网络时代的挑战，开放性、去中心化、无边界、跨界性等特点，员工对平等、共享与自我实现提出了更高的要求，员工的地位、价值和情感也应该受到相应的尊重。从实践层面看，少数卓越企业家已经开始探索这种做法。例如，张瑞敏开创的海尔自主经营体"小微企业"或"创客中心"管理模式，不仅是组织内部变革，而且是为了激发下属的自主潜能和激发全员的灵商，最终形成"团队灵商"，促进命运共同体的形成，使每位员工都能够对目标、市场、业绩与自身负责。员工在自主经营体中真正成了自己的"CEO"，在为用户和平台创造价值的同时也在发展自己的事业和实现自己的梦想。

"最高尚的人是不为自己活,不为自己死。"罗曼·罗兰的名言就是对企业家用灵商逐梦改变世界的精准评价。

(原载于《经营管理者——企业家活动特刊》2018年)

新时代伟大企业家应具备量子思维

随着世界著名量子物理学家潘建伟主导的"墨子号"发射运行,标志着中国率先进入量子时代的门。

企业作为构成地球生态的一类组织,本质上讲是一种动态的能量系统。从量子思维的角度看,它否认了牛顿物理学、机电科学所遵从的客观实在和因果关系的基本假设,它不仅与我们习惯了的基本常识相悖,而且描述观测者本身,表明自然界的基本规律是概率性的,允许粒子同时处在两个或者更多的运动状态。它可能触及了人类理性认知的极限。它跳开了传统的思维模式,使人类灵商得到真正释放。因此,量子管理的六大核心思维是整体性、不确定性、波粒二相性、潜在的可能性、人的客体性(没有谁是主体,大家都是客体,都是经由彼此之观察而存在的)和全脑思维(目前平常人仅用了3%的大脑,牛顿、爱因斯坦也只用了5%)。

企业家作为新时代创新的主导与推动人类进步的先进力量,从量子思维的角度看,必须明确企业作为宇宙世界中的量子,不断与外部生态中的量子形成"纠缠";企业内部的员工作为"观察者",其意念和行为会对最终的企业目标及结果造成极大的影响。团队成员创造性思维本质(灵商迸发)与量子有着密切的联系,只是人类还未能揭示其传导介质与速度,但我们必须相信并努力去领悟"隐形价值"的存在。只有以更加创新的态度去迎接量子时代的挑战，努力捕捉隐形价值，企业家才能创造与引领更加伟大的新时代。

量子思维带来了人类思维的革命，为人类创造性源泉——"灵商"揭开神秘面纱提供了有力武器。与此同时，两者也彼此"纠缠"。

在当前数字经济时代，企业家对量子思维的探索可以借助大数据、人工智能与自身的灵商修炼和"链接力"，从以下三个方面投入"灵商资本""创新资本"与"耐心资本"。

第一，产品价值定位：供需双方的"心动"与"纠缠"。量子时代价值创造主要来源于越来越多的创造性思维和特殊技能。其价值主要满足人类的精神需求，因此带有更多的主观性、抽象性、跳跃性、模糊性。这也证实了"互联网＋"时代最终满足消费者个性化、人性化需求目标的科学性和合理性。正如特斯拉的设计理念"让车与车主互动"，从而使其新能源车在全球所占份额不到通用车 10% 的情况下，市值与后者几乎相等。

第二，企业生态的演进：混沌与无边界。建立在量子组织上，借助互联网及区块链等技术，虚拟组织、无边界组织、自组织及"自我雇用"，将逐步颠覆传统意义上的直线制、事业部制等组织形态，形成空、天、地、混沌和无边界的去中心化、自我修复、自我演进的非线性和突变的生态。海尔人人是创客的"人单合一"、华为的"让一线听到炮声的人拥有配置资源的权力"的组织模式使我们看到了新的企业生态组织模式的诞生与进化。

第三，量子领导力：温度与魅力度。量子思维下企业领导力更加趋近于中华优秀传统文化智慧，更加关注人与人、人与宇宙的关系，强调"天人合一""大道无为"。企业家的终身使命就是找到正确的"道"来帮助他人"通灵"，助力企业生态的各方寻找到更美好的、自我实现的最大"公约数"，从利益共同体上升为命运共同体。企业的终极目标也变成了"幸福企业"。

因此，企业家的量子领导力，主要表现为温暖人心和激励人心的魅力。

其温度与魅力度越让人感之自在舒适、自发自律，其量子领导力越强。其修炼的核心要义在于责任、激情、激励、创新和服务。

（原载于《经营管理者》2018年6期）

转型升级时期企业家应努力提升变革力

近年来，中国经济已经开始进入全面转型升级期，市场需求也呈现高速迭代潮，对企业发展和企业家成长带来了新的机遇与挑战。

2012年，针对全国企业家的一项调查以企业家对于经济转型升级与创新的认识和态度为主题。调查发现，大多数企业家意识到企业成功转型升级的关键是增强人力资本，提升创新和应变能力。企业的着力点要放在提高技术研发能力、全球化竞争力，以及对网络经济环境下新商业模式的适应能力等方面。同时，面对企业转型升级，企业家需提升自身的变革领导力，其中团队影响力、战略领导力、精神感召力、创新管理力和资源整合力的提升尤为重要。调查结果显示，企业家对自身"创新与应变优势"的评价比较低，得分在2.81～3.13之间（总分为5分）。这表明，"创新与应变优势"，即变革能力是大多数企业家的短板。企业家的变革力存在于精神信仰、境界、胸怀、人生历练等方方面面，最终体现在团队的综合能力、素质与可持续能力上。从领导力的性质而言，精神信仰、品格意志、发展理念等是变革力的重要特征。精神信仰是企业家变革力的"第一力"。精神信仰是组织成功的保证，一个没有信仰的组织是失去希望的组织；一个没有信仰的企业家只是生意人或商人被冠以"红顶"，一旦"红顶"丢失，就找不到正确的方向了。精神就是目标，就是力量；信仰就是希望。中国共产党革命时期所创造出的长征史诗，其中所展现的"长征精神"就体现了"革命理想高于天"的信仰；建设时期，在极度艰难的国情下，中国发扬"世上无难事，只要肯登攀"的自主创新精神，成功制造出"两弹一星"的"镇国之宝"。这些都是当今中国企业家攻坚克难、塑造新时代企业家精神的优秀民族基因与创新的"血性"；是中国企业家所特有的"隐性资本"与"递延资产"；是当今企业家的价值观驱动企业自主创新难得的精神财富；是以一代伟大领袖人物毛泽东为代表的民族英雄所留下的不朽遗产。心为万物之本，"立德之本，莫尚乎正心。"企业家提升变革力仅强调"力"是不够的，最重要的是"心"与"力"的充分融合，关键是用好"心"。

一是责任担当之心。正如杰出企业家、福耀集团董事长曹德旺曾讲的：企业家的事业是风险事业，他一年365天的每一天的24小时的每1秒都跟风险打交道，企业家追求的是一种永恒的完美，他的心愿是国家会因为有我而强大，社会会因为我而进步，人民会因为我而富足。

二是创新自强之心。

三是对信仰与组织忠诚之心。对信仰与组织忠诚是一种心理契约。企业家优秀品格表现在对待信仰的终身不移，对待组织、事业的忠诚与坚守上。忠诚远远胜于能力。

四是利他关爱之心。利他行为是一种积极行为，是个人身心健康快乐的愉快体验。现实生活表明，幸福指数较高的个人关心他人所获得的快乐满足感要远远高于自己得到的快乐，这也就是许多人乐善好施的心理动机。利他关爱心蕴含着丰富的中国传统文化精髓品格。《大学》开宗明义，首先就讲道："大学之道，在明明德，在亲民，在止于至善。"这里的"明德"，目的就是"亲民"。"亲民"需要利他关爱心，只有在利他关爱心得到满足的基础上，才能够达到"止于至善"的目标境界。与此同时，利他关爱的经济模式与行为也是大数据、区块链等新一代技术革命对企业原有商业道德、商业模式、赢利模式、组织构造等带来的现实改变，如共享经济、分享经济、体验经济等。

五是敬畏自律之心。敬畏自律之心是正确处理企业自身发展与企业生态中人与人、人与社会、人与自然的心理基础。正如华为领袖任正非讲的：自律永远是最低成本的管理。敬畏自律不仅是企业公民的美德，更是企业家灵商外溢效应的表现，是企业家精神的"星辰之光"。

（原载于《四川企业管理》2018 年 6 期）

以信任打造中国品牌

营销学大师菲利普·科特勒认为，品牌是用来识别一个企业的产品和服务，并与竞争者相区别的一个名称、专有名词、标记、标志、设计，或是这些要素的组合。"互联网+"时代，一般认为品牌是一种意识、一种承诺、一种综合体验、一种态度、一种感情链接和寄托。

笔者认为，品牌的核心是一种信任关系，即所有者、设计者、生产者、消费者及企业生态圈各关联方物种之间的相互支持、相互打赏、相互进化、共同成长的价值关系。因此，品牌建设本质上是一个建立与提升企业与生态圈之间信任的过程。信任是企业信誉及品牌在市场竞争中的"人际关系"，是企业长青发展的核心软实力。

万向集团能从小作坊走过四十年历程而成为今天的"中国名牌"，核心就在于创始人鲁冠球对于"信任"的管理。他曾讲：生产次品不仅是对"钱潮牌"万向节的信誉损害，更是对国家、对人民的犯罪。一个厂的信誉是最重要的。

无独有偶，同时代的伟大企业家张瑞敏喊出"有缺陷的产品就是废品"，成为中国企业质量与品牌管理的启蒙人。他带头砸掉质量存在问题的

76台冰箱也成为中国企业家"信任文化"的开拓者。

改革开放一路走来,海尔战胜了中国绝大多数企业"成长死"的困局,由此成就了少有的具有纯正中国基因的"世界名牌"。走国际化道路是中国企业品牌成长的必由之路,而中国品牌国际化的最大难题究竟是什么呢?

根据《2018年度爱德曼全球信任度调查中国报告》显示,近5年来,海外受访者对"中国血统"的品牌信任度指数长期徘徊在31%～33%的低值区间。无论是在努力提升环境状况方面,还是拥有道德,或是正在努力让世界变得更好及分享企业价值观等一系列指标中,海外受访者给出的分数普遍偏低。

这说明,中国企业的信任度与品牌提升的道路还很长。值得欣慰的是,在自主创新战略的驱动下,新时代中国企业家精神开始爆发,中国企业家以建立信任为核心,开启了品牌建设异军突起之势。

勇于参加"企业家世界杯"的新兴产业企业家雷军,率领"小米"紧紧围绕"建立与用户及生态链共享信任"的价值观,以开发"打动人心"的产品、为用户带来完美享受为定位,先后获得国内外工业设计大奖110余项,成就了"感动人心"的"中国名牌"。

传统制造业典型代表伊利集团,在过去几年全球奶制品产量连续下滑的环境下,它却逆势而上,保持了30%以上的增长。这根本上取决于伊利"用世界最高的安全标准去做好产品"的战略定位,从而在众多消费者心中建立起足够的忠诚与"信任",使"中国名牌"名不虚传。

数字经济推动了消费革命。互联网发展所带来的消费模式变革使人类进入了体验消费时代。人们在追求商品与服务带来的物质功能满足的同时,更加注重心灵体验与个性魅力绽放,它包括娱乐、教育、逃避、审美、比较五种相互交织的体验,最终使消费者进入"甜蜜地带"。此地带能忽略距离、消除文化障碍等,并使消费者实现价值和价值增值,特别是通过"甜蜜地带"的粉丝聚合、民主参与、零距离分享等,消费者能达到与满足前所未有的"自我实现"需求。但实现这一切的前提就是信任。因此，商品与服务是有价的，而信任是无价的，只有以信任打造中国品牌才能实现中国品牌的突围和"中国名牌"的群体崛起。

（原载于《四川企业管理》2018年8期）

弘扬企业家精神，以文化自信引领自强

习近平总书记强调："成功的背后，永远是艰辛努力"。

四川省企业联合会、企业家协会（以下简称四川企联）以"五大发展理念"为统领，发扬党的优良传统，充分发挥桥梁纽带作用，积极"为政府分忧、为企业解难"，在全国企联系统率先建立了自己的文化理念系统，以"融智创新，敬业奉献，维权服务，自强自律"的核心价值观为引领，坚持"平台化发展、品牌化运营、价值链共赢"的服务理念，致力于把四川企联打造成为最具品牌力、长盛力的雇主组织。在弘扬企业家精神、推进企业文化建设方面取得了丰硕成果，特别是成功举办了2016年"首届智慧企业创新发展峰会"和"2017年智慧企业创新发展论坛"，连续三年成功举办"西部企业信息化峰会"，还举办了2018年首届四川品牌大会，承办了2016—2017年创客中国四川大赛，成功塑造了创新文化引领下的智慧企业建设国家级样板企业——国电大渡河公司，得到国务院国资委、工业和信息化部领导、专家及企业界的充分肯定与广泛赞誉，提升了企联在全国的影响力。

四川企联自2002年以来，成功举办了十届四川省企业文化年会。企业文化年会打造了四川省企业文化建设研究与交流的重要平台，为全省企业文化建设发挥了积极的作用。2005年以来，坚持开展创建"四川省企业文化建设示范单位"活动，形成并孕育了15家富有鲜明特色和时代气息的企业文化典范，有"西部铁军文化"特色的中国十九冶集团公司，有"和谐文化"特色的四川九洲电器集团，有"航空报国文化"特色的成飞集团公司，有"人和文化"特色的东方汽轮机公司，有"攻坚文化"特色的川中油气矿等。2005年以来，坚持开展四川省企业文化成果评选表彰活动，组织推荐在川企业参评全国企业文化成果、案例、突出贡献人物，这些活动的成功开展有效提升了四川企业的整体形象和品牌影响力。近几年，四川企联充分发挥企业文化研究会专家团队的作用，积极为企业提供企业文化咨询服务，先后为中石油川中油气矿、成都印钞集团、阆中天然气总公司等多家企业进行了企业文化咨询。今年又新增了企业党建与思想政治工作成果评选活动。

中共中央、国务院去年印发了《关于营造企业家健康成长环境 弘扬优秀企业家精神 更好发挥企业家作用的意见》，这是一个管理史上具有里程碑意义的重要文件，这对于我们企联人是自豪更是鞭策，对于企业家更有一种时不我待的使命感、紧迫感、光荣感。

文化的活力来源于创新，创新文化的生命在于与时俱进。不久前，中兴事件给我国转型时期的企业、企业家上了一堂生动的课，一块小小的芯片就让千亿级的企业、产业停摆。这就是我们当前和今后一个时期最大的"痛点"和"短板"，也暴露了我们企业文化建设中创新文化缺乏的弊端。因此，我们的企业家是企业文化的引领者、组织者、推动者、践行者，应该有责任和担当。用文化的力量凝聚民族创新的磅礴智慧，用文化的力量鼓舞企业家的创新激情，用文化的力量感召天下英才、创客，发扬"世上无难事，只要肯登攀"的大无畏英雄主义精神，形成以文化创新为先导、科技创新为核心、商业模式创新为源泉、管理创新为支撑、体制机制创新为动力、企业家创新为关键的创新文化生态，为中华民族伟大复兴添砖加瓦，再立新功。

今年5月28日，习近平总书记在两院院士大会上指出"形势逼人、挑战逼人、使命逼人"。孙中山先生指出："世界潮流浩浩荡荡，顺之者昌，逆之者亡。"今天，人类已进入智慧时代，国际化进程势如破竹，中国的崛起是因为顺应了构建"人类命运共同体"的大趋势而变得势不可当。正如南宋大诗人杨万里所言："万山不许一溪奔，拦得溪声日夜喧。得到前头山脚尽，堂堂溪水出前村。"

让我们共同努力，撸起袖子加油干吧！

（原载于《经营管理者》2018年10期）

弘扬企业家精神，遂商整装再出发

——向改革开放40周年暨共和国70华诞致敬

刚刚告别中国改革开放40周年的欢庆，又迎来了共和国70华诞的美好年份。这是一个即将开启伟大盛世的再出发点！

"大江东去，浪淘尽，千古风流人物。"从1978到2018年，四十年的沧桑巨变，在中国这片广袤的大地上演绎了无数传奇；每一次重大时局的变革都将催生出新的企业家群体，诞生出新时代的英雄。他们不畏浮云、石破天惊、勇立潮头。他们始终站在文明进化的舞台中央，万众瞩目。与此同时，中国的企业时刻都在上演着一幕幕新旧交替的戏剧，这些背后所演绎的是一幕幕企业家的悲壮与欢乐。这是用生命力撰写的壮丽诗篇，是用长盛力谱写的华美乐章，这是用融创力创造的崛起梦想。

"问苍茫大地，谁主沉浮？"光明的、黑暗的、开拓的、挣扎的，正是这数以万计的创业企业家们率领着他们的军团前赴后继，日夜兼程，才在这短短四十年的时间里，激荡出一幅幅波澜壮阔的画面——三千丈惊涛骇浪、暗流在水底咆哮，从"摸着石头过河"到没有参照物的"深不可测"，前方便是未来。"幸福在路上"也时有乌云翻滚、暴雨摧折、落花流水。无论是"诸神创世纪"的20世纪80年代,或是"猩红遍野"的20世纪90年代,还是"百舸争流"的21世纪初,中国企业家上演了一幕幕壮怀激烈、动人心弦的创业创富创新的大片……

如果将镜头拉回到20世纪80年代,一切将会蒙上风起云涌的背景。中国市场一片"荒芜",后来叱咤风云的企业界人物此时在这里潜滋暗长。他们怀揣着年轻的雄心,释放出长期压抑后的本能野性,付出洪荒之力,上下求索,南征北战,凭着敏锐的嗅觉发现每一丝可能的商机。

此时,鲁冠球以自家自留地里2万多元的苗木作抵押承包了乡城小厂;在深圳闯荡的王石,在土地拍卖中窥见了房地产业的曙光;柳传志在喧嚣中看到了个人计算机的方向;任正非在香港公司做代理的同时,悄悄开始研制自己的数字交换机……

90年代,外资企业蜂拥而入,跨国公司的豪门、大腕开始逐鹿中国,中国企业感受到国际竞争的阵阵杀气。

"沧海横流,方显英雄本色"。一场国内与国外品牌的大混战、大搏杀,倒下了一批又一批壮志未酬的中原豪杰,呈献出"遍地英雄下夕烟"的壮美画面,但也成就了张瑞敏、鲁冠球、倪润峰、曹德旺等的沙场传奇,奠定了未来十年乃至今日他们在各自领域称霸的血性与战力。

进入21世纪以来,新兴互联网技术以前所未有的速度,渗透到各行各业,在十年或者更短的时间内,便彻底颠覆了人们的生活方式。

在互联网冲击波之下,曾盛极一时的传统家电渠道商国美、苏宁等遭遇了前所未有的困局。几乎就在一夜之间,马云的淘宝、马化腾的腾讯、刘强东的京东,家喻户晓。

"弹指一挥间,可上九天揽月,可下五洋捉鳖"。互联网技术带来的迅雷不及掩耳的颠覆更是全方位的。对于传统产业来说,比认知颠覆、渠道颠覆更可怕的,是雷军这样生态化的"小米模式"。

"中国制造正在崛起!""厉害了,我的国!"近几年来,国人自信心高涨，"Made in China"已经遍布世界各地，中字头的一大批央企及华为、海尔、美的等一大批企业入选世界500强，并且这一比例正在逐年提高。

顷刻间，中国企业也开启了品牌全球化之路的快捷模式。万达、海信、vivo等五家中国企业成了2018年世界杯的官方赞助商，"中国建筑""中国高铁"等国家名片名扬海外……

正是中国人以五千年文明不曾间断、祖宗遗传的聪明学习基因和超强的勤奋精神让"中国制造"奇迹般地绚丽夺目。正如诺贝尔经济学奖获得者科斯所言："中国人的勤奋，令世界惊叹和汗颜，甚至有一点恐惧。"

但，"中国制造"真的崛起了吗？

一场突如其来的中兴危机，犹如当头棒喝，敲醒了国人狂热的梦。可以说，当下"中国制造"的崛起，多半依靠的是规模成本、低廉的价格、井喷的需求、不断复制的通用技术、生态的透支和不可延续的加速度。没有核心技术的崛起实在有点儿"空虚"，并有"金玉其表"之嫌。

经过40年的高速发展，"中国制造"如今面临的最大痛点与难题已经凸显，外部力量的敲打让国人皆知、猛醒：如何突破困境、防患"一剑封喉"的危机？如何走自主创新道路，真正拥有自己的核心技术？如何将自己的"命门"真正可靠地掌握在自己的手中？一句话，不能把自家的房子建在别人（或没有产权）的土地上。

认清了办企业"为什么"，搞懂了"是什么"，明确了"做什么"与"怎么做"的华为领袖任正非先知先觉，成为中国企业家群体中当之无愧的国宝级"珍品"。他以企业家精神＋科学精神＋工匠精神率领团队不断打胜仗，并持之以恒、百折不挠，每年都从公司营业额中硬性规定提取10%用于研发。尽管华为技术优势在国内首屈一指，拥有自主知识产权的"麒麟芯片"及5G核心技术也实现了与冠军的"并跑"，但面对"无人区"，任正非仍旧忧心忡忡，"即使投入这么大的心血，至今华为也没有原创性的研发"。

这一群又一群在腥风血雨中拼杀搏击的中国企业家，怀揣"为有牺牲多壮志，敢教日月换新天"的豪迈与梦想，前赴后继，不断转换角色和转移战场，从"引狼入室"的冒险学习到"与狼共舞"拼夺"中国制造2025"崛起的核心利器，或在"一带一路"大势下演绎"虎口夺食"的国际风云……

"天下之至柔，驰骋天下之至坚"。中国先祖所创立的"太极文化""观音文化"等为中国企业家们提供了得天独厚、取之不尽的智慧，企业家们正是用生命灵体的柔韧与无形，通过与企业生态交换能量，为自己制造"负熵"，有力抑制了企业生态中"正熵流"的生成，从而使企业健壮强韧，站到了今天新时代的起点上。

我深感庆幸，因为我们共有"遂宁"这个观音故里所隐含的大慈、大德、大善、大爱的吉祥基因，使我们遂商始终有一处恒久不变的心灵家园，拥有着差异化与饱满、和谐人文的特殊智慧库——观音文化。源于对家乡的这份厚爱，我们有理由相信，未来的遂宁不仅可以承载张九宗、黄峨、陈子昂等灿若星辰的光芒，而且通过遂商"敢为天下先，爱拼才会赢"的企业家精神的弘扬，将会涌现出更多名耀中华、感动环宇、创造历史的风流人物。

习近平总书记在庆祝改革开放四十周年的大会上指出："伟大梦想不是等得来、喊得来的，而是拼出来、干出来的。"抢夺新一轮制高点的更残酷、更隐形的战斗已经打响，究竟是时代成就了企业家，还是企业家创造了新时代？

好戏在后头，遂商加把油，创新立潮头！

（原载于《遂商》杂志2019年第1期）

和谐政商关系事关民族崛起信心

在政商之间构建"亲"与"清"政商关系,是我国独特政治与商业生态下,全面深化改革,突出社会主义市场经济主体地位,弘扬企业家精神,推进国家治理体系和治理能力现代化,实现自主创新的重要内容。

构建"亲"与"清"新型政商关系对全面深化改革,完善社会主义市场经济有着非常紧迫的现实意义。

构建"亲"与"清"新型政商关系,是我国要在2020年实现国家治理体系和治理能力现代化的必然要求。

如何处理好"政"和"商"这对矛盾、"亲"与"清"之间的关系,事关广大企业家弘扬企业家精神与民族崛起信心的问题。

作为企业和企业家的代表组织,根据《中共中央 国务院关于构建和谐劳动关系的意见》(中发〔2015〕10号)和《中共中央 国务院关于营造企业家健康成长环境 弘扬优秀企业家精神 更好发挥企业家作用的意见》(中发〔2017〕25号)精神,把构建"亲""清"政商关系作为构建和谐劳动关系、弘扬企业家精神、维护企业和企业家合法权益的职责,真抓实干,取得了一定的成效。

2017年省企联组织多家律师事务所和市、州企联,深入各地区企业,历时十个月座谈调查,以获得的第一手数据与资料为基础,全面检讨、客观审视《中华人民共和国劳动合同法》(以下简称《劳动合同法》)颁布执行以来对四川企业经营的影响。通过对《劳动合同法》条文设置确实存在资恶劳善、劳资对立的逻辑假设,过度强调政府干预管制、限制契约自治,加重企业负担等情形和不合理问题,以书面问卷与现场调研方式如实形成报告并提出建议，上报中国企联及有关部门，为新时代下《劳动合同法》的修订与更具时代性提供了参考依据。

2017—2018年，省企联动员组织百余名律师成立了维护企业和企业家合法权益维权律师团，先后发放调查问卷15000余份，走访绵阳、阿坝等21个地市州，面对面访谈500余位企业家，形成了《四川省企业和企业家权益保护条例》的建议稿，已提交主管部门省经济和信息化厅及省人大等单位，省人大已将其纳入立法计划。

受中国企业联合会、中国企业家协会委托，根据国务院督导办指示和国家劳动关系三方协商机制委员会安排，于今年10月16日在成都组织召开了"中国企业联合会征集民营企业反映相关政策落实问题重点事例座谈会"，收集整理了一批企业反映强烈的重点案例提交国务院办公厅督查室。11月19日在成都组织召开了"国家协调劳动关系三方调研企业座谈会"，会议就四川企业集体合同制度实施情况，"社保入税"对企业用工的影响等进行了调研。

从总体上看，构建"亲"与"清"新型政商关系还需要进一步的制度规范和政策引导。

首先，构建"亲""清"新型政商关系必须加强制度建设。除了当前把民营经济当作"自家人"看待外，还必须建立和完善相关的制度，尤其应加强政府制度方面的建设，使政府由控制者转变为真正的服务者。

其次，建立起政府与企业间平等的法律关系。保证企业经营的自主性、独立性、创造性。尤其在当前市场监管的转型中应注意：①让政府权力在阳光下运行。②分清政商界限职责，政府依法施政，企业合法经营。尤其应防止"九龙治水"再度兴风作浪，把企业倒退到曾经的"计划经济"与"权利经济"时代。③要像尊重科学一样，尊重企业家创新，减少甚至杜绝现有制度跟不上企业家创新步伐而导致的"慢作为""不作为""乱作为"的现象。

再次，纪律监察与民主法治相结合，营造"亲""清"的道德与法治边界，建设良好和谐的社会生态。坚持以社会主义核心价值观为导向，保持常态化的党内纪律检查和监察督导，形成良好的多管齐下的民主监督、约束与激励机制，建设公平廉洁、顺畅高效的法治体系，使"亲""清"新型政商关系持续、健康地推动新时代自主创新向更高水平发展，使营商环境、社会文明、民众幸福度等国家软实力与进一步改革开放、民族复兴相匹配，助力伟大中国梦的实现。

最后，强化产权保护，维护企业和企业家合法权益。遵循市场经济规律，积极推进社会治理体系的改革与创新，进一步简政放权，深化"放管服"改革，有效发挥社会组织功能与作用，维护企业和企业家合法权益，激发企业家创新精神和潜能，为国家高质量发展和人类命运共同体建设"不忘初心""撸起袖子加油干"！

（原载于《经营管理者》2019年3期）

不忘初心，牢记使命，用企业家精神推动企业可持续创新

刚刚落幕的大阪G20峰会，中美两国元首达成贸易协议。但给我们广大企业，尤其是企业家们上了非常生动的一堂课。对于我们这样一个正在崛起的大国来讲，企业国际化竞争的话语权、主导权、制胜权，就是国家地位的保证、国家尊严的支撑。而这一切"权力"不是来自供应、生态圈，而是来自企业自身基于核心竞争力的"弱强变"到"自强大"。

当前，围绕"不忘初心、牢记使命"主题教育，广大企业家在抓落实上须进一步弘扬"敢为天下先，爱拼才会赢"的新时代企业家精神，牢记习近平总书记"不忘历史才能开辟未来，善于继承才能善于创新"的指示，抓好三件大事：

一是大力弘扬"长征精神""延安精神""企业家精神"。这三大精神凝聚了中国共产党由弱到强，由强大到伟大的非凡成功经验，饱含了中国共

产党人的初心，贯穿了我们的使命，赋能了新时代伟大中国梦。

长征精神的核心就是"革命理想高于天"。基于这样的理想信念和初心，中国工农红军取得了长征的伟大胜利。近年来，我分析研究了中国本土企业的成功经验，其中有三分之一的企业在其企业核心理念和价值观里面都传承了这种红色文化，由此构成了中国式管理的优秀基因。

延安精神的核心就是独立自主、自力更生。延伸到中国企业文明进化史的研究，当年大生产运动精神、铁人精神、"两弹一星"精神、航空航天精神，以及四川企联倾力打造的"东气精神"、国电大渡河公司的"创新文化"等都有延安精神的基因。像邓稼先等老一辈功勋科学家，以"天下兴亡，匹夫有责"的情怀和使命担当，在科研条件极度艰难及物资极度匮乏的年代，用"中国创造"1.0版实现了"中国速度"。从我国第一颗原子弹爆炸到氢弹爆炸成功仅用了2年零8个月；而当时两个超级大国，美国用了7年零3个月，苏联用了6年零3个月。

对于企业家精神，党的十九大报告中指出：市场活力来源于人，特别是来自于企业家，来自于企业家精神。

二是修炼提升"定力、初力、创新力"三种能力。

正如古人所说，"有为才有位"，"修合虽无人见，存心自有天知"。中国改革开放的总设计师邓小平同志也指出：实践是检验真理的唯一标准。在新时代，广大企业家必须在以下三种能力上下功夫。

从中国文化来看，但凡成功的伟人或企业家，都有非常了不起的定力。定力就是一以贯之。其中，最典型的案例就是当今中国企业家任正非。他坚定地以华为文化引领团队，坚守初心、发奋图强。正是做到了"冷眼向洋看世界"才使得华为在此次中美贸易摩擦中"稳坐钓鱼台"，乱云飞渡"任"从容。

当下中国，以实体资本、虚拟资本等衡量企业核心能力的时代逐步终结，比耐心资本、初心资本的时代正在到来。改革开放40年，既有成功的经验，也有惨痛的教训。这些教训中最突出的就是急功近利的"短、平、快"机会主义行为。如何在新时代提高初力，是企业家都需要思考的问题。

当今世界，企业从跟跑到并跑这个过程相对容易，因为还没有对"世界公认老大"构成威胁和挑战。而今，围困来了。"修昔底德陷阱"等一系列经济学理论已经证明了"老大"和"老二"之间的关系，这是历史发展的必然，我们必然面对并迎接挑战。历史和现实告诫我们，只有创新力才是企业可持续发展的核心能力。因此，我们只有横下一条心，才能实现企业长青和中国自主创新2.0版。

三是努力实现"关键核心技术、产业标准、国际化品牌"三个突破。

习近平总书记指出："伟大的梦想不是等得来、喊得来的，而是拼出来、干出来的。"

说千遍道万遍，关键在于知行合一，实干兴邦。

面对贸易摩擦之后可能出现的"技术战""金融战"等，广大企业家要学习华为留有"后手"，并汲取"中兴事件"的教训，努力在关键核心技术、产业标准、国际化品牌三大方面奋发图强，实现突破。这也是广大企业家"不忘初心，牢记使命"应有的使命担当。

（原载于《经营管理者》2019年7期）

把企业家精神融入品牌培育的全过程

——热烈祝贺2019年全国企业家活动日暨四川企业家年会的召开

品牌强国已成为新时代我国企业家精神中创新、使命、担当与诚信等的"硬核"。尤其在消费升级势头明显、中美贸易摩擦难解难分所带来的出口市场动荡和市场竞争不确定性因素骤增的今天，加强品牌培育是企业发展的必然。

近年来，从自主创新驱动企业转型升级，到建立全系统、全过程的品牌培育、保护、成长与强大为世界名牌的机制，从弘扬企业家精神、工匠精神到建立"中国品牌日"，呵护品牌的社会风尚更加浓厚，品牌成长的土壤愈益丰沃，品牌的全球化步伐也日趋加快。迅速崛起的中国制造和企业品牌正在改写着世界品牌的格局，一大批央企及华为、海尔、阿里巴巴、腾讯、大疆、美的等国内龙头企业也迅速开启了品牌全球化之路的快捷模式，在世界500强中的占比逐年提高，"中国高铁""中国建筑""中国航天""中国核电"等国家名片也名扬四海。但客观地讲，中国品牌对国际市场的影响力、消费引导力与产业领导力相比世界第二大经济体的地位还有着相当大的差距。品牌建设对企业家来讲，代表了企业家精神和企业在价值生态链中的地位与可持续的核心能力；对国家而言，事关高质量发展和国际竞争力与国际话语权。因此，以品牌建设引领高质量发展、推动中国企业国际化是当今中国企业家必须首要考虑的决策选项。

品牌以创新为根本，传承为基础。我国企业要想在品牌上站稳脚跟并取得突破，尽快保持与发展速度的和谐匹配，实现与"中国创造""中国标准"的均衡、融合提升，就必须把企业家精神融入品牌培育与品牌价值链延伸的全过程。我认为，当前把企业家"敢为天下先，爱拼才会赢"的精神融入品牌培育与品牌价值链延伸的全过程，重点应抓好三个方面的工作：

第一，企业家在战略决策上须将品牌培育、壮大与提高市场占有率同步推进。一方面，要聚焦自身立足的市场，全方位、无死角地提升产品质量，优化服务流程，精准投放服务增值，提高服务人性化的温度，让消费者更满意；另一方面，通过加速国际化进程收购其他公司的知名品牌，通过融智创新，尤其是文化的融合，降低国际市场的"排异"反应，巩固和壮大品牌的市场地位，起到事半功倍的品牌效应。

第二，企业家在技术上必须大力加强科技创新的硬投入。习近平总书记指出，科技是国之利器。国家赖之以强，企业赖之以赢，人民生活赖之以好。他强调，"形势逼人，挑战逼人，使命逼人"。党的十八大以来，我国坚定地实施自主创新战略，更加注重提升科技自主创新能力建设，使国家由大变强的"命门""绝技"逐步牢牢地掌握在自己的手中。2013—2016年间，R&D经费年均增长11.1%，增速世界领先。2017年R&D经费投入强度达到了2.13%；2018年R&D支出达到了19657亿元，投入强度达2.18%。根据世界知识产权组织发布的《2018全球创新指数报告》，截至2018年年底，中国发明专利申请量超150万件，有效发明专利达135.6万件，居世界第三位；每万人的发明专利拥有量达11.5件，同比增长18.1%；有效注册商标达1492万件，整体排名升至全球第17位。这使我国在品牌建设上不仅拥有了大环境的良好"底气"，而且聚集了后发优势，为实现"超车"换挡提速拓展了创新空间。以格力电器为例，科技创新让格力电器提升市场占有率的同时，品牌也开始领跑全球，如今围绕市场和消费者需求，格力电器用创新创造引领消费者需求。近年来，"不用电费"的光伏空调，"极限低温，强劲制热"的太阳式空调，可双向换气的新风空调……这些具备领先科技的自主创新产品，不断为格力电器品牌赋能，让格力电器的品牌形象日益深入人心。

第三，给"老字号"品牌赋"新时代"之能。"老字号"传承是消费者的信任和国人的情感，是当前消费升级、拉动内需作为供给侧结构性改革的重点特色之道。"老字号"在坚守品质、传承"原汁原味"的工匠精神与优秀传统文化的同时，还必须"撸起袖子加油干"，从文化引领、创意设计、跨界合作、技术升级、商业与盈利模式创新等层面赋"新时代"之能。当下，最佳的选择就是"互联网＋老字号"。

"互联网＋老字号"的平台化模式，能为消费者提供更为多样化、个性化、体验化的产品与服务的选择，可以缩短企业品牌的建设、传播与壮大的周期，从而给更多的"老字号"带来新活力。《老字号品牌线上消费趋势报告》研究发现，越来越多的消费者通过线上平台选购老字号品牌的商品。数据显示，2018年下单金额、下单用户数和下单量大幅增长。其中2018年下单商品数量同比增幅达到了60%，可见"老字号"品牌商品线越来越丰富，可以提供给消费者更多丰富的商品。

中国杰出企业家马云所创立的阿里巴巴，作为新时代的国际互联网商业品牌正推出新国货计划，未来将创造200个年销售超过10亿元的国产品牌，并帮助200个老字号年销售过亿元，扶持20万个年销售500万元的淘宝创意特色商家。此穿越时空之举，令广大国人欣喜。将"老字号"与"新零售"通过"互联网+"的融合和大数据赋能，可谓"一举多得"，道行天下。

"莫愁前路无知己，天下谁人不识君？"我坚信，只要我们广大企业家发奋图强，以"两弹一星"的精神为新时代奋斗的底色，苦练"撒手锏"，勇举"金箍棒"，我国会涌现出更多的"独上高楼望天路，乱云飞渡'任'从容"的任正非。到那时，中国品牌定会在地球村中大放异彩，呈现百花争艳、万紫千红的壮美画卷。

（原载于《经营管理者——企业家活动日增刊》2019年5月）

企业崛起：为中国重返世界之巅

——致敬中华人民共和国70华诞

国庆阅兵、群众游行、联欢晚会，中华人民共和国70华诞庆典成功办成了全民盛宴……不仅向世人展示了国家经济、军事、科技的硬实力，而且彰显了自信、团结、奋斗的强大精神国力。突出了英雄本色、榜样力量、国家意志、人民心愿、民族梦想。巨大的爱国热情与创造创新的激情在新时代得以迸发与凸显，象征着中国崛起的步伐如时代洪流般不可阻挡。

习近平总书记指出："历史是最好的教科书。"走过70年光辉历程，中国创造了人类史上罕见的发展奇迹，成为世界史上改天换地的鲜活案例。尤其是改革开放40年取得的伟大成就和宝贵经验已上升为"中国智慧"，创造了"当今世界殊"的新神话。在中华人民共和国崛起的美丽风景中，既有共和国英雄们用鲜血染红的绚烂花朵，也有众多默默无闻的科学家创造的彩虹，更有广大企业家及亿万劳动者用"我为祖国献石油"的牺牲和在"希望的田野上"弯腰的姿势、忙碌的背影、挥汗的微笑、奋斗的足迹……

孔子讲："七十而从心所欲，不逾矩。"中国企业70年崛起的峥嵘岁月，浓缩了共和国70年的巨变，给予了我们重新出发的思考、智慧和力量。仅从1949年国民经济的主食——钢铁产量看，那时仅为世界的千万分之一，到今天超过世界产量的一半；从企业的极贫极弱到2019《财富》世界500强中，中国企业以129家首次超过美国成为全球第一……尤其让世界刮目相看的是经过70年的成长与变革，我国成为当今世界唯一拥有全产业链的国家，涵盖了联合国产业分类的39个工业大类、191个中类和525个小类，形成了目前全球"独一无二"的最齐全工业体系。这使"中国制造"所代表的"中国力量"无法撼动，使中国企业群体全球化崛起有了坚实的基础和体系化、持续化、生态化的竞争优势。这也是未来中国成为世界倾慕之国的高"颜值"底色所在。

过去70年，是中国企业砥砺奋进、成就非凡的70年，是中国企业家彰显英雄本色，始终站在时代前列，带领企业攻坚克难、开拓创新，取得令人瞩目成就的70年。站在新的历史起点，担当民族复兴的伟大使命的企业和企业家，更应明白"而今迈步从头越"的历史重任与前所未有的挑战。中国企业"大而不强"、数量与质量的不协同、品种与品牌的不协同、模仿创新与自主创新的不协调等这一系列的问题需要我们继续发扬优秀文化，保持顽强的定力和韧性，需要用"为有牺牲多壮志，敢教日月换新天"的豪情和"敢为天下先，爱拼才会赢"的企业家创新精神去攻克"中国芯""中国料""中国品牌"等一系列难题，真正掌握关键核心技术。只有这样，才能真正把握产业发展的主动权和国际话语权、主导权，才能为伟大中国梦的实现与人类命运共同体建设奠定起牢不可破的核心基业，推动中国重返世界之巅。

中国重返世界之巅并非敲锣打鼓、轰轰烈烈就可以轻松愉快地实现的。尤其是在数字经济、人人是自媒体的时代,我们要赢得世人的尊敬,不仅要有硬实力,更要有软实力。而此次庆典已彰显新时代企业崛起及中国重返世界之巅的新时代价值导向与美好宣言。正如笔者在今年四月出版的专著《融创论——自主创新驱动企业转型升级》中所言:"在全社会营造出崇尚创新、尊重创造的'新追星文化'——让科学家、企业家、大国工匠成为新时代的偶像、英雄和品牌。"而品牌就是这"二力"的有机融合,品牌的培育和建设是一个漫长而艰辛的过程,但不可否认的是,品牌成功的一半是文化。因此,未来企业最高层面的竞争是价值观所主导的文化力的竞争。对此,先知先觉的伟大企业家任正非所率领的团队已用行动率先回答了这一时代之问。任正非所统帅的华为不仅用技术创新的"5G"赢得了全球市场地位,更用华为自我批判、自我纠错、勇往直前的文化力创造了不对称、不确定性生态下的竞争优势。其强大的软实力的背后融合了中国共产党所创造人类奇迹的红色文化、科学精神、军人的顽强力、企业家的创新力和超凡的灵商资本与耐心资本。

"撸起袖子加油干!"这是我们企业群体崛起,为中国成为新世界中央,重返世界之巅的最朴实的精神导向与文化自信、文化自觉、文化自强和无可匹敌的14亿伟大人民的磅礴融创力。

(原载于《四川企业管理》2019年10期)

融创力:驱动新一轮管理革命

当今世界正处于新一轮技术革命所推动的工业革命。从5G运用到算力革命,从基因测序到纳米技术,从可再生能源到量子计算,从人工智能到机器学习，从互联网到物联网，数学、物理和生物三大技术领域从未有过的跨界、交叉、融合，正在引发人类前所未有的大变局。

马克思告诉我们，生产力决定生产关系。世界管理史也科学地证明，技术革命与工业革命的纠缠交织必然催生新的管理革命，从而产生技术、管理、价值、品牌等融创而成的新的共享生态。关于融创力的相关理论与实践在笔者专著《融创论——自主创新驱动企业转型升级》中有系统地阐释。仅从此次管理革命时代的核心驱动要素看，5G、人工智能、区块链、云计算、大数据、边缘计算等核心技术在不断地重塑企业的科创模式、商业模式、管理模式和盈利模式。

从苹果、亚马逊、华为、海尔、西门子、丰田、阿里巴巴等全球管理革命的先锋看，这些优秀企业都顺势而为，甚至造势突破，毫不犹豫地把战略目标转型升级为生生不息、数据驱动的"生态型组织"建设之中，这也是此次管理革命改写历史的大趋势。

管理革命离不开它的主角——企业家。真正的企业家精神是超越"大数据"、驾驭"云"端、统领"人工智能"、拓新"区块链"等的主宰。新时代企业家尽管面临着巨大不确定性与颠覆性的挑战，但"不忘初心"的使命与创新基因天然地使其中的优秀分子能运用灵商智慧，达到价值观引领万物互联、数字化生存、回归人本的融创佳境，实现企业家精神主宰下的管理革命，推动企业生态共享和人类命运共同体的建设。

新一轮管理革命一个突出的特点就是进入了笔者2013年所著《长盛力——缔造富有灵商的管理文化》中所揭示的企业生态高级阶段特征，即"快鱼吃慢鱼"的时代。其本质是由于技术与产业的大融创而导致的快速变革、快速迭代、快闪发展。而这个以速度取胜的"新时代"正与国人今天的文化观念、精神力量、崛起梦想、实力积累、成功经验等要素相聚合。加之中国治理的大生态质的提升、稳的预期、赢的空间在不断拓新，因此，中国企业大踏步自主创新与新一轮管理革命的爆点已经闪现。

中国式管理模式的创立与企业家精神的弘扬，离不开制度创新及营商环境的持续改善。令人高兴的是，国家发展改革委于去年9月12日出台了《关于建立健全企业家参与涉企政策制定机制的实施意见》，这是贯彻落实《中共中央 国务院关于营造企业家健康成长环境 弘扬优秀企业家精神 更好发挥企业家作用的意见》的有力举措。去年10月24日，世界银行发布了《2020年营商环境报告》，中国的总体排名比上年上升15位，名列第31名。因此，我们有理由相信，中国企业家成长的环境会随着国家制度创新及治理体系与治理能力的现代化而日趋优化。

站在2020年新的历史起点，企业必须不停地前进才能保住生态位，也只有不停地加速前进才能实现超越。愿我们笃定不乱，把握机遇，细微专注，全力以赴，在这场新的管理革命中，以企业家精神推动融创力的不断提升，牢牢掌握先发权、主动权、话语权，努力成为书写历史、改变历史、创造历史的时代先锋和楷模。

（原载于《经营管理者》2020年1期）

全民抗疫：伟大精神国力的爆发

2020年年初，中国人民以雷霆万钧之势投身于抗疫之战。泱泱大国被迫按下了"暂停键"。

这是一次重大危机，也是一次对国家治理体系和治理能力的大考，更是一次精神国力的爆发。党中央一声令下，960万平方公里的国土上迅速汇聚起抗击疫情的洪荒之力与强大供应链支撑，书写了"当惊世界殊"的伟大抗疫故事。无论是深入"毒穴"的钟南山、李兰娟院士，还是奋不顾身"逆行"的医生护士和空降的解放军战士；无论是日夜出访的社区工作人员，还是倾情相助、疏通"粮草"的志愿者；无论是伸出援手、捐款捐物的企业家，还是身在海外抢购口罩捐回国内的留学生、华人华侨；无论是响应号召返岗加班加点支援前线的坚守者，还是宅在家中的普通人……都展现出团结一致、无私奉献和勇于牺牲的精神，使疫情得到了迅速控制。

中国人民这次爆发出来的精神力受到了海外舆论的普遍赞扬。如世卫组织新冠病毒联合专家考察组外方组长布鲁斯·艾尔沃德所讲："我从未见过一个社会有如此的集体奉献精神。"著名化学家、诺贝尔奖获得者谢赫特曼也盛赞："我钦佩中国人民在此次疫情中的团结精神。"可以自豪地讲，这是改革开放以来我国物质国力迅速崛起之后，精神国力的一次大检阅、大提升。

习近平总书记指出："精神是一个民族赖以长久生存的灵魂，唯有精神上达到一定的高度，这个民族才能在历史的洪流中屹立不倒、奋勇向前。"全民抗疫让"中国精神"所牵引锻造出的精神国力愈加丰硕和坚强，也使中国倡导的"人类命运共同体"理念得到了一次实践检验与成果的国际化共享：中国以最快的速度公布病毒基因测序，为世界各国抗击疫情赢得了时间，用"中国力量"筑牢疫情防控的国际防线；火神山、雷神山医院的神工妙建，用5G、大数据、AI等创新技术让世界分享"云监工"下的"中国速度"是如何炼成的；不断更新公布的中西医治疗方案，向世界提供战疫的"中国经验"；向世卫组织提供2000万美元的抗疫援助；向日本、伊朗、意大利等国家提供"中国创造"的检测试剂盒，派遣专家团队等援助，为挽救更多生命体现了"恩深转无语，怀抱甚分明"的"中国情怀"和"同一个世界、同一个梦想"的"中国担当"……

弗霍查说："灾难是人类的试金石。"没有比较就没有对精神国力的深刻领悟与自强。

除夕夜是中国传统的团圆大节，但中南海一声令下，几乎一夜间车水马龙的国内大都市清一色凝固成了钢筋混凝土的原始森林。"封城""千里驰援""逆行"成了热搜。

更发人深省的是"钻石公主号"和"歌诗达塞琳娜号"两艘邮轮的不同境遇，英国、美国、日本互相推诿，"钻石公主号"上3711人用了13天才被检测完，活生生把10例感染人数拖成了542例；而中国仅用一天就将"歌诗达赛琳娜号"4806人全部排查并组织下船隔离。

再回放、对照一下世界唯一超级大国在处理卡特里娜飓风、H1N1流感，尤其此次在海上漂泊近一月的"至尊公主号"邮轮的态度与速度，不仅让"选择性失明人士"及"带路党"们等瞪大眼睛，更让世界真正崇尚民主、自由、公平的人们有了更加客观深刻的认识。

没有比较就没有鉴别。这种比较，不仅向世人真实展示了中国"四个自信"的正确与人民的拥护，也进一步凸显了中国精神国力的日渐强盛。

多难兴邦，否极泰来。面对世界百年未有之大变局，此次全民抗疫的胜利不仅为全球树立了榜样，用事实证明了化危为机至春暖花开的核心国力，更向世界展示了新时代与物质国力崛起相匹配的中国精神国力，彰显了中国历经五千年文明传承并不断丰富至伟大复兴征程的"硬核"。因此，我们有充分的理由坚信，此次战疫完胜之时，便是开启中华民族由此走向盛世乾坤的伟大转型之日。

（原载于《经营管理者》2020年4期）

法治是最好的营商环境

耗时四年，四川保护企业和企业经营者权益的地方立法终于尘埃落定。2020年6月12日，《四川省企业和企业经营者权益保护条例》（NO：SC132881）(以下简称《条例》)由四川省第十三届人民代表大会常务委员会第十九次会议表决通过，自2020年8月1日起施行。

4年来，在四川省人大法工委和经济委、省经信厅、省司法厅的领导与指导下，四川省企业联合会、四川省企业家协会（以下简称省企联）全程参与立项全过程。省企联、成都理工大学法学院、四川高扬律师事务所共同组成的法规起草课题组，投入大量人力物力，通过大量走访企业、与企业经营者一对一面对面访谈、召开专题调研座谈会、发放调查问卷等多种形式的收集、整理资料，为《条例》起草、出台做了翔实的基础工作：

一是立法调研论证和起草阶段。组织了成都、乐山、绵阳、内江、广元、遂宁等10个市州及12个工业园区调研座谈会22场次，参加部门和企业580余家；一对一实地访谈了100余位企业经营者，发放企业和企业经营者调研问卷5000余份，回收调研问卷1500余份，赴两个兄弟省学习调研立法经验。较为全面深入地了解到了企业面临的困难和它们的真实需求。《条例》的制定出台将为企业发展创造公平、宽松的法治环境和社会氛围。

二是立法审查阶段，代拟草稿形成后先后征求全省相关职能部门和企事业单位共计151个单位的意见，反馈意见总计160条，召开征求意见座谈4场次，参加部门和企业120家。公开征求意见2次，召开修改审查座谈会22次。

三是立法审议阶段，草案2次公开征求意见，召开草案修改座谈5次，征求意见座谈会2场次，共60余家部门和企业参加。组织企业和企业家对二审稿征求意见，共计65户企业和企业家反馈意见，提出建议、意见74条。

企业兴则国家兴。企业是社会财富的主要创造者，是经济发展的主要动力和社会繁荣的主要基础。维护和保障企业和经营者的合法权益，既是企业发展的迫切需要，也是社会发展与进步的必然要求。但我国现行的企业权益保护方面的法律规定，散见在相关法律之中，且存在着诸多分歧和立法薄弱环节，远不能满足维护企业合法权益的需要。从2001年至今，许多省市地方人大与政府积极探索制订当地的企业权益保护专门立法。

博观而约取，厚积而薄发。省企联担纲的法规起草课题组在《条例》立法推进过程中，多次征求省级相关部门、各市（州）意见，公开征求了不同所有制、不同类型企业和企业经营者的意见，采纳了合理化建议，同时借鉴了广东、福建等地的立法经验，有效提高了立法科学性。可以说，此次四川出台的《四川省企业和企业经营者权益保护条例》集纳了此前全国各地同类型立法的优点,扬长避短,是真正的"博采众家之长,集大成于一身",无论是理论的扎实还是实践的可行性,均与时俱进,走在了全国的前列。

习近平总书记在2020年7月主持召开企业家座谈会强调指出:"要实施好民法典和相关法律法规,依法平等保护国有、民营、外资等各种所有制企业产权和自主经营权,完善各类市场主体公平竞争的法治环境""要依法保护企业家合法权益,加强产权和知识产权保护,形成长期稳定发展预期,鼓励创新、宽容失败,营造激励企业家干事创业的浓厚氛围。"

良好的营商环境如同阳光、空气和水一样,对经济社会高质量发展至关重要。法治又是最好的营商环境,不仅是企业发展的定心丸,更是赋予企业捍卫切身利益和财产安全的有力武器。

我们相信,随着《条例》的出台施行,以立法的形式来保护企业和企业经营者权益必然在落实上更具执行力。我们坚信,有了《条例》作为"保护伞",企业发展,尤其是企业家将更有底气,更有信心,更有创新的活力,四川地方经济发展一定会步入更加辉煌的新天地。

(原载于《川企维权》2020年8期)

活下来、归本位、继续奋斗

——学习习近平总书记在企业家座谈会上的讲话与2020年中国企业家活动日有感

面对新冠疫情对世界格局的巨大影响和对企业生态链的强大破坏力,加之中美之争已从贸易摩擦上升至技术战、货币战、文化战。企业所面临的不确定性,甚至颠覆性的外部环境突变骤增,我国企业家面临着空前的挑战与危机。

在这特殊时期的关键时刻，习近平总书记亲自主持召开企业家座谈会具有深刻的时代意义。习近平总书记以"一览众山小"的淡定与从容给广大企业家及经营管理者同仁们镇静、鼓劲、加油。他指出："保市场主体就是保社会生产力。要千方百计把市场主体保护好，激发市场主体活力，弘扬企业家精神，推动企业发挥更大作用、实现更大发展，为经济发展积蓄基本力量。"这一讲话极大地稳定了企业家的"军心"和广大市场主体的信心，有力鼓舞与提升了企业界创新图强的动力。根据这一指示精神，我们企联以"勇于担当奉献，彰显企业家精神"为主题，隆重召开全国企业家活动日暨四川企业家年会，不仅是扎实做好"六稳"工作、落实"六保"任务的"刚需"，而且是广大企业和企业家及市场主体的"内需"。为此，企业家应有三方面的考量。

一是确保活下来。尽管在疫情防控和经济恢复上，我国都走在了世界前列，但国际上疫情蔓延的现实状态，尤其是以美国为首的某些政客赋予病毒政治化的操作及其对中国的妖魔化，使得未来全球经济形势与营商环境难以预料。因此，摆在众多企业尤其是中小企业面前的市场、供应链、资金、人员等不利因素，甚至危机，可能使其中的一部分等不到春暖花开便倒下了。因此，企业家必须树立"动一子则应全局之变，走一步着眼未来风雨"的中国围棋智慧和网络化、数字化、生态化的战略布局，在举棋、落子上下足功夫：

首先，要捂紧"钱袋子"。断臂求法，严控非刚性开支，特别是在现金流管控上果断做减法，甚至除法。与此同时，必须运用硬性手段严控成本，运用互联网技术迅速消化和处置库存及无效资产，提升议价变现和资产变资本的能力。其次，勒紧"裤带子"。就是要苦练内功，提高自身免疫力，用"三化"实现"三变"。即精准化，变"扫射"为"点射"；精细化，变"漫灌"为"滴灌"；精益化，变"狂轰滥炸"为"定点清除"。最后，捆紧"鞋带子"。要做好打运动战、持久战的准备，要树立长期艰苦奋斗的精神，要有坚持长征才能最终胜利的顽强意志。

二是不忘初心，回归本位。"九层之台，起于累土"。面对这场人类共同大战的隐形敌人，企业要回归"是什么""做什么"的本位，就务必要在夯实基础、固本强身、养精蓄锐上久久为功。只有这样才有可能战胜这场疫情带来的严重危机并实现化危为机与可持续发展。对此，企业家应在聚焦"四基"上痛下苦功：基于以客户为中心，以满足客户需要为导向的品质与价值提升；基于自身核心能力构建的卧薪尝胆模式，以迅速补上创新之短板，攻克关键技术并以此培育自己的品牌；基于企业良好生态的营造，积极主动融入全球化生态链，做价值实现与增值平台的合作者、贡献者、共享者；基于以人为中心，努力学习华为"以奋斗者为本"的真经，充分运用文化、科技、体制、机制、管理、商业模式与企业家融智创新所带来的效能提升，充分发挥人才的杠杆效应与蝴蝶效应。

三是继续奋斗，幸福在路上。"志不求易者成，事不避难者进"。奋斗精神就是吃苦受累、敢闯敢试的精神；就是胜不骄败不馁、愈挫愈勇的精神；就是无惧无畏、一往无前的精神；就是踏实勤勉、一步一个脚印的精神。当代企业家精神就是奋斗精神在新时代最炫酷且最富有冒险、使命、奉献、创新等伟大精神特质的集中体现。

（原载于《经营管理者》2020 年 8 期）

在不确定性中做魅力型企业家

新冠疫情肆虐对全球经济社会产生了深刻影响。人类环境危机、文化与价值观冲撞、企业供应链与生态异变等所带来的空前不确定性，给企业和企业家带来了前所未有的认知颠覆、战略模糊和危困。国家面临着"百年未有之大变局",企业面临着国际化的"迷茫",企业家更面临着领导力的大考。

面对风云突变的国际环境,我国做出了"以国内大循环为主体,国内国际双循环相互促进"的新发展战略布局,加之国内抗疫战斗"一枝独秀"所带来的精神国力、自信力与国际影响力的大幅提升,为中国企业家应对外部环境提供了相对确定性、可靠性的思考与决策坐标,从而使他们在不确定性中成就魅力型企业家,增添了文化、体制、机制与创新的生态势能。

魅力型企业家是最高人格在优秀企业家中的体现,是成就卓越企业领导风格与领导力的集聚展现,是优秀企业家精神在激烈市场竞争与应对危机中的旗帜。魅力型企业家本身就是不确定性企业生态下的确定产物。魅力型企业家本人未必知道未来是怎样的定势,或者说他也未必就确定企业未来的轨迹,但是在众人昏昏与摇摆中,一个坚定且充满激情的清醒者势必成为人们追随的对象,所以,魅力型企业家经常与"挽狂澜于既倒,扶大厦之将倾"这类场景联系在一起。

做魅力型企业家,是领导力的升华,是长青企业的必然选择,是时代的呼唤。做魅力型企业家,可以从以下几个方面进行修炼:

首先,在境界上要有哲学思维。境界决定眼界,眼界决定世界。如何造就与良好企业生态相生的系统思维、创新思维、辩证思维等,是企业家成就魅力型特质与差异化能力的核心。

其次,彰显价值观领导力。企业家要拥有国际化产业领导力与创新驱动力,必须以价值观领导力驱动远景。诸如"利他主义"、"用心领导"、关注"我是谁"、"优势领导"等现代领导科学与艺术的智慧与技能,这些需要我们终身学习、研究,并在实践中"扬弃"。

再次,突出个人闪亮气质与品格力。魅力型领导力在很大程度上来源于领导者独特的灵商、个人气质和因特殊经历而历练成的品格、自信心、成就感等。魅力型企业家虽然可以学习借鉴,但对于很多企业家来说是很难做到的。因此,企业家要在自信与谦逊、坚定与变通、创新与传承、求知与尊重、天马行空与脚踏实地等方面狠下功夫。同时，魅力型企业家还必须懂得"收买人心"。这其中包括与企业生态链各方、下属及团队产生"共感"，营造"共鸣"，形成"共情"，实现"共享"；既凭数字说话，也要读懂人心；既依靠AI辅佐决策，也不钝化情感赋予的直觉；既对股东及自身负责，也要对员工和社会负责任等。

最后，在战略与细节中坚守初心，把握定位。这既是处理好"大道无为"与"大道至简"的企业文化建设的哲学命题，又是处理好战略、战术、战斗的经营管理问题。战略的价值由细节实现，细节的价值由战略决定。两者的和谐才是企业成功的关键，更是企业家魅力的基石。

海尔集团董事局主席张瑞敏就对魅力型企业家进行了完美诠释，他率领海尔集团以文化为引领，内外"两手抓"，一手抓战略管理，推进"由难到易"战略，创"中国的世界名牌"；一手抓细节管控，实施严格的OEC管理法，做到"日事日毕，日清日高"，实现了文化与管理的和谐，由此铸就了世界白色家电之王，也使海尔成为一个受人尊敬的企业生态系统。

（原载于《经营管理者》2020年11期）

决战"十四五"：实体、科技与金融资本的融创
——2021新年寄语

极其动荡的2020年，中国因成为历经贸易、科技与抗疫大战，全面加速恢复并唯一正增长的主要经济体而荣耀史册。"脱贫攻坚奔小康"等"以人民为中心"的国家战略生根开花结果，特别是以"嫦娥五号""勇士号"等为代表的"可上九天揽月，可下五洋捉鳖"等一系列融智创新成就的"组合拳"，为"十三五"圆满收官、决战"十四五"、实施"2035目标"并

实现中华民族重返世界之巅奠定了牢不可破的基石。

改革开放四十余年的辉煌成就，特别是"十三五"取得的历史性突破表明，实体经济及"中国制造"最完整产业链的竞争力，是他国所无法复制与阻断的，是中国制度优势及五千年文明基因等要素高度融合的创造与创新的"内核"。它是增强综合国力、维护国家安全、发展核心技术、改善人民生活的根本支撑。因此，对于我们14亿人口且正在蓬勃崛起的发展中大国来讲，壮大实体经济必是基本国策。

人无远虑，必有近忧。近日，政府叫停蚂蚁集团的上市及其处罚等举措有着非凡的现实价值与历史意义。如"蚂蚁花呗"这种引流消费并造就众多"暴花户"而可能导致"寅吃卯粮"的文化不适合发展中国家。因此，此举不仅是反垄断并确保市场经济健康发展的需要，更是抵御"外患"、消除"内忧"的长远之举，是政治经济学与科学之道，是以人为本的治理之举，是下好先手棋、应对"科技战"之后将要到来的"金融战""货币战"及伪装成平台乃至国家的"资本战"的智慧之选。

量子时代的大机会就在眼前，大平台应该有大使命、大格局、大担当。尤其是靠宽松的市场政策而"爆炸式"做大的平台公司，不发挥其所拥有的金融资本"强正相关"功能助力实体、助推科技创新并积极履行社会责任，反而过度地与小商小贩争市场、拼成本的做法，既破坏了市场公平原则，也造成了大量隐性失业、国家和谐成本的增加与资源的浪费。与其"吸鸦片式"的缠绵病榻，不如"自我革新"而断臂求法，把可能导致国家金融风险、数据资源安全等隐患、梗阻、地雷摧毁于"十四五"的起点，为新发展格局铺设康庄大道。与此同时，从大环境上倒逼大平台企业，尤其是企业家们遵循法律法规，并向任正非学习，向马斯克取经，用真正企业家的冒险和创新精神去开拓"无人区"，实现远远超越自身商业利益的"人类命运共同体"式的社会价值。

金融是现代经济的血液。我们要深刻领悟以国内大循环为主体、国内国际双循环相互促进的新发展格局，深刻理解金融资本与实业、科技的融创之道及其在新发展格局中的使命，为决胜"十四五"和实现下一个"百年目标"开好头，必须努力把握以下几点：一是赋能实体经济，完善产业链创新链融资体系；二是服务市场循环，稳定和畅通国内国际市场循环；三是支持创新体系，形成投资与创新的良性循环；四是助力消费升级，提升民众生活品质；五是确保国家金融安全。

党的十九届五中全会提出了"坚持创新在我国现代化建设全局中的核心地位，把科技自立自强作为国家发展的战略支撑"的新发展格局战略，这是继邓小平"科学技术是第一生产力"、习近平"创新是引领发展的第一动力"之后又一伟大的里程碑式论断。这是作为创新主体的企业真正实现"人无我有，人有我优，人优我新"，攻克"卡脖子"，打造"撒手锏"，练就"独门绝技"的创新指南。同时，也为科技创新、实体壮大与金融资本的增值找到了共赢的方向。

实体立国，科技强国，金融兴国。在数字经济时代，金融科技成为金融资本与实业、科技深度融创的最佳发力点与价值交汇点。它包括信贷科技、财富科技、诚信与监管等方面的科技。如以区块链技术推动的数字人民币和全球化创新链金融，以量子技术所带来的对科技与实体的革命性突破，两者都具有同等的划时代价值与深远的历史意义。

（原载于《四川企业管理》2021年1—2期）

企业家应向中国共产党学习管理

——热烈庆祝中国共产党成立100周年

作为马克思主义执政党中唯一的"百年老店"，中国共产党成就中国百年沧桑巨变的宗旨、文化、战略、团队建设、执行力、自主创新等所建立的丰功伟绩，是世界上其他任何政党都无法比拟的。它指明了实现中华民族伟大复兴的正确道路，根本改变了中国人民的历史命运，做出了解决全人类问题的中国贡献，形成了中华民族伟大复兴的坚强领导核心，构建了新时代以"四个自信"为引领实现伟大中国梦并携手打造人类命运共同体的可持续核心能力。

"秉要执本"。中国共产党百年风华，战胜重重险阻，在无数次生死边缘中坚挺了起来，在无数次失败中坚韧了起来，在无数次胜利中坚强了起来。向其学习管理，就要抓住关键、根本、核心的东西，我认为至少应把握以下要点：

首先，宗旨明确坚定，形成了价值观（共产主义理想）驱动的强大凝聚力，核心竞争力不断增强。

在觉醒年代党的初创期，以李大钊、陈独秀、毛泽东等为杰出代表的创始人，以其"惊天动地"的气魄和"穷则独善其身，达则兼济天下"的崇高道德境界，在极度危难与每个革命者都挑战绝境的条件下，为马克思主义在中国的传播、唤醒广大民众和中国共产党的使命与价值观的确定树立了丰碑。并由此诞生了引领中国共产党日益壮大的伟大"红船精神""长征精神""延安精神"……并以"革命理想高于天"的英雄主义气魄，在从来没有督战队，也没有大把银子奖励的无数次生死搏斗中，使其领导的军队成为最富有献身精神、最具凝聚力的铁军。

党在一次次死亡的边缘浴火重生，在极度艰难中能够"星火燎原"，并从胜利走向辉煌，从历史的视角证明了不管是政党、社会组织还是企业，若没有宗旨、价值观所赋能的使命感，一定做不强做不大，更做不久。纵观世界企业管理的发展史，无论企业曾经如何"不可一世"或"纵横天下"，最终都会因缺乏使命感而失去初心和方向，从而被历史淘汰。就企业团队建设而言，若没有使命感的激发，很难看清未来的希望，也很容易忘记来时的路，而没有希望就成为员工职业生涯的最大壁垒。

靠对使命感所形成的理想主义信仰驱动和精神追求，中国共产党聚集了一大批像毛泽东、周恩来、朱德、钱壮飞等"为有牺牲多壮志，敢教日月换新天"的民族忠诚精英，也凝聚了像夏明翰、方志敏、杨靖宇、黄继光等"砍头不要紧，只要主义真"的成千上万的英雄豪杰。由此，建立起了由价值观驱动的前赴后继、赴汤蹈火、"开天辟地"的人才团队。正如毛泽东曾经指出："不但要有一班刻苦励志的人，而且要有一个大家共同都信守的主义，主义好比一面旗帜，旗帜竖起来之后，人们才有所趋附。"与此同时，从人本管理出发，党提出了"全心全意为人民服务"的宗旨和新时代"人民至上"的纲领，更是让革命与执政顺应了社会进步的规律和趋势，求解到了全民族最大的价值实现公约数，从而形成了颠扑不破的核心竞争力——聚心。正如习近平总书记指出："人民就是江山，共产党打江山、守江山，守的是人民的心。"也如也门议会副议长巴西拉所赞："中国共产党是唯一能够将全国人民团结起来保持强大凝聚力的政党，这是很重要的经验。也正是因为有了强大的凝聚力和良好的治理，中国才能取得今天如此大的发展成就。"

因此，企业家应高度重视价值观驱动的企业核心竞争力的建设，在经营人心上下足功夫，从而率领团队全员并与企业生态各方共谋共商共建共赢共享，为企业命运共同体建设而众志成城，一往无前。只有这样，才能确保高质量的可持续发展。

其次，战略目标清晰，形成了巨大的领导力、执行力。

无论是土地革命战争、抗日战争、解放战争、抗美援朝战争，还是改革开放与"四个现代化"、"四个全面战略"与"两个百年目标"、精准扶贫与乡村振兴、"中国梦"与"构建人类命运共同体"、"2030碳达峰"与"2060碳中和"等，都充分彰显了党在不同时期、不同阶段、不同外部生态变化中清晰的战略决策与战略目标。其"乱云飞渡仍从容"的战略定力与"力出一孔"的战略聚焦能力，将短期的科学性目标与长期的利他主义的普世价值充分结合，把团队的理想、价值实现与资源的系统整合和个人英雄主义与创造力有机融合，从而使投入与产出形成了系统性高效聚合，实现了绝大多数人公平、公正的追求目标，创造了实现"共产"与"共享"的体制与机制，逐步锻造出"共和"的国家品牌。

这个"共和"的国家品牌，就是国家独立、经济发展、社会和谐、疆域保全、企业强盛、文化繁荣、民族复兴、人民幸福、世界和平。

"同一个世界、同一个梦想"。中国国家品牌所衍生出来的历史价值与人类文明成果有目共睹：让沿袭几千年的农业税全免，惠及八亿农民，文盲率从1949年的80%降至2021年的2.67%，改革开放仅用40年就使六亿人全体脱贫，由此解决了世界发展史上的最大难题；联合国维和派精兵，远洋护航出奇兵，支援全球抗疫用重兵，"一带一路"通民心；上火星，登月球，南水北调，西气东送，全球最发达快捷的交通网天天在延伸；十四亿民众的社保体系正趋全覆盖，每年上亿人出国旅游自由自在……在人类历史上，没有一个民族曾以这样的速度腾飞，没有任何民族比中国共产党领导下的中国人民干得更好。这里我们暂且抛开西方世界的海盗祖先们曾经靠烧杀抢掠、坚船利炮殖民全世界，掠夺大量财富成就富国之道来看，中国是第一个不靠殖民掠夺和种族屠杀狂揽财富，而是靠汗水、智慧和高效治理来达此成就的伟大国家。尽管我们也经历了种种挫折、封锁、嫉恨和打压，但中国的发展取得了人类历史上任何其他国家从未达到的辉煌成就。这不仅仅是一个古老民族正在复兴的景象，也是一个伟大现代化国家不可遏制、不可阻挠、不可逆转的崛起现实，更是在中国共产党坚强领导下、中华民族重返世界之巅的必然趋势。正如匈牙利工人党主席蒂尔默所言："中国的进步建设超出了西方国家的想象。过去几十年，中国实现了人类文明史上罕见的发展。"这就是党代表人民的统一意志、国家权威、举国体制所形成的伟大核心领导力、全民众志成城的顽强执行力。

就企业家而言，向党学习管理，很关键的一点就是要坚持长期主义与短期目标相结合，以当下解决"补短板""卡脖子""强链条"为战术目标，制定并坚持实施好中长期的科技"自立自强"、"关键核心技术"重大突破的战略目标。在管理操作中，将战术目标分解落实到产品、材料、工艺、岗位和时间节点上，将战略目标渗透于政产学研资用全价值链平台和企业全要素中，将企业家精神与新格局下的创新领导力贯穿于团队执行的全员、全过程，从而打造出强大的企业创新生态与国际化领先的企业品牌。

最后，自我革命的批判精神，形成了一往无前的融创力、长盛力。

党的百年史是一部可歌可泣的自我革命、坚持实事求是的斗争史，一百年来，中国共产党浴火重生、百炼成钢，可谓"感天动地"。有遵义会议的斗争，延安整风，也有粉碎"四人帮"，更有"老虎苍蝇一起打"；有毛泽东"两个务必"的告诫与"进京赶考不做李自成"的高呼，更有习近平总书记再三强调"不忘初心，牢记使命""我将无我，不负人民"的伟大批判与自我革命精神。正因如此，成就了当今中国"顶天立地"的融创力和长盛力。

作为推动民族伟大复兴重要支撑力量的企业家群体，面对世界百年未有之大变局，更应以自我革命的批判精神，学习领悟党的历史与治理决心、治理手段和治理艺术，通过敢于斗争、善于斗争的"自我清洗"与"断臂求法"，推动创新变革和企业融创力提升，不断积累、打造企业的长盛力，实现习近平总书记所期望的："企业家要带领企业战胜当前的困难，走向更辉煌的未来，就要弘扬企业家精神，在爱国、创新、诚信、社会责任和国际视野等方面不断提升自己，努力成为新时代构建新发展格局、建设现代化经济体系、推动高质量发展的生力军。""要做创新发展的探索者、组织者、引领者。"

（原载于《经营管理者》2021年7期）

推动健康企业建设，提升员工幸福常值

人民健康是社会文明进步的基础，是民族昌盛和国家富强的重要标志。"现代化最重要的指标还是人民健康，这是人民幸福生活的基础。"以习近平同志为核心的党中央始终把人民健康放在优先发展的战略地位，做出"实施健康中国战略"的重大决策部署，中共中央、国务院印发了《"健康中国2030"规划纲要》，国家卫生健康委、工业和信息化部、生态环境部等七部门联合印发了《关于推进健康企业建设的通知》。广大企业和企业家应深刻认识健康中国战略的重大意义，勇担历史使命，彰显责任担当，积极参与"健康中国企业行动"，将其作为新时代全要素、全方位、全周期保障我国劳动者健康的新抓手，推动健康企业建设。

企业健康是经济社会发展的物质条件，是民族复兴的关键标志，是广大人民群众共同追求美好生活、实现幸福人生的重要支撑。因此，健康企业建设具有十分重要的意义。

哲学家叔本华说："健康的乞丐比有病的国王更幸福。"此次新冠疫情在全球肆虐对世界经济社会格局所带来的巨大冲击，更凸显了健康是人类可持续发展的基础条件，同时也彰显出健康中国战略决策的正确性、必要性和必然性。因此，新时代的企业家应对"健康"与"幸福"有更高远的境界与眼光，要有更深刻的理解与共情。

本人早年提出的"梁氏理论"有一个核心构成叫"金字塔模型理论假设"，其中，金字塔底边是"康商"，金字塔两个边是"智商"和"情商"，金字塔的高度是"灵商"。从企业角度看，康商是原始资本，智商

是固定资本，情商是流动资本，灵商是无形资本（代表幸福）。而康商就是指员工的身体与心理健康程度，它是人幸福的"基石"，幸福是人生的最高目标。假如幸福或生命的价值能用数字表达，那么康商就是"1"，地位、金钱、名誉、爱情等都是"1"后面的"0"。在拥有"1"的前提下，后面的"0"越多价值越大，幸福越满；否则，不管有多少个"0"也毫无意义。

"幸福常值"是指满足人基本需求的幸福基值。它是根据"金字塔模型理论假设"中的"快乐常数"演进而来的。不同环境、不同文化、不同种族、不同阶层、不同阶段等关联条件下的个体幸福常值是不同的。我们要满足人们对美好生活的向往，实现下一个百年目标乃至从共同富裕到"共同幸福"的伟大跨越，实现以人为本的管理，有效提升全员获得感与幸福度，就必须通过推进健康企业建设，实现绿色低碳、高质量、高效益的健康发展，构建起员工可持续的幸福生态，实现员工"幸福常值"的不断提升。

健康企业建设与员工"幸福常值"的提升是相辅相成、相互作用的和合系统，是一项长期性、系统性与人本性的工程。因此，企业和企业家应加强梳理现有工作环境与流程，充分理解健康企业建设的内涵，建立健全工作推进机制，对照规范和指南的各项要求科学开展工作，在健康环境建设、健康服务提升、健康文化营造等方面下大力气、花真功夫，而不仅仅是从眼下职业病防治、健康体检和防控疫情的角度推进。

要实现健康企业目标，有效提升员工"幸福常值"，广大企业和企业家要发扬融智创新精神，充分运用科技革命所带来的数字化、量子计算、人工智能、生物及基因工程等新一代科技创新成果，为健康企业搭建服务平台提供技术支撑，研发制造新产品，开发应用新场景，培育壮大新产业，打造健康生态大平台。因此，当下应从最直接、关联度紧密、市场潜力大的产业入手，找准突破口。如中医药健康产业，作为中华5000年伟大文明的瑰宝，如何在新时代发扬光大，既是我辈的使命荣光，更是为人类健康共同体贡献的"中国智慧"。与此同时，要以科学家精神、企业家精神和工匠精神为统领，大力促进健康产业发展，将健康服务新业态、健身休闲运动新产业、基因技术、康养及医药产业等新的科技成果积极植入"健康中国企业行动"，形成各产业融合发展、场景丰富、互相促进、良性循环的新格局。

（原载于《经营管理者》2021年10期）

企业家应成为共同富裕的带头人

增长与分配，效率与公平，是几百年来人类经济发展史的两大难题。近日，"共同富裕"一词瞬间火爆，就像一股暖流流向了我们绝大多数人的心间。在我们眼前呈现出一幅美好图景：人人参与、各尽所能的奋斗图景；效率与公平、发展与共享有机统一的富裕图景；全国一体、全面提升、全民富裕的均衡图景；人民精神生活丰富、人与自然和谐共生、社会团结和睦的文明图景；群众看得见、摸得着、体会得到的幸福图景。

习近平总书记强调："共同富裕是社会主义的本质要求，是中国式现代化的重要特征。"共同富裕是一个动态的长期发展过程，需要一系列政策和一揽子举措来促进形成和加以实现。在这个过程中，关键要协同好政府有形之手与市场无形之手，实现市场有效、政府有为、企业创造、发展高质量，为共同富裕创造良好条件。企业作为国家经济社会基础，尤其是作为价值创造引领者的企业家，其核心作用是不可替代的。因此，企业家成为共同富裕带头人是历史的必然选择与时代赋予的光荣使命。

共同富裕是全体人民的富裕，是人民群众物质生活和精神生活都富裕，不是少数人的富裕，不是整齐划一的平均主义，也不是吃"大锅饭""养懒汉"，更不是"劫富济贫"。因此，共同富裕不是一蹴而就的"小目标"，而是一项长期艰巨的治国为民的工程，需要循序渐进、由低到高、由局部到整体推进。共同富裕的核心在于构建"先富带后富"的体制机制和均衡的社会生态，既要做大蛋糕，也要切好蛋糕。

"做大蛋糕"，无疑是企业家的主场。所以，企业家是推进共同富裕的主力军，是实现第三次分配的排头兵，是实现全民美好生活的王牌军。推进实现共同富裕，必须一如既往坚持弘扬企业家精神，切实抓好以下几项工作：

首先，把握大势，立足"内循环"，顺通"外循环"，实现"双循环"。从未被满足的市场需求出发，把人民对美好生活的向往及共同富裕、"双碳"目标等社会价值与责任植入企业的价值观、战略和执行力。当下，要认真领会并坚定执行好"反垄断和防止资本无序扩张""合理调节过高收入，鼓励高收入人群和企业更多回报社会"，降低房地产、金融、互联网等的垄断利润，以及由此引发的资本长期对民生和实体经济的挤压与生活成本大幅上升而导致的"内卷""躺平"等社会问题，举国之力，凝聚资本与人才投入"补短板"、解决"卡脖子"的硬核上。

其次，推进企业高质量创新发展。切实落实国家创新驱动、数字经济、质量强国等战略。不断满足民众对产品消费升级的迫切需要，提升人民服务获取的便利度、体验度、满意度，不断满足人民对"绿水青山""烟火气"等多样化、多层次、多方面的沉浸式精神文化需求，促进人民精神生活共同富裕。

最后，热心做好慈善，援助弱势群体，做受人尊敬的企业家。习近平总书记指出："社会是企业家施展才华的舞台。只有真诚回报社会、切实履行社会责任的企业家,才能真正得到社会认可,才是符合时代要求的企业家。"慈善事业不仅是人类的美德工程,也是企业和企业家感恩回报社会、极大提升弱势群体幸福常值与人生价值的丰碑工程,更是企业家的社会与历史价值所在。因此,全社会应大力弘扬和褒奖。

由于历史与经济发展水平的原因,我国目前的三次分配水平还较低,2019 年,美国慈善捐赠占 GDP 2.1%,中国占 GDP 0.15%。2020 年中国的 GDP 是美国的 70%,慈善捐赠总额是美国的 5% 左右,人均慈善捐赠额是美国的 1% 左右。2020 年美国前 50 位慈善家捐赠了 247 亿美元,中国前 50 位慈善家捐赠了近 300 亿元人民币。由此看出,中国企业家善达天下的仁爱义举还有很大的发展空间。杰出企业家曹德旺作为中国企业家慈善事业的标杆,走出了一条"实业 + 创新 + 慈善"的第三次分配模式,值得广大企业家学习与追赶。

(原载于《经营管理者》2021 年 12 期增刊)

世界正重新认识中国

——热烈祝贺北京冬奥会圆满落幕

北京冬奥会在全球疫情笼罩下圆满落幕,西方设置的议题不攻自破,极具中国式浪漫色彩的开幕式、闭幕式与高质量、高效率组织保障,把中国可信、可爱、可敬的形象再次呈现在世人面前。作为一名北京冬奥忠诚的粉丝过足了一把瘾,感悟至深。

它展现了"中国之治"的艺术境界。从现代化场馆兴建到充满"黑科技"的奥运村,从航天电源点亮奥运五环到眼花缭乱的机器人配餐,采用碳排放量趋于零的制冰技术与全过程绿色低碳要素融入场馆建设、运动训练、冰雪产业……北京冬奥会不仅是对中国防疫抗疫的一次成功检验，而且成为展现"中国之治"非凡成就的历史舞台。为此，国际奥委会主席巴赫也情不自禁地用四个"非常"（非常成功、非常开心、非常圆满、非常了不起）来描述这场真正"无与伦比"的冬奥会。

与此同时，以筹办北京冬奥会为契机和平台，中国向国际社会交出了中国速度、中国品牌和中国承诺的完美答卷，彰显了中国人民勠力同心、勤奋严谨的民族性格，赢得了全世界的由衷钦佩。"双奥之城"所创造的宝贵历史遗产将对国际奥林匹克运动乃至世界其他领域产生持续深远的影响。

它践行了构建人类命运共同体的美好期盼。因为对和平的热爱，对奥林匹克精神的坚持，北京冬奥会成为构建人类命运共同体的生动实践。"人类命运共同体"与奥运格言中新增的"更团结"在北京冬奥赛场上水乳交融、合而为一。"冰雪白"与"中国红"交相辉映，一片片代表各国的"小雪花"最后聚合成的"世界大同"的"大雪花"，中国用最真挚的情感，向世界人民传递"人类命运共同体"的温暖与感动，向世界发出"一起向未来"的豪迈宣言。

"一起向未来"的理念延续了2008年北京夏奥会由笔者应征的"同一个世界、同一个梦想"的价值取向，从统筹"两个大局"的高度和视野，着眼于人类命运共同体理念同奥林匹克核心理念的内在联系，准确诠释了北京2022年冬奥会的愿景。在冬奥会开幕当天，包括全球32位国家元首、政府首脑、国际组织负责人在内，共有近70个国家、地区和国际组织的约170位官方代表出席了开幕式，收视率创新高。

北京冬奥会，既是中国国际政治身份重置的一次契机，也让世界重新认识了中国崛起。中国所倡导并为之努力的"共商共建共享"的全球治理观及国际新秩序，正在逐步走向现实。

它彰显文化自信的超凡魅力。萌萌的北京冬奥会吉祥物，征服了"豆包姐"等众多外国运动员的中国美食，让外媒赞不绝口的京张高铁，让运动员感动落泪的冬奥志愿者，都让世界更好地认识了中国文化。开幕式上冰雪五环在"冰立方"中"破冰"而出，化作"美美与共"的象征，浪漫的"大雪花"火炬台由一个又一个国家和地区的名字组成。闭幕式上"折柳寄情"环节，将"世界大同，天下一家"的主题演绎得淋漓尽致。使中国文化用全世界都能看懂、听懂的艺术形式精彩非凡、富于人性地呈献出来。它不仅再次向世界展示了中国深厚的文化底蕴和文化创新，极大地提升了中国国家形象，更向全世界传递出团结一致、共克时艰的决心和信心。

从传统的节气生肖到人工智能呈现，"冰墩墩"成为全球顶流，"一墩难求"。"雪容融"美不胜收，如获至宝。其所体现出的中国美学造型设计、意境和中国文化独特魅力令人向往。

普通人的每一步似乎都微小、平凡、不动声色，但长镜头回放我们国家改革开放走过的脚印，你会惊叹它洒脱、传奇、日新月异。恰恰就是这种卑微的"雪花"，组成了一种中国人难以描述的品格：乐观、无畏、懂规矩、讲奉献。我很难把这种品格说得一清二楚，但那是改变中国命运的初心与原动力、最珍贵的文化基因传承和最磅礴的力量。最终都落实成普通百姓触手可及的获得感、自豪感、幸福感。

（原载于《四川企业管理》2022年3期）

企业家之梦：打造世界一流企业

打造世界一流企业，是建设现代化国家的重要基础和前提，更是改变我国企业大而不强现状和实现品牌强国目标的重要举措，同时也是企业家实现伟大梦想与彰显光荣使命、光辉精神、光耀史册的神圣之路。

今年2月，中央全面深化改革委员会审议通过《关于加快建设世界一流企业的指导意见》，提出世界一流企业"产品卓越、品牌卓著、创新领先、治理现代"的 16 字标准。笔者认为,"品牌卓著"是世界一流企业的结果体现,"产品卓越、创新领先、治理现代"是实现品牌卓著的关键支撑,其中"创新领先"又是企业实现世界一流的核心。

深刻理解打造世界一流企业的本质内涵,对企业家如何确立构建世界一流企业的文化与战略、目标与标准、步骤与举措等意义重大,影响深远。

"产品卓越"就是能够给消费者带来更丰富的获得感、更厚重的幸福感、更精彩的升华感。卓越的产品源于卓越的科技和工艺,卓越的科技让产品成为时代引领者,卓越的工艺让产品成为质量标杆。

企业要达到"产品卓越"标准,战略上必须在专注上下功夫,战术上必须在匠心上花力气,执行上必须在智能化上抢工位。

"品牌卓著"是指优异与显著,卓尔不凡,深入人心。它包括品牌知名度、美誉度和忠诚度。因此,品牌是企业乃至国家竞争力的重要体现,是赢得世界市场与消费者黏度与热爱的通行证,是中国企业家率领团队实现中国梦、让世界爱上中国造,为构建人类命运共同体建立丰功伟绩的核心"标配"。

"创新领先"是企业发展的核心动力,是企业长盛不衰的发动机,是企业核心竞争力的"硬核"。

笔者认为,企业要实现"创新领先",就必须聚焦关键核心技术,尤其应通过体制机制创新建设起创新人才平台,从而抢占产业制高点,通过加大研发投入与强化实验室等研发基础设施建设积累与夯实可持续创新的根基,从而实现自主创新。如华为为了实现创新领先,始终如一坚持"知识就是资本"的初心广纳人才,始终坚持每年从销售收入中拿出至少 10% 作为研发投入,持续构建产品技术壁垒,并将其写入《华为基本法》。华为之所以能成为世界一流,和任正非总能洞察人性、深刻领悟创新的本质并从本质中吸取精华密不可分。

"治理现代"是发展的保障,也是加快建设世界一流企业的护航舰。世界一流企业要在行业内具有全球领先的产品竞争力、行业领导力和社会影响力，获得广泛的认可，一定是与时俱进、长期并持续推进治理现代化。中国企业家要实现一流企业的梦想，就应该保持自我革命的勇气与批判精神，努力在打造中国智慧、中国魅力、中国方案、中国标准的治理现代新模式上精耕细作，持之以恒。

卓越企业家张瑞敏深知进入全球化发展阶段后，传统的科层制组织机构的严重局限。为激发组织活力，适应残酷的国际化竞争与抢占产业制高点，他以过人的洞察力和超凡的决断力，以及透彻的领悟力与文化创新的引领力，在治理现代化上坚定不移，坚韧不拔，提出了去中心化理念，以用户需求为核心，让员工直接面对用户，探索构建出"人单合一"模式，成功实现了组织自驱动。使海尔借互联网大潮聚势，用人工智能乘势，凭现代化治理造势，成为全球白色家电第一品牌。

（原载于《四川企业管理》2022 年 8 期）

从世界 500 强看中国大企业高质量发展方位

2022 年《财富》世界 500 强公布，中国共有 145 家（其中台湾 9 家）公司上榜，美国 124 家公司上榜。到今年中国已经连续三年位居世界第一位，其中营收占 500 强总营收 31%，首次超过美国。从 1995 年公布世界 500 强榜单至今 27 年了，中国由 3 家到 145 家，实现了历史性跨越。

与此同时，中国企业在世界 500 强中的资产地位也得到了攀升，2022 年《财富》世界 500 强的平均营收达到 755.5 亿美元，总资产 3200 亿美元，净资产 419.6 亿美元。进入排行榜的 136 家中国大陆（包括香港）企业的平均营业收入达到 809.8 亿美元，总资产 3580 亿美元，净资产 431.8 亿美元，均超过世界 500 强的平均水平。

回顾中国企业在世界500强阵营中的历程，依靠的是政策导向、机会导向、客户导向，显示出灵活应变、快速响应、规模扩张的特征。在这个世界百年未有之大变局的"乌卡"时代，企业面临黑天鹅事件突发，灰犀牛事件频发，大白鲨事件不断的生态巨变，我们更要保持清醒的头脑，不能陶醉于数量第一、规模第一、扩张第一。

从500强榜单看中国企业高质量发展，我们必须认清差距，看清未来的大方向、定位及努力路径：

从发展质量的主要标志——利润及关联指标看，中国企业差距非常明显。中国145家上榜企业平均利润约41亿美元，虽然与自身相比有所提升，然而世界500强平均利润为62亿美元。美国124家企业平均利润高达100.5亿美元。中国大陆上榜企业平均销售收益率为5.1%，总资产收益率为1.15%，净资产收益率则为9.5%。三个指标都落后于世界500强平均水平。与美国公司相比，上榜124家美国企业的三个指标分别为11%、3.21%和21.9%；中国企业经营质量差距明显，且差距还在扩大，2012年利润均值差距为1.5倍，2020年为1.9倍，2022年为2.4倍。

从产业结构看，均衡性、合理性、持续性存在较大风险。在中国上榜企业利润率排前十的企业中，除了腾讯、台积电和华为外，全部是商业银行。而进入榜单的中国银行共有10家，这10家银行利润占全部上榜中国大陆企业利润总额的41.7%。相当高的银行利润必然挤压非金融企业的利润，直接对实体经济高质量发展和产业结构优化与竞争力产生消极影响。2021年中国大陆上榜的非银行企业126家，平均利润只有26亿美元。而117家美国非银行企业平均利润近92亿美元，相比上年差距增大，超过中国大陆非银行企业的3.5倍。另外，美国消费类企业有19家，中国只有3家，而我们日常生活中经常光顾的商超中的饮料、食品、文娱、个人护理、服装等常见的消费品公司中，没有世界级的中国品牌的身影，这对于以内循环为主的"双循环"战略是极为不利的。因此，中国企业高质量发展还面临着产业结构调整、转型升级的挑战与优化。

从拥有核心技术的高新企业领域看，我们还存在代差。仅以全球最为激烈的信息和通信技术产业企业为例，美国有19家上榜企业，平均营收1262亿美元，平均利润达237亿美元。中国有12家企业上榜，平均营收787亿美元，平均利润77亿美元。美国公司平均利润是中国公司的3倍。因此，当中国企业巩固了世界500强数量上的领先地位之后，特别需要看清我国企业在自主创新上的差距、弱项与短板，从而转换思路与赛道，更加关注打造专精特新中小企业，而不是片面追求企业规模。特别是在当下面临世界百年未有之大变局的挑战、困境与不确定性、颠覆性，更需要大力弘扬企业家精神，发扬"铁人精神"、"两弹一星"精神，聚焦原创技术策源地建设，努力营造新一轮改革开放政策引领下的企业家创新干事业的良好环境，支持引导行业领军企业和掌握关键核心技术的企业持续深化改革、强化创新，勇于突破。

（原载于《经营管理者》2022年9期）

党的二十大绘蓝图，企业家立新功

党的二十大报告是举旗定向的政治宣言，是求真务实的行动纲领，为我们国家经济社会发展描绘了宏伟蓝图。党的二十大报告提出"弘扬企业家精神，加快建设世界一流企业""加快构建新发展格局，着力推动高质量发展""以中国式现代化全面推进中华民族伟大复兴"等目标。从企业家视角看，"中国式现代化"和"高质量发展"是企业和企业家洞见未来、把握未来、决胜未来的"北斗"定位，而"加快建设世界一流企业"则为中国企业走进新时代、迈步新征程、创造新蓝海、赢得新未来提供了根本遵循。

企业家是中国式现代化的生力军。改革开放以来，中国企业家从"摸着石头过河"到"敢为天下先",率先进行了史无前例的认知革命、观念转型、冒险创新、能力打造、品牌提升,探索出中国特色的企业及现代化道路。2009年,中国成为世界第二大经济体。2010年,中国制造业回到了世界第一。从2013年开始,中国式现代化道路的探索与建设迈上了新征程,开始向以高质量发展为目标的社会主义现代化强国迈进。今天,企业家更应站在理想高远、产业高地、能力高峰、生态高位等视角,深刻理解中国式现代化的五大要义,运用量子思维将初心追求、远景目标、雄才大略、运势能力及创新能力转化为顽强的团队行动力。

企业家是高质量发展的关键力量。不管制度、文化等存在多大差别,经济高度发达是各国现代化的共同特征,而企业和企业家则是其中的关键力量。从企业实践看,推动高质量发展绝不是权宜之计,而是遵循规律以保持企业及经济社会健康发展的必然要求。因此,企业家坚持高质量发展战略,就必须把"创新、协调、绿色、开放、共享"的新发展理念落实到企业的执行力中,在提高全要素生产率、提升产业链供应链韧性和安全、推进城乡和区域协调发展上下功夫,创实绩。

企业家是推进世界一流企业建设的核心力量。实现中华民族伟大复兴,比任何时候都需要建设一批以"产品卓越、品牌卓著、创新领先、治理现代"为特征,体现国家实力、彰显国家形象、具有国际竞争力的世界一流企业。其中,"品牌卓著"是世界一流企业的结果体现,"产品卓越、创新领先、治理现代"是实现"品牌卓著"的关键支撑,而"创新领先"又是企业实现世界一流的核心。为此,企业家必须从"心"思考、谋划这一伟大而艰巨的目标,不断提升创新领导力与应对"乌卡时代"的量子领导力。而创新领导力及量子领导力体现在伟大的企业家身上,便是充满激情的梦想家、主动拥抱"乌卡"的冒险家、早一步构建生态的思想家、快一步决策的战略家、先一步"抢人"的指挥家。这一点,世界一流企业家任正非、张瑞敏、马斯克、乔布斯等做了很好的探索与示范。他们通过企业家个人品牌的塑造,牵引并打磨世界一流企业的品牌而赢得人心,赢得市场。比如马斯克，一方面他具有常人都不敢想的"狂妄"梦想，另一方面他又能把自己超高的灵商智慧与极其严酷的执行力这对人格矛盾融合起来，形成强大的创新力、意志力与心定力；不仅"玩命"式的每天工作16小时，而且为了一款产品的成功，作为2022年世界首富的他可以在车间打地铺睡上几个月。

世界一流企业和中国式现代化建设，需要我们以"海纳百川，有容乃大"的心态朝向未来的光荣与梦想，向马斯克等问道、学习，做英雄企业家，在不可预知的"蓝天战略"与"无人区"，努力在登科技高山、下数字蓝海、聚天下英才、与资本共舞、创世界品牌、做三好企业（人品、产品、品牌）上创造新机会，聚集新能量，抢占新地标，发现新大陆，做出新贡献。

（原载于《经营管理者》2023年1期）

演讲文选

搭建融智创新平台，有效推进四川企业管理咨询业的科学发展

——在"企业发展与管理变革"专题讲座暨 2010 年
四川省企业管理咨询委员会工作会议上的演讲
2010 年 3 月 26 日

这次会议选择在乐山大佛所在地召开，预示着"大慈、大悲、大德"的佛教文化与管理咨询中"大道无为""无为而治"的中国传统文化境界的美好融合。这次会议增设专家顾问委员会是会议的一大亮点，体现了"企业发展与管理变革"的会议主题。上午伍书记的欢迎词不仅展示了郭沫若故乡新的发展思路，也显示了区域经济发展对咨询业新的需求（即"无中生有"）；许秘书长的致词凸显了两会对咨询业和咨询师团队的期望与支持；新当选的副理事长马朝洪的发言不仅满怀信心，而且从生态旅游发展的一个侧面阐述了企业管理咨询市场容量的巨大；新增设的专家顾问委员会代表任卿针对世界经济危机的根源提出了"老师倒了学生咋样？""咨询环境的变化我们应怎样应对？"的问题供大家讨论研究；长期支持企业管理咨询业发展的副理事长张志远提出了"企业管理咨询是企业的医院、保健院，咨询师是企业的医师"的理念，并提出了咨询资源整合的建议。接下来的分组交流发言和讨论，大家热情踊跃，充分展现了同仁们对企业咨询事业的关心、热心和倾心。下午，祝波善顾问的报告，从宏观与微观相结合的层面对企业发展与管理变革进行了全方位、多视角、深入浅出的剖析。为此，我谈几点个人意见，供大家参考。

第一，聚集优势，整合资源，尽快成立四川企业管理咨询行业协会。

目前，四川企业咨询行业面临没有真正企业家经营，没有大规模聚合高端人才，服务标准化、专业化、个性化缺失等问题。若我们把2009年7月24日四川省首届企业管理咨询高峰论坛看成是四川企业咨询业联合舰队的破冰之举，那么，这次会议就是启航。下一步我们的举措将本着"协同、协举、协作"的精神，在职业规范、行业维权、队伍建设、法定业务等方面做细、做实工作，分工合作，扎实推进，为协会成立奠定基础。

第二，企业管理咨询的定位。

一是对目前市场的认识。经过改革开放三十年的洗礼，我们一流的企业已从产品经营走向资本经营，个别优秀企业已步入品牌（文化）经营，资本的角逐已从"引狼入室"达到了"与狼共舞"。咨询业呈现全球化、国际一流公司本土化等显著特征。像麦肯锡、科尔尼、埃森哲、毕马威等80%业务来自国内客户；毕马威从2006年进驻成都，现在已有300余名雇员。与其相比，川内的企业咨询机构呈典型的"小而全、万金油"，据中国管理研究院智业产业研究课题组根据调研数据推测，四川目前各类咨询机构约5000家，其中1000家公司注册范围中有管理咨询，且与全国咨询公司10强无缘。可以这样讲，我们与对手的竞争是"成长期"与"成熟期"的PK，步履维艰，任重道远。

二是战略思维与服务理念的转变。做好企业的管理咨询服务，我们必须解决三个问题。即为什么（价值观、战略定位）？是什么（流程、资源整合）？做什么（执行、团队建设）？为此，我们必须深入企业团队做"教练"，再力争打持久战，长期做"参谋"。

三是咨询服务方式的转变。对企业咨询服务是一项可持续的工作，我们必须完成从"急救中心"到"门诊"或"住院治疗"，再到"保健养身"的方式转变，为企业"内功"的修炼与自主创新能力的培育而持之以恒、有效地开展工作，从而达到服务企业、根植企业、贡献企业，与企业一同成长壮大的共赢目标。

四是与战略定位相适应的战术匹配。在战术匹配的指导思想上,必须从过去咨询服务侧重于智商(IQ)走向与团队情商(EQ)的交融,最终达到灵商(SQ)的碰撞,从而创造出卓越团队,打造百年老店;使对企业的具体服务内容从"工具层"走向"沟通层",最终进入"心智层"。

第三,关于中小企业咨询。

对中小企业咨询应是川内各企业管理咨询公司的重点和核心市场。为此,应注意研究和解决三个问题:

一是解决如何借势而为。古人讲:"鱼乘于水,鸟乘于风,草木乘于时。"时下对我们企业咨询行业如何在危机中寻求生机仍然有借鉴作用。2009年9月19日国务院办公厅发布了《国务院关于进一步促进中小企业发展的若干意见》(国发〔2009〕36号)第二十五条:"引导和支持中小企业加强管理。支持培育中小企业管理咨询机构,开展管理咨询活动。"我们如何理解和把握政策导向,实现"有形的手(政策)"与"无形的手(市场)"携手协力,这是我们将花大力气研究、探索的课题。

二是解决如何实现服务项目的无缝隙连接问题。系统思考,准确切入,不留尾巴。

三是解决共性问题的模块化方案问题。失败的企业各有各的原因,成功的企业是存在共性的。"不积跬步,无以至千里;不积小流,无以成江海"。因此,咨询项目经验、案例的积累是一项十分重要的工作。如何在成功的咨询项目中分类、分产业等寻找,提炼出共性或核心要义的东西,最后形成科学化的管理咨询模块(板)?这是我们咨询服务做优、做强、做大的关键。

第四,自身建设。

"工欲善其事,必先利其器"。我省企业咨询业要发展,必须努力加强、加快自身建设和服务方式的转型,以适应和赶上企业变革与发展方式转变的需要。目前,重点要突出抓好核心能力的培育,只有在信息力、思辨力、变革力上狠下功夫才有自身的生存力和确保长盛力。对入行资格问题、咨询师管理问题、咨询公司及专家顾问团队的行业细分问题等都是我们亟待思考和破译的难题。与此同时，还必须加强、加大对外学习交流的力度，要善于"它山之石，可以攻玉"，充分利用"杠杆原理"与"蝴蝶效应"，创建学习型的企业咨询行业协会。

"纵横正有凌云笔，俯仰随人亦可怜"。为政贵在行，治企重在创。我们应遵循科学发展的要求，把握企业核心竞争力提升的规律和市场的脉搏，集众人之智，合群体之力，主动、创造性地为市场、客户提供实打实的有效服务，创造出"实事求是"的管理咨询商业模式和咨询服务品牌，共筑四川企业咨询行业的强盛平台，为我省经济和社会和谐发展奉献我们的激情与才智。

我国经济转型期企业管理的创新之路

——在"经济转型期企业管理创新与 EAP 管理模式专题研讨会"上的演讲

2010 年 4 月 13 日

加快转变经济发展方式，调整优化结构，大力推进自主创新，是深入贯彻落实科学发展观和提升企业核心竞争力的重点目标与举措。企业作为市场经济的主体，面对变幻莫测的市场竞争格局，只有通过不断创新，发现新需求，开拓新市场，创造新价值，实现新突破，才能顺利而完美地实现转型，确保企业长盛不衰。借此机会，我就经济转型期的企业管理创新谈三点看法，供大家参考。

一、管理创新在自主创新中的地位

1. 对创新的理解

熊彼特认为,创新是建立一种新的函数,一种新的组合。它包括新材料、新产品、新市场等。德鲁克认为,创新是赋予资源创造财富的新能力。江泽民认为,创新是一个民族进步的灵魂,是一个国家兴旺发达的不竭动力。我认为,创新是促成灵商闪现并达成目标实现以提升社会效价的过程,即"弱强变"。

2. 自主创新是落实科学发展观的根本动力

自主创新是支撑和引领经济发展的主导力量,是新型工业化的必然选择,是提高国家竞争力的重要支撑,是经济与国家安全的重要保障。我们已进入创意经济时代,资源有限,创意无限。落实科学发展观,创建生态文明与构建和谐社会,从企业角度看,按照我国在哥本哈根会议上做出的减排承诺,2020年我国单位国内生产总值CO_2排放要比2005年下降40%～45%,任重道远。要实现节能减排目标与低碳经济发展模式,必须依赖自主创新。

3. 管理创新的地位

世人对管理的理解可谓"百花争艳"。管理是人们为实现一定的目标,通过调动和整合资源进行P(计划)、D(实施)、C(检查)、A(处理)循环,从而提升效益和价值增值的过程。企业发展从产品经营走向资本经营,再到人本经营,可以简单地把管理定义为"经验+科学+艺术"。与此相适应,管理者的选择经历了"熟人管理—能人管理—职业经理人管理",员工的取舍也经历了"材—才—财"的过程。自主创新的主体是企业。技术创新是核心,人才创新是保障,管理创新是关键。其中管理创新中的体制、机制创新(即制度)尤其重要。创新成败的节点是技术与管理的有机结合。

二、管理创新的方式与重点

1. 管理创新的方式

（1）0→1，即"无中生有""前村深雪里，昨夜一枝开"，属原始创新。如泰罗制、QC等。

（2）1+1>2，即"锦上添花""它山之石，可以攻玉"，属集成创新。如TQC、ERP等。

（3）1→∞，即"节外生枝"。如韦尔奇所倡导的"6Sigma"、无边界管理等。

2. 管理创新的重点

（1）战略定位（转型）：面对金融危机，我国出台了十大产业规划等利好对策，这给我们企业从粗放走向集约经营，从劳动资金密集型向知识密集型，以外向市场驱动向内需市场开拓创造了机会。其中，企业模式创新是转型期战略定位的重点和难点，其战略定位也增加了许多不确定性和变数，可以形象比喻为"由打固定靶进入打移动靶，再打飞碟"的市场环境。

（2）流程再造：流程再造包括营销链（物流及供应链等）、制造链、资金链、人才链等的重组、调整和优化。随着以客户为中心的时代来临和产业分工的高度专业化，挖掘产品制造过程的附加值难度越来越大，研发、采购、存储、物流、营销、融资、技术等成为价值的重要来源。因此，通过流程再造提升效率，挖掘增值渠道，发现价值蓝海，提升产品附加值与性价比，这一切离不开管理的整合。只有通过管理创新才能寻找突破口，有效地整合企业上、中、下游资源，提升系统价值与价值的增值能力。

（3）软实力培育：企业软实力是相对于硬实力（设备、技术、资金等）的管理概念。它是企业文化与价值观、团队建设、社会责任、品牌等的统称。随着我国企业融入国际化的步伐加快，其核心价值观也从利润最大化走向价值最大化，并逐步进入互利共赢最大化。许多企业也开始注重作为企业公民应履行的社会责任，从片面注重强调自身效益走向善待环境、善待合作者、善待员工的绿色发展之路。通过软实力的培育和提升，能有效地使企业品牌从知名度向美誉度，最终达至忠诚度。从而使企业文化的基因得到不断优化，企业核心竞争力得以积累和提升。

三、管理创新与 EAP

EAP 管理模式的实质是以人的需求和人的发展为目标的管理模式。它的精髓体现了以人为本的和谐管理这一具有东方色彩的管理创新理论。"和"是指个体及群体的观念、行为在组织中的"合意""嵌入"；"谐"指一切要素在组织中的"合理"的"投入"。因此，和谐管理的思想就是围绕要解决的问题，对能科学安排的内容尽量能科学设计；对无法实现科学设计的要营造一种和谐的氛围，使每一个人有能动性并不断提高自身能力，创造一个团队能力发挥的平台，使之与科学设计部分相融合，从而使企业能够自主地根据环境变化来适应并自动调节其行为。管理没有完美，只有和谐。它包括身和、口和、意和、戒和、见和、利和。和谐管理将极大地提升团队情商与主观能动性。

综上所述，转变经济增长方式是一项长期、艰巨的任务，与此相适应的企业管理创新之路永无止境。借此，我用先哲智慧来点亮今日企业管理创新的灯塔并共勉：

一是"欲穷千里目，更上一层楼"。这要求我们应具有更高的境界与战略思维、全球眼光与世界胸怀。正所谓境界决定眼界，眼见决定世界。

二是"实践出真知"。管理的本质是实践，通过"从实践中来，到实践中去"的不断循环提升，从而提升我们管理创新的能力。与此同时，这一循环的过程最重要的是执行，只有顽强的团队执行力才有完美的决胜力。

三是"失之毫厘，谬以千里"。"细节决定成败"，只有精准决策、精细管理与精益生产相集成才能在"魔鬼"细节中发现成功的"天使"。

祝研讨会取得圆满成功。

构建信息化工作平台，为企业发展增添翅膀

——关于"四川省企业联合会信息工作委员会"筹备工作的报告

2011年10月27日

在信息技术快速发展、瞬息万变的今天，企业发展与信息技术的关系日益密切，企业创新日新月异。为贯彻落实党的十七大及"十二五"规划纲要提出的"推动信息化和工业化深度融合，推进经济社会各领域信息化"的精神和省委省政府"两化融合"的战略部署及省经济和信息化委员会的要求，帮助企业提高信息化管理水平，推动企业工业化与信息化的融合转型，达到信息化带动工业化创新、发展、升级的目的，更好地服务企业，助力企业快速做优做强做大做久，实现科学发展，四川省企业联合会、四川省企业家协会决定成立企业信息工作委员会并从年初开始启动了筹备工作。

信息工作委员会（以下简称信息工委）经四川省经信委（川经信产业函〔2011〕1152号）批准成立、四川省民政厅〔（川）社证字第00569-010号〕登记备案。信息工委是四川省企业联合会、四川省企业家协会的专业委员会。秉承"搭建平台，服务企业，加强互动，资源共享"的服务宗旨，以推动企业信息化进程、促进企业管理水平提升、打造企业核心竞争力为己任，面向全省企业宣传贯彻国家有关信息化建设的方针政策，开展信息化调研、培训、咨询、中介、评价等服务活动；发挥桥梁纽带作用，介绍省内外先进的信息产品及信息产业的发展动态及趋势，引导成员单位进行信息新产品的开发与利用；开展经验交流、示范引导、表彰先进等活动，提高企业信息工作者的素质；收集整理各类相关信息，为企业提供信息咨询、

信息增值、信息整合处理等综合服务，促进企业信息化数据库建设和达标；搭建企业信息网络服务平台，逐步实现成员企业网络互联、资源共享，为企业实现可持续发展提供智力整合和优化服务。

信息工委设"专家顾问委员会""理事会"和"秘书处"，由理事会聘请相关政府部门厅局领导、企业管理及信息化建设领域的专家组成专家顾问委员会，指导理事会开展工作，并对理事会的决策议案提供政策与技术方面的咨询支持。理事会经企业推荐、省企联和企业协商筛选等程序，由全省的大中型企业、信息化服务企业、IT企业代表组成，具体领导信息工委开展工作，秘书处负责日常工作，设有两会信息中心。

信息工委将在党和国家信息化战略指引下，根据省委省政府建设西部发展高地和两化融合、互动的要求，充分发挥省企联服务平台优势与融智创新优势，积极组织企业全方位、多层次、广角度开展活动，促进企业信息化向信息化企业转变，为有效地提升企业战略决策力、资源整合力、团队凝聚力、组织学习力、系统执行力、持续创新力、品牌公信力服务，实现企业管理创新，带动企业全面转型升级。为推动我省企业基业长青，实现绿色低碳和谐发展做出贡献。

（原载于《四川企联网》2011年11月2日）

认清形势，坚定信心

——2013年四川经济预测会上的演讲
2013年1月19日

为期两天的预测会到此落幕了。两位著名的经济学家和两位行业专家给我们做了精彩的报告。他们以超前的全球化视野、超强的研判与分析能力、超高的逻辑与语言驾驭能力，不仅给了我们一场思想的洗礼和头脑风暴，对提升我们的研判能力，树立正确的危机意识、忧患意识、创新意识、发展意识有所帮助；而且让我们享受了一场智慧的盛宴，使我们受到了启示、启迪、启发，为企业可持续发展提供了强有力的思辨力、创造力和长盛力。让我们再一次以热烈的掌声对他们给予我们智慧的牵引和奉献表示真诚的感谢！

2013年，我们所面临的外部环境风起云涌，不确定性因素与不可控因素大大增加。国内改革已进入深水区，企业面临转型升级的巨大挑战。摆在我们面前的道路既没有可借鉴的成功经验，又不能照抄照搬管理理论，更不能再摸着石头过河了（因为已进入深水区，没有石头可摸了）。这里，我想借鉴先贤们的智慧讲三点，算作此次预测会的小结并与大家分享。

一、"暮色苍茫看劲松，乱云飞渡仍从容"

受欧盟危机的持续发酵和美国财政悬崖的不可预测的影响，企业生存压力加大。我们必须直面大环境，冷静沉着应对，这是解决战略定位和管理境界的问题。此时，我们须认清形势，把握态势，顺应大势。而当下企业最大的"势"就是转型升级。无论是政策、环境、成本的硬约束，还是企业的社会责任、建设美丽中国的软约束，都要求企业必须狠下苦功，励精图治，顺应大势，在转型升级上取得突破，实现突围和可持续发展。只有这样，才能"任凭风浪起，稳坐钓鱼台"。

二、"前村深雪里，昨夜一枝开"

这个"冬天"特别冷，广大企业要应对这场危机，度过严寒，迎接新一轮发展的春天，除了有正确的战略定位外，还要有强大的实现战略的驱动力。这个强大的驱动力就是创新。只有创新，才能实现从中国制造走向中国创造。34年的改革开放创造了中国GDP高速增长的奇迹，但

GDP 不是核心竞争力。反思这一增长的奇迹，形式上是"三驾马车"拉动效应，但实质却主要来源于政策红利（如投资拉动、加入 WTO 等）、成本红利（土地、劳动力等）和环境红利（环境的软约束，甚至是对环境的破坏等）的驱动。因此，我们必须克服"后视镜思维"和"隧道思想"，在这个"唯一不变的就是变化"的异质竞争时代，通过创新实现企业产业层次的提升。使我们目前绝大多数企业从低端的标准制造企业走向领先制造企业，再迈向高新企业，最终一部分企业跨向尖端企业，真正成为行业标准的制定者、行业"蓝海"的创造者、一流名牌的塑造者。只有这样，企业才能真正实现绿色、低碳、可持续发展，才能基业长青。

三、"泰山不让土壤，故能成其大；河海不择细流，故能就其深"

反思改革开放以来我国企业的发展，和美国比没有创新，和欧洲比没有品牌，和日本比没有精益，和其他新兴经济体国家比没有足够的后发资源。因此，如何在当前不确定环境下整合配置资源、积累创新经验成了企业家们的第一要务和第一能力。这包括政策资源、创新资源、人才团队资源等。与此同时，内部精细化管理是我们从过去长期所拥有的成本优势走向差异化竞争优势的首选。只有从管理短板的细节中找差距、要效益，找到创新点，实现技术创新与管理创新的融合，才能形成系统的优化，使企业核心竞争力得以积累与持续提升。

最后，在新春到来之际，我代表四川省企业联合会、企业家协会，代表广严会长及秘书处全体成员给大家拜个早年。祝各位企业家在深入贯彻党的十八大精神时，把握第三次工业革命的机遇，顺势而为，竭力打造企业核心竞争力。祝各位同仁、朋友们在实现中国梦的伟大征途中，健康指数、快乐指数、幸福指数跑赢 GDP、CPI 指数。

顺势而为，创新驱动

——在2013"政策大讲堂"上的演讲

2013年11月22日

党的十八届三中全会经济改革顶层设计方案解析报告会即将落下帷幕，文宗瑜研究员围绕"十八届三中全会精神解读""三中全会后投资方向选择及机会把握"两大方面为我们做了一场精彩、生动、实效的报告。报告既高屋建瓴，又于无声处，使我们享受了一场思想的盛宴、智慧碰撞与知识的洗礼。让我们再次感谢文博士给予我们四川企业发展和企业家成长的助力！

中国的改革，尤其是企业转型升级没有什么经验可循，路要靠我们自己走。这里，我借鉴中国先贤们的智慧与大家分享我对这次报告会的感悟，也算是代表主办方做一个小结吧。

第一，政策和策略不仅是党的生命，更是企业和企业家的生命。

面对变幻莫测、残酷竞争的外部环境和市场，企业要打造百年品牌，实现永续经营，就必须学会审时度势。这个"势"就是借势、运势、造势。当下最大的"势"就是三中全会带来的新一轮改革开放政策。为此，各位企业界的同仁必须努力吃透、吃准、吃够政策，厘清战略思路，找准企业新一轮发展定位，整合资源，树立国际化视野、世界胸怀与企业公民意识，制定和调整好企业战略，谋划未来。只有这样才能奠定长盛基业，也才能"不管风吹浪打，胜似闲庭信步"。

第二，"老夫自知夕阳短，不待扬鞭自奋蹄"。

35年的改革开放成就了今天的"中国制造"。反思中国的GDP，唯GDP的发展方式已走向尽头。这种主要靠拼劳力、拼资源、拼环境的传统低层次的制造业已近黄昏。如何实现可持续发展？如何在第二轮改革开放和企业二次创业中实现突围，化危为机？如何知耻而后勇创造新一轮企业青春成长期，使"中国制造"返老还童，走向"中国创造"？我想，眼前最迫切、最根本的问题是必须转变观念，才能为新一轮改革开放，尤其是企业转变发展方式赢得先机，获得优势。

一是牢固树立危机意识。美国四年走出危机是我们未曾料到的。而我们目前的发展却面临三大挑战。因此，我们企业务必高度警觉，戒骄戒躁，争取先知先觉，做好度过"严冬"的准备。

宏观上讲，我们面临美国重返亚太战略的对撞。事实上形成了与美国抗衡，与其他国家较量、博弈、竞合等不确定性国际环境的挑战。

中观上讲，我国面临57个产业过剩，企业转型压力巨大，存在金融及社会稳定潜在的挑战。

微观上讲，过去35年取得快速发展的三大红利（土地政策、人口、环境）演变成了今天企业运营的三大压力，整个"中国制造"面临着成本上升、刚性需求下滑、环境硬约束增加的严峻挑战。

二是必须树立责任意识。市场经济是法治经济、诚信经济。企业公民的社会责任竞争力是企业核心竞争力的重要体现。因此，企业应在以人为本的前提下，践行税收、就业、环保等社会责任，走绿色、低碳和谐发展之路。

三是思路决定出路，观念主宰财富。

我们四川企业家尤其要克服"后视镜思维""隧道思维"和"盆地思维"。

第三，"删繁就简三秋树，领异标新二月花"。

企业如何把握三中全会带来的新一轮改革开放的政策红利，关键在创新。随着第三次工业革命的兴起所带来的深远变化和自主创新国家战略的实施，企业创新的实质就是要通过创新生态的构建提升产业档次，实施产业融合，即由过剩的标准制造产业向领先制造产业，再向高新技术产业，最后走向尖端产业，占领产业制高点。鉴于目前我国制造业基础和创新水平，我国企业创新驱动的核心应是延伸和强化企业价值链。

价值链的微笑曲线告诉我们，企业要在永不停歇的竞争淘汰赛中活得健康、快乐、长久，就必须在知识创新和品牌服务上下苦功、真功，才能提升其附加值和实现价值增值。具体体现到每一个企业，必须在要素（技术、资本、人才等）、结构（产品、流程等）、模式（如3D研发、大数据营销、服务等）上创新。

借此机会，我代表四川省企业联合会、企业家协会感谢长期以来对作为企业和企业家之家的协会的支持和帮助！祝各位领导的企业及管理团队能借党的十八届三中全会的东风，正视挑战，把握机遇，保持"风物长宜放眼量"的眼光和心态，努力创建学习型团队，苦练内功，持续创新，竭力积累和打造核心竞争力，使大企业、大集团顶天立地，成为行业标杆；中小微企业能专注精、深、透，占领行业要冲和价值链节点，配套大企业、大集团与差异化发展，成为隐形冠军。为中国梦的早日实现再续辉煌！

（原载于《企业家日报》2013年12月17日）

悟道管理，创新发展

——在2014年第一次联络员会上的演讲

2014年3月21日

一、对新一轮改革开放的管理学理解

党的十八届三中全会是我们新一轮改革开放的起点。十八届三中全会决议中不少重要论断是由问题倒逼所引，虽然我们现在GDP全球第二，但是我们积累的问题是爆炸式的。反思GDP导向，GDP不是竞争力，更不

是核心竞争力。举个例子：1895年甲午战争时，我国的GDP绝对全球第一，是日本的近九倍，却被日本打得一败涂地。35年改革开放创造了GDP神话，过去叫"三驾马车"拉动经济，就是投资、消费、出口，但是结构70%以上是投资拉动。因此，我们每一级政府基本上成了一个公司，从招商引资开始，到如何做大GDP基本都是政府行为，市场行为大大弱化。政府和市场是两个概念。在这种情况下，问题非常多，从表面上看，全球主要有500种行业，我们有220种，占全世界第一，尤其是基础性产业，比如钢铁、玻璃、水泥等，这些占了全世界产量的45%以上；与此同时，我们的能耗也占全世界一半以上，这种模式继续下去还能够走得通吗？

35年的改革开放成绩我们应该充分肯定，因为当时我们非常穷，欠账太多，饥不择食，迫切需要改变一穷二白的面貌。现在我们不能这样下去了。那么这里面就面临三大问题：第一个是社会问题。即公平正义面临巨大挑战，腐败问题，潜在危机问题。比如说金融危机。包括房地产泡沫、地方债务、民间借贷这些都是潜在的危机。第二个问题是环境问题。我国哪一条江河可以回到从前的生态？我们35年的发展要还原到我们儿时可以随意饮用的河水、享受山清水秀的绿地，用20年都还原不到，我们透支了子孙后代的生态！所以我们要反思。第三个问题就是执政问题。在中国国情下必须考虑这个问题，因为体制不一样。从历史角度看，我们党及这届政府是真正完成了从"革命党"到"执政党"的理念转变。因为他们提出的执政理念是依法治国，正如习近平总书记所说，"把权力关进制度的笼子里"，我认为是非常英明的，是了不起的历史贡献。一是改革开放35年，由于体制的问题形成了大大小小的利益集团，这是个根本问题。二是各级政府的失信问题。尽管大家收入大大增加了，但老百姓的幸福感降了，安全感也差了，这一点是致命的。孔夫子当年的学生问他治理一个国家靠啥？孔夫子说了三个字：食、兵、信。食——吃饭；兵——安全；信——诚信。若只能留一个字，这一个就是"信"，非常重要。如果政府失信于民，国家会成什么样？所以，现阶段我们最需要建设的是政府的诚信。

刚才说了三大问题，现在要讲"三大关口"。要落实党的十八大精神，完成进一步改革的重任，我叫它闯关。一是发展与转型。既要发展又要转型，现在转型是我们国家迫在眉睫要做的工作，企业像过去等、靠、要是不行的；只有先知先觉，主动作为，先人一步，才能在这场大的洗牌中站稳脚跟，重铸辉煌。否则，后知后觉，甚至没有感觉，只能沦为三等公民。二是政府与市场。怎么把有形的手与无形的手相握？党中央非常英明，提出了法治化。这是市场化的基础。市场经济有两大基石，第一是法治化，第二是诚信。这种情况下也涉及权力和法治之间的博弈。尤其要考虑我国过去的体制和历史上存在的长期的集权传统。三是公平与正义。如果过去我们努力追求效益，忽视了公平，那么现在效益和公平要兼顾。

二、对企业转型及可持续发展的思考

转型就是由过去政府以GDP论英雄导向，即速度效益型转向以市场决定的质量效益型。落实到每个产业、每个企业，叫提升我们的产业层次，现在所谓的中国制造享誉世界，这基本叫标准制造，凡是具备生产的三要素都能够做到。为什么过去中国制造还是能够创造"中国奇迹"？主要来源于三个红利：第一是土地红利。我们在座的企业，尤其是中小民营企业，哪个净资产中不是土地资产增值占了很大一部分？第二是劳动力红利。我们过去劳动力成本很低，这也是世界上的大多数产品加工都转移到中国来的重要原因。第三个是政策红利。这里面有一个最重要的，叫作环境软约束所带来的红利。过去对上项目、上产品等环境没有过多的硬性制约，乱开、乱采、乱伐、乱排，形成惯性容许。所以，无数条江河在呻吟，无数亩土地在流泪。忽略未计的环境成本是巨大的。过去35年增长是靠这三大红利堆积起来的，那么，现在党中央提出了生态文明战略，过去的三大红利变成了今天企业的硬约束。杀伤力很大。这里举个例子，曾经我们的煤老板是最牛的人，买房子、买车等，处处体现很富有、很奢华。号称煤炭首富的邢利斌因经济问题被刑拘，他的总资产600亿元，这次三亚嫁女操办耗资7000万元，号称中国第一婚。这种传统增长模式下的一批暴发户完全是靠祖宗留下的资源和透支我们未来发展的模式，没有任何创新。同时，企业公民的社会责任也欠缺，因此，这样的结局也不出所料。很多类似的"创富英雄"倒下也成为必然。许多地区、城市的"首富"变成"首负"也不出所料。这就是过去中国制造的后遗症和遗憾。企业，尤其是企业家不充分认识到这点，不迅速转型升级，传统的标准制造将走向末路。现在有很多过去由美国制造转向中国制造的商品由于成本竞争力下降又转回美国制造或劳动力价格更低的区域去了。因此，我们要努力使标准制造成为领先制造，再向高新技术产业、尖端产业跨越。

可持续发展是企业永恒的主题。企业成为百年老店、千年品牌，是我们每个企业管理者的美好愿望，尤其是企业家的宏愿。但这必须具备三个条件：

一是观念转变。我在20世纪90年代初国有企业推行承包制时参与公开竞聘，成为国有大型企业分厂厂长。上任伊始，我在会议室写了一幅标语，叫作"思路决定出路，观念主宰财富"。现在也是有用的，我经常给企业讲"境界决定眼界，眼界决定世界"，这只是与时俱变，换一种说法而已。你的企业能够走多远，走多久，看你与谁同行。所以，观念更新非常重要。这里我就用大家每天离不开的手机举例，大家知道，20世纪80年代，摩托罗拉是全球通信行业大哥大，很优秀的企业；20世纪90年代，诺基亚在外观创新上超越摩托罗拉，从而取代了它的领导地位；20世纪90年代后到现在，就是苹果成为业界标杆。摩托罗拉和诺基亚两大巨头以前是非常辉煌的。尤其是诺基亚过去是搞渔具起家的一个芬兰企业，成为芬兰最大、全球最著名的国际通信巨头，走到今天看，不是关门闭户，也是风光不再了。那么为什么苹果有今天？我个人认为，从产品角度分析，前面两家过去只是个通信工具，而苹果却是网络时代的一个终端，就是一台电脑。这一点我很赞同乔布斯的一个理念。苹果1976年成立，乔布斯是首任董事长。搞了10年，1985年乔布斯被董事会解职，1997年苹果实在搞不动了，又把乔布斯请回来当CEO。乔布斯除了在外观设计上改进外，推出了第一代iPod，作为一个终端可以下载音乐等，逐步变成了一个产品生态系统。与摩托罗拉和诺基亚完全不在一个维度上，按四川老百姓通俗地讲就是甩了几条街。看样子，"英雄所见略同"有一定道理，我在《长盛力——缔造富有灵商的管理文化》专著的第一篇就提出了"企业文化生态论"这一学术新观点，一个企业是一个有机生命体，他不仅制造物质财富，也制造精神的东西。苹果就印证了这一点，据专家研究，苹果手机至少代替了以往7800种产品的功能，比如收音机、录音机、照相机、天气预报、各种报刊等，以及无数个游戏等智能化功能。苹果因此成为全球市值最高的公司。所以观念更新非常重要。没有这种奇迹，大家根本想不到苹果会创造一种新的生活方式。

那么，作为中国企业，我们怎么来实现观念转变与更新？我想最重要的是克服国人近代基因中根深蒂固的思维模式所带来的观念滞后。第一个要克服后视镜思维。我们开车若一味地看后视镜，结果是什么？不用说了，车毁人亡。在文化中我们有迷恋过去，忽视未来的倾向。你看我们的影视剧，我们不断翻版的剧好多，如《红楼梦》等。还有很多讲帝王将相的，你说我们国家不往前面看怎么行？没有创新，一味翻版，因为那样来得快，急功近利。创新是要付出较大成本、毅力和风险的。而我们看美国，在创新上是值得我们学习借鉴的。他的影视剧如《蜘蛛侠》《盗梦空间》《钢铁战士》等，代表了一种未来文化。《钢铁战士》可能在2020年后会变成现实，这是不可思议的。所以，我们必须面向未来。"过去属于死神，未来属于自己"。第二个要克服隧道思维。所谓隧道思维是很狭窄的思维方式，一味纵向比，只看自己的行业、自己的产业、自己的产品；没有放眼世界、放眼未来；更没有"海到无边天作岸，山登绝顶我为峰"的战略境界和意识。所以这是我们企业在战略上最大的问题。21世纪是"泛竞争时代"，既充满合作，又充满博弈，更充满竞争。所谓"泛竞争时代"，是人类从"红海战略"走进"蓝海战略"，最终走向"蓝天战略"的大市场格局。它有三个特征：一是产业的高度融合。举个例子：过去的汽车都属于机械工业管理范畴，现在不一样了，包括电子、通信、计算机、新材料、新能源等产业，完全突破了过去行业传统属于机械制造的概念，这是产业融合；还有3D打印等作为第三次工业革命的代表型产业，实际上它是多学科、多领域的融合。二是交叉代替。三是异质竞争。过去我们研究竞争理论主要是"白天不知夜的黑"，这只对同质竞争而讲。现在完全发生了变化，如南极、北极等，过去看似毫不相干的，现在大数据把很多传统的东西都颠覆了。就像最近清华大学心理研究中心运用大数据技术，通过上网网民的海量信息数据分析测算出中国人的幸福指数一样，这是我们过去不可想象的研究成果。中国曾经风行的上千个主题公园，现在大部分已关闭或奄奄一息，根本原因就是因为没有面向未来。这是典型的隧道思维。

二是创新体系。

三是制度创新。制度创新的概念既大又小，通常所指的是社会制度及政治制度、经济制度等。按照诺思制度决定论观点，所有的发展是靠制度创新，因此他获得了诺贝尔经济学奖。从生产力和生产关系探讨，制度创新确实起到了巨大的作用。作为企业也是这样的，现在企业已进入平台型发展、价值链共赢的知识经济时代，按照管理大师德鲁克说的："当今企业竞争不是产品的竞争，而是商业模式的竞争。"比如：从传统零售到电子商务，从B2C到O2O，我们见证了新技术革命所带来的商业模式的变革。这就是一种面向未来的制度创新。我们目前在企业制度创新上还有很多文章可做，包括机制建设、营销模式重构、技术创新模式，尤其是商业模式的变革等。如现在王建林的"万达模式"，把房地产这一传统产业变成一种网络时代的创新生活方式，形成了一个完整的人文生态系统。这说明中国企业也在进步和吸取世界一流的管理智慧，把自己的基业做优做强做大做久。但是我们的整体差距还较大，仅以知识产权（专利）制度为例，大家知道，知识产权制度是最重要的鼓励、保护自主创新的制度之一。其中发明专利是最重要的知识产权。我认为我国比美国在知识产权上落后至少20年。美国平均交易一件专利是37万美元，中国是5万元人民币；美国排名前十的知识产权诉讼平均赔偿9.9亿美元，中国不超过50万元人民币。因此，我们的知识产权制度建设及创新还有很长的一段路要走。

与此同时，我们必须明确中国经济的转型升级必须依靠坚定地实施创新驱动，要推动科技创新和管理创新，促进产业升级。其中的核心是企业家精神的弘扬。我们为什么要表彰宣传优秀企业和企业家，这是我们倡导正能量。我们不缺有智慧大脑的人，最稀缺的是企业家精神。企业家是时代的弄潮儿，是我们驱动社会发展，使中国真正屹立于世界民族之林的核心基因。我给企业家精神的定义是以社会价值为导向，以其激情昂扬的气质、伟大的人格、博大的胸怀、远大的目光和超常的智慧，聚集一流的人才，营造一流的人气，不断筹划宏大的事业，造就伟大的公司，成就幸福的事业。优秀的企业家不仅具有为企业、为社会创富的能力，更有给人类造福的实力。成长、强大中的中国特别需要企业家精神。我举一个例子给大家分享，中国第一批改革开放的创业企业家标杆人物褚时健，66岁成为中国的"烟草大王"，成为中国企业界当时令人仰望的"红塔山"，其率领的红塔集团对云南的财税贡献可谓是当时云南省的半壁江山,功勋赫赫,他把一个乡镇企业搞成了世界知名企业,帮助、带动了一大批农民兄弟走向小康,了不起!我们从企业家精神角度来说他是个人物,要正面弘扬他的创业创新"不堕青云之志"的正能量,他71岁入狱,74岁出来,再次创业选择种橙子。今年是86岁,十年磨一剑,他使中国的水果市场又多了一个"褚橙"名牌,再次创造企业神话,成为中国企业可持续、企业家精神品牌的有力代表。褚时健作为中国凤毛麟角的"万里长城永不倒"的杰出企业家精神的典范,再次印证了孔圣人"士不可以不弘毅,任重而道远"的远见卓识,也验证了一句西方谚语"泥土埋没不了宝石的光芒"。

三、当前管理创新的趋势

一是企业开始注重系统性思考和整体性管理提升。我们从过去单一的管理工具应用到现在系统性、整体性管理方案的运用,我认为是个大进步。从20世纪80年代推行TQC到20世纪90年代推行6S等,到现在,尽管管理门类很多,但依靠网络平台,比如云计算、大数据,还有现在其他科技创新成果,我们在管理方面呈现系统性思考和整体推进,尤其表现在我们的大企业大集团,比如中石油、中石化、中国电力、中国移动等。

二是创新定位由低端向中高端转化。比如我省荣获国家管理创新一等奖的九洲集团"军民融合战略"、四川省电力公司"应急系统建设"等管理成果非常有价值。过去很多创新成果在局部和小范围内解决一些问题,而现在一个重大的管理成果所带来的是企业核心能力的提升和确保行业的领先地位,甚至上升为国家战略。

三是企业开始重视软实力建设。过去一谈到创新,一谈到发展都是属于看得见摸得着的,所谓硬实力。曾经在20世纪80年代末90年代初,大量引进国外先进设备,为什么引进同样的手段,我们生产同样的东西却始终达不到同样一流的标准?这与我们的软件没跟上有关,就像计算机软件系统一样，如果只是硬件，没有软件的支撑，尤其没有形成系统支撑，就不可能形成 1+1>2 的效果。从管理系统分析企业，比如很多企业走出国门，但软实力没跟上，如诚信、法治、社会责任等文化层面欠缺，导致了众多投资失败或达不到预期目标。诚信是我们企业的无形资本，是企业的核心竞争力的构成部分。

四是企业的公民化。公民化就是要积极承担公民的义务，即企业的社会责任，要守法诚信，提升以人为本管理、和谐管理的水平。

五是重视中国特色的管理模式的探索。我们很多企业是洋为中用、古为今用，做得很不错。特别是有几种文化，比如"和谐文化"，强调了"君子和而不用"；"道"文化，强调"大道无形"，无为而治，这是无形胜有形；"家"文化，推崇"家和万事兴"，中国很多文化是"家"文化延伸出来的。国电大渡河公司作为省企业文化建设示范单位，创立的"同一条河、同一条船、同一个家"的文化便是"家"文化的一个典型代表。

六是互联网和信息化的高度发展，引领智慧企业的诞生发展。互联网社交化有四个特点：聚众、分享、协同、创造新价值。

"书山有路勤为径，学海无涯苦作舟"。期望大家以创建学习型团队为突破，深刻理解与把握新一轮改革开放战略的意义；期望在省委省政府的战略引领下，各位企业和企业家代表能够真正拥有"不畏浮云遮望眼"的战略定力，不为外界所困惑，不为当前的危机所困扰，也不为当前转型过程中的阵痛所影响。同时，要有一种"冷眼向洋看世界，热风吹雨洒江天"的气概和企业心态，更要有"不到长城非好汉"的执着和韧性，发扬"世上无难事，只怕有心人"的创新勇气，坚信我们一定能够实现毛泽东所说的"中国人民有志气，有能力，一定要在不远的将来，赶上和超过世界先进水平"。一定能够实现由中国制造向中国创造的转型，实现伟大的中国梦！

（原载于《四川企联网》2014年4月9日）

梦想不改，创新不变，激情长燃，服务永远

——寄语《企业家日报·川企周刊》创刊

2014年6月28日

　　《企业家日报·川企周刊》的核心读者是一个特殊的群体——企业家。四川省企业联合会、企业家协会的主要服务对象也是这个群体——四川企业家。企业家这个词来源于法语，其原意是"冒险事业的经营者与组织者"。今天，四川省企业联合会、企业家协会与《企业家日报》社准备干这件"冒险"的事——联合主办《企业家日报·川企周刊》，共同探索这群四川"冒险家"们的精神世界、成长故事、辉煌业绩，并助力创立其伟大品牌。因此，《企业家日报·川企周刊》打造的是四川企业家们的家园，编织的是四川企业家们胸怀家国、走向世界、创造美好的梦想乐园。与此同时，

《企业家日报·川企周刊》也是一个平台，是一个向全国及世界展示企业形象的大时代舞台，领舞者是四川企业家。

干企业的人，都是怀揣着梦想的人。干企业干成了企业家的人，都是追着梦想不愿醒来的人。从老板干成企业家，需要一个历练的过程。企业家经营企业实际上就是一个经营人生的过程，需要无数次的蜕变，历经坎坷，最终完成凤凰涅槃。面对复杂的世界经济环境，面对中国经济社会的转型，面对产业转型升级，面对只有起点没有终点的淘汰赛越发激烈的这个大环境，企业家们需要梦想不改，创新不变，需要在创新中寻求突破，在突破中寻求发展。

企业发展，需要文化驱动。四川省企业联合会、企业家协会的服务宗旨是做"企业发展的助推器、企业家成长的加油站"，《企业家日报·川企周刊》就是四川企业联合会、企业家协会与《企业家日报》共同为企业打造的"文化助推器"。

我们把加强与《企业家日报》等知名企业文化品牌的合作作为与企业和企业家共创蓝海，真心、真情、真诚为企业和企业家服务的重要手段。我们与《企业家日报》合作推出《川企周刊》，目的就是通过合作搭建平台，弘扬企业家精神，为品牌传播、创新管理提供新的支持和展示平台。我们相信，《川企周刊》将为四川企业发展和企业家成长、企业转型升级渡难关、经济社会和谐发展创造更多的机会。我们将把为企业分忧解难看成本职核心工作，真实反映企业和企业家的呼声，维护企业和企业家合法权益，展示四川企业风采，弘扬企业家精神，彰显品牌价值，有力地推动四川经济社会的可持续绿色低碳发展。

《企业家日报·川企周刊》将努力为四川企业和企业家开拓新市场，探索新路径，创造新价值，提供更加广阔的合作交流平台。塑造成四川企业和企业家开放创新、乘风破浪、再铸辉煌的平台。在这个平台上，梦想不改，创新不变，激情长燃，服务永远。在这个平台上，我们风雨同舟，荣辱与共，永不言败。在这个平台上，我们怀揣"同一个世界、同一个梦想"。愿与天下智者携手同行,创造更加美好的未来!

"好风凭借力,送我上青云"。祝愿《企业家日报·川企周刊》逆势飞扬,一枝独秀,创造奇迹!

(原载于《企业家日报》2014年6月28日)

创新驱动企业转型升级
——在泸州市企联迎金秋"产业突破、共谋发展"茶话会上的演讲
2014年9月5日

非常高兴参加泸州市企业联合会、企业家协会举办的"产业突破、共谋发展"中秋党政领导与企业家的茶话会,首先,我代表四川省企业联合会、企业家协会,代表邹广严会长对茶话会的圆满召开表示热烈祝贺!向广大企业家朋友、企业界代表表示中秋佳节的慰问!祝在座的各位中秋月

更明、人生福满楼!

其次,我代表四川省企业联合会、企业家协会向泸州市以蒋辅义书记为决策核心、刘强市长为CEO的政府在科学发展观及党的十八届三中全会和省委十届四次全会精神的指引下,全面推动泸州市的"六大突破、四年翻番"所表现出来的战略胆识、领导魅力、世界眼光和务实精神表示敬佩!对泸州市委市政府,尤其是党政一把手突出尊重市场主体地位,尊重企业家创业、创造、创新的精神表示钦佩!辅义书记在《酒城企业家》杂志里面的一句话"一个地区的经济社会发展关键在企业、关键在企业家",讲得很精准和到位。因此,我要特别对泸州市委市政府及四大班子对企业的关怀,对企业家的关爱,对企业和企业家代表组织的企业联合会、企业家协会的关心表示最真诚的感谢!

再次,借此机会给在座的朋友,尤其是企业家们做个分享。今年我走了70多家企业调研,我本人也在川大、交大总裁班,广元、绵阳等地、市、州及攀枝花工业园做了调研,分别做了《企业文化与团队管理》《企业转型升级与自主创新》的报告。在走访企业和调研过程中,我也感受到了经济下行和转型升级的巨大压力。对比五年前所看到的"遍地黄花分外香",现在的企业给我的感觉有点"遍地英雄下夕烟"之感。那么我们怎么从企业内因入手,怎么从宏观形势及企业生态、中观形势和微观形势去分析?我就此对企业及企业家朋友们提点期望,希望在座的各位企业家一定要深刻认识我们企业所处的国际国内形势的多变性、复杂性,以及新技术革命带来的颠覆性、深刻性、持久性的变革。

第一,顺势而为,深刻理解转型升级的紧迫性、艰巨性、长期性。我们中国过去以GDP为导向的"高投入、高消耗、高成本、高污染"的四高发展模式已走向尽头。与美国进行简要比较,我们中国的经济35年高速增长,所谓的三驾马车过去主要靠投资拉动,对GDP的贡献占70%;而美国三产业对经济的贡献占70%,这是个非常重要的数据。我个人认为35年的GDP高速增长来源于三大红利,一个是政策红利;二是土地、劳动力等成本红利；三是环境红利。过去我们在座的很多企业在生产制造过程中忽视了对环境的影响，环境大量受到破坏。现在我们过去的三大红利已不复存在。我们的成本约束、环境的硬约束，已迫使企业不得不走转型升级之路。从宏观形势上进行一下比较，我们的企业成本，比如天然气、电比美国要贵一半；劳动力成本考虑直接成本与劳动效率的对冲，可以说基本持平；运输成本，美国的物流成本占GDP 7%～9%，中国占了12%～20%；中国中小企业融资成本大概在15%～20%，而美国仅3%～5%；中国大型企业融资成本为6.5%，美国仅2%。世界500强在上周出炉，很荣幸，中国有100家企业进入，港澳台9家，大陆91家，其中国有企业占了87家；美国占了128家。从效益来看，美国进入500强的企业平均利润率为9.33%，中国是5.1%；美国企业收入利润率为4.24%，资产利润率是1.39%；中国这两个综合经济效益和增长质量关键的数据与美国企业比，均不到美国企业的一半。在2014年全球500强亏损企业中全球有49家，美国有4家，中国有16家，相当于全球亏损的1/3。从上述数据来看，我们应该深深理解提高经济发展质量、转型升级势在必行。

第二，必须明确创新是转型升级的根本动力。就像我的专著《长盛力——缔造富有灵商的管理文化》上说的一样："四流企业卖资源、三流企业卖产品、二流企业卖技术、一流企业卖标准和思想（即文化）。"以GDP为导向的速度效益型必须向以可持续发展为导向的质量价值型转变，转型升级不仅是可持续发展的需要，也是我们共产党执政、领导全国人民实现中国梦的需要。因此，我们企业家朋友必须明确"创新是我们企业转型升级的驱动力和根本力量"。现在我们都知道以云计算、大数据、新能源等为代表的第四次工业革命已经到来，把我们过去很多传统的行业都颠覆了，如果我们企业家还迟迟不转变观念，还是想用20世纪的一张"旧船票"要登上21世纪的"新客轮"是很困难的；即使强行挤了上去，也最多是做最底层的清洁、保安或是验票的，始终不能进入"头等舱"。我们中国是一个发展中大国，GDP虽然大，但不强；我们要赢得世人尊重，必须明确自主创新才是我们的力量源泉。正好我们英明的党中央提出了把自主创新作为国家战略。自主创新对企业来讲首先是要建立一个学习型团队，这样才能保持持续创新能力，最终保持和提升核心竞争力。

一个企业要创建成百年老店、千年品牌，来源于什么？来源于它的核心竞争力。我在管理学里面提出的一个重要观点：企业生态论。近十年过去了，张瑞敏先生率先提出了创建生态企业。从企业生态理论来分析，我们国家的发展是从民富走向民强，最终走向民主与美好。这个过程事关我们在座每一位爱国之士，是必须考虑的问题。说到学习型团队，我们中国人去年人均看书4.7本，美国人25本，日本人、德国人40本，以色列人60本。从一个侧面看出，我们对学习的热情和对知识的渴望还有不小的差距。

第三，企业家精神是自主创新与转型升级的核心力量。企业家这个词来源于法语，原意是指冒险事业的经营者和组织者。管理大师熊彼特说："企业家就是创新。"我在我的专著上也对企业家进行了一个较为全面的诠释。用中国文化来解释，企业家的"企"就是"人""止"的地方，寓意"人"就是天，同时"止"就是指人休养生息的地方。因此，做企业就是做人。生意人提升才能成为商人，商人修炼才能成为企业家。由此，企业家从中国的传统文化来讲有三层含义：一是所有企业与千家万户的人息息相关，这就明确了企业及企业家的使命、担当和责任。二是企业家本人是经营管理企业的专家。三是企业家本人以企业为家。我本人在国家一级大型企业干了26年，从实习技术员干到老总，2007年以全省公招第一名的成绩到了省城，目前从事着这份为企业和企业家服务且十分热爱的职业。我诚挚地愿意和大家探讨、分享。

谈企业家精神，今年7月8日，习近平总书记给30位企业家的回信指示讲得非常精辟、非常重要。30年前，55位福建企业家联名给中央写信，请示为企业"松绑"，得到了中央的肯定与支持，迎来了企业家成长和企业发展的春天。30年后的今天，30位企业家联名给习近平总书记写信，习近平总书记回信中指示："希望企业家继续发扬'敢为天下先，爱拼才会赢'

的闯劲，进一步解放思想，改革创新，敢于担当，敢于作为，不断做大做强，促进联合发展，实现互利共赢，为国家经济社会持续发展发挥更大作用。"我认为，习近平总书记的讲话为我们企业转型升级与自主创新指明了方向。各位泸州企业家要勇挑重担、担当时代的使命，在泸州市委、市政府的领导下再立新功，再创佳绩！借此机会，我向我们企业家朋友们励精图治，为泸州转型发展、低碳发展、绿色发展、创新发展所做出的贡献表示崇高敬意！

第四，善于利用互联网思维，树立全球化眼光，整合全球资源，借势、借力、借智。比如我们"泸州老窖"与健康饮品凉茶的结合，正好是产品功能上的互补，产业链上的增值，服务上的整合，价值链的延伸。老窖运用其品牌优势、资本优势把本地特色资源向资本转化，助推区域经济质量、规模、效益的提升。我们企业家要有走出去的智慧与勇气，要实施走出去的战略，一是实现过剩产能的转移，二是实现我们制造的资源全球优化配置。另外，通过走出去，我们还要十分重视引进高端人才，引进高新技术，可以带动我们加快产业升级。

我希望泸州市企业联合会、企业家协会在市委、市政府的战略引领下不辜负政府和企业的信任与期望，真正为企业和企业家做好服务，把我们企业联合会、企业家协会切实办成"企业发展的助推器、企业家成长的加油站"。在政府职能转型、企业转型升级与创新发展的过程中，扮演好企业和企业家代表及新社会组织的角色。要在企业管理创新研究和企业经营管理服务中不断提升自身的学习能力、团队精神、服务意识、品牌意识，这样才能真正成为让政府放心、让社会满意、让市场接受、让企业喜欢、让企业家称道，并具有较强感召力、凝聚力、影响力和良好知名度、美誉度、忠诚度的品牌化组织。通过平台化发展、品牌化运营、价值链共赢，实现基业长青。

四川省企业联合会、企业家协会提出了"融智创新、敬业奉献、维权服务、自强自律"的企联核心价值观，我希望借此和泸州市企业联合会、企业家协会同仁们共勉，为企业度过这个"寒冬"、助推企业转型升级，为"中国制造"成长为"中国创造"倾注我们共同的力量、智慧和激情。

最后，引用我们党的缔造者之一、共和国缔造者毛泽东同志的诗词来结束我今天短暂的"脱口秀"。毛泽东同志的一生是坎坷的一生，战斗的一生，英明的一生，他带领中国共产党从无数次失败走向成功，经历了无数次挫折与转折，最终取得中国革命的伟大胜利，建立了新中国，让中国人民从此站起来了。当我们今天面临巨大的转型压力之时，毛泽东的智慧与精神能鼓励我们增加正能量与奋斗的信心，或许能使我们从中找到正确的突破方向。我们要有"任凭风浪起，稳坐钓鱼台"的定力，要有"可上九天揽月，可下五洋捉鳖"的勇气，坚持"数风流人物，还看今朝"的自信。我们不忘昨天艰苦创业的辉煌，无愧今天转型升级与自主创新的使命担当，不负明天中华民族伟大复兴的中国梦想，坚信在以习近平同志为核心的党中央坚强领导下，我们中国有能力克服眼前的困难，走向强盛，赢得未来，赢得世界的尊敬。

借中秋来临之际，衷心的祝贺各位快乐指数、幸福指数超越 CPI、GDP 的增长速度，谢谢大家！

（原载于《四川企联网》2014 年 9 月 12 日）

传承优秀文化基因，推进四川白酒业健康发展

——在"中国白酒金三角名酒精品品鉴暨促销对接会"上的演讲

2014 年 10 月 20 日

金秋十月，硕果累累，美酒飘香。正值富有重大历史意义的党的十八届四中全会召开之际，我们相聚在一起，共赏秋色，品酒论道，迎来了中

国白酒金三角名酒精品品鉴暨促销对接会。首先，我代表四川省企业联合会、四川省企业家协会对前来参会的各位领导、嘉宾、企业界同仁及各界朋友们表示衷心的感谢和诚挚的祝福！

长期以来，四川省企业联合会、企业家协会作为企业和企业家的代表组织，是联合国国际劳工组织承认的中国唯一雇主代表，在我国由政府、企联和工商联、工会组成的劳动关系三方协调机制中，扮演着代表企业（企业家）利益、维护企业（企业家）合法权益的重要角色，是我国在劳动立法、协调仲裁劳动关系纠纷中维护企业和企业家合法权益的主要依靠力量。四川省企业联合会、企业家协会秉承"发挥桥梁作用，为企业和企业家服务"的宗旨，根植于企业、依托于企业、服务于企业。根据企业可持续发展的需要，围绕企业管理提升、转型升级、自主创新等开展各种形式的服务活动，本着"平台化发展，品牌化运营，价值链共赢"的服务理念，不断开辟面向企业和企业家服务的新领域、新项目和新的合作形式，构建政府与企业、相互关联方与企业、企业与企业之间沟通交流的桥梁、纽带，助力企业在"新四化"建设的大潮中，做优、做强、做大、做久，逐步成为"企业发展的助推器，企业家成长的加油站"。正因如此，四川省企业联合会、企业家协会被企业和企业家亲切地称作"娘家"。借此机会，感谢各位领导、各位企业家同仁、各界朋友对企联工作的认同、关怀、关爱和关心！

本次白酒品鉴会，是为了更好地贯彻落实四川省委省政府关于促进白酒产业健康发展和省经信委服务企业、扩大内需、提升企业竞争力和市场占有率的相关要求而召开的。我们同省投资促进局、中国白酒金三角酒业协会一道，积极宣传动员、精心组织，努力搭建白酒集团消费对接服务平台，巩固和拓展四川名酒新品销售渠道。通过这一形式，将有效提升白酒企业的品牌及新品的知名度、美誉度、忠诚度，为广大企业团体和消费者提供看得见、摸得着、品得到且简捷、优惠的采购渠道，助推四川白酒产业健康和谐永续发展。

酒在我国有着7000年的历史，中国被公认为是酒的故乡。酒与我国历史文明进程中的政治、经济、军事、文学、艺术等紧密相连，在长期的传承和演变中逐渐升华成一种精神范畴的"文化"，成为中华民族传统文化宝库中的一颗灿烂的明珠，真可谓"壶里乾坤大，杯中日月长"。在政治谋略上有宋太祖"杯酒释兵权"的治国吏治之道，在军事战略中有曹操"煮酒论英雄"的治军强军之术，在美好的生活史篇中有"贵妃醉酒"这种对人性尊崇之美，更有无数诗篇佳作、文化瑰宝与美酒的交相辉映。从诗仙李白的"举杯邀明月，对影成三人"到苏轼的"明月几时有？把酒问青天……但愿人长久，千里共婵娟"的千古绝句，再到"酒肉穿肠过，佛祖心中留"的民间脍炙人口的故事，折射出美酒不仅创中国之品位，启中华文明之先河，更标志着中华民族千秋万代创造性劳动之结晶，彰显出"有朋自远方来，不亦乐乎"的和谐大美与情感正能量。

四川是名酒之乡，具有悠久的酿酒历史，川酒可考证的历史可以追溯到3000多年前的古蜀国蚕丛及鱼凫时代，在广汉三星堆遗址发现的大量酒器证明此时蜀人酿酒技术已达到一个相当高的水平，川酒以其深邃的文化内涵见证了天府之国的蜕变发展与飞跃。今天，我们有幸品鉴的十大精品名酒，不再是一种单一的商品，而是一种值得弘扬的文化、一种精神的享受和一种可以品鉴回味的历史自豪。

习近平总书记在今年9月24日纪念孔子诞辰2565周年指出："只有坚持从历史走向未来，从延续民族文化血脉中开拓前进，我们才能做好今天的事业。"让我们以此为指针，在省委省政府打造西部高地战略引领下，共同努力，积极拥抱第四次工业革命这一颠覆性时代所带来的历史发展机遇，树立全球化思维，运用互联网智慧，创新传统产业的发展模式，以企业家"敢为天下先，爱拼才会赢"的精神，牢记使命，敢于担当，善于学习，挖掘好酒文化，传承好酒文化，发扬好酒文化，创新好酒文化，做深、做细、做透、做精、做好酒文化这一大产业，为中华民族伟大复兴酿造祝福的美酒，创造美好的乐章！

"相逢不饮空归去，洞口桃花也笑人"，金杯银杯斟满酒，共铸川酒文化魂。来吧！举起酒杯，让我们品味川酒，感恩先祖，传承文明，共圆国梦！

敬祝祖国国运昌盛，企业长青！祝大家快乐指数、品位指数、创造力指数始终领跑经济社会发展的速度！

（原载于《四川企联网》2014年10月21日）

转变观念，融智创新

把企联打造成具有品牌影响力的新型社会组织
——在北京全国企联系统秘书长工作会上的交流发言

2014年11月29日

2014年是四川省企联第八届理事会开局之年。四川省企业联合会、企业家协会认真贯彻落实党的十八大和十八届三中、四中全会和中共中央经济工作会议及四川省委第十届四次全会精神，进一步巩固党的群众路线教育实践活动成果，按照"为政府与社会出谋解难，为企业与企业家维权服务"的总体目标，把"举旗帜，带团队，调机制，谋发展"的工作方针贯穿到整个工作中。一年来，在省委、省政府的关怀和中国企联的具体指导及省经委的领导下，在全省市州企联（企协）、会员单位及社会各界的关心、支持、帮助下，带领全体职工，始终坚持为企业、企业家服务的宗旨，坚持"四自"方针，以改革谋突破，以创新求发展，以服务质量赢得企业和企业家的信任与支持，增强了企联品牌的凝聚力、亲和力和感召力，切实推动了企联工作再上新台阶，出色地完成了各项目标任务。

一、对 2014 年工作取得主要成绩的回顾

（1）顺势而为，探索并逐步形成新环境下企联发展的理念和定位初见成效。

元月 7 日，换届后新的秘书处班子根据内外环境大格局的变化，尤其是企业行为的分析和广严会长的指示，在继承企联优良传统、传承优势项目的前提下，提出了"融智创新、敬业奉献、维权服务、自强自律"的企联核心价值观，并根据把企联办成"企业发展的助推器，企业家成长的加油站"的服务定位和"真心、真情、真诚"的服务观念制定了工作方针，修改了部门目标责任考核指标并及时下达。就工作方针中"谋发展"形成了团队共识与工作创新的合力。

①以"解放思想、实事求是、团结一致向前看"为指引，树立战略意识、品牌意识、危机意识、服务意识、创新意识，不断提升协会的知名度、美誉度和忠诚度。

②制定好协会长远发展规划和创新项目培育计划，尤其是四川企业管理协会、四川省企业咨询公司的改制问题要充分论证，研究政策，"断臂求法"，彻底改制。

③开辟新的服务项目，做实、做精、做透品牌项目，提升服务创收的市场运营能力与员工的创新力、成就力、幸福力，使协会的发展与员工成长同步，使协会的创收与职工的受益均衡。

（2）创新组织形成，培养壮大优势服务项目，走平台化发展、品牌化运营、价值链共赢的服务模式。

我们出谋划策，主动参与对市级企联的换届工作，探索通过协会组织创新的形式谋求自我壮大与可持续发展。今年，泸州市企联经过换届，邀

请热心协会工作的泸州企业第一品牌"泸州老窖"总经理出任执行副会长，调整和组建了善于协会运作的执行副会长和秘书处班子，搭建了真正能为泸州区域企业与企业家交流分享、资源共享、共建共创的合作型服务平台，受到了市委、市政府的高度认可和广大企业与企业家的赞同。

与此同时，省企联十分重视以互联网思维来打造协会的基业。在打造服务平台与服务价值链上狠下功夫，努力把协会办成团队成员成就事业的平台、美好生活的阳台和为企业与企业家服务合作方、利益相关方共同创造价值、实现中国梦的舞台。今年先后与《企业家日报》社、上海股权托管交易中心等八个企业公共服务机构签订了战略合作协议，谋求互利共赢，长远发展。由此，专委会的活动也有了新的起色和收获。比如，信息化工作委员会除成功召开四川企业信息化峰会、搭建起企业与企业共享平台外，还塑造了企业踊跃参与的企联"子品牌"。使四川企联网成为四川点击率最高的专业网站。

尤其是在为企业和企业家定制式服务上有了一定突破：

①调研常态化、个性化、零距离。深入企业把脉问道，贴近企业家出谋划策，提高调研的实用性、可操作性，促成了企业间项目的合作，真正发挥了桥梁纽带作用。在大量下企业调研的基础上，完成了五个企业的管理咨询合同。

②积极主动与经信委、发展改革委、科技厅、商务厅等部门沟通协调配合，研究消化政策，帮助企业寻求政策对接和支持，组建合作团队，按照"专业指导、材料申报、资金落地"的工作举措，为企业争取了专精特新、发展专项、科技创新等资金项目，不仅提升了协会的社会价值，扩宽了协会服务功能，也有效提升了协会与时俱进的服务能力和服务效价。

③启动了四川省企业家健康工程。与战略伙伴合作，搭建起了以企业家、骨干会员企业高管为主要服务对象的非营利性集健康养生养心、交流

互动为一体的企业家健康沙龙，使为企业家服务逐步向亲情化服务迈进，以达到聚集、凝聚"铁杆"核心骨干会员的目标。

④"企业家活动日""企业管理创新活动""企业基层组织建设""企业管理现代化成果评审发布""培训及资质认证""企业咨询""企业文化建设年会"等协会传统项目不仅保持了一定的品牌影响力，某些品牌还更加突显出价值增值。如"四川企业百强排序及发展峰会"，由于找到了很好的对接点，首次将峰会安排到二级市州协会承办；与此同时，管理创新成果公开出版并开辟社科评奖直通车，成果价值开启了挖掘延伸，产生了历史性的社会效益和经济效益的双突破。

⑤鉴于传统制造业企业普遍存在的困境与困惑，2014年年初通过调研分析，我们认为咨询业市场上升空间较大，因此，我们计划在年底的四川企业管理咨询峰会上推出咨询业界需求的新服务项目，并经理事会决议通过。现经过调研摸底，申报报名较为踊跃，预期结果较好，为咨询专委会工作再上台阶奠定了基础。

（3）创建学习型团队，努力提升协会服务能力与服务品牌的含金量。

今年，省企联先后开展了"企业文化与团队管理""悟道管理、创新发展"等内训，先后协助省经委、省商务厅等部门开展了送政策下基层全省巡讲和"走出去战略报告会"等活动，协会秘书长作为特邀主宾管理专家，先后随报告团到绵阳、广安、乐山等五大片区为全省经信系统干部、企业公共服务平台负责人和重点企业上千人做了"企业转型升级与自主创新"报告，还应邀到攀枝花钒钛园区、四川大学总裁班等企业家聚集地为广大企业家作报告，有效提升了协会的品牌力和感召力，为有效整合社会资源、形成为企业和企业家服务的共识与合力起到了积极有效的推动作用。

针对企联的核心职能，我们切实强化了维权活动中的舆论宣传及造势活动，先后公开发表倡议书，组织会长专访，常务副会长（执行会长）带队下基层调研等方式，有效地提升了雇主组织品牌的公信力。

与此同时，协会进一步加强了自身能力建设，改选的专委会新聘请了一批专业背景深、行业影响力大的知名专家加盟，先后公招引进了新生力量，充实了队伍。协会还出资鼓励员工积极参加资质培训认证，有三名同志职称得到了晋升。

二、2015年及下一步的工作打算与展望

遵照习近平总书记"唯改革者进，唯创新者强，唯改革创新者胜"的精神，我们未来将在以下方面努力：

（1）适应变革，拥抱新常态，进一步提升平台化、品牌化服务的功能、质量和水平。

首先，传达、落实好本次中国企联秘书长工作会议精神，尤其是做好贯彻落实中央两办《关于构建和谐劳动关系的意见》的工作，宣传和普及好企联在三方机制中的政策地位和法律地位，高举好这面大旗，与诸位合唱好主旋律。

其次，做实、做细、做精已有的传统优势品牌和新开辟的平台化合作项目，凭实力和活动影响力、企业与社会满意度，力争把"省级中小企业公共服务平台"晋升为"国家级中小企业公共服务平台"，逐步走出一条社会化、市场化、法治化、企业化的道路。

再次，培养、壮大新的服务项目，以社会价值为导向提升增值服务能力，从传统的以培训为主的智力服务提升到有融资上市、助推转型升级与自主创新、企业政策及管理咨询等广义的智力资本服务，并在争取政府市场化购买服务中占有一席份额。

最后，加强企业调研，把协会的一只手搭在企业的脉搏上，一只手搭在企业家的肩上。加大为企业和企业家鼓与呼的力度，贴近企业、亲近企业家，切实突出个性化服务和差异化特色，有的放矢，为企业和企业

家出谋划策，凝聚力量，搭建桥梁，整合资源，夯实协会可持续发展的基石。

（2）以专委会为工作平台载体，创新机制，整合资源，激发活力。

目前，有十个专业委员会，明年将在信息化工委机制模式成功尝试转接运营服务机制的基础上，推出创投工委、维权工委的工作模式和工作机制创新，以开放的心态、共享共赢的思维和规范化、高效化的管控，让相关合作者进入平台共谋发展，进一步激发员工的积极性、主动性、创造性，使协会品牌力得到实质性提升，壮大协会的同盟军，提升协同力。

（3）切实加强团队建设和修炼，打造和提升差异化核心能力。

打铁还需自身硬，问道还需早醒悟。明年将推出协会《员工手册》《四川省企联规章制度汇编》，定期和不定期举办内训，鼓励员工学位及专业职称的晋升，调整目标责任考核机制，引进新鲜血液，逐步补齐短板，加大工作绩效的激励力度，提升协会的正能量和整体素质，真正把协会办成让政府和社会满意，让企业和企业家喜欢，让市场称道的新型社会组织。创建成一个让人自尊自信、积极进取、善于学习、勇于创新、乐于奉献、心情舒畅，有成就感、幸福感和可持续发展能力的团队。

三、一点工作建议

企业创新评价体系的发布，中国企联可抓紧一点，我们将积极配合开展好这一创新性工作。

借此机会，我代表四川省企业联合会、企业家协会欢迎中国企联领导及全国企联的同仁来川指导和传经送宝。即兴赋诗一首以表谢意：

积极拥抱新常态，熊猫故里情常在，企联协举共建家，融智创新谋天下。

（原载于《四川企联网》2014年12月3日）

拥抱新常态，树立新思维

——在 2014 年省咨询、培训工委年会上的演讲

2014 年 12 月 16 日

此次峰会即将圆满落幕，我代表主办方再次感谢各位嘉宾、同仁、朋友们的光临！此次峰会大家分享了政策、智慧和经验。作为临别赠言，我与大家分享我今天的感悟：拥抱新常态、树立新思维、创造新业态、实现新梦想。

今天，企业所面临的生态可以说是颠覆性的，而解决企业当前所面临的诸多困难和问题，如融资难、融资贵、研发投入严重不足等是没有统一答案的，更何况管理上没有一劳永逸的解决方案，只有层出不穷的问题。今天的分享，杨杜教授等专家的报告讲的主要是"洋为中用"，我讲点"古为今用"。这里我就想与大家做一次时光穿越，在古人的智慧中去寻找新常态下思考的线索与答案。

我引用六句诗，开启我们共同的未来智慧之旅。

一、"满眼生机转化钧，天工人巧日争新"

这是指创新精神。一方面，冬天到了，春天还会远吗？创新是报春花，它的突破将带来春色满园。创新是民族进步的灵魂，是国家竞争力的源泉，是企业可持续发展的核心动力。另一方面，春天是美好的，但很多企业等不到春暖花开，在冬天就支撑不住了。新常态，尤其是企业转型升级要求我们必须从过去主要依靠投资拉动、要素驱动的规模速度型向以创新驱动的质量效益型转变，这就给我们管理咨询、培训带来了巨大的商机、想象

与发展空间；它需要我们运用互联网思维，把握第四次工业革命所带来的创新红利，采用大数据、新材料、新能源等新兴技术，在观念、文化、战略、模式等方面突围。给企业雪中送炭，帮企业点燃智慧之火、创新之火，帮助企业出谋划策，度过这一转型期特别寒冷、阵痛的冬天。通过咨询、培训"送温暖"式的服务，使企业洗脑、健脑，强筋健体，融智创新，克服"一张20世纪的旧船票总想拼命登上21世纪新客轮"的惯性思维以及"酒好不怕巷子深""一招鲜吃遍天"等不利于创新的传统观念，摒弃"等、靠、要"这种靠天吃饭的"乞丐式生存方式"，弘扬"敢为天下先，爱拼才会赢"的企业家精神，在持续创新中铸就"横扫千军如卷席"的"金箍棒"。

二、"宝剑锋从磨砺出，梅花香自苦寒来"

这是指下真功、苦功。企业，尤其是企业家只有下真功、苦功才能练就高素质，打造竞争优势，才能在国际市场国内化、国内市场国际化的激烈竞争中"一剑封喉"，出奇制胜。与此同时，企业也只能下苦功才能历练出高品质，塑造出名品牌，才能保持并不断提升品牌的知名度、美誉度和忠诚度。在新常态发展模式下，企业家要树立"养骆驼精神"，而不是"养兔子精神"；骆驼要养三年才能成才，兔子三个月就可卖钱。而现在的竞争是"沙漠之战"，比熬力。在沙漠里，兔子放出去三个小时就死掉了，而骆驼能九天不吃不喝顽强地坚持下来，这就是百年老店生命力、长盛力所在，也是我国绝大多数中小企业寿命仅为3—7年的"短命基因"所在，也是我们众多中小企业创业者"出师未捷身先死"的根本症结所在。

因此，我们的企业创业者及企业家在新常态下务必克服急功近利、靠机会主义取得短期成功经验的"过去式"思维模式，要耐得住、静得了、沉得下，要有"苦行僧"精神和唐僧取经的领导力、韧性和定力。正可谓：

"修合无人问，存心有天知""长期积累，偶然得之""众里寻他千百度，蓦然回首，那人却在灯火阑珊处"。

三、"老牛自知夕阳晚，不须扬鞭自奋蹄"

这是指自省、自觉、自强、自律。特别是自省这一点，我们务必要明白顺势而为。先知先觉，引领未来，成为市场领导者；后知后觉，追随未来，成为被领导者；不知不觉，没有未来，成为市场的淘汰者。因此，我们务必明确新常态下已跨越了过去大鱼吃小鱼的时代，已逐步从强鱼吃弱鱼走向快鱼吃慢鱼的时代。因此，我们只有快马加鞭，才能在新常态下抓住新机遇，战胜新挑战，取得新成就。

"不能胜寸心，安能胜苍穹"。战胜自己的内心、使自己真正强大，就必须首先在"自律"上认真修炼。"自律"要求我们广大企业和企业经营者要充分领悟新常态下依法治国、依法治企的社会主义市场经济管理新模式，不要在新常态、发挥市场主体地位的经营大环境下迷失方向。更要凸显企业文化自觉与自强。在敬畏法治、彰显诚信、忠实履行社会责任等诸多方面体现出依法治企与以德治企的融合。

传统依赖"高投入、高成本、高消耗、高污染"的"四高""中国制造"模式已是夕阳产业，这急需我们咨询、培训界的专家、同仁们助力企业和企业家转变观念，认清新常态，厘清思路，把脉问道，对症下药，辅佐其重新审视和选择产业、产品、市场、研发、人才、文化等定位，自觉主动地适应新常态、拥抱新常态、领舞新常态，加速追赶，增添新动力，奋力提升产业层次和产品档次。

借此机会，衷心祝愿在伟大中国梦的壮丽画卷中能留下在座各位灿烂、幸福的笑容！

（原载于《四川企联网》2014 年 12 月 18 日）

用企业文化引领新常态,提升软实力,创造新价值

——在2015年企业文化研究会理事长会上的演讲

2015年2月2日

"新常态"是中央决策层基于我国政治、经济、社会、文化等大环境所做出的科学判断。是企业文化生态演进的时代新格局。作为企业文化建设工作者,如何从文化的视角来拥抱"新常态",做出新贡献?我谈几点浅见,供大家参考。

一、识时务者为俊杰,顺势而为乃王者

(1)树立国际化视野,把握全球化态势,运用互联网思维。21世纪最大的不变与变化就是互联网文化的传播。互联网文化带来的颠覆性革命,

要求我们若想不被边缘化就必须把握好平台化、大数据（云计算）、无边界的特性。我们各位作为企业文化的推动者、践行者、传播者，必须掌握和利用好互联网文化聚众、分享、协同、创造新价值的特点与功用，充分发挥企业文化的引领作用与软实力功能。

（2）理解新常态，适应新常态，引领新常态。充分认识政治新常态对中华民族伟大复兴所贡献与创造的伟大智慧和不竭动力。新政使民族有梦想，人民有信仰，国家有力量。

首先，挽救颓势。30多年的改革开放，GDP以年平均近10%的高速增长换来了我国经济实力的跃升。GDP成了全球第二，但GDP不是竞争力，更不是核心竞争力。虽然物质上强了，但精神上弱了；虽然经济竞争力上升了，但文化竞争力却下降了。以习近平同志为核心的新一代领导人高瞻远瞩，深谋远虑，精准出招：刮骨反腐，老虎苍蝇一起打（生精）；"八项规定"止世风日下（提气）；恢复群众路线（聚神）。使政治生态、社会生态、企业生态日趋良性循环和可持续。其次，输正能量，以中国梦、社会主义核心价值观为引领；依法治国；深化改革，尊古倡文，纪念孔子诞辰，新文艺座谈会，军队新古田会议，治军强军，设立烈士纪念日等彰显以德治国。深化改革与依法治国双翼大展，必将引领中华由大到强再到优，成就复兴昌盛之梦。最后，强筋壮骨（谋可持续）。新常态的战略定位、"一带一路"倡议、京津冀区域战略、长江经济带战略等。这一系统、全面、英明的战略和招数，避免了晚清国破政亡的阴魂重现。我们应感谢习近平总书记坐在火山口上的超凡胆魄、勇气与大智慧，以及开启强势挽救党、挽救国家和人民的艰难征程。

（3）充分认识经济新常态下企业文化的新特征。

第一，跨界文化。2014年中国首次成为资本的净输出国。随着走出去战略的推进，中国的崛起最终要体现在文化输出上。世界500强中国企业首次突破100家，113家央企有近47家进入世界500强，但世界50强里中国却没有一家。中国大企业大集团大而不强是可持续发展的最大挑战。

2014年国务院国资委下文抓央企品牌建设抓到了实质核心上，因为品牌的一半是文化。随着大量中国企业在世界范围内的投资落地，必须与当地的文化相嫁接，才能真正落地开花结果，才能形成新的和谐发展，实现中华和平崛起。

第二，融合文化。随着改革开放进一步加大，尤其是市场主体地位的真正确定，各种形式的混合所有制企业与不同经营模式的企业运势而生。文化的冲突将成为不同国家、不同区域、不同所有制企业产品、资本、品牌等合作的最大障碍。因此，对融合文化的研究与落地是我们企业文化工作者当前的急、难、新课题。

第三，创新文化。实现中国梦的最大短板就是自主创新。文化与观念的创新是自主创新战略的先导。如何用软实力的提升来引领硬实力的增强与核心竞争力的打造是我们值得深思的大课题。其中，如何用优秀的文化基因改良和克服不利于自主创新的传统观念与文化，更是我们企业文化工作者的重大使命和当务之急。

"与其为数顷无源之塘水，不若为数尺有源之井水，生意不穷"。此"井水"就是我们取之不尽、用之不竭的"创新源泉"。对此，我们在"创新文化"上有许多工作要做，要特别努力去开拓挖掘。

（4）把脉当前企业所面临的问题与发展趋势，以企业文化引领企业自主创新，以自主创新驱动转型升级。实现大众创业，万众创新。

二、平台化发展，品牌化塑造，项目化落地

（1）充分运用和放大协会这一"平台、资源、品牌"的优势。

（2）以"企业文化建设示范单位"、企业文化年会、文化评优推广、企业文化咨询等为合作的操作台，延伸企业文化价值链，做实、做精、做大品牌。

（3）加强企业文化专家团队与智库建设和传播的共享力度，运用互联网及"拇指经济""眼球经济"等新商业文化思维模式，加快融智创新的互

动节奏。

三、对理事会理事长们及专家的期望与共勉

"最念龙虎风云会，不胜天地今古情"。传承、发扬、创新好优秀的传统文化是我们企业文化工作者的历史责任和光荣使命。因此，我借用古人的文化智慧与大家共勉，把它归纳为"管理三境界"（既"三上三无"），期望能为今天的企业文化建设注入一点创新的思考。

"太上"。老子说："太上，不知有之；其次，亲而誉之；其次，畏之；其次，侮之。"这个"上"从今天企业管理角度讲是一种隐形的主宰力或战略决策力，准确地讲是思想力，即文化力。这也是我们管理的文化战略，即决策层面问题。在当今知识经济及国际化大背景下，是一种大智慧、大境界、大格局、大文化。而我们企业文化工作者所贡献的智慧，就是一种文化或价值观的"隐形力"。从而达到"无为而治"，无形胜有形。

"上善若水"。水利万物而不争，水能载舟亦能覆舟。水体现了以柔克刚、滴水石穿、大道无形的精神。水因山势而变，人因环境而改。从管理角度讲，这是权变理论的本质，是解决管理层面的问题。这个"上"是解决取势、借势、顺势的问题。这是文化导向、凝聚功能的集中体现。因此，由文化与价值观所引领的企业管理只有如水般顺势而为，才能"无坚不摧"。

"上兵伐谋"。孙子讲："上兵伐谋，其次伐交，其次伐兵，其下攻城。"这种"不战而屈人之兵"的战例在古代有"孔明的空城计"等，当今有"资本杠杆""虚拟经营"等众多以小博大、蛇吞象的经营案例。这在管理上是执行层面的问题，是提供解决问题的方案与落地效果的问题。从企业文化角度讲是价值观的落地。只有做好这个"上"，才能"无往而不胜"。

最后，祝大家羊年喜洋洋，梦想更辉煌！

（原载于《四川企联网》2015年2月4日）

构建和谐劳动关系是企业家的重要使命

——学习《中共中央 国务院关于构建和谐劳动关系的意见》感悟

2015年4月7日

企业是社会的细胞。构建企业和谐劳动关系是建设和谐社会的基石，是推动落实科学发展观、提高全民幸福常值、实现中国梦的迫切需要，是企业家重要的使命。

一、构建和谐劳动关系是提升企业竞争力的迫切需要

和谐劳动关系是指企业和员工之间遵循守法自律、平等协商的原则而建立的良好、和谐的用工关系。构建和谐劳动关系，有助于企业控制劳动用工风险，减少劳动纠纷，为企业发展提供稳定的人力资源保障，促进员工与企业共同发展，是企业社会责任的重要体现，也是企业对经济社会发展的重要贡献。

党的十八大明确提出构建和谐劳动关系。在新常态下，努力构建中国特色和谐劳动关系，是加强和创新社会管理、保障和改善民生的重要内容，是建设社会主义和谐社会的重要基础，是经济社会可持续发展与实现中国梦的重要保证。

从企业生态看，任何一个企业的成长壮大，直至成为世界级企业，必将经历从产品经营到资本经营，再到人本经营。因此，从企业可持续发展的规律中得出，企业若要做优做强做大做久，打造成百年老店，就必须按照以人为本的原则，依法用工，为员工提供合理的薪酬、福利待遇及健康安全的工作环境和畅通的职业发展平台，保障员工的民主权利，关心和爱

护员工，不断提升员工满意度。

世界多极化和经济全球化势不可当，资源环境对经济社会可持续发展压力越来越大。与此同时，国际化对企业履行社会责任的要求越来越高，约束越来越严。联合国全球契约的影响力不断增强，国际标准化组织发布社会责任指南（ISO 26000），企业责任已成为企业竞争力的重要组成部分。由于我国35年高速发展所带来的发展不平衡、不协调、不可持续所叠加的矛盾聚集显现，随着我国经济进入"新常态"和"四个全面"的推进落实，尤其是"一带一路"走出去倡议的实施，对构建和谐劳动关系提出了更新、更高、更紧迫的要求。

因此，构建和谐劳动关系，既是遵循科学发展观、以人为本的战略选择，也是企业和企业家顺势而为，适应新常态，引领新常态，提升企业核心竞争力，打造具有国际竞争力品牌的现实需要。

二、确保劳动关系和谐是企业家的重要使命

劳动关系是否和谐，直接关系企业和广大员工的切身利益，关系经济社会发展与和谐。当前，我国正处于经济社会发展转型的关键期，过去递延的劳动力、土地、政策及环境软约束四大传统粗放型成本红利已不复存在。转而凸显出劳动关系的主体及其利益诉求日趋个性化、多元化、复杂化，劳动关系矛盾已进入爆发期和多发期，企业构建和谐劳动关系的任务更加繁重，迫在眉睫。

企业是履行社会责任和构建和谐社会的基本载体，是构建和谐劳动关系的主体。只有劳动关系和谐才有作为企业公民履行社会责任的牢固基础。只有做到劳动关系和谐，才能实现企业的健康发展，也才能最终实现人与自然、生态的和谐发展。对此，党和政府十分重视和谐劳动关系建设，2011年国务院颁布的《工业转型升级规划（2011—2015年）》把工业企业社会责任建设取得积极进展作为工业转型升级的重要标志和"软实力"提升。2011年国务院国资委印发《中央企业"十二五"和谐发展战略实施纲

要》的通知，把以人为本，构建和谐企业，争做优秀企业公民，模范履行企业的社会责任和义务作为重要指导思想和目标。从现代企业发展的历程看，凡是国际化成功的企业务必将和谐劳动关系建设提升到战略层面。只有这样，企业才能发展得更好，走得更稳更远。"全国模范劳动关系和谐企业"东方电气集团东方汽轮机有限公司以国际化眼光和全球化战略打造"人和"文化，铸造企业和谐之魂，让员工感受到了"自豪感、归属感、尊严感、成长感、成就感"。在2008年"5·12"汶川大地震中，东汽人用鲜血、汗水、和谐铸就了新时代的"东汽精神"，创造了震后不到一个月震中汉旺基地恢复生产重生的奇迹。震后当年工业总产值创历史新高，2010年突破200亿元，发电设备产量连续保持世界第一。

人类进步的历史告诉我们，企业家是企业的灵魂与统帅，是先进生产力的代表，是推动经济社会发展和自主创新的领军人。从中国传统文化角度来理解"企业家"，"企业家"的成长与历练蜕变是从"生意人"到"商人"，再升华为"企业家"。"企"本意是"人"停"止"的地方，从社会学讲是人们立脚生存、实现价值的地方。因此，"企业家"这一殊荣包含三重意思，一是指领导的这个企业事关千"家"万户，二是指经营管理企业的专"家"，三是以"企"为"家"。因而，企业家是人类的精英，时代的英雄，创新的领袖。企业家从价值观与事业的起点上就天然地选择了确保人们和谐生息的使命与担当。宋志平作为央企开启混合所有制融合之门的先行者、文化型杰出企业家，在他统领两大企业集团26万余人的改革创新中，用"三宽三力"文化解决了上千家不同所有制企业员工的"归属感"，逐步建立起新常态下"与自然和谐，与社会和谐，与竞争者和谐，与员工和谐"的彰显和谐劳动关系的融合文化，成为企业界尊崇的榜样。

三、企业家在构建和谐劳动关系中应主要抓好的工作

和谐劳动关系从人本理论讲属于和谐管理的主要范畴；和谐管理作为

有很强东方文化色彩的管理理论，是指团队为了达到目标，在变动的环境中，围绕和谐主题，以优化和不确定性削减手段提供问题解决方案的实践活动。"和"指的是个体及个体群的观念、行为在组织中"合意"的"嵌入"，"谐"指一切要素在组织中"合理"的"投入"。因此，和谐管理的思想就是围绕要解决的问题，对能科学安排的内容，尽可能科学设计，对无法实现科学设计的要营造一种和谐的氛围，使得每一个人有能动性并不断提高自身能力，创造一个团队能发挥作用的平台，并使之与科学设计部分相融合，从而使企业能够自主地根据环境的变化来适应并自动调节。和谐管理从企业文化角度来讲应该包括身和、口和、意和、见和、戒和、利和。为此，企业家在推动和谐文化建设，尤其是在构建和谐劳动关系中应主要抓好以下工作：

（1）牢固树立员工为第一财富的价值观。在知识经济的大背景下，员工就是取之不尽、用之不竭的金矿，是企业最核心的竞争力。只有企业内部的劳动关系和谐了，员工的满意度提高了，他们的积极性、主动性、创造力才能被激发出来，才会兢兢业业、忠诚地为企业服务，从而极大地提升企业的向心力、凝聚力、竞争力、创新力，企业才能得以长盛发展。我国互联网民族品牌的代表腾讯公司，作为全球最大的互联网综合服务提供商之一，它的成功就是基于始终视员工为企业第一财富的价值观，从招聘到培训，到员工的发展，整个过程都体现了网络创意经济下员工年轻化、富活力、拥激情的特色和谐劳动关系与和谐管理。

（2）依托三方机制协调治理模式，扎实推进依法治企。完善协调劳动关系三方机制组织体系，建立健全由政府人力资源和社会保障部门会同工会和企业联合会、企业家协会、工商业联合会等企业代表组织组成的三方机制是我国社会治理方式上的创新，是构建和谐社会，确保中国共产党长期执政、依法执政、科学执政的重要手段。

扎实推进依法治企，企业家及企业领导团队必须在严格执行《中华人民共和国公司法》《劳动合同法》等一系列法律的基础上，切实保障职工取得合理劳动报酬、休息休假、劳动安全卫生保护、社会保险和接受职业技能培训等方面的基本权益。全面实行劳动合同制度和积极推行集体协商和集体合同制度。

与此同时，国家在加强协调劳动关系三方机制的建设中，要重点在营造构建和谐劳动关系的良好环境，加强组织领导和统筹协调，健全劳动关系矛盾调处机制上下力气。需要特别强调的是，作为和谐劳动关系三方机制中企业和企业家的代表组织，企业联合会、企业家协会在三方机制中有着特殊的重要作用，不仅要依法维护企业和企业家的合法权益，发挥纽带桥梁作用，为企业发展和企业家成长服务，也要把积极倡导和鼓励企业家勇于承担社会责任、不辱使命、构建长效和谐的劳动关系作为服从于党和国家大局的战略来抓紧抓实抓好。

（3）以人为本，务实推进民主管理。荣获"全国模范劳动关系和谐企业"的成都彩虹电器（集团）曾经是一家资不抵债、濒临倒闭的城镇集体老企业，改制后成为有1600多名员工的民营企业。"四川省杰出企业家"、董事长刘荣富以构建和谐劳动关系为最高人本战略，紧紧依靠职工，全面推进民主管理，实施真心关爱，让全体职工共享企业发展成果。使这个残疾职工占职工总数的8.8%，下岗和被征地农民工占职工总数的69%的队伍在行业竞争十分激烈的市场格局中保持了稳步健康发展，仅去年就实现利税1.2亿元，连续五年职工工资增长达10%以上，受到了市场和社会的普遍赞誉。其品牌知名度、美誉度、忠诚度得到了大幅度提升。

（4）以创新精神运用互联网思维，建设可持续共建共享的命运共同体。和谐劳动关系的构建，企业不仅要从法律和制度上去完善和实现，还要以创新精神和改革的勇气，充分利用好互联网聚众、分享、协同、创造新价值的特点与功用，从非正式组织、制度的价值链与生态链上去思考，实现利益相关者满意度最大化，营造企业可持续发展的良好生态。2010年9月，东风日产与35家供应商负责人举行共建劳动关系和谐企业交流会，联合发布了《东风日产—供应商构建和谐劳动关系倡议书》，标志着东风日产与供应商结成的共建和谐劳动关系伙伴，及共建和谐劳动关系联盟的初步形成。为共建和谐企业生态链，实现平台化发展、价值链共赢、社会责任及品牌价值最大化迈出了坚实的一步。

（原载于《企业家日报》2015年4月11日）

灵商与长盛力

——在西部创新创业联盟成立仪式上的演讲

2015年7月14日

"接天莲叶无穷碧，映日荷花别样红"。在这火红而美丽的季节，我们怀揣一颗颗火热的创新创业之心相聚在一起，为"双创"鼓劲加油、发光发热，更为美好未来摇旗呐喊。因此，这是一个值得参与的好日子。

首先，我代表四川省企业联合会、企业家协会对西部创新创业联盟及西部创业产业股份有限公司启航表示热烈祝贺！祝愿这艘创业创新航母奔向深海、远洋，乘风破浪，一帆风顺！

其次，对在座各位智慧的引领者、企业家，特别是投资伙伴们、战略伙伴们、具有无限想象力和创意的青年创客及代表我们未来的创业者，对你们共同努力打造西部这一"双创"航母、敢于吃螃蟹的企业家精神表示崇高的敬意！

再次，主办方安排让我与大家分享"灵商与长盛力"这一命题，因为我出版的《长盛力——缔造富有灵商的管理文化》一书大家有共感。这本书有47万余字，在这里简要地与大家分享一点原创故事。灵商是指人灵魂的深度或高度。它是藏匿于人心灵深处且不易被激发的核心聚变力，是人生成功地进入最高境界能力的聚合，是主宰人成功的"纲"。它是人创造力的泉眼，是准确认识与把握现实世界的慧眼，是探索与感知未来的天眼。它隐含并动态地融合了人的财富商数、胆识商数、韧性商数、快乐商数、创造力商数、魅力商数、逆境商数等。灵商这一创造性的理论，创新与丰实了管理学关于人本管理的理论。20世纪70年代之前，人本管理的运用侧重于智商研究和考评。美国选举，候选人智商也是舆论及选民的重要话题。因为那个时候通常是以智商IQ为主评价人的能力。后来美国外交官事件一出，管理学上提出了"冰山原理"等一系列理论，在管理人员的取舍和选拔上则侧重以情商为主。包括我们在座担任过公务员考官、参加过公招的人也知道，我们考评测试其实很大一部分属于EQ的测试。那么我个人研究，人的真正创造力来源于哪里？我认为来源于我们灵魂的深处。这是"灵商"理论的原创基石。这是我们创造力核心的按钮，它颠覆了我们以情商、智商为主的人本学管理理念，创新了管理学研究的内容，为管理学做出了一个中国学者的贡献。根据这一管理思想，我提出了人类成功的"金字塔模型理论"。创业创新无外乎就是为了达到我们的境界、实现我们伟大的中国梦，正如我们今天正在启动的"航母"一样。从正面看金字塔是一个三角形，底边是康商HQ，两个边分别代表IQ、EQ，金字塔的高度代表的就是我们的灵商SQ。对我们企业的管理来讲，康商就是我们企业的原始资本，智商就是我们企业的固定资本，情商是流动资本，那么灵商就是我们企业的无形资本。大家知道，近几年世界500百强与美国百强资料表明，印证了我们企业的主要财富增长来源于创新，企业的价值不断上升主要来自无形资本的不断提升。按照我们资本运作叫作轻资产比例在不断上升，也才有现在最时尚的"资产证券化"。按照管理学之义叫无形资产比例在不断超越有形资产。从美国100强看，这几年无形资本都在企业资本80%以上。印证了我们中华民族先贤说的"无形胜有形""大道无为"的治国治企之最高境界。这就是整个时代的变化，更是整个企业生态环境的变化。

我给灵商归纳了六种力量：

第一，自我心理的定位力。一个人要成功，必须要有强大的心定力。无论是做企业战略或是在确定行业、市场中的产品或服务定位等，这些对决策者的心理定位力要求是首要的。你个人要每天有进步，人生目标和梦想的定位是必须要有的。尤其是在企业管理的执行层，对我们在工厂下面实实在在操作的"工匠"们，按照PDCA循环，每一天的工作卡，每一道工序、工步都有严格的技术工艺指标，这就是细节的定位。

第二，自我意识的控制力。

第三，潜意识的浮现力。我们普通人的大脑仅用了3%，伟大的科学泰斗牛顿、爱因斯坦的大脑也仅用了约6%。重大的发明发现看似偶然，其实绝大多数都来源于潜意识，正如古人所讲的"长期积累，偶然得之"。2007年我与郎咸平先生在广州参加第二届国际企业文化论坛时互聊，他说他也想到了灵商、金字塔模型及幸福模型等，但是没有写出来。我讲就像很多人都有类似的被苹果砸过脑袋，但牛顿被砸后恍然大悟，喝早茶的功夫就写出了惊世的论文，提出了伟大的牛顿定律。

第四，潜能的裂变力。美国有今天这样的世界地位来源于什么？我认为就是克林顿政府信息高速公路的构建战略。20世纪90年代，比尔·盖茨所著的《未来之路》也许揭开了克林顿总统的灵商智慧。克林顿虽不用电脑，但比尔·盖茨书上所描绘的面对21世纪的信息高速公路建设构想吸引了他；虽然克林顿不大懂，但是他的灵商很高，领悟力极强，率先把握了这一创造历史的机遇，使美国成为互联网及第三次工业革命的战略引领者，这是美国国家竞争力把世界远远甩在后面的伟大创新驱动战略。这里也要顺带提醒一下，虽然我们赶上了"互联网+"的时代，三次工业革命中前面两次我们都错过了，这次基本与世界同步，目前我国网民、网购量都是世界第一；但是没有核心竞争力，全球13个根，总根在美国，我们没有一根。若哪一天出现重大危机，会不会后果不堪设想呢？阿里巴巴去年网营已经全球第一，今年超过沃尔玛成全球商业零售第一已不成问题，我们国人为之兴奋和祝贺。但深思细想一下，你若始终是借道上路，你的"脑门"总是被别人所掌握或管控，加之国家信息安全战略不加速考虑解决这些问题，一旦出现我们不愿想到的危机，阿里巴巴从全球第一回归零也是很简单的。发生在我们眼前的创业者中的故事，很多高学历的时常看不起没有读过书及低学历的。我观察研究的结果，创造财富，特别是奇迹的能力与学历不存在强正相关和必然的联系。高学历不等于高能力，显赫的文凭并不代表创造力水平高，从田坎上走上中国500强平台的老总，他创业创新的创造力来源于什么？我的判断是根本来源于他的灵商智慧。如中国改革开放第一代创新创业杰出企业家的标杆人物鲁冠球、曹德旺等。

第五，下意识的机运创造与把握能力。无论是政府领导，还是企业老总、大学教授等"靠嘴赢天下"之人，或是经常脱稿演讲的智者，可能都有这样的体会，脱口演讲中不时会创造出新的词汇组合与创意性语言，而先前的腹稿并未涉及，这是一种下意识的能力。现实的创业中，好多成功的老板、商人或企业家，虽然他们都没有经历过显赫的大学经历、有些甚至没有上过正规的学府，但是某些方面确有过人之处，比如他记忆力超强；与人的"胶着力"超强；靠着勤奋学习，成就过人的实操本领；要不领悟力极高，"精准制导"能力非凡；要不转眼工夫就把机遇变成了超强的执行效果。尤其是一些自命不凡、怀才不遇的"愤青"型创业者或商人，当他们陶醉在聪慧过人的评头论脚、理论一套一套阐发之时，那些不言不语，甚至在常人眼里可能不伦不类但灵商极高的人已抢占了先机，握有胜券的"机运"开启了。与此同时，我也要告诫个别创业者，那些过去证明成功靠"勾兑""走捷径"的机会主义者，在依法治国的今天，这一套会逐渐成为历史。

第六，梦想和信念的坚持力。我这本专著尽管已出版近十年，书中也提到"中国梦"。这也许是对习近平总书记指引"中国梦"的一种企盼和心灵呼应吧。根据灵商理论，我提出了"幸福模型""成功模型"。其基本要义是幸福和情商、智商成正相关，与康商成强正相关，与边际效用成正比，与欲望成反比，与灵商成几何级数关系，与幸福常值成正相关。这个幸福常值对应了诺贝尔经济学奖获得者萨缪尔森提出的"幸福指数"这个概念，幸福常值弥补了幸福指数研究与实践运用中的不足。"幸福模型"可以告诉人们一个浅显的道理，你是富可敌国的首富，他是捡破烂的弱势群体，都同样具有幸福资格和获取享受幸福的机会。幸福与财富地位关联不大，灵商才是幸福的主宰力。这是管理学作为一门科学正式建立113年来，由中国学者第一次系统提出的管理学原创理论。

我借西部创新创业联盟启航之际，以曾经的四川省优秀企业家、现在的为企业和企业家服务的雇主组织代表及管理学者身份与大家共勉，也算是对各位同仁的期望吧。这里我就引用先贤们的智慧与大家共勉：

一是"识时务者为俊杰"。使命召唤在时代脉动前面，敢闯敢试敢创的成功系数远大于故步自封、裹足不前和因循守旧。无论是"互联网＋"带来的跨界融合的想象空间，还是"中国制造2025"激发的产业升级与创新潜能，还有"一带一路"产生的市场容量与需求蓝海，创业创新的内涵与外延都在不断扩展。只有把握机遇，才能凸显灵商价值，获取"双创"红利，实现人生梦想。

二是"明知山有虎，偏向虎山行"。从人类发展的趋势讲，未来是美好的。我们要用辩证的思维看待"双创"之路。要有"冷眼向洋看世界，热风吹雨洒江天"的豪情与淡定，尤其是要明白创新路上不仅有花环下的陷阱，更有充满诱惑的坎坷。这一点，我呼吁在座的"双创"有志之士，要做好打持久战、攻坚战的准备，抛弃过去后视镜思维和过去靠高投入、高成本、高污染、高消耗"四高模式"拉动GDP创造奇迹的高速发展模式，一定要从你们心灵深处"断奶"。要有"宝剑锋从磨砺出，梅花香自苦寒来"的苦干、实干的劳模精神、工匠精神和钉子精神。不唯上，不唯书，只唯实。与此同时，还必须抛弃"以成败论英雄"的功利观，在创新上允许试错，宽容失败，尊崇"烈士"。我国的专利数量上年已成为世界第一，但转化的实际效果仅有30%左右，这是我们创新路上最大的一个短板，也是我国自主创新最大的"痛点"。期望在座各位牢记"敢为天下先，爱拼才会赢"的企业家精神，要有"暮色苍茫看劲松，乱云飞渡仍从容"的定力与心态，同时更要有"世上无难事，只要肯登攀"的勇气与韧性，我们的"双创"，尤其是自主创新就一定能成功。正如毛泽东同志早年所讲："中国人民有志气，有能力，一定要在不远的将来赶上和超过世界先进水平。"

三是"海到无边天作岸，山登绝顶我为峰"。作为西部"双创"联盟这一平台，必须具有高屋建瓴的境界。境界决定眼界，眼界决定世界。同时，在战略实施的阶段目标中，目标定位一定要清晰，创新的起点在产业层次上要高，尤其是核心能力的建设要明晰。与此同时，"双创"者要有不断优化成长的目标。创新只有起点，没有终点。"双创"永远在路上。另外，"双创"的团队及创客要有自省和自我批判精神，要有100-1=0的战术思维和精益求精的钻研精神，让每一步成功都成为过去，每一天都从0到1，经过长期奋斗与积累，就会实现从1到N，N到∞。永不停息，永不自满，永无止境。本人从今天"灵商与长盛力"演讲的命题中认为，创客们用灵商所推动的"双创"可以解释为：颠覆式创新＋精益化管理＝企业长盛力。

最后，衷心祝愿西部"双创"联盟在党中央"四个全面"和省委省政府"三大战略"的指引下，以"共创、共建、共享、共赢"的文化为导向，以资本杠杆为翅膀和纽带,以众创平台为空间,把西部创新创业基地打造成为创意的天堂、智慧的海洋、创新的基地、创业的乐土、圆梦的工厂。为实现伟大的中国梦添砖加瓦,融智创新,大展宏图。现即兴赋诗一首,为我们西部创新创业联盟航母远航送行:

攻城不怕坚,破题莫畏难。"双创"有险阻,智者能闯关。

(原载于《四川企联网》2015年7月20日)

发挥海归人才优势,助力大众创新创业

——在四川省归国人士企业联合会"携手海创,共赢未来"
主题分享会上的演讲

2015年8月8日

很高兴应邀出席省归国人士企业联合会"携手海创,共赢未来"主题分享会。

"海阔凭鱼跃，天高任鸟飞"。你们怀揣梦想和希望，带着专利和技术，拉上同学和亲友，甚至搭上家当与借款，回国返乡创新创业，彰显了新时代海归人士的爱国情怀和"天下兴亡，匹夫有责"的士大夫精神。这是中华民族重返世界之巅的宝贵人才与创新创业资源，也是构建人类命运共同体"中国精神"与"文化自信"的体现。借此，我代表四川企业和企业家向"双创"（大众创业、万众创新）的伙伴们表示热忱欢迎与崇高的敬意！

榜样的力量是无穷的。20世纪老一辈海归是以"两弹一星"元勋钱学森、邓稼先等为代表的科学家、学者和实业家们，除了他们创造奇迹的本事过硬外，更重要的是拥有"为有牺牲多壮志，敢教日月换新天"的英雄气概，靠算盘、计算尺把"两弹一星"送上了天，让中国站了起来。今天我们新一代的海归们更要有"自信人生二百年，会当水击三千里"的自信、自强的壮志豪情，充分利用好新一轮改革开放这个最大"红利"源所带来的制度红利与创新红利，打造核心竞争力，让自己企业迅速挺立起来，强大起来，昂首阔步走向强企优企之列，再现中华儿女的精彩、卓越、非凡与梦想。

"艰难困苦，玉汝于成"。一个优秀的企业家和管理团队，既要有"敢为天下先，爱拼才会赢"的企业家创新创业精神，还要有孜孜不倦的工匠精神。工匠对自己产品精雕细琢、精益求精的精神境界，以其可贵的恒心、韧力与细节把控力把品质从99%提高到100%；其利虽微，但他们创造的产品却造福于世，传承于世，永恒于世。无须质疑，省归国人士企业联合会的企业家和创业者们尽管是一批优秀的群体，但也会在创业路上遇到辛酸苦辣。有句老话"吃得苦中苦，方为人上人"，只有历尽创业路上的苦与乐，学会吃苦、愿吃苦、能吃苦、敢吃苦，并在苦难中保持积极向上的心态和勤奋踏实的作风，就一定能战胜困难抵达胜利的彼岸。褚时健、鲁冠球、曹德旺等一批中国优秀企业家都是在创业之初就做好吃苦的准备、磨炼吃苦的能力、锻炼吃苦的勇气。吃苦精神是任何事业成功的重要保证，它与老一辈革命者和创业者所创造的"井冈山精神""长征精神""铁人精神"等是一脉相承的。同时，还应思考和关注在建设国家和谐社会中应该承担的社会责任。在我的管理学专著《长盛力——缔造富有灵商的管理文化》一书中我从企业生态理论角度将企业家成长分为三个阶段：第一阶段是生意人，什么钱都赚；第二阶段是商人，有所为有所不为，依法依规，合理合法赚钱；第三阶段是企业家，以社会价值为使命，关注社会责任和以人为本，追求可持续发展。因此，期望大家在创新创业之道上早日成为真正的企业家。以创建学习型团队为基石，在文化引领自主创新的道路上，注重加深对"中国特色社会主义"和"政治经济学"的理解与把握，深入挖掘中华文明的精神动力之源，传承张謇、卢作孚、陈嘉庚、荣毅仁等这些老前辈心怀"国之大者"所留下的"洋为中用"等他们那个时代的"双创"财富。把个人价值、企业发展同国家强盛、民族复兴、人民幸福、世界和平紧密融合，做无愧于国家、无愧于时代、无愧于历史的创新创业者。

党的十八大以来，"中国梦"一词正式进入人民的视野。人生如船，梦想是帆，每个人都有属于自己的梦想。在创新创业者的"中国梦"里，有"强企"，也有"富民"；有期盼，更有实干；有对市场的担忧，更有对企业转型升级和自主创新的渴望。尽管发展的定位、方略、目标、路径、结果千差万别，各有各的"风骚"，但对推动国强民富、人类福祉和社会进步是一致的。

"同一个世界、同一个梦想"。全世界现有二百多个国家，二千多个民族和纷繁各异的宗教与文化。出自天南地北的海归能相聚一道，谈天说地谋"双创"，本身就是一种值得珍惜的缘分。都说朋友圈是平台，拥有相近的背景与价值观的朋友更是一笔人生财富，我们要倍加珍惜。今天，在这个创新创业最好的时代，无论是"互联网+"带给我们想象的空间，或是马化腾的微信让我们成为创客、朋友、近邻，还是梁氏理论中的企业生态建设与创新带来"蓝天战略"的畅想，还有"一带一路"倡议、"中国制造 2025"国家战略规划所带来的更大更多机遇与平台,对今天我们讨论的主题——"携手海创,共赢未来"都提供了极为丰富且极具价值的互鉴内容。让我们天涯共此时,成为"英雄所见略同"的创客、企业家、朋友、近邻。

创新永无止境。大作家雨果讲:"已经创造出来的东西比起有待创造的东西来说,是微不足道的。"比尔·盖茨、乔布斯、马斯克、任正非、张瑞敏……这些灿若星辰的名字背后,是一个个选择在喧嚣动荡时代敢于冒险、勇于创新创造的身影。尤其对海归朋友来讲,其创业的起点、背景、眼光与国内同龄人比,有一定的先发优势。一般意义上讲,经过海外学习和游历的人士与普通创业者比,更具有全球多维视角与国际化的思考力,若能把起点优势转化为创新创业与持续发展的优势,把势能转化为动能,勇猛精进,落地生根,定能鲲鹏展翅,宏图无限。若加上壮志凌云的雄心,历史会证明你们即将走出一条创新无极限、合作无边界、朋友无国界的创新创业之路,并以此求证出"互联网+"时代企业长盛之道,即:共享市场蓝海+持续性创新+跨界融合=企业长盛。在此,我以过来人,曾经的"四川省十大杰出青年企业家"(2005 年)、"四川省优秀创业企业家"(2006 年)的身份,祝广大企业家及创客、朋友们旗开得胜,勇往直前!

2015 年中央 10 号文件《中共中央 国务院关于构建和谐劳动关系的意见》进一步强调了企业联合会在依法治国中的政治法律地位,四川省企业联合会、企业家协会作为四川最具权威性、代表性和广泛性的企业与企业家组织,承担着联系和沟通政府与企业的桥梁和纽带职能,代表雇主(企业和企业家)参与四川省协调劳动关系三方会议机制的建设和推动。构建企业和谐劳动关系,维护企业和企业家合法权益,是我们首要的职责。四川企联愿意为全体在川海归人士、企业和企业家及创客的创业创新维好权、服好务,办好事。

今天是 8 月 8 日,恰逢立秋。按照中国传统文化理解,喻义丰收的序幕已拉开,更喻义大家合作的美好前程。借此,我衷心祝愿把"海创汇"办成海归人士的智慧库,海归创业创新的开源地,造梦人才的大本营,海归企业和企业家之家!谢谢大家!

(原载于《四川企联网》2015 年 8 月 13 日)

发展无止境,创新无边界

——在汶川县现代企业发展暨企业融资专题研讨培训会上的演讲

2015 年 8 月 14 日

在这秋色满园、硕果累累的季节,我们相聚在美丽的映秀,共同研讨企业发展趋势和学习资本市场融资的相关知识,是一件盛事,也是一种幸事。首先,我代表四川省企业联合会、四川省企业家协会对培训会的召开表示热烈祝贺!对阿坝州和汶川县政府重视经济人才队伍建设,特别是打造良好的政商环境表示钦佩,对在座的企业家、同仁们为汶川灾后重建创造的奇迹与坚持走可持续发展创业创新之路所做出的贡献致以崇高的敬意!

借此机会,我简要介绍一下四川省企业联合会、企业家协会。四川省企业联合会成立于 1981 年,前身为四川省企业管理协会;四川省企业家协会成立于 1985 年。两会合署办公,两块牌子,一套班子,是四川省由企业及企业经营管理者、企业组织、理论研究领域的专家学者及新闻工作者联合组成的我省最大的社会经济组织之一。作为四川最具权威性、代表性和广泛性的企业与企业家组织,四川企联承担着联系和沟通政府与企业的桥梁和纽带职能,代表雇主(企业和企业家)参与四川省协调劳动关系三方机制的建设,推动构建企业和谐劳动关系,维护企业和企业家合法权益。在国际舞台上，我们这个组织叫雇主组织代表。为企业和企业家服务，尤其是围绕企业核心能力提升的所有工作都是企联工作的职能所在。2015年中央10号文件《中共中央 国务院关于构建和谐劳动关系的意见》进一步强调了企业联合会的政治与法律地位。在此，四川企联愿意为各级政府与企业（家）之间、企业与企业之间、企业与产业生态之间牵好线，搭好桥，为企业和企业家维好权，服好务，办好事。

结合本次活动主题，我与大家分享几点感悟。

（1）新形态（新常态）下现代企业发展的最大趋势是"互联网＋"所带来的两个"无"。

一是颠覆无处不在（如柯达、摩托罗拉，四川区域的大企业大集团代表二重、攀钢等）。柯达拥有131年历史，拥有"百年老店"之美称，当年它所提供的优质胶卷曾经占全球胶卷市场的鳌头；但是，随着新经济时代的来临，柯达却风光不再，并且由于市场销售的低迷而陷于亏损困境。2008年以来，柯达已经连续严重亏损，股票市值从1997年2月最高时的310亿美元下降至目前的21亿美元，2012年1月，柯达公司正式申请破产保护。柯达当年的成功，是因为掌握了世界上最为先进的摄像胶卷核心技术，它凭着这个拳头技术，执掌了世界摄像市场的牛耳。但是，从数码成像技术出现的那一刻开始，传统的依靠胶卷摄像的冲印技术就清楚地显示了它的落后，从而逐渐被消费者所冷待，直至抛弃。可惜的是，尽管世界上第一台数码相机是柯达自己于1975年研发成功的，但它却未能将其及时地转化为生产力并推出产品，当全球市场迅速为数码摄像技术而激动的时候，柯达仍然固守着它在传统模拟相机胶卷上的地盘与美梦，没能及时跟上市场业态的快速变化。就这样，柯达曾经垄断掌握的拳头技术终于蜕变为它难以摆脱的包袱，成为它的一种负资产，从而只能吞下今日的苦果。柯达走过的道路，为包括中国企业在内的企业经营"教科书"增添了极富借鉴意义的一章。做"百年老店"，让基业长青，是所有企业梦寐以求的目标。但是，今天的企业面临的已经是一个快速变化的市场，在技术创新日新月异的今天，全球性的行业颠覆式的创新已经呈现出爆炸式的发展，传统企业那种以"一招鲜"来"吃遍天"的经营模式不可能保证永远立于产业与市场的高位，一个一成不变的基业再也不可能"长青"；只有不断地追求和创新具有领先水平的科技与技术，并且不断向消费者提供高新技术产品，不断创造新需求，引领新需求，企业才有可能在残酷的市场竞争中立于不败之地。其实，在柯达之前，已经有很多全球性的知名企业为我们提供了现成的例子，比如曾经在手机市场上处于领先地位的诺基亚和摩托罗拉，都是由于在创新上踏空或落后一着，今日已经受尽市场的冷遇，甚至基本退出了原来的市场。看一看今天的消费者对苹果公司连续推出的 iPhone 和 iPad 产品的追逐，我们不难想象诺基亚、摩托罗拉的落寞。

　　二是跨界融合无边界（如雷军的小米、马斯克的特斯拉）。小米手机大家都很熟悉，一个很平凡的名字"小米"，但却绝不平庸，因为小米人是由来自 IT 巨头公司微软、谷歌、金山的达人们所组成。创始人雷军费尽心思要让小米成为一家无限完美的公司，"为发烧友而生"成为小米的产品理念，并首创了用互联网模式开发手机操作系统、发烧友参与开发改进的模式。所谓"商业模式"，核心要素由三个问题构成：你卖的到底是什么？为什么是你卖而不是别人卖？你如何从这种客户价值创造当中寻找到一种盈利的方程式？每个新的商业模式，都源于对这三个问题的行业通行答案的不满。而雷军和他的小米正是扮演了跨界者和融合者这一角色，并对传统行业边界和行业假设做了最为彻底的颠覆，成为互联网时代创业创新的大赢家。

　　今天，很多中国的大企业都面临着与柯达同样的问题与挑战，也面临着小米同样的机会与契机。中国企业不妨将柯达面临的危机当作一面镜子，以此来审视自身的不足。特别是那些以"百年老店"自居的企业，必须勇于抛弃虽然有悠久传统却已经不适应当下日新月异的市场业态的传统模式，学习小米，创新成长模式，贴近用户，赢得市场，不断占领需求的制高点。

正如著名作家萧伯纳所讲："聪明的人使自己适应世界,而不明智的人只会坚持要世界适应自己。"

以上总结为一句话:自己不改,就会被时代改掉。因此,当前传统型企业的高投入、高成本、高消耗、高污染"四高"模式必须抛弃,以GDP为导向的经济社会发展方式也必须转变。所以,当前我国产业与企业发展中的最大热点、难点、痛点就是转型升级与自主创新。企业经营从价格战走向价值战。转型升级与自主创新是新常态下企业面临的最大困难和挑战。习近平总书记反复强调在现阶段"创新驱动发展"的迫切性。党的十八大报告指出:"科技创新是提高社会生产力和综合国力的战略支撑,必须摆在国家发展全局的核心位置。"习近平总书记对中国企业转型升级也提出了以下要求:"推动中国制造向中国创造转变,中国速度向中国质量转变,中国产品向中国品牌转变。"这是我们企业战略的指南。

(2)资本市场是企业做优、做强、做大、做久的生命线,是我们企业走向品牌化、国际化、长青化的翅膀。

从企业生态角度讲,一般企业的成长都要经历产品经营、资本经营、人本经营三个阶段,最终才能成长为国际级的百年老店与世界一流企业。因此,资本市场的经营能力也是我们企业的核心能力之一。

从现代企业角度讲,比如盖茨、乔布斯、马斯克、李彦宏、马化腾等都是擅于运用资本市场与发挥金融杠杆作用的高手,是将自己创办的企业(或投资的企业)一步国际化,几年成就了传统型企业几代人的财富积累与资本实力积聚,从而走向做优、做强、做大、做久之路。

从传统型企业走过来的典范企业GE来看,它之所以百年之后还傲然屹立,成为道琼斯股指唯一百年企业标杆,这也来源于它创业时"爱迪生发明+摩根资本"的优良组合基因。

从区域经济、国家经济角度来讲,区域与国家的竞争力来源于企业的强大。美国属全球负债最高但世界国力排名最强的典型大国,除科技的领先因素外,完善的资本市场与发达的金融业也是一个重要原因。纽约世金融期货中心、芝加哥世界期货中心、旧金山亚太地区金融中心，这些奠定了美国成为世界上最发达的货币和资本市场的基石。

（3）对汶川发展的期望与思考。

一是"海内存知己，天涯若比邻"。这是王勃送别朋友时写的诗句，意谓四海之内都有知心朋友，远在天边就好像近在眼前，只要朋友间思想感情相通，再远也能感受到亲近。汶川素有"大禹故里、熊猫家园、羌绣之乡"之称，是华夏始祖大禹的出生地，是全国四大羌族聚居县之一，是国家羌文化生态体验区。围绕"世界汶川、大禹故里、熊猫家园"的发展战略，倾力打造"互联网＋特色旅游"品牌。汶川"特色旅游"是什么呢？我肤浅地认为可以表述为"特色文化＋深度体验"。文化包括英雄文化、和谐文化和感恩文化。英雄文化，即大禹文化、红军文化。和谐文化即藏羌文化。全世界有200多个国家，2000多个民族与形形色色的宗教，汉藏羌的和谐堪称典范。感恩文化，汶川的灾后重建是一篇历史的教科书，也让"汶川"从名不见经传到一夜成名。大爱无疆的感恩文化使世界不同文明找到共生价值的汇合点，使不同国度求得了最大公约数，使汶川的品牌更具人性化、国际化。所谓"深度体验"，简单地讲，不仅要留住客人，更要留住人心。让口碑传递，让心灵传唱，让旅游者在此牵手青山绿水，享受蓝天白云，体验美味乡情，留住甜蜜回忆。

二是"它山之石，可以攻玉"。具体到我省或汶川这样的县域经济，我们要发挥"洋为中用，古为今用"，学习借鉴他人先进模式、运营方式、创新形式，结合汶川独具特色的新文化（英雄文化等）、新业态（农庄经济）、新模式（体验农业），利用好"互联网＋创新商业模式"和"一带一路""中国制造2025""大众创业、万众创新"的历史机遇及电商平台，发挥融智、融资的创新功能，形成蝴蝶效应，实现平台放大、资源集合、产业延伸、信息分享、情感共鸣、价值裂变、持续发展。比如与汽车运营商合作，申请政府引导资金，采用PPP等模式，开辟自驾游、房车游等项目，规划、修建、配套好相应的服务项目与设施。诸如此类的学习借鉴，对汶川大旅游的创新是很有益的。企业不论大小，只要经营管理者勤于学习，肯于钻研，乐于合作，了解资本市场政策，努力掌握资本市场工具，探求企业投融资新路径，敢于在当前新经济浪潮中创新搏击，依照县政府绘制的"打造川西北生态经济示范区先行地、大力发展生态经济庄园"的蓝图努力前行，就一定能为推动汶川经济发展转型，塑造汶川国际化品牌做出新贡献。我想，这也是一种创新和当代企业家精神的体现。

三是"看似寻常最奇崛，成如容易却艰辛"。汶川灾后重建，看似一步跨越发展了20～30年。这是党中央坚强领导、全国人民支援和四面八方广泛支持的结果。如何将这种差异化的先发优势（与四川曾同步发展的县域经济相比）转化为可持续发展能力？这是区域或企业发展差异化优势或核心竞争力的构建问题。总体上讲，汶川未来发展是以服务业为主导的经济社会可持续发展模式。硬实力通过灾后重建比同层次的县进步了20～30年，比如乡村庄园旅游。目前在软实力建设上，我建议重点要加强全域、全员、全价值链的教育与职业化培训，把灾后重建坚守家园的执着与愚公移山的不屈韧性，劳模的奉献精神与工匠的一丝不苟敬业操守结合起来，要有"100-1=0"的精益化管理精神，努力提升全域服务意识、服务质量和投资者、旅客及全民服务满意度。依托当地山清水秀的生态优势和独有的地方民族文化将汶川发展成为宜游、宜居、宜商、宜创，集乡村旅游、生态旅游、文创体验于一体的精品之地。尤其要让我们未来的支柱产业——旅游服务业成为"同一个世界、同一个梦想"的美好停留福地。

最后，衷心祝福汶川在党中央"四个全面战略"和省委省政府"三大战略"引领下，牢记习近平总书记"惟改革者进，惟创新者强，惟改革创新者胜"的指示，把握"互联网+"的时代机遇，借助资本市场这一无边界且力大无穷的翅膀，加大招商引资政策开放力度，超越区域局限，突破资源束缚，创新发展模式，为打造世界乡情旅游品牌与现代化、国际化的汶川努力加油。

（原载于《四川企联网》2015年8月20日）

快鱼吃慢鱼："互联网+"对物流业的挑战

——在"如何提升物流企业核心竞争力"特训班上的开班演讲

2015年8月24日

"更无柳絮因风起,惟有葵花向日倾"。这是北宋大家司马光在这个时节,以时写意,以物托情的美文。放在今天的时代背景下,正好是人类通过互联网技术的创新运用,推进第三次工业革命向第四次工业革命迈进的画面。因此,可以形象地把新一代互联网比喻成新一轮工业革命的"太阳",任何产业都得像"葵花"一样,让阳光赋能,促生态中万物并育。因此,此次特训班是富有创新意义的。大家能参加此次培训也是幸运的。

首先,我代表四川省企业联合会、企业家协会对"如何提升物流企业核心竞争力"特训班的开班表示祝贺!

其次,简要介绍一下四川省企业联合会、企业家协会的情况。企业联合会、企业家协会作为企业和企业家之家,在国际上叫雇主组织代表。在习近平总书记所倡导的我国依法治国的社会治理创新中作为三方机制中企业和企业家的代表组织,围绕维权、服务、智库核心职能开展工作。其中"服务"涵盖了围绕企业核心竞争力打造的所有工作,包括今天的培训工作。

再次,与大家分享一下我对物流业核心竞争力的一些肤浅的学习和认识。过去的物流业是传统产业,古今有之。今天,在转型升级和新技术革命所引导的新经济中,大力发展现代物流业,建立和完善现代物流服务体系,对于促进产业结构调整、转变发展方式、提高经济运行效率和建设生态文明具有十分重要的意义。

第一，现代物流业所面临的最大挑战：我们必须从物流大国走向物流强国。改革开放近四十年来，我国物流业蓬勃发展，去年"双十一"，淘宝销售额达到571亿元，2.78亿件快递有80%以上顺利签收。去年全年我国快递达140亿件，近3年同比增长50%，全球第一，去年占GDP6%，近几年平均超10%的增长。关键的痛点和难点是传统物流业如何向现代物流业转型；同时，怎么样根据"互联网+物流"及物联网发展，构建生态的供应链物流，实现物流的信息化、安全化、快速化、智能化。

第二，现代物流业存在的主要问题：①系统性不强，网络化、数据化、在线化程度低；②与之服务的关联产业，如制造业、农业、商业等联动性不足；③国际化能力不强；④不可持续问题突出；⑤创新乏力。

第三，几点建议：把传统文化与现代物流理念及技术结合，与大家分享我的浅见。

（1）"运筹于帷幄之中，决胜于千里之外"，这是讲战略决策问题。这就要求现代物流首先要装上"千里眼""顺风耳"。即运用互联网思维与技术，大力推进"互联网+物流业"，提升物流业"大脑系统"的功能和智慧，结合大数据、云计算、移动互联网等建立健全现代物流全覆盖、全产业链、生态链的服务融合体系。通过天网、地网的融合使内部各环节更加协同有效；使物流业之间，比如公路与航空、水运、海运等形成联动机制，电商与物流业之间形成无缝联动；天网的天气预测与地网的交通繁忙度预测有效匹配，实现数字资源与运力资源有效利用最大化。

（2）"兵马未动，粮草先行"，这是讲现代物流管控问题。我们要做到"订单未下，物流先行"，解决好动与不动、线路优化、配置优化等问题，尤其是需要在服务价值链延伸上下功夫。为服务对象提供诸如预测指导等增值服务。

（3）"莫道君行早，更有早行人"，这是讲把握时机，创造先机。尤其这个"更"字，它既是物流业核心问题——"速度"，更是创新与核心能力构建问题。在现代物流业，我们还是学生，我所做的《企业转型升级与自主创新》报告中有一组数据，我国企业与美国企业比，成本优势已一去不复返了。过去靠土地、人口、环境、政策红利创造了GDP奇迹；现在成本因素好多方面都超过了美国，如融资成本、能源等主要成本构成等。以物流业比，综合运输成本我们达到了近18%，比美国高出了近一倍，比日本高出了2～3倍。因此，一方面，我们要持续向现代物流业发达的国家学习，除物流技术外，还有模式。如2013年瑞典推出的"路人送货"，2014年亚马逊推出的"出租车"送货和KIVA拣货机器人、配送机器人等。我们能否借鉴一下呢？

另一方面，要好好研究中国文化的这个"道"字。老子讲"道可道，非常道"，同时他又指出："圣人不积，既以为人，己愈有；既以与人，己愈多。"前一句可以用我在《长盛力——缔造富有灵商的管理文化》中所提出的"人类金字塔模型理论"来理解，第一个"道"可以代表智商"IQ"，第二个"可道"可以代表情商"EQ"，第三个"非常道"可以代表灵商"SQ"。"IQ"代表寻找机会，"EQ"代表把握机会，"SQ"代表创造机会。因此，未来创造力的源泉就来自"SQ"，即"非常道"。为此，我们应在"体验"与"开悟"上下功夫，让至少95%仍在沉睡的大脑"暗物质"力量逐渐释放出来，才能真正明"道"，实现"天下大道"。后一句要在"利他"与"福报"上待人，按现代企业管理理论讲，就是积极践行企业公民的社会责任，才能真正得"道"。因此，企业家要研究借鉴优秀传统文化，才能在无边无际的"互联网"世界中把握自然与社会经济发展规律，找准企业的定位，在"互联网+"及物联网价值链生态中构建出共创、共赢、共享的可持续成长壮大机制，也才会不迷失方向，并实现长青发展。期望学员们努力开发灵商智慧，把握大势，顺势而为。要借"一带一路"延伸我们的网络与服务，借"中国制造2025"提升我们的核心能力与精准投放的速度和满意度。到那时，才能真正运用数字技术与数字资产所打造的"互联网+"的强盛平台，实现"坐地日行八万里，巡天遥看一千河"的壮美与自由，让我们的现代物流业支撑起"中国智造""中国创造""中国品牌"。

最后，祝大家学有所获，学有所成！

（原载于《四川企联网》2015年8月24日）

学习型团队建设是企业长青的基石

——在国家行政学院四川能投集团"转型升级与自主创新专题培训班"（第二期）开班仪式上的讲话

2015年10月9日

金秋十月丹桂香，长城内外丰收忙。在这金色的时节，我们相聚在国家行政学院参加培训，这既是一种福利，更是一件幸事。

首先，我代表四川省企业联合会、企业家协会对四川能投集团，也是对我们与国家行政学院培训中心联合举办的第二期班"四川能投集团转型升级与自主创新专题培训班"正式开班，表示热烈的祝贺！

其次，良好的开端等于半个成功。今年上半年我们成功举办了第一期培训班，取得了良好开端和满意的效果。这是我们协会本着"为企业和企业家服务"的宗旨及"融智创新，敬业奉献，维权服务，自强自律"的价值观和"平台化发展，品牌化运营，价值链共赢"的服务战略，跨区域、走出去、创新培训模式，创造培训品牌迈出的重要一步。借此机会，感谢国家行政学院，尤其是培训中心给予我们一片知识、智慧与友情的海洋！让我们四川企业家及企业经营管理者能享受到最前沿的理论思辨、最激荡的智慧碰撞、最直接的政策解析，以及良好的求知氛围和求真务实的素质提升。与此同时，要特别感谢作为副会长及四川企业培训工委理事长单位的四川能投集团的高度重视、精心组织和大力支持！感谢张总、志远理事长百忙之中亲率团队参培！感谢在座的能投成员积极参与此次培训所寄予的高度热情！

再次，以史为镜，可以知兴替。管理大师德鲁克也讲："因为管理是以文化为转移的，并且受其社会价值、传统与习俗支配，因而管理越是能够利用当地的社会传统价值与信念，越是能够获得更大的成就。"首期开班我引用了王国维"治学三境界"作为共勉，这次我引用三句先贤哲人的诗句与之共勉，就作为创建学习型团队的三部曲吧。

（1）孔子讲："学而不思则罔，思而不学则殆。"这是讲"学习与思考"的辩证关系，是学习型团队打造的方法论。而学习型团队建设是企业长寿的砝码。联合国教科文组织专家埃德加·富尔先生说："未来的文盲，不再是不识字的人，而是没有学会怎样学习的人。"通过此次培训，学习新理论，掌握新政策，了解新方法等会给我们带来新的思考，比如对能投的核心业务如何搭上"互联网+能源"的直通快车？如何主动积极参与到习近平总书记今年9月26日在联大发展峰会上所谈及的能源互联网的全球大格局中？如何在新能源、再生能源的发展战略定位、路径上精准发力？这是我们在座的每位值得思考的大问题。

（2）陆游的诗："纸上得来终觉浅，绝知此事要躬行。"这是指"学习与实践"的问题。如何做到学以致用，知行合一？如何把"大众创业、万众创新"与"一带一路"倡议、"中国制造2025"国家战略、理论、政策、知识的学习思考力转化为能投绿色和谐发展、共建共享的生态链建设和走出去的战略？如何把能投领导层的决策力转化为全员敬业度与执行力？这是我们在学习与实践、改革与创新中急需要获取的答案。

（3）《周易》道："君子学以聚之，问以辩之，宽以居之，仁以行之。"这是谈"学习与做人"的哲学。从现代管理讲，经营的最高境界就是经营人心。这是讲学习力如何转化为思考力，最终形成个人品格力，团队品牌力，积累并形成核心竞争力的永恒课题。借此机会，向参培的能投集团团队表示钦佩与敬意！衷心地祝愿四川能投集团在党中央"四个全面"战略和省委省政府"三大战略"的指引下，把握时代机遇，运用互联网思维，突破盆地意识和格局，夺取战略纵深，占领产业高地；通过不断推进学习型团队建设获取人才红利；通过创新自强获取创新红利；通过进一步贯彻落实中共中央、国务院《关于深化国有企业改革的指导意见》、大力推进混合所有制等改革获取改革及制度红利；通过价值链、企业生态链的建设与优化获取持续发展红利。努力提升产业层次，打造新模式，创造新业态，不断积累和提升核心竞争优势，做优做强做大做久产业链、延伸价值链，早日成为一流的品牌企业。

最后，祝此次培训班取得圆满成功，祝同仁们在伟大中国梦四川篇章能投实践中，为四川能投释放更多人才红利，成就共同事业，实现人生梦想。

（原载于《企业家日报》2015年10月17日）

它山之石，可以攻玉

——赴法考察学习心得

2015 年 11 月 21 日

2015 年 11 月 7 日—21 日，我应邀赴法国参加了四川省经济和信息化委员会主办的"推进信息技术与制造业深度融合发展培训班"。

经过这次法国考察，既有收获，又有感触，现分享给大家。

一、法国政府在产业规划布局中的可圈可点之处

（1）法国政府全国一盘棋规划产业集中区。各大区把关进入产业区，

对入园企业条件设置、筛选、帮扶等有特色。尤其是对政府无偿资金的审核监控精准投放"临门一脚"的管控值得我们学习。对我国各地园区一哄而上、不设门槛、同质化、服务系统配套度低等值得思考。

（2）法国政府在区域战略上令其产业结构、产业集聚优势、产业链建设与企业的实际相结合。铸造了图鲁兹、波尔多等世界级区域产业品牌，塑造了香奈儿等国际大品牌。这些大企业、大集团在创新、绿色低碳、社会责任、可持续发展战略定位上值得我们认真学习。如圣戈班绿色"人本"的家装材料研发理念、节能减排的新材料开发等。其对大量的小微企业所采取的政府资金引导，民间及企业自发组成的天使、风投基金（众筹）对新创企业项目筛选、培育（咨询）、服务等减少新企业死亡率、提高成活率与发展的做法，产业集中区各入驻企业参与园区管委会管理等也值得我国中小微企业服务平台借鉴。

（3）法国区域发展的差异化定位特色，尤其是城镇化过程对传统文化传承中历史建筑保护及城镇个性化，值得我们"新四化"建设借鉴学习。有利于修复我国以 GDP 为导向的发展模式所产生的城镇化建设千篇一律、"同一首歌"的做法，更有利于贯彻落实党的十八大以来党中央"以人为本"的新型城镇化建设方略。

二、个人感悟与思考

（1）经过这次考察学习，我们更加坚定"四个全面"指引中国梦实现的信念，更加坚定"四个自信"所提供的中国特色的信心，更加励志坚持努力把省企联建成一流社会组织的目标。

（2）加深了对"洋为中用，古为今用"的进一步理解和把握。四川企联在下一步为政府决策当好参谋，为企业和企业家提供融智创新服务中，尤其是在各地即将制订"十三五"规划、企业转型升级与自主创新、省中小微企业发展平台建设等工作中敢于担当、积极进取、勇于作为，为四川"三大战略"早日实现和企业做优、做强、做大、做久做出自己的微薄贡献。

（3）要大力弘扬"敢为天下先、爱拼才会赢"的企业家精神，在省经信委领导与各职能部门的指导下，秉承四川企联"融智创新、敬业奉献、维权服务、自强自律"的核心价值观，围绕"平台化发展、品牌化运营、价值链共赢"的服务理念，坚持"举旗帜、带团队、调机制、谋发展"的工作方针，发挥桥梁纽带作用，主动积极有效地配合省经信委企业处、中小企业服务体系处、各地市州经信委等开展好送政策下基层，送服务到企业，送温暖到企业家的工作；创造性地推进企业"两化融合"、"中国制造2025"、"一带一路"走出去、"混改"等工作。

考察结束偶得小诗《深秋赴法游学行》与同仁分享：

（一）

深秋赴法游学行，
产业聚集讨真经。
孵化循环助小微，
数码艺创塑青新。
基业长盛圣戈班①，
五零风投②小微专。
卢浮凯旋埃菲尔，
名牌精品绿青山。

（二）

小平求学涉重洋，
追求马列图国强。
巴黎公社探真谛，
问道改革铸辉煌。
近平高远谋宏图，

四个全面③指幸福。

睡狮④醒吼助国梦，

民族自信谱华复。

（三）

它山之石攻我玉，

博采众长炼重器。

管理无界融中西，

"一带一路"飞比翼。

企联"四自"⑤明方向，

智聚"双创"⑥添锦象。

维权服务献灵商⑦，

百年品牌树榜样。

注释：

①"圣戈班"为法国的世界500强企业，是一家以建材为主业的拥有350年历史的长青企业。

②"50风投"是法国政府政策引导支持、由50位投资者按市场机制自愿投资组成的风投平台公司，核心职能是为小微企业及创意项目提供创业投资服务。

③"四个全面"是指全面建成小康社会、全面深化改革、全面推进依法治国、全面从严治党。

④法国历史人物拿破仑曾经讲，中国是一头沉睡的狮子，当这头睡狮醒来时，世界都会为之发抖。

⑤"四自"是指自立、自治、自强、自律。

⑥"双创"是指大众创业、万众创新。

⑦"灵商"在笔者所著《长盛力——缔造富有灵商的管理文化》中释义为："灵商是指人灵魂的深度或高度，是藏匿于人心灵深处且不易被激发的核心聚变力，是人生成功地进入最高境界能力的聚合，是主宰人成功的

'纲'。它是人创造力的泉眼，是准确认识与把握现实世界的慧眼，是探索与感知未来的天眼。它隐含并动态地融合了人的财富商数、胆识商数、韧性商数、快乐商数、创造力商数、魅力商数、逆境商数等"。

（原载于《四川企联网》2015 年 12 月 4 日）

教化育人，文化筑品

——在"教育与区域经济发展研讨会"上的演讲
2015 年 12 月 25 日

先哲讲："国有学，则虽亡而复兴；国无学，则一亡而永亡。"这可以说是世界上唯一历经无数灾难、延续五千年的中华文明最核心的一条经验。今天，面临中华民族伟大复兴的关键节点，我们更应坚信，教育兴才能人才兴、产业兴、国运兴、民族兴。作为客座（兼职）教授，今天应邀参加研讨会并致辞，也算是没有越界。

首先，我代表主办方四川省企业联合会、企业家协会，代表《经营管理者》杂志社、《四川经济日报》社对各位领导、专家、企业界、教育界及社会各界同仁们的莅临表示热烈欢迎！对给予研讨会大力支持、智慧指引的四川省社会科学院的李后强书记带领的专家团队，以及眉山市、青神县委、县政府，还有四川成艺房地产有限公司给予的大力支持表示感谢！预祝大会取得圆满成功！

其次，这次会议围绕教育产业与区域经济发展展开讨论。借这个机会，我给大家简要介绍一下四川省企业联合会、企业家协会。企联作为企业、企业家的代表组织，今年中共中央、国务院 10 号文件《关于构建和谐劳动关系的意见》赋予了企联在依法治国及社会管理模式创新中的政治和法律地位；同时企联也是省协调劳动关系三方机制中企业（雇主）方代表，参与劳动立法、执法、劳动争议的协调；以及构建和谐劳动关系。企联围绕维权、服务和智库三大职能，面向企业和企业家，提供全方位、企业管理全过程、企业生态建设全系统的服务。成艺房地产公司作为我们的会员单位，承办这个会议，是站在区域经济发展战略高度、站在为区域经济可持续发展角度，尽企业家的社会职责。这一点，企联作为企业和企业家的代表组织，应该对我们企业家这种勇于担当、善于作为、为社会和谐做出贡献的企业家们、为推动区域经济发展的纳税人表示崇高的敬意！

再次，这里恰好是"三苏"的故里，是我们"彭祖长寿文化"的发祥地，这两个文化在中华文明中占有重要的地位。大家知道，尽管时空有别，西方同时代闪亮的大文豪有法国大仲马、小仲马两父子，而我们中国有苏氏父子三人闪耀同时代，成就了全世界绝无仅有的"唐宋八大家"之三，这是我们中华文化的骄傲。古人讲："明镜所以照形，古事所以知今。"借鉴以往，开辟未来。下面我就借用我们先贤的文化语录来概括我的几点感悟与大家分享。

（1）"临渊羡鱼，不如退而结网"。

在这样一个颠覆性时代，没有创新就没有未来。而对于我们"四大发明"之后的近代，由于创新土壤的流失而使创新文化极大弱化，导致了我们近代的落后。以习近平同志为核心的新一代党中央站在历史和全球的角度，担当起中华民族伟大复兴的历史使命和对国家与人民的崇高情怀，吹响了中国自主创新的号角。中国创新环境建设正在只争朝夕，与时俱变，而创新最大的资源就来源于学习。同时，作为一个新业态的竞争是一个持续创新的竞争，是我们不断学习、学以致用的过程。

一方面，古人说，"兴邦必先兴教育"。十年树木，百年树人。在教育模式、成才培训模式、创业创新指导模式等方面都是我们要好好研究的课题。我也在多次报告、演讲中指出，反思我们改革开放三十多年GDP高速增长的背后，最大的失误是两个字：教育。这是我们真正崛起的短板。教育产业化、数量产出率确实大得惊人，可至今没有培养出一个全球性大师级人物或战略性新兴产业全球领军人物；同时我们许许多多职业学院如雨后春笋般实现了集体跨越式发展，也没有培养出多少鲁班式的工匠人物。这就是我们"中国制造"与"德国制造""日本制造"差距的本质原因，就说明我们的教育出了问题，这就是我们教育的痛点与悲哀。因此，教育要办出特色与差异化优势，培养造就既拥有创新精神又有工匠品质的人才，让他们成为人类文明的天使，成为有仁义、遵法治、有道德、守诚信的中华文明的新生代，这样中国梦才能离我们更近。

另一方面，四川成艺房地产有限公司按照"互联网+"的思维跨界融合，干了一件很好的事情，那就是走"互联网+教育+教育地产"之路。教育地产不再是单纯的学区房，一定要结合新"四化"建设，即新型工业化、信息化、城镇化、农业现代化建设，推动"互联网+"教育、文化、地产、区域生态建设等，形成产业链，最终形成价值链、生态链，为我们区域经济发展做出更大的贡献，让天更蓝、水更清、地更绿、人更欢、国更强。下一步，我们还可以根据房地产转型为新商业生态的特色，探索建立全生命周期的人文关怀模式，让社会和谐达到更高境界。

（2）"万丈高楼凭地起"。

根基不牢，地动山摇。卫星上天，红旗还必须插地。任何虚拟经济都必须以实体经济发展为基础。因此，我们既要把握好机遇，也要注意拒绝机会主义。古人讲："泰山不让土壤，故能成其大；河海不择细流，故能就其深。"要点滴积累、细节入手、打好基础，才能建高行远，我们企业的发展也才能真正健康、有后劲、可持续，才能走得更远，过得更好。

第一，作为建筑产业，要思考建筑业由"中国制造"向"中国创造"升级的过程中，我们如何改变我们的观念与调整战略定位，这是一个思想转变升华的过程，它直接制约着我们的境界和格局。我在调研成都建工集团和华西集团等大型建筑企业的时候，给企业家讲，要清醒认识到我们国家的竞争力，不能仅以钢筋水泥多少来比，更不能以高楼大厦的高度来衡量，一定要注入创新的含量，比如人性化绿色科技、节能减排环保技术、智能化安控、新工艺、新材料等。这一点，有大量未竟的事业要做。我们衷心希望在座的各位建筑业的企业家及经营管理者，在文化、战略、目标、设计上把每一个项目努力打造成一道风景，铸造成一座雕塑，塑造成一块丰碑。同时要花精力抓好企业管理基础工作，把每一个项目系统性地分解下去，把每一个工程建成不仅我们自己满意，消费者更是满意、称赞的艺术品。做好每一道工艺、工序、工步、工法的精细管理，铭记"细节决定成败""100-1=0"。教导员工九十九件事情做对了，一件事情出差错了，我们都会说你不成功，这是我们最需要追求与践行的理念。我们所有企业家就是要有这种一丝不苟、精益求精的"铁脑壳"与"一根筋"精神，而不是"设计讲变通、制造讲沟通、检验讲畅通"，这样才能很快实现以质量为本的产品超越，提高中国制造的精益化、过硬化的品质，逐步结束中国游客出国"扫货"的囧象，由中国做大到中国做强。

第二，无论是建筑还是教育，尤其是教育，都要特别注重三品，即品德、品质、品牌建设。三品建设是教育的本质。在这个问题上，我们既要运用互联网思维、创新思维，更要有家国情怀和尊重人才培养的成长规律。我跟承办方作交流时说过一句话："你搞房地产可以产业化，但是人才必须个性化，不能产业化。"所以，我们一定要培养一大批知行合一、品学兼优、德才兼备的专业人才，才能真正实现"大众创业、万众创新"，才能为党和国家建功立业，为中华民族伟大复兴和人类和平进步做出我们应有的贡献。

第三，一定要加强自身企业文化与团队建设。我学习并考察了一些百年企业，这些企业在创新基因培育、绿色低碳、社会责任、可持续发展战略定位上值得我们"后来居上"的企业认真学习借鉴。他们的品牌为什么能够走向世界？为什么能百年不倒？因为他们懂得企业经营的最高境界是经营人心。加强文化与人才团队建设才能解决人心问题，才能解答企业能走多远、做多久的问题。我也接触了不少失败的企业，其中有当时资产上百亿元的企业，我也跟他们交流探讨，他们究竟失败在哪一个地方？文人们讲"不幸的婚姻各有各的不幸"，企业倒下各有各的原因，有的是掉进了多元化陷阱，有的是企业家过于自信、战略失误等。但有一点基本是相同的，那就是他们没有形成企业自己的文化，从一开始就把企业建在了沙漠上。毛泽东同志说过："没有文化的军队是愚蠢的军队，而愚蠢的军队是不能战胜敌人的。"我们搞管理，尤其是企业管理应首先明白"没有文化的企业是一个沙漠企业"。所以，为什么说"前人栽树，后人乘凉"？对作为有志缔造百年老店的创业企业家来讲，这个"树"最核心的就是"文化"，即树根。因此，我们做企业，尤其是创建跨界型企业，首先要想明白"为什么"的问题，其次才是"是什么""做什么"和"怎么做"的问题，最重要的是解决"为什么"中如何加强价值观引领与管理，传承好我们传统文化中的优良价值观基因。而我们今天之所以选择在这个地方论道，正因为它文化底蕴丰厚，既是彭祖缔造的养生长寿文化之地，又有"三苏"文化的举世无双。我们要充分传承利用好这些民族优秀的基因，在互联网时代，加以创新、传播。使优秀传统文化与"互联网+教育+区域经济"相向而行，实现跨界融合发展，形成具有特色的区域经济与社会发展的产业链、价值链，最终形成具有品牌影响力、辐射力、长盛力的创新链，成就区域经济的可持续发展。

（3）"山重水复疑无路，柳暗花明又一村"。

中共中央、国务院高瞻远瞩、开拓新世纪，为广大奋斗者提供了广阔的创新创业天地和大有作为的未来。以习近平同志为核心的党中央在中国历史上第一次系统地提出了依法治国方略；党的十八大又把创新驱动列入了国家战略；"十三五"制定指导纲要提出了"五大发展理念"，创新排在了首位。有这样好的国家战略与日渐好转的政治生态环境，这是国家之福、人民之福、企业家之福。伟大的时代呼唤伟大的企业家，伟大的企业家造就伟大的企业。企业家是先进生产力的代表，是国家竞争力的核心资本。因此，在担当民族复兴大任中，我们引以为豪，但任重道远，不可懈怠。

借此宝地，我给在座企业家们提三点期望：

第一，期望企业家们要树立"天下兴亡，匹夫有责"的精神境界。企业家首先做好自己的企业无可厚非，是绝对真理；但企业家支持教育、办教育既符合中国文化的传承，也符合国际化市场经济环境下国际一流大学创立的经验与规律。如哈佛、牛津等，正因为他们培养的学生成长起来了，一大批企业家反哺母校，甚至担任校董等参与决策，才使其创新及人才成果累累。在这一点上，我们既"洋为中用"，更要"古为今用"，这是中华5000年文明所沉淀的辉煌。与此同时，我们必须用历史与文化自信驱除近代屈辱带给我们的阴霾和崇洋媚外的心态，在科技进步及自主创新方面逐渐追赶并实现超越。"历史是最好的教科书"，公元前400年，人类天文学的鼻祖甘德、石申在中国诞生，其所著《恒量表》《甘石星经》，用中华古天文学的算法与智慧，揭示了各类星体1464颗和800颗恒星位置及五大行星的运行规律；到目前为止，科学家用先进的太空望远镜仅定位了121颗。被西方教育史与科技史奉为天文学始祖的哥白尼、伽利略不仅在时间上晚了2000年，在空间上也短了一大截。伽利略最大的贡献是发现"木卫2"，这只是拿着石申的星座图用望远镜"按图索骥"的结果。但遗憾的是，我们当下教材里忘祖现象非常突出。这也是我前面讲改革开放以来教育是最大失误的有力证据之一。面对"中国崛起"复杂的外部环境和美西霸权心态，要高度警惕敌对意识形态通过资本所控制的媒体，尤其是运用无声无形的网络渗透和隐形资本所控制的"自我雇用型"网军、网红、黑客等的发展，培养买办、代理人等花样翻新的手段，无声无息地掌握或影响我国教材及教育的趋向，动摇我们民族复兴的文化根基。期望我们能坚定立场，坚守自信，正本清源，立行立改，奋发有为。这点我们协会可以助大家一臂之力。我们协会秉承"融智创新、敬业奉献、维权服务、自强自律"的核心价值观，践行"博采众长，勤学修为"的学习理念，愿意与企业界、教育界同仁共同成长，把协会真正建成学习型组织，办成企业和企业家之家。

第二，要有"先天下之忧而忧，后天下之乐而乐"的士大夫情怀。这正是我们三十多年来经济高速增长掉队的链条，即财富极大增加，情怀慢慢下降，它逐渐丢掉的是民族乃至人类最宝贵的文化财富与国家的核心竞争力。苏东坡的"不识庐山真面目，只缘身在此山中"早给我们预警与提醒。我们切不可一叶障目、不识泰山，淡忘、甩掉，甚至遗忘了这一使中华民族延续5000年、强盛4000年而成为世界唯一文明的"宝藏"。因此，我们企业家一定要为民族进步与复兴担当起伟大的使命与社会责任。尤其在我们目前处于改革攻坚期、社会转型期、人心浮躁期，产业升级处于乏力期，按照西方典型经济学说就是似乎迈入了"中等收入陷阱"这一历史性矛盾叠加艰难期。但是，我们企业家要有自信与担当。沧海横流，方显英雄本色。这是一个"大考"的时代，也是急需企业家创新的时代。我衷心期望各位企业家在真正的市场经济大海、大洋中能战胜生存挑战，乘风破浪。要努力构建政府、企业、员工和谐三方关系，提升社会责任竞争力，为和谐社会构建和经济社会可持续发展做出新的贡献，为中国梦的早日实现再立新功，再创辉煌。

第三，要不断提升"博学之，审问之，慎思之，明辨之，笃行之"的自我教育、自我管理、自我修炼的能力。这一点，我建议企业界的同仁们一定要找准你所领导企业的核心竞争力并倾力培育新兴产业切入点，竭力提升产业层次，努力提升企业差异化竞争力并发奋打造核心竞争优势。这一切，都来源于首先必须把企业创建成一个学习型团队，并拥有持续创新的人才团队与能力。这点与我们终身学习及教育是息息相关的。

最后，在新年即将到来之际，我代表四川省企业联合会、企业家协会衷心祝愿各位参会朋友们，特别是企业界同仁们新年快乐，美满幸福！我利用东道主宝地"青神"这两个字，祝各自的企业基业长"青"，企业家精"神"长盛！

（原载于《四川企联网》2015年12月29日）

妇女能顶半边天

——在四川省女企业家协会庆祝"三八妇女节"活动上的演讲

2016 年 3 月 14 日

在这"一花独放不是春，万紫千红春满园"的季节，我作为"绿叶"，能在这百花争艳、鸟语花香的氛围中与女企协清一色的"红花"企业家们相聚，十分高兴。

首先，我代表省企业联合会、省企业家协会向各位女企业家们致以节日的祝贺和亲切的问候！祝女企业家们青春永驻，魅力常在，美丽长盛！

其次，企联是 2015 年 10 号文件《中共中央 国务院关于构建和谐劳动关系的意见》中所规定的企业和企业家的代表组织，也是联系和沟通政府与企业的桥梁和纽带，维权和服务是我们的主要职责，我们愿意与企业家一道为企业的可持续发展做出应有的贡献。

再次，古人讲："涉浅水者见虾，其颇深者察鱼鳖，其尤甚者观蛟龙。"

期望广大女企业家们头发长见识更长，发扬"巾帼不让须眉"的勇敢与舍得精神，以高远的境界和大美的格局把握新常态、适应新常态、取胜新常态。借此，我对当前新常态下企业发展的几点思考与各位分享：第一，必须深刻领悟企业生态变化所带来的前所未有的颠覆，加快企业转型升级步伐，凝心聚力，保存实力，保证企业活下来。第二，贯彻落实党中央提出的"五大发展理念"，大力弘扬优秀企业家精神，把握时代脉搏，借供给侧结构性改革及"新四化"战略与政策，主动积极调整企业战略定位，苦练内功，持续提升核心竞争力和品牌价值。第三，运用"互联网+"思维，借国家"一带一路""双创"等政策的推进，走融合发展、跨界发展、平台发展、创新发展的价值链延伸之路，努力打造百年老店。

最后，今年是猴年。祝各位企业家鼓起"金猴奋起千钧棒，玉宇澄清万里埃"的勇气，传承李清照"生当作人杰，死亦为鬼雄"的家国情怀与英雄气魄，学习新时代伟大女科学家屠呦呦"前村深雪里，昨夜一枝开"的创新与献身精神，为企业做优做强做大做久、构建和谐社会再立新功，在伟大中国梦妇女诗篇中愈加美丽芬芳，成为大众崇拜的"女神"！

（原载于《四川企联网》2016年3月14日）

创新是永恒的起点

——在"2016年四川省企业管理创新大会"上的演讲

2016年5月10日

"等闲识得东风面，万紫千红总是春"。在我们春光满面、鼓足干劲开启明媚而不等闲的新起点之际，今天的大会也将落下帷幕。这次会议虽然时间短暂，但大家受益颇多，让我们感受到了一场智慧的盛宴、创新的碰

撞和未来我们可持续发展的思考。在会议结束之前，按照会议要求，我做一个小结。由于时间关系，我点到为止，强调三点与大家分享：

第一，在我们目前新常态下，大家一定要认清企业所面临的这场"寒冬"和危机，它不是周期性的，而是结构性的。不是两三年就可以过去的，因此，以"三去"为主的供给侧结构性改革是一个长期的、艰难的过程。今年我调研了几十家企业，上星期六在西部中小企业峰会上也做了一场"自主创新驱动企业转型升级"的报告，指出企业现在发展正面临"三座大山"：一座是融资的"冰山"。这是目前短期无法解冻的，现在好多政府引导资金（基金）撬动不了，民间资本没有积极性，所以这个月中旬，接受省领导指示，我们推荐了五家房地产与投资企业准备参加座谈，倾听大家真实的反映。大家知道，水是生命之本，资金就是企业的血液，一方面金融机构要考虑风险责任，另一方面企业还不能走老路去投，这种博弈很痛苦，是一个风险与诚信相互交织的过程。我曾经说了两句话，大家都有同感，若企业找不到北，资金找不到好项目，长期下去，就会出现实体经济空心化，虚拟经济荒漠化，这个结果是很可怕的，大家一定要深刻意识到。第二座山是市场的"火焰山"。从冰点到百度以上高温，反差太大，肯定有牺牲，其中一部分企业忍受不了，就只能主动选择死亡。市场就是一种残酷的竞争，有企业出局，有企业被淘汰或替代是市场规律。事实上是我们"供"与"需"之间结构性很不匹配所产生的矛盾与冲撞。目前全球500种行业，我国有220种，居全世界第一，但质量及品牌有几个第一呢？正如刚才大家讲话发言中所说，马桶、奶粉等出国扫货等行为足以说明这个问题。企业惯性思维、"同一首歌"甚为普遍、"只埋头拉车，不抬头看路"的现象也较为严重，不根据市场用户需求精准定位、一哄而上，而我们调研的很多企业特别是中小企业，市场占有率也在下降，这都是供需不匹配形成的结果。第三座山，叫创新的"喜马拉雅山"。大家知道，北极的冰川在融化，冰层在下降，对世界环境的影响是不可逆转和可怕的。就从钢铁工业来说，全世界排名第2～10位的钢铁企业的产能加起来都不如我们这个第1位的多。我们钢铁的产能超过了10亿吨，但实际需求只有6亿～7亿吨。而从大型的特殊钢构整体轧制到最小的圆珠笔笔芯，我们都不能生产。像圆珠笔我国一年产量近400亿支，但制造的关键设备是从瑞典进口，笔芯、墨水还需要从德国、日本等地进口，所以这些必须进行反思和研究。我们"中国制造"手里缺少"核武"和"关键的少数"，即核心竞争力，再这样长期下去，只能是"国际悲歌歌一曲，狂飙为我从天落"。而且，若像我们这样一个制造体系最完整的大国，在生态链的"焊链"细微处不解决"短板技术"，攻克未掌握的产业链"必要技术"与"核心技术"，关键时候就可能导致产业链的断裂与发展受阻，就会出现"钢多技少""缺芯少钙"被人拿捏的现象，就可能成为别国技术上的"奴隶"。但是，我们企业所面临的创新的"喜马拉雅山"和市场的海平面都在上升。这样"两个上升""一个下降"，两极之间看不见的"引力波"冲撞是长期的，不是短期的，不是局部的，是系统性、全局性的。

第二，在创新之路上必须下大力气，做打持久战的准备。企业绝对要克服过去35年高速发展带给我们国家乃至民族的这种急功近利甚至竭泽而渔的文化导向，以真正的自主创新来取得转型升级的胜利。党的十八届三中全会报告明确指出:"必须把创新摆在国家发展全局的核心位置。""十三五"规划指出的"五大发展理念"也把"创新"摆在了第一位。这实际上是向全世界包括历史宣告,这是我们中国共产党领导在新形势下的中国国家战略,它和依法治国战略两翼齐飞,助推中华民族伟大复兴的中国梦实现。未来发展将会证明,自主创新和依法治国两大战略对我们民族和世界的贡献,并将载入辉煌的史册。那么,从创新驱动与转型升级的角度来看,我们现在一定要做的,是产业提升的企业顶层设计,是从标准制造到领先制造,再到高新产业,最后到尖端产业的过程。在座我们绝大部分制造业的代表都明白,目前企业面临转型升级的困难,有众多外部因素,更有内因。就我们制造业的硬件来讲,说简单点,材料是我们的骨骼和血肉,是制造业的基础,模具是我们的母胎,这两样关键技术,我们都很失望。像材料中具有代表意义的高技术陶瓷材料、碳纤维材料等最重要的关键技术,我们在世界上的发明专利不到10%,国际标准就更少了。再说软件,它是制造业的"大脑"和"经络",制造业70%的软件靠进口,比如五轴联动高精度机床等高档的工业母机,95%以上软件依赖进口。其中日本的法拉克公司一家在中国市场占有率就有近50%,这是非常可怕的,也是非常危险的。包括互联网技术,我在一次关于互联网安全大会上提醒了一句,互联网13个根没有一个在中国,一旦出现问题,比如战争与破坏,分分钟可能惨遭秒杀,加之实体商贸"无数英雄尽折腰",即全面下滑和亏损的现状,整个经济可能出现严重危机,国家安全等也将面临巨大威胁,这是非常可怕的。因此,从宏观上讲,一个国家的强大,关键的基石是企业的强大,是企业家群体的强大,是企业家精神引领的自主创新的强大。而从微观上看,这就是说我们制造业有非常大的缺陷和短板,所以我们必须励精图治,加大投入"攻关",强化核心人才引领,加快拥有自己的核心技术、核心能力与拳头产品和世界级品牌的速度。否则,就无法改变中国经济大而不强,"中国制造"受人白眼的尴尬局面。目前要先走的第一步就是落实

"中国制造2025"战略，推进"互联网+智能制造"，这是制造业转型升级的方向。下一步建设智慧城市与智慧社会，下好这一盘大棋，使国家的软、硬实力得到明显提升，成为世界强国。最后到智慧生活与幸福生活。通过"一带一路"打造人类命运共同体，为世界贡献"中国智慧"和"中国创造"。

第三，我们一定要弘扬"工匠精神"，努力实现靠品牌赢天下。一个企业的成功，不仅要有"卫星上天"的创新精神，也要有"红旗插地"的"工匠精神"。只有两全齐美、合二为一才能创造出市场追捧的名牌。欧洲再衰退，由"工匠精神"所支撑的名牌依然值价和不可撼动，到巴黎春天、老佛爷买LV、香奈儿等名牌产品的排起长队，几乎多数是中国人。我们中国人除了包包里有钞票之外，为什么其他地方得不到与经济成就、吨位相当的应有的尊重和地位呢？是因为我们没有核心能力和精品。这既是我们企业和企业家与世界一流企业和企业家的差距所在，同时也是我们每个企业，尤其是每位企业家伟大的使命和责任。这一关，我们的华为做出了艰苦和卓越的探索。2015年，华为向苹果许可专利769件，苹果向华为许可98件，意味着华为向苹果收专利费。2015年12月31日，华为累计申请中国专利525504件，国际专利30613件，累计获得专利授权50377件。2015年华为国际专利申请连续第二年居榜首。任正非先生领导华为为"中国制造"争了面子，赢得了国际同行与市场的尊敬，实现了学生赶超老师，同台赢得掌声的美丽画境。值得我们认真学习、研究、借鉴。这是我们由"中国制造"走向"中国创造"的希望所在。

管理没有一成不变的法则，也没有一劳永逸的解决方案，只有不可穷尽的新问题、新矛盾。就"工匠精神"的培养与发扬光大并积累成为企业的核心竞争力，我这里有三点学习体会：

首先，"人而无信，不知其可也"。企业要树立产品、人品及国品的诚信价值观。不能粗制滥造，甚至假冒伪劣、山寨横行，更不要以欺骗，甚至牺牲国家、合作方、消费者利益为代价；要用消费者的满意度与品牌忠诚度、要用节能减排与绿色发展的实效来证明中国制造不是垃圾制造，停止用透支资源把污染留给子孙后代、用"杀鸡取卵"的方式来赢得今天短暂"繁荣"的悲哀。因此，我们企业家必须具备基本的社会责任和历史责任，企业也要不断提升社会责任竞争力。

其次，"天下难事，必作于易；天下大事，必作于细"。我们在座的各位企业界的同仁要明晰，除了在战略、资源整合、平台建设等"大的方面"进行管理创新之外，还要加强研究在"互联网+"时代的精细管理。有一句经典的管理名言叫作"天使与魔鬼都在细节之中"。目前企业降成本也好，去产能、去杠杆、去库存也好，这一切的一切，都可以体现在精益化的管理之中。而许多企业推进精益化管理始终落不了地的原因就是缺乏工匠精神和持之以恒对"工匠精神"的培养与弘扬，导致了我们管理空壳化、核心岗位技工"流星化"现象非常严重。所以我们一定要高声呼唤雷锋"钉子精神"的回归！重视职业技术人才的培养和使用，还要不断加强对他们职业规划与成长的关怀。我们很多关键工序岗位，比如模具研磨、装配调试等完全是细活，甚至关键工步只能靠"感觉"把握的手工活，不仅要用技术标准及严格检验来保证质量，也需要用热爱、虔诚、精心、毅力来做好这件事。这不仅是工艺技术问题，同时也是匠心管理的问题。目前，200年以上长寿企业全世界有5000家左右，为什么3000多家都在日本，中国企业仅有5家？为什么日本处处敢生事，甚至与我们叫板？这与我们制造业的"短板""绝技"甚少，特别是做出的最终产品缺少工匠精神所彰显的价值含量不无关系。

最后，先贤讲"不日新者必日退"。大文豪雨果也曾经说："已经创造出来的东西，比起有待创造的来说，是微不足道的。"因此我要说，创新是永恒的起点。我们企业联合会、企业家协会，作为企业和企业家之家，愿意和大家一起努力，树立危机意识和"互联网+"意识，卧薪尝胆，合力推进以自主创新驱动企业转型升级。尤其是在当下，企业走势低迷的情况下，我们更应苦练内功。因此，我们一定要弘扬企业家精神，支持、保护、激励企业家创新创业激情，充分发挥企业家才能，倡导"凡益之道，与时偕行"的新时代进取之心，一定要有"咬定青山不放松"的定力，激发创新创业活力。借此，有感而发，用几句顺口溜给大家告别："五大理念"一盘棋，企业创新高举旗，转型升级争朝夕，不待扬鞭自奋蹄。

（原载于《四川企联网》2016年5月16日）

展翅"云"天，努力建设智慧企业
——在首届中国西部企业信息化峰会上的演讲

2016年8月10日

经过近六个小时大会的分享，围绕"互联网＋重构企业新常态发展战略"，今天我们完成了会议的六大议程，使中国西部首届企业信息化峰会即将圆满落幕。这是第一次举办，但是良好的开端就等于半个成功。通过这次论坛，我们感受到了推动信息化建设的荣光与我们"大V"榜样的力量。尤其是我们分享了 12 位专家围绕信息化建设所涉及的云计算、大数据、智能化等这些全覆盖、全场景运用的报告，使我们感受到一场智慧的盛宴与灵商的激荡，还有新知识的洗礼。在此，我提议为我们 12 位专家付出的辛勤劳动再次表示感谢！与此同时，我要代表西部信息化峰会组委会、代表四川省企业联合会、企业家协会再次感谢来自西部 11 个省市的企联负责人及企业代表和全国其他省市来宾的参与！感谢各位企业家，在新常态下，通过推进信息化建设，对企业发展、企业核心能力的打造，尤其是经济的"维稳"与社会和谐发展所做出的贡献，表示崇高的敬意！

根据大会的安排，我作一个总结，但这个总结不好作。前四次四川企业信息化峰会，按会议安排我都做了个总结。那么这次，我想总结的方式应该有所不同；准确地讲，更是一场演讲。我想要突出一个"新"字，即一个是"新常态"，另一个要突出一个"创新"。我拟了个题目，叫作"展翅'云'天，努力建设智慧企业"。昨天晚上的新闻联播报告了一个好消息，说中国的网民已经突破了七个亿，全世界绝对第一，递增量很大，这就是下一步"互联网＋"中国最大的内生市场。也是我们这次峰会的下一步要供需对接、端对端对接的最大的窗口。通过学习分享，我觉得云计算能使我们学习型的企业笑傲云端，傲视群雄，按传统的经济学和管理学的理论，我们就能在战略的制高点和目标的选择上走在前面。大数据可以让我们拥有取之不尽用之不竭的新资源。大家知道，物质资源都是有限的，而大数据资源给我们提供了持续的能力支撑。智能化就是万物互联互通，万物逐渐充斥了我们人类的经络、智慧，万物与人类一道会变成智慧的生命体，构建出新的生态，助力我们人类成长为"新人类"。这一点做到了，人类才能真正实现供需平衡，实现我们消费与幸福的均衡。围绕主题，我想从三个方面跟大家交流一下我的认识。

一、积极拥抱第四次工业革命，运用新一代信息技术推动智能制造

现在企业信息化建设的环境空前的好，我做了一个统计，就是从2016年4月21日《关于深入实施"互联网＋流通"行动计划的意见》以来，一季度左右的时间，中央连续出台了五个相关信息化、互联网建设的文件。号令已吹响、关键在行动。我认为，先知先觉的企业和企业家可以领导未来，后知后觉的企业只能被别人领导，不知不觉的企业只有自我抛弃，沦落为"僵尸企业"。正因如此，我们通过11个省市企联联合创办企业信息化建设平台化的智慧分享机制，目的就是要帮助大家先知先觉。

三十多年的高速发展，中国 GDP 成为世界第二名。我们是大国，但是离强国还有很大差距。我认为一个国家要真正成为强国，必须要有强大的制造业，这是国家的脊梁，这是我们近代百年国耻最重要的一个教训。现在我们制定的"中国制造 2025"与德国"工业 4.0"不谋而合。我认为这是党中央、国务院的英明决策。改革开放期间，我们正好撞上了第三次工业革命的中后端。开始从"引狼入室"到十年前的"与狼共舞"，再到现在的"狼狈为奸"。三十多年间，我们用市场换技术，为我们奠定了一定的基础和发展的规模、速度，也打了一个很好的时间差，现在正好赶上与世界发达国家同时期站在了第四次工业革命的起跑线上。大家知道，第一次工业革命蒸汽机推动了机械化，第二次工业革命电气机推动了自动化，第三次工业革命计算机推动了信息化，第四次工业革命移动互联网推动了智能化。这"四化"，客观来说我们自动化、信息化都还有差距。我们是一边补课一边学习，一边创新，任重道远。过去是"狼"来了，现在是"狮群"来了。我到很多企业去调研、去交流，去为企业出谋划策的时候，我们就讲"狮群"来自两个方面，一是产能过剩，是要解决今天的问题；二是万物互联的问题，这是我们今天峰会论坛谈的主要课题。这是现在和未来企业必须

演讲文选　187

翻过的两座活火山。

智能化就是我们新一代的信息技术与我们产业的深度融合。智能化应该包含五个方面：一是智能制造，国家和省多把智能制造放到了首位。二是智能产品。比如一个智能手机，涉及上百个产业、上万种产品功能集于一身；再比如海尔的冰箱也成了智能化产品。三是生产服务化，是企业转型的方向，即由制造型向制造服务型转型。比如说，IBM六年前提出了"智慧地球"的转型方向，经过几年努力从硬件供应商变成了系统服务商。再如，西门子从电气制造向产业链服务转型，实现了在线数据的全覆盖，整个监测、营运、服务咨询与维修全价值链拉通，实现了制造型到制造服务型转变。三一重工上海工厂的大型挖掘机等重型设备也在全世界很多地方基本上实现了在线监测、维修指导与销售服务。四是云工厂。五是跨界融合。就四川来讲，我们是一个制造业大省。无论七大战略性支撑产业，还是五大成长型新兴产业都离不开制造业。制造业有独有的优势和基础。百余家央企，仅有两个总部基地在四川，一个是"二重"，另一个是"东电"，都属于制造业。所以，抓好智能制造是我省工业可持续发展的重中之重。智能制造，实际上来源于一个理论技术的支撑，就是赛博物理系统，从设计、生产、管理、服务等企业生命全周期、各个环节，实现信息深度自感知、自决策、智能优化、精准控制、自执行等功能的全过程，系统与模式的全覆盖。因此，智能制造应该是第四次工业革命的重要标志。智能制造其核心关键就是数字化、网络化和智能化。随着大数据、云计算、物联网、3D打印等新兴IT技术的出现和交叉使用，我们的制造业正面临发生巨大的转型挑战，可以这么说，现代的制造业正在发展成为某种意义上的信息产业。比如说，未来汽车，与"互联网＋"的联动关系，它就是一个全覆盖跨界融合的高新产业中的智能产品，外壳是碳纤维的，底盘是整体铸造的新型材料，无人驾驶，新能源驱动等，互联网贯穿了人工智能的始终。

我看了一个报道，就是国际数据公司对全球制造趋势的预测，其中一项"用数字化手段进行制造工艺过程规划",它提到了到2017年,40%的大型制造商将会用虚拟仿真对它们的产品、制作工艺、生产过程、服务交付进行建模,以优化产品和服务创新。数字化具体来说对中国制造业带来哪些挑战呢?我认为,首先,来自产品质量。为什么中国制造被人称为低端制造?为什么会出现出国扫货?抢购马桶盖、奶粉等成了国人走出国门的嗜好,关键问题是质量。大到飞机发动机、小到我们圆珠笔的笔芯,我们的质量都没有过硬。其次,新产品的研发试制周期太长。因为我们大多企业还没有应用三维设计。虽然我们引进了很多现代化的机床,包括五轴联动、七轴联动都有,不少企业硬件几乎达到了世界先进水平,但是由于软件、材料、人员等跟不上,也存在高端设备生产低端产品的问题。再次,来自产品的可制造性。因为好多企业还是按图纸、按手制的工艺卡在做流程,这样,它的数据分析能力,尤其是工艺设计结果难以仿真,只有实际产品出来后才能进行工艺合理性验证,这就很成问题了。最后,来自制造工艺知识管理。这一点很重要,大脑里面的技术是我们中国制造很麻烦的短板。因为我们改革开放三十多年带来其中一个负面效应就是"浮躁"、急功近利心态很严重,导致炒老板鱿鱼的现象普遍且人员流失特别严重。员工的敬业度、忠诚度尤其是工匠精神差距很大。因此,关键工序一般由灵商智慧主宰的心手合一工艺就力不从心了,尤其是多部件装配、研磨等这些需要靠工匠精神来实现的工艺及工序,都很难达到高品质、高精度、高寿命等要求。因此,我们通过数字化、智慧化制造可以帮助企业用结构化、虚拟化、可视化进行工艺规划、设计、验证和管理。数字化可以按照设计和工艺需求,把产品的公差、加工过程、装配过程这些工艺通过模拟,极大地减少我们设计的差错,减少设计和工序与制造费用。因此,实现智能化的过程就是将数据化转化为信息,将信息转化为知识,将知识转化为智慧,将个体智慧转化为集体智慧的一个过程。这必将是伴随智能制造的实现而达到的一个终极目标。

二、把握"互联网+"实现的关键问题，有效集聚和不断提升企业核心能力

习近平总书记最近指示，要大胆鼓励、大力支持各类互联网创新。他在乌镇互联网大会上又讲要大力推进"互联网+国家行动"。也就是说"互联网+"已经成为国家战略，代表了国家的意志。而且，我认为"互联网+"是通向第四次工业革命成功的阶梯。我们任何企业是不能拒绝的，如果拒绝就是自己选择孤独、选择死亡。互联网、物联网和云计算等现代科学技术为什么对实体产业具有这么重要的影响？这里面有很多同仁，特别是我们传统产业的经营管理者还没有完全想通为什么？又如何去理解这些要素对企业生态的影响？我觉得还是要给大家讲一下，如何去认识企业生态和产业链的本质，以及目前中国企业面临的挑战。十年前，我著的《长盛力——缔造富有灵商的管理文化》开篇就写了企业发展的生态论，我们任何一个可持续发展的企业，我认为都会经历三个阶段的成长，一是产品经营，二是资本经营，三是人本经营。这三个阶段是逐渐积累、沉淀上升的，是不能脱离的。我们说生态论下产业供应链是一种系统视角下的产业运营体系，把企业看成不仅是经营产品和服务、创造价值、增加税收与就业的一个组织，而且是一个有生命的子系统，是我们人、社会与自然融为一体的生命体。当然，最开始供应链理论、产业链理论提出的，今天专家也讲了其初衷在于打破组织内部及组织间已存在的业务孤岛、信息孤岛，有效规划和管理产业链上发生的供应采购、生产运营、财务、人事、分销及其他所有活动，特别是产业链所有相关方之间的协调和合作，实现商流、物流、信息流和资金流的高效整合。我把它归纳为"四个有机化"，即："产业组织网络的有机化""产业价值网络的有机化""产业物流网络的有机化"和"产业资金网络的有机化"。这"四个有机化"是相辅相成的，相互影响、相互作用、缺一不可。但是，它的技术基础就是我们说的互联网。"互联网+"的核心是通过互联网、物联网、云计算等信息化集成技术和方式

运用，直至全覆盖，形成企业智慧链，真正使企业从产品链提升到产业链，再提升到价值链，再最后提升到全球化的创新链，推动商业模式创新。

"互联网+"时代商业模式创新是"技术原创"的孵化器、加速器和价值裂变器，是集聚和提升企业核心竞争力的"魔棒"。而感知化、互联化及协同化是企业商业模式创新的三种核心能力。其中，感知化意味着信息数据化，互联化意味着主体生态化，每一个企业都是生命或者说是大的生态链，是休戚相关的，协同化意味着流程要素集成化。这三个要素的结合，将企业生态打造成为一个具有"人类"特性的智慧生物，感知化使生态链通过物联网、云计算、大数据这些创新的技术和手段具有感觉、运动神经系统及中枢神经系统，使企业生态链具备人类的智慧和意识。比如，最近机器人战胜围棋大师，很多地方应用机器人代替人类，从简单到复杂，包括生活机器人的出现等。互联化则决定企业生态链的活动场域，使生态圈具有像人类一样的生活场景。协同化则使企业生态更具有人类"社会化"的特征。大家知道，人除了自然属性外，更重要的是"社会人"，除了满足作为"自然人"的生理需求外，还有安全、社交、尊重、自我实现的需求，这就是真正把我们的需求和我们的智慧有机融合。这样，按人需求和创意所主导的智能制造提供的产品和服务与我们消费者享受的东西就能够无缝连接在一起。从"感"到"联"到"协"的构成运用了"互联网+"。

当前，我们正在全力推动的供给侧结构性改革，实际上是供给侧结构与需求侧结构产生的矛盾所引。我在本期《四川企业管理》的卷首语命题作文《供给侧改革：必须把一只手放在客户的心上》，就是针对这一矛盾而发。目前我们绝大部分企业的制造模式，从设计到市场整个制造链都唱"同一首歌"，而我们的客户、用户都是互联网化了，手指一点，世界各地的需求、千姿百态的产品、成千上万的品牌供应商都可以接触到，他们想唱就唱的是"明天会更美好""原来你什么都不要"等。因此，形成了供需双方各唱各的调，形成了现在我们有效供给不足、无效供给存量巨大。所以说,去产能、去库存、去杠杆、降成本、补短板,是这样由来的。只有通过"互联网+""三化",才能实现供给侧真正的改革。这才是一个完善的解决方案,作为一个学者,必须这样客观地看问题。那么,从需求这个角度,如何实现营销的个性化、社交化、体验化,也叫作眼球经济、体验经济。这"三化"是我们从需求侧来研究的内容。那么,供给和需求怎么来有机结合,就是要采用生态的模式,实现零距离无缝衔接。也就是只有通过企业的信息化建设,通过三个主要手段(即感知化、互联化、协同化)才能实现。感知化、互联化、协同化从不同方面强调了企业的素质与核心能力构建的方向和目标定位。企业从一开始设计,如果没有明确的目标定位、市场定位,那就谈不上产品定位,输就输在起跑线上了。所以,我们为什么说我国中小企业寿命短,只有3~5年,因为刚开始搞企业的时候,"为什么"没有解决,"是什么"不懂,只知道"干什么""怎么干",那是不行的。这就是为什么在目前新常态下企业一旦受到外部环境的巨大影响,一些企业聚集区、集中区就会出现空心化的景象。这是我们转型期企业一个非常大的痛点。围绕着"三化",我认为"感知化"强调企业信息数据的整合能力,而不是简单的收集,它包括分析、诊断等。具有"感知化"能力的企业才能真正打破企业价值链各个节点之间的信息瓶颈,保证信息在整个产业链中,甚至价值链、创新链的应用中顺畅,由此保证产业链中各交易主体之间存在对称的信息。信息流远远超过资金流的速度,这就是为什么说"信息是最大的资源"——赢得未来的最核心的资源。真想抓好这项工作,首先要倡导好可持续的价值观及其企业文化,纠正中国企业在三十多年高速增长中养成的不良习惯与惯性思维(好多企业成功,特别是民营企业,主要靠的是机会主义),降低产业链运作的机会主义道德风险,促进各个节点进行专用性资产优化,进一步提高整体产业链的运营效率,使整个产业链、价值链,甚至创新链的运营成本大幅降低。另外,"互联化"强调企业建立"组织生态"的能力,凡是具有"互联化"能力的企业能够创造具体的"生活场景",并且可以通过不同的生活场景与主体之间频繁交互。现在端对端是一种简单的方式，今后会是多元的立体方式，从而系统优化企业盈利结构，增加整体的价值收益和品牌价值。中国企业为什么大而不强，哪怕是在世界500强榜单上的企业也并不强，尽管今年应该值得瞩目点赞——我国上榜110家，排第二，比去年有进步。照这个趋势，不出五年，我们将成为第一。但是客观地讲，这种排名准确讲是大，不叫强，因为它是按销售规模来排的。而恰恰在世界500强品牌排名中中国企业却凤毛麟角。这是很重要的对比。这就是发展质量的差异。"协同化"能力的提升是生态链整体网络的建构能力，具有"协同化"能力的企业不局限于从单一的产业链中创造价值（过去有一些企业，是自娱自乐的企业，单一的价值链）。而是能够将各类有效资源和不同的价值链进行整合，实现产业链、价值链的延伸，逐步形成创新链。尤其是使企业的产品和服务能够进行全方位渗透，增加企业的盈利来源和持续创新的节点，扩大企业创造价值的蓝海，极大地提升企业的核心竞争力。

三、以企业家精神推动信息化企业建设，实现"中国智造"

当前，供给侧结构性改革是我们的攻坚战，首先是摆在企业生存面前的一座大山，能不能翻过这座山？这是个很大的问题。在我国沪深两市上市的近300家公司中，从最近三年报表可以看出，"僵尸企业"占了10%，其中严重产能过剩的钢铁、水泥等行业"僵尸企业"超过20%。就企业本身微观层面看，我认为我是有发言权的。我每年调研的企业在50家以上，所以，我写的材料，我讲的话，我发文章，一些人愿意听、愿意看、愿意引用，因为它有事实、数据支撑。你搞智能化也好、网络化也好，都不能脱离管理的基本原则，这也是管理的最底层逻辑之一，那就是"一切凭数据说话"。企业微观层面有三个关键问题，一是产品质量、二是创新能力，三是企业家精神。

一是产品质量问题。国家很重视，全民族对粗制滥造、不讲诚信，逐步形成共识并大声在喊打！昨天，最新的文件出来了，工业和信息化部、原国家质检总局等部门联合发文，出台了《装备制造业标准化和质量提升规划》，这就是我们具体推动执行《中国制造2025》，先学习德国4.0及"以质量为王"的具体举措。我想这个问题真正落实起来后，我们能够在十年左右，呈现一批质量过硬的企业，能够推出一批真正具有质量竞争力的品牌。德国只有8000万人，在全世界知名品牌中有2300个品牌，其中20%是代表"德国制造"的堪称世界唯一的品牌。其他国家的企业暂时是无法超越的，这就是德国人的"工匠精神"。大家知道，在19世纪末，"德国制造"曾是一种耻辱，德国产品卖到英国、法国去，必须注明是"德国制造"，因为它是英国人、法国人眼中低劣产品的象征。后来德国人励精图治，奋发图强，不到十年时间便赶上并很快超越了英国、法国，这就是德国人"一根筋"的精神。说到这一点，我也相信只要有了"企业家精神"+"工匠精神"，我们一定会做得更好。

二是创新能力的问题。大家知道，特别是今年，科技大会召开、"十三五"规划的五大发展理念等一系列组合拳，把创新放在了国家发展第一位，这意味着在中国历史上中国共产党人又做了一件了不起的事，第一次把自主创新列为国家战略，创造了中华新的文明史。今天上午省企联邹会长也讲了，在宋朝以前，我们是全球创新的No.1，宋朝以后五六百年间，我们沉寂了，没有给世界做出什么贡献。屠呦呦是现代中国自主创新后第一个在自然科学上得诺贝尔奖的中国科学家。大家知道，屠呦呦得诺贝尔奖的第二天，我就写了一篇文章，后来刊登在《经营管理者》卷首语上，文章标题是"屠呦呦：中国创造的报春花"。她验证了古人说的"前村深雪里，昨夜一枝开"的原创精神。我是希望通过屠呦呦这个案例广泛宣讲，本能地树立自主创新的正能量，树立国家荣誉感、民族自豪感。中国自主创新的春天很快会来临。

三是企业家精神问题。不是因为坐在哪个山头才唱哪个山头的歌，我们企业联合会、企业家协会作为企业、企业家之家，第一个职能就是"维护企业、企业家的合法权益"，这在国家政治、法律框架内叫三方机制企业方（雇主）代表组织。这是在习近平总书记依法治国、倡导和谐劳动关系的大背景下，社会管理体系的创新。第二个职能，叫作"服务"。照原来大家的理解，容易误解为就是一批老干部、专家，退休后没事，找点事做。其实不是这样，我们这个协会1981年成立，过去从培训到管理咨询，一路走到现在，与世界发展潮流、党和国家的大政方针相吻合。比如在企业混合所有制改革、资产证券化、产业链的融合等，包括在企业转型升级与自主创新这块儿，做了大量的推进工作。另外，就是"自律"。党的十八届五中全会正式宣告了中国迈向全面市场经济的号令，这也是生产关系变革对生产力的大解放。我认为市场经济有两大支撑点，一是法治，二是诚信。法治是约束的力量，诚信是道德的力量。党中央提出了"四个全面"战略，其中，依法治国被摆在了国家战略重中之重的位置，这在历史上也是前无古人的。能够推动实现依法治国，将结束中华民族五千多年的人治文化，这也是对世界文明的巨大贡献。那么，说到企业家精神，我认为现在企业所有的问题，归根结底是因为企业家精神的匮乏。本来我们企业家资源就有限，加上企业家精神的匮乏，再加上企业家成长环境的温差变动较大，这是我们企业可持续发展、自主创新最大的鸿沟。

习近平总书记提到："加快培养造就国际一流经济学家，具有国际视野的企业家。"未来学家乔治·吉尔德也说："经济的复苏，取决于企业家的复活。"我始终认为一个国家，无论战略多好，我们要看企业和企业家。我始终认为，企业兴，国家就旺；企业家舒坦，人民就幸福。这是我作为四川企业、企业家代表组织的秘书长，也算是一个管理者的最朴实的心声。"企业家就是创新"。哪一个国家的强大不是靠一大批具有国际竞争力的企业支撑，不是靠一批卓越的企业家？乔布斯讲"活着就是为了改变世界"。这就是企业家精神的体现。

我想给大家分享一些案例。中国卓越企业家张瑞敏先生以敢为人先的精神，持续创新的能力，推动信息化企业建设，成就了海尔世界级品牌。尤其是今年开局56亿美金收购GE家电业务，标志性地成就了他平台型杰出企业家的伟名。看看海尔的历史，从砸冰箱、强调质量，提出十条管理规定，其中一条"禁止在车间大小便"，以此改变了一个非常落后的街道企业开始向现代企业迈进；到后来提出"斜坡理论"；再到现在实现"企业生态"、走向国际化；最近两年又拥抱"互联网+"，实现自我颠覆并"鸡蛋破壳"，提出并建立创客平台。张瑞敏这种与互联网的零距离接触，体现了企业家的持续学习能力和创新能力，这一点是值得大家钦佩与敬仰的。海尔的个性化、去中心化、平台化，到现在创建2千多个创客平台。他将海尔重新定义。从海尔牌产品，到海尔牌服务，张瑞敏终于将海尔的发展历程进化到了"海尔牌创业平台"。希望海尔不再是一个传统的企业，而是一个平台，一个生态圈，一个可以永远自我更新长盛的卓越企业。

百年老店、世界标杆型企业GE的接班人伊梅尔特也是个了不起的企业家，他对通用进行了大刀阔斧的改革。这几年我们的企业还在大量走向金融市场，实现产融结合，他所领导的通用电气却已经卖掉了曾经最赚钱的金融板块，剥离冰箱和微波炉等民用板块，现在专注于发电机组、飞机发动机、火车机车、医疗和炼油设备等业务。他继承和创新了前辈、全球最受尊敬的管理大师韦尔奇先生的思想（韦尔奇一天曾创纪录地卖掉七家公司，"数一数二"和"6Sigma"原则是其制胜法宝），借助互联网推动了美国工业物联网，率先提出并顺应了美国政府重返制造业的战略。这个制造业是高端制造业，不是我们的低端制造业。2011年，它就在包括电厂、飞机引擎、医院和医疗设施、石油钻塔、铁路等方面实现设备互联，并为其配备日益精密的传感器、处理器，从一个制造商变成了服务商。我认为它的转型值得我们很多大集团、大企业学习。上周，我调研时还在给东电集团的同志说，我们发电机的量是很大，但是我们信息化、数字化差距却不小。我们能不能够在任何一台运转的汽轮机电机上实现传感数据的互联互通，通过算力的提升不断优化算法，实现智慧管控。比如下一步何时该维修了，哪些零部件该准备报废更换了，该换油了换油，该换转子换转子，这一切要提供实时的个性化解决方案，以提高我们的服务能力和价值增值。2016年4月，GE与东方航空股份有限公司签订270架飞机应用"大工业物联网"技术服务续约协议，实现全覆盖，每一架飞机的安全监控、维修等，都纳入它的服务之中。另外，在医疗设备上，大家都知道，今年6月，坐落于GE中国创新中心（成都）的全新的GE医疗智能响应中心正式启动。以中国医科大学附属盛京医院为例，6000多台大型设备在GE资产管理解决方案的辅助下，全部纳入物联网系统管理，使预防性维修数量增加了298.5%，而机器故障报告记录下降了29.8%。使用单位的运营成本大幅下降，安全运营天数大幅增加，效率提高。这就是值得我们学习的地方。信息化确确实实颠覆了我们的工作方式和价值创新方式。

与此同时，信息化正逐渐颠覆着我们的生活方式，也创造了新的生活方式。亿万人早上醒来第一件事情就是看手机，这已成了一种生活方式。人类从弯腰到直立，走了近50万年；但从直立到弯腰，我们中国仅仅用了十年。这说明我们国人学习接受新生事物的能力是很强的。但是有几个事情，我要再次提醒大家，一是互联网安全，互联网迅猛地发展，"互联网＋商业"势如破竹，但是我告诉大家，在互联网安全问题上，因为我们没有核心技术和决定性的话语权，全球互联网13个根一个都没有在中国。一旦出现什么情况，比如说，我们所担心的南海、东海出现重大危机，互联网将受到毁灭性打击。我们必须要有危机意识。二是希望并告诫企业家朋友们不要刻意追风、一哄而上。技术创新"大跃进"那种思想是不对的，是不符合科学规律的。我们提出智能化，所有的企业不根据自身的行业地位，不根据自己的市场定位，尤其是不根据自身的能力一味跟风，就很成问题了。切忌把高端产业做成低端产品，比如说智能制造中的机器人项目，我听说现在已注册了800家，生产的有200家左右，但真正有自主知识产权的有多少？所以，我呼吁，不能把机器人这个产业再做成第二个光伏产业了！三是我们在应用"互联网+"推动信息化建设过程中，切忌让"互联网+"只追求虚拟经济，而忽视了实体经济。我们这样大的国家，没有实体经济的支撑，没有实体经济尤其是制造业的创新，不仅不能迈开所谓"修昔底德陷阱"和跨越所谓"中等收入陷阱"，而且将国将不国。这一点上，我们中国的企业要向华为学习，向文化型卓越企业家任正非先生致敬。眼下华为是中国在国际上最受尊敬的企业。这是值得我们目前在供给侧结构性改革中苦苦挣扎、死里逃生的很多企业去寻道、去思考的。

华为有今天的成功，一定要归功于它的精神领袖任正非所倡导的企业文化。它的文化是从苦难和危机中开始的，《华为的冬天》与"床垫文化""雷锋精神"等，这些都是华为最宝贵的原始财富和不竭的精神动力。这应验了罗曼·罗兰所讲的"伟大的背后是苦难"。因此，"互联网+"时代尽管产生了众多企业明星，催生了许多创富故事，但千万切忌一夜暴富。不讲华为为"中国制造"所带来的巨大品牌价值与走出去的榜样力量，单从社会责任硬指标之一的贡献税收来看，去年阿里巴巴109亿元、百度22亿元、腾讯70多亿元，总共201亿元；华为337亿元。可以这样讲，如果没有了华为，没有任何一家公司可以替代。这就是真正令人敬畏的企业，这就是在任正非这个平凡身躯上所展现的伟大企业家的创新精神，这就是真正的中华民族伟大脊梁。

我再一次感谢大家能够积极参与、共同分享！感谢在座各位给予我们四川省企业联合会、企业家协会的支持与信任！

最后，我引用习近平总书记的两句话为大家送别。一句是"不忘初心、继续前进"。他告诫我们企业信息化建设需要"路漫漫其修远兮，吾将上下而求索"的奋斗精神和"革命尚未成功，同志仍需努力"的定力。另一句是"只要坚持，梦想总是可以实现的"。祝大家在伟大中国梦、人类幸福梦中能够寻找到突破点、自己的笑点和成功点！谢谢大家！

（原载于《企业家日报》2016年8月17日）

新金融、大场景，努力打造消费金融新生态

——在首届"新金融·大场景"2016成都消费金融创新论坛上的讲话

2016年11月4日

在这秋色满园、硕果累累的美好季节，我们相聚西博会，共同参加由我会（四川省企业联合会、企业家协会）指导、天创信用主办的首届"新金融·大场景"2016成都消费金融创新论坛，共谋四川地区消费金融未来发展之路。在此，我代表四川省企业联合会、企业家协会，向远道而来的各位嘉宾、各位企业家朋友们表示热烈的欢迎！向长期以来关心、支持四川企联工作和推动四川消费金融建设与可持续发展的各界人士，表示衷心的感谢！

借此机会，作为企业和企业家的代表组织，向企业家们在跨界、融合、创新、分享中取得的成绩与推动经济社会可持续发展中发挥出的不可替代的作用表示真诚的祝贺与崇高的敬意！

激活与扩大内需，调整消费结构，创造新需求与新的消费业态，是稳增长的主要内驱力。而其中，消费金融将起到不可忽视的作用。从全球角度看，截至2015年年底，美国的消费信贷市场规模达到了12.22万亿美元。在我国，银保监会数据显示，消费金融行业累计为135万名客户提供消费金融服务。而从广义上的消费信贷概念来计算，2015年中国消费信贷市场规模达到了19万亿元；而预计到2020年，这一数字将达到38万亿元。市场空间巨大，共享"蓝海"机会很多。与此同时，国家层面也释放出了巨大的积极信号与政策红利。

此次论坛以"信用促进金融产品及服务体系创新、大数据征信技术与金融结合、提高金融业服务质量、提升成都互联网金融行业影响力"为宗旨，以"新金融·大场景"为主题，邀请政府相关部门和业内专家学者，以及银行、互联网金融等企业的领军人物、行业精英会聚于此，就四川地区征信行业的发展前景、征信产品和场景化应用、如何利用征信破解小微企业融资难等话题进行深层次的剖析与讲解，对征信时代的变革及发展进行深入的探讨，全方位分析四川互联网金融发展的机遇和挑战，展示四川金融业创新发展成果，促进区域金融一体化和金融国际化发展，积极搭建金融机构与企业、投资者的交流互动平台，努力为四川大数据征信和互联网金融的下一步发展建言献策，是一次创新的践行，也是一次智慧的分享。

目前，世界经济缓慢复苏，中国经济基本企稳，但是供给侧结构性改革与企业的转型升级压力依然较大。此时利用消费金融创新从而带动消费的增长，扩大内需市场容量，不仅是推动供给侧结构性改革、助力企业绿色低碳发展的一剂良方，更是顺应"互联网+"时代服务业升级创新的重要手段，具有非常重要的现实意义。期望在座的金融资本和实业资本的企业家代表们在融合共创、服务大众的过程中，不仅要解决自身健康发展的盈利模式，也要不断践行普惠金融，心贴消费者，实现精准、满意服务，积极履行社会责任，贯彻落实好"创新、协调、绿色、开放、共享"的发展理念。与此同时，在消费金融行业快速发展的同时，要尤其注意警惕风险，做好风险管控，运用大数据驱动诚信体系建设和智慧企业构建。从国际经济一体化角度讲，我们在以习近平总书记为核心的党中央坚强领导下，制定并加速推进的强军战略是为了对付外来"明枪"威胁，更好地保护和服务于国家崛起并维护世界和平，而金融体系安全是确保应对货币战争的"暗箭"伤害，更是我们突破"修昔底德陷阱"的必修课和基本功。古人讲"明枪易躲、暗箭难防"，因此，消费金融在顶层与操作平台、体系建设与安全上要严格按照国家信息安全战略的要求，努力开发具有自主知识产权的核心技术，在源代码及数据安全、操作系统管控、运营模式、服务方式、价值链延伸创新的同时，要花大力气做好后台大数据资产管理、安全运营及壁垒的建设，防止金融霸权、货币霸权、数字霸权等"黑客"帝国的入侵、破坏和掠夺。斯诺登所揭露的美国"棱镜门"事件给我们上了生动的一课，我们必须牢牢地把数字及网络世界的"核按钮"真正掌握在自己的手上。

"浩渺行无极，扬帆但信风。"中国14亿人口在奔小康的道路上，拥有巨大的消费市场与惊人的内需潜力。因此，基于制造与消费、产业资本与金融资本、实体产业与虚拟产业相对平衡原则基础上的新金融生态，其前途是非常光明的。希望在座的企业家把握机遇，努力练就借势、取势之智慧，顺势而为，我们的明天一定会更美好。

最后，预祝首届"新金融·大场景"2016成都消费金融创新论坛取得圆满成功！

（原载于《四川企联网》2016年11月8日）

千里之行，始于足下

——在"2016年四川省企业基层组织建设经验交流会"上的讲话

2016年11月18日

再次向获得"四川省优秀基层管理者"称号的代表们表示热烈的祝贺，希望你们再接再厉，更上一层楼！

今天这个会议虽然时间很短，但是内容很丰富。我们借"第三届国际互联网大会"的东风召开2016年四川省企业基层组织建设经验交流会，具有深远意义。不管是先进商业模式的创新，还是现代科技的运用，都离不开基层工作。因此，我结合我曾经长时间的基层工作经历与大家分享三点感悟。

第一点，"万丈高楼平地起"。基础不牢，地动山摇。我于20世纪80年代在企业当工段长的时候也说了一句话：千条线、万条线，落实到我们班组只有一条线。所谓基层，好比是细胞功能在我们身体中发挥的不可替代的作用那样，是企业核心竞争力打造的基因，是企业成功的内力。我在调研企业后发表的文章中也提出了中国企业为什么寿命短？长寿企业为什么这么少？当然，除了社会原因外，更重要的是企业自身原因。就企业练内功和企业素质这个角度来看，90%以上的企业，30年左右必然是死亡，为什么？那就是从刚开始，就没有真正搞清楚自己想要的是什么，长远价值追求、战略眼光、发展格局受限，只知道做什么，怎么做；而且几乎都是资源型企业，没有自己的核心竞争力，更谈不上技术优势。改革开放后，大多数企业的成功几乎都是机会主义的成功。带有偶然性和机遇性的成功，是不能长盛发展的，是不可持续的。很多以企业家自称的老板，其实不叫真正的企业家，而叫生意人，顶多可称商人。有什么钱赚什么钱叫赚快钱，赚热钱。正因如此，不少靠房地产、开煤矿等迅速成为"首富"的生意人，所谓的"辉煌"靠的是什么？两个字——"勾兑"。现在时代发生了巨变，党中央英明决策、部署，提出依法治国并强力反腐，转型升级也进行得如火如荼，自主创新更迫在眉睫。我们已站在了新的历史转折点。曾经成功的经验，在今天是复制不了的，而且有可能成为失败的引线。还想用一张20世纪的旧船票，登上21世纪的新客轮吗？即使能够勉强挤上去也只能是做清洁工、钟点工等打杂性工作，永远坐不上头等舱。既然一张20世纪的旧船票无法登上21世纪的新客轮，那么面对今天的改革，我们又该何去何从？也许能从我在《经营管理者》杂志卷首语《供给侧改革：把一只手放在客户的心上》一文中找到答案。我们现在企业所有出现的市场问题，实际上都与供需结构产生的矛盾强烈相关，企业要实现供给侧结构性改革目标，实现精准市场定位的资源配置与供需的良性匹配，关键在于研究把握好消费者心理的倾向与变化，真正以消费者为中心，在不断优化自身基因（如价值观、流程、质量、品牌等）的同时，重点把一只手实时放在客户的心上，以动态性能力支撑市场与客户体验性的需求变化和个体结构性差异。

第二点，"上下同欲者胜"。要创建学习型团队，加强基层组织团队建设，打赢转型升级的攻坚战是我们基层工作者的使命、责任与担当。创建学习型企业是适应竞争环境的需要，随着改革开放的不断深入，世界经济一体化趋势不断加强，企业发展必须不断对自身进行优化调整，对影响组织运行的各种因素，包括企业的价值观、经营哲学、经营宗旨、经营模式等进行改革，才能更好地参与市场竞争。而建立学习型团队的企业，可以提升企业对环境的敏感性，增强对环境的适应能力，有效降低不可预测与不可控因素，有利于企业参与新时代的国际化竞争。其中，建设一支素质优良、综合水平高、能打硬仗的基层学习型团队尤为重要。创建学习型团队的企业也是促进员工全面发展的需要，随着时代的发展，新的工作方式正在取代原始的、机械的工作方式；同样，员工的需求也发生着变化，他们不但追求物质方面的满足，而且更追求自身的全面发展。21世纪是人才的世纪，具有高素质、高技术的员工队伍，是企业兴旺发达的根本保证。建立学习型组织有利于培养员工发现问题、解决问题的能力，有利于培养员工的自我管理能力，有利于提高员工的创造力。我的经历和广严会长有些相似，在大企业干了26年，从技术员到总经理。2007年，全省公招考第一，但是我没有走公招指定的职业道路，而是选择了自己热爱的工作、热爱的事业、热爱的平台——企业和企业家的"家"。因为从企业基层出来，对企业整个运行组织系统"了如指掌"，形成了从基层到中层、高层，从技术到生产、营销的"全覆盖"。只有不断地加强自身学习，建设一支高素质、高能力、会合作、善分享的专业化团队，才能更好地服务企业，才能把智慧经验和创造性的成果用于企业实践，同时也能真正助力企业家的成长，所以协会提出了"平台化发展、品牌化运营、价值链共赢"的服务理念，得到了企业的一致好评。

第三点，"精诚所至，金石为开"。要大力弘扬工匠精神，实现中国创造。我作为转型升级的课题专家，也作为"创客中国"四川"双创"专家组组长，在管理上提出了一些有影响、受欢迎的观点；而在技术方面我也比较了解，对于创新驱动转型升级这个课题，很多科研院校的管理专家对如何讲得受欢迎并能指导实践都感到"头疼"。搞管理的专家他们不能讲工艺创新、技术创新、产品创新，比如财大的专家；搞技术的专家，比如川大材料学院，搞技术、工艺、产品创新可以，但是讲管理创新、市场与模式创新这个层面就不行。因此，在经济新常态和大众创业、万众创新的形势下，经济结构调整、产业转型升级，不仅给专家提出了新的挑战与难题，更为从"中国制造"向"中国创造"跨越提出了跨界、融合的新课题。解决这些课题需要理论创新、宏观上的谋划与顶层设计，也更需要具有"工匠精神"的执行层面的落地生根，即生产一线的高素质技能人才担当重任。制造强国必须依靠具有创新能力的企业家与高素质的大师级工匠人才相结合。中国历史上，出现过鲁班这样的大师级工匠，也有建造出故宫这样的世界级建筑杰作的普通工匠团队，说明中华民族的基因里不乏"工匠精神"。在当今中国，也有中国航天、中国高铁、中国核电等世界领先的中国制造领域的代表性典型品牌，这些品牌的背后是靠一大批具有"工匠精神"基因的匠人的传承和默默无闻的坚守，是他们把"工匠精神"变成了"中国品牌"，让国人自豪。也为实现从制造业大国向制造业强国转变，打造中国崛起之脊梁，提供了坚强的精神支撑和道德保证。

古人说："吃得苦中苦，方为人上人。"人在做事，天在看。我坚信我们基层工作者经过自身的努力，特别是爱岗敬业、无私奉献，发扬雷锋的"钉子精神"，传承"愚公移山精神"，默默地在自己平凡的岗位上，做出不平凡的业绩，今后的人生将不断得到进步与成长，成就一番美好的事业。最后，衷心祝愿大家："只要坚持，梦想总是可以实现的。"

（原载于《四川企联网》2017年01月24日）

带着问题思考，助力企业成长

——在"2016年四川省企业联合会咨询、培训工作委员会年会暨第四届四川省管理咨询峰会"上的演讲

2016年12月19日

结合刚刚结束的中央经济工作会议精神和峰会上管理咨询专家的智慧分享及我省企业发展现状，我谈几点体会。

一、如何正确看待经济指标下滑与企业生态的不确定性问题

面对目前经济指标下滑及企业生态中出现的不确定因素骤增，中央明确了明年经济工作的总基调是"稳中求进"。我理解的这个"稳"就是调整

态势（即调速、调结构）、蓄力待发，好比中国文化中"岁寒三友"之一竹子的"节"。如果竹子没有"节"，只是一味地往上长，只能长成单薄脆弱的模样，也高不到哪里去。只有在暑往冬来、迎风斗寒的过程中，竹子形成了许多的"节"，待寒冬一过春风再来，它在"节"的支撑下，才能穿石破土，扶摇直上。同理，企业发展中遇到的暂时困难而调整采用守势，就是企业成长过程中需要形成的"节"，它是企业再次成长的支撑，并使企业变得强壮而坚韧，而不至于像有些企业发展虽快却轻易死亡。如何长好这个"节"且孕育新的生机？我想从以下七个角度与大家分享我的观点。

一是全员营销。这是个老口号，我最近给《四川企业管理》杂志写的一篇卷首语叫《供给侧改革：把一只手放在客户的心上》，意思是让企业倾听客户心声，准确把握好客户的"消费喜好"与"需求迭代"，精准地通过资源整合、平台分享、微创新等企业行为使消费者的"心"迅速转化为企业满足需求的"芯"，从而实现供给侧与需求侧的完美匹配。这是每一位企业家要做到的，也是管理咨询师团队给企业（企业家）"望闻问切"的方向与要点。

二是加大研发投入。从 2016 年四川百强企业发布的数据看，制造业企业的研发投入增长率达到 17%，这是个良好的趋向。

三是彻底削减成本。

四是保持高生产率。通过人工智能、智能制造、虚拟生产等方式，尤其是推动智慧企业建设使全要素生产率持续提升，是抵减成本上涨的最有效的手段。

五是致力于良好生态的建设。这里很重要的一点就是企业要营造好良好的生态环境，建设好供应链，有效降低不可控因素对企业发展的影响。这样才能让我们的产品成为品牌，形成名牌，最终形成平台化创新链。

六是积极应对危机。这也是本届峰会中心议程与创新亮点之一，各种各样的原因，使我国不少企业成为"僵尸企业"或壮志未酬的"烈士企业"。调研的数据显示，乐山的中小企业寿命平均 6～7 年，全省中小企业的平均寿命不到 6 年，这些占用大量社会财富甚至透支子孙的资源来发展的"短命企业"是个巨大的浪费。企业因危机、危困而倒下的案例很多，应引起我们的思考。

七是提升质量。如何以提升质量为核心，打造真正的名牌，这是我国 30 多年来企业发展中的最大短板。成了名牌，单一的成本要素无论怎么涨都动摇不了它的利润与价值。因此品质是制造业的生命，海尔的领袖张瑞敏先生是这方面的典范，海尔从"砸冰箱"开始树立全面质量管理意识，到"日毕日清"的流程全过程的品质服务管理，再到现在"生态平台"的智慧型企业建立，成为中国品牌成长为"世界品牌"的典范。格力董明珠董事长所倡导的"对质量管理的仁慈就是对消费者的残忍"的质量管理理念与高度也是所有企业和企业家值得学习的榜样。

二、企业走出去的问题

随着我国企业转型升级和"一带一路"倡议的推进，企业，特别是大企业大集团走出去已逐渐成为常态。在我走访调研的很多企业中，都面临着走出去的很多问题。自2002年公布对外直接投资数据以来，我国对外投资年均增长率为42.13%，2015年，我国对全球155个国家和地区的6532家境外企业进行了非金融类直接投资7350.8亿元人民币（1180.2亿美元）；2016年前三季度，对外直接投资1342亿美元。截至2015年，我国累计对外非金融直接投资5.4万亿元人民币（8630.4亿美元）。2015年，中国跨境并购348家企业，总额437亿美元。

2011年至2016年，我国企业海外并购年复合增长率为16.69%。规模非常庞大，这是后经济危机时代，由中国企业和企业家掀起的"走出去"浪潮取得的成果。在这个过程中，有成功的案例，也有失败的案例，对中国企业走出去遇到的问题进行分析探讨很有必要；四川省企联也在对接这块工作，并先后举办了"抢占先机，主动融入——法律助力川企贯彻落实'一带一路'座谈会"和"首届智慧企业创新发展峰会"。

我在分析走出去企业失败和有些企业怕走出去的原因时，发现有如下几个变化：一是以往我们企业走出去主要以资源型为主，近几年发生了根本变化，涉及领域几乎涵盖所有的行业。从今年的中国500强企业的统计和相关研究报告显示，大企业大集团走出去以补短板为主。这些土生土长的企业，通过并购使企业的核心竞争力得以迅速提升，并成为有影响的品牌企业。比如吉利收购沃尔沃等。二是走出去的企业的结构和涉及的国家发生了根本性的变化。

四川企联非常重视我省咨询行业的研究与专业队伍建设，对四川咨询服务平台建设不遗余力，对具备条件的已走出去或待走出去的企业竭力提供支持。从近五年由我本人担纲实施的十多个企业管理咨询项目看，我国企业走出去的步伐明显提速，但企业在"走出去"的过程中还存在着投资目标欠清晰、投资结构待优化、投资效益不高、缺乏企业间有机协调等诸多问题。

我们经常会对中国（世界第二大经济体）和美国（世界第一大经济体）

做一些对比，不论是"修昔底德陷阱"，还是"中等收入国家陷阱"，我们都要防范与突破。上周《四川企业管理》杂志刊登了本人的一篇卷首语——《"特朗普逆袭"：企业家精神之光》，为什么我要把特朗普作为案例来写？实际上是"醉翁之意不在酒"，我强调了三点：一是在逆境下如何营造人气，凝聚人心；二是"破坏性创新"是否已成为大变革时代震撼人心的趋势；三是如何发挥团队优势是取胜的关键。特朗普与希拉里单独对决，谁处下风不用点评，但特朗普擅长运用"互联网＋"时代企业家平台化思维及市场生态下的"眼球经济"效应，依靠其具有偶像作用的"女儿团"补上了自己单打独斗、"祸从口出"的道德短板，渡过了险关，扭转了败局。成功自编、自导、自演了一档美式的全民娱乐拉票大片。这对于我们从"中国制造"升级为"中国创造"、走国际化品牌建设之道的企业家来讲，是值得借鉴的。我在文章的最后做了一个有点启发的小总结，此次特朗普的逆袭成功，不仅有力地找到了经济界学者们对"经济的复苏，取决于企业家复活"的理论实证，也从不同侧面和跨文化视角检验了"敢为天下先，爱拼才会赢"企业家精神中所隐含的大智慧。对目前我国企业可持续发展，尤其是企业家的健康成长，如何营造出一种"理解缺憾，允许试错，宽容失败，鼓励创新，尊重创造"的良好企业生态，让社会更加充满正能量与和谐度具有建设性参考价值。

在2016年世界500强企业中，中国企业有110家，美国企业有134家。中美两国企业在体量上逐步靠近，这是中国大企业的很大进步。但在国际化拓展能力的差距及国际化品牌塑造上我们还是学生。在某些领域差距还很大。我国的社会主义市场经济，准确地说是从党的十八届五中全会全面拉开的，较欧美百年的市场经济的历史和体系，存在差距是正常的。我的研究结论是，我国企业走出去最大的差距表现在管理文化上。主要体现在权利距离、不确定性规避、公共集体主义、群体集体主义、决断性、性别平等、未来取向、人本取向、绩效取向这九个方面，这值得我们研究与借鉴思考。

随着中国经济结构的调整和经济全球化进程的加快，中美两国企业价值观在外部适应维度上逐渐趋于融合，中国企业对创新的重视程度超越了美国。中国500强企业对创新理念高度认同，并积极打造创新的文化。中美两国的企业价值观主要有以下几个差异。

（1）中美企业价值观内部整合维度在团队合作、以人为本、责任感和严格规范等方面相同，其他方面存在显著的差异。中国企业强调忠孝、奉献、敬业、拼搏及和谐等牺牲型价值观，美国企业强调平等、尊重、信任、合作和分享等智慧型价值观。

（2）中国企业对员工的态度和行为要求远远高于美国企业，中国企业更强调对员工的约束及员工自身的付出，组织利益高于个人利益，集体主义文化明显强于美国。

（3）中国企业比美国企业更注重人际关系的"仁爱和美"。这是儒家文化的仁爱思想在我国企业文化中的体现。

（4）中国企业比美国企业更强调严格规范，中华文化强调遵守纪律，服从上级，要求员工按照规定行动，这是权力差距与位序观念在企业文化中的具体反映。

（5）中国企业比美国企业更强调业绩和效果。

（6）美国企业比中国企业更强调以客户为中心、顾客至上。

（7）美国企业的"以人为本"比中国企业的更具体，可操作性强。美国企业的"以人为本"包括平等尊重、员工成长、员工培训及利益分享等实实在在的关怀，换言之，美国企业的"以人为本"不仅包括精神关怀，而且包括知识分享、能力分享及利益分享等符合员工需求的核心利益。

三、如何强化企业家在引领大企业大集团发展中的灵魂作用问题

《"十三五"发展规划纲要》中指出："发挥企业家在创新创业中的重要

作用，大力倡导企业家精神，树立创新光荣、创新致富的社会导向，依法保护企业家的创新收益和财产权，培养造就一大批勇于创新、敢于冒险的创新型企业家，建设专业化、市场化、国际化的职业经理人队伍。""市场活力来自人，特别是来自企业家，来自企业家精神"充分肯定了企业家在社会主义市场经济与国家创新发展中的主体作用和不可替代的贡献。最近，国家出台了《中共中央 国务院关于完善产权保护制度依法保护产权的意见》，着力解决各种所有制经济产权和合法权益平等保护等问题，使依法治国战略在战术层面上得到具体有力的落地，对于保护企业家的社会地位与积极性有不可忽视的现实意义与历史意义。

当前提到国际化，既体现出了中国海外投资的现状和需求，同时也对中国企业在海外投资理念上、水准上、经营管理上提出了更高的要求。尤其是在当下民间投资占比下降，中共中央、国务院再次强调加强实体经济的战略决策的大背景下，弘扬企业家精神，尊重企业家价值与创造创新，对转型期的中国尤其重要。对企业家来讲，我们必须要清楚如何做好企业内在的修炼，使企业在道德层面上把自己立得更高，否则我们无法确保在海外投资的成功。也就是说，在海外投资，不能把国内的毛病带出去。企业不能占小便宜，不能耍小聪明，也不能靠"勾兑"当地政府官员拿项目、得资源；这些东西都不能使企业长远立足，更不能使企业在海外保持长期可持续发展。因此作为走出去的引领者、开拓者的企业家一是要有大视野。企业家和企业走向海外时，不仅要考虑企业投资和企业经营，也要与当地社会进行互动，要把企业利益和社会利益融入进去，使我们的视野更开放，使我们的心胸更博大，使我们的责任更光荣。二是要有大情怀。2008年北京奥运会全球征集口号，采纳了我的一句话"同一个世界、同一个梦想"，这是一种大情怀的写照。三是企业家要有大格局。我始终认为，格局决定全局，全局决定我们的结局。我们的企业格局不同，我们的文化、战略及社会责任、使命感也会不同，自身愿意承担的社会价值也不一样。我们要打造人类命运共同体，这就是最大的格局。我们企业家应一呼百应。尤其在我们企业和企业家要走出去时，必须高屋建瓴，与"中国智慧"解决"世界方案"的民族复兴战略保持一致，这也是我们企业家必须要讲的最大政治。

最后，我引用先哲的话与大家共勉："兵无常势，水无常形""明者因时而变，知者随事而制"。期望我们在座的企业家朋友，尤其是咨询师团队和培训师们，要善于分析、把握外部环境的变化，与时代同步，与企业同频，守正创新，要与企业家精诚合作，同甘共苦，同舟共济，与时俱进，真正为企业与企业家把好脉，运好势，定好位，服好务。让我们共同努力，助力企业做优、做强、做大、做久，为中国品牌更多地成长为受全人类敬仰和分享的名牌而励精团结，再接再厉。为中华民族伟大复兴的中国梦贡献智慧与创新的力量。

（原载于《四川企联网》2016年12月30日）

积极履行法律使命，做好立法调研工作

——在启动《四川省企业和企业家合法权益保护条例》
立法调研动员会上的讲话
2017年6月2日

首先，我代表四川省企业联合会、四川省企业家协会向出席本次会议的领导、嘉宾及法律界的朋友们表示热烈欢迎！向长期以来支持我会工作的各位同仁、各界朋友表示衷心感谢！

一、四川企联和维权工委介绍

四川企联是四川省由企业、企业家及企业经营管理者，企业组织，理论研究领域的专家学者及新闻工作者联合组成的社会经济组织之一,也是我省具有权威性、代表性和广泛性的社会团体组织机构之一,是联系和沟通政府与企业的桥梁和纽带,是中共中央(2015)10号文件《中共中央 国务院关于构建和谐劳动关系的意见》中所规定的企业代表组织。实行会员制组织结构和管理,目前有市、州、县(区)等区域性企联组织158个,全省性行业及集团企业协会组织49个,全省企业(团体)会员1968个,个人会员2158个。

主要职能:一是政府决策参谋智库职能。通过专题研究及对四川省大企业大集团的跟踪分析,为政府经济主管部门制定经济政策、产业政策提供决策参考依据和对策建议;参与相关的重要法律法规的制定和修订;做好政府部门委托的各项工作,完成对政府及相关职能机构购买服务的相关工作。二是雇主组织职能。参加国际劳工组织和国际雇主组织的各项活动;代表雇主参与四川省协调劳动关系三方会议机制的建设和推动相关的立法工作;协调企业劳动关系,维护企业和企业家的合法权益;推进和谐劳动关系企业及和谐工业园区、街道(社区)、乡镇等的创建。三是推动企业可持续成长职能。广泛整合各方面资深学者、专家及社会资源,融智创新,为提升企业管理水平、打造核心竞争力提供咨询服务;通过出版、培训等手段传播现代管理理论、推动企业创新发展;通过培育职业经理人队伍、提高企业家队伍素质,弘扬企业家精神;通过四川企业100强发布与分析为企业发展提供指导;为企业发展提供全要素信息服务,推动企业信息化建设和智慧企业建设;通过推动低碳发展、绿色发展等方式促进企业转型升级与可持续发展;通过产业链对接、价值链提升、创新链打造,助推企业品牌提升与国际化经营。四是中介评价和自律职能。搭建国内外企业间的学习交流共享平台;通过管理咨询师、CMC等资格认证,搭建管理咨询和"双创"专家平台;评价与表彰诚信企业与优秀企业家、优秀基层管理者和优秀工匠;评选、表彰、推广优秀管理创新成果、优秀管理论(著)文、优秀企业文化成果等;培育、树立、评价、推广企业文化示范基地、智慧企业创新示范基地等。

四川省企业联合会维护企业和企业家合法权益工作委员会（以下简称维权工委）是四川企联的二级专业委员会，以维护企业和企业家合法权益为宗旨，广泛联系社会各界人士，为企业和企业家维护自身合法权益提供服务和支持。维权工委的主要任务为：①协调和指导全省企联系统维护企业和企业家合法权益的工作。②就维护企业和企业家合法权益的重大问题或者带有倾向性问题，进行调查研究，组织专家论证、媒体报道。③协助、推动企业积极运用反倾销、反补贴法律武器，抵制不正当竞争，维护企业的合法权益，保护我国产业安全。④推动企业和企业家重合同、守信用，会同有关部门坚决打击假冒伪劣产品等违法行为，维护企业合法权益，维护社会主义市场经济的正常秩序。⑤协助行业协会和地方企联解决与企业和企业家权益有关的典型或重大申（投）诉个案，引导企业和企业家运用并通过法律途径解决生产经营过程中遇到的矛盾或经济纠纷。⑥向政府或政府部门、立法机关和司法机关反映有关企业法治建设中的问题，推动和完善我省有关企业法治建设工作。

近年来，四川企联紧紧围绕党和国家的经济建设方针与省委省政府战略，贯彻"融智创新，敬业奉献，维权服务，自强自律"的协会核心理念，践行"平台化发展、品牌化运营、价值链共赢"的服务理念，积极开展政府满意、企业欢迎、市场需要的有品牌影响力的活动，得到了各级政府的支持与企业的踊跃参与，受到了社会各界与市场的广泛关注。年组织活动均在40项以上，参与人次在6000人次以上，主要有全国企业家活动日四川分会场活动、四川省企业100强发布排序及管理创新大会、省协调劳动关系三方会议与和谐劳动关系创建、西部企业信息化峰会、四川省企业咨询培训峰会、智慧企业建设峰会、四川企业百强发布、四川省基层组织建设经验交流会及优秀企业文化成果评选表彰和四川省企业文化建设示范单位、企业可持续发展论坛、企业诚信论坛、维权大讲堂等重大活动。

二、制定《四川省企业和企业家合法权益保护条例》的必要性与重要意义

企业是市场经济的主体。国家经济社会的可持续发展离不开企业的健康发展，无论是经济总量、财政收入增长，还是劳动就业的扩大都主要靠企业。只有企业发展好，做优做强做大做久，才能打造国家经济和社会发展的坚实基础。因此，加强对企业和企业家合法权益的保护，尽快出台《四川省企业和企业家合法权益保护条例》，实质上是践行党中央"四个全面"战略，落实省委省政府"三大发展战略"的迫切需要。

当前，面对严峻复杂的经济形势和供给侧结构性改革，我省企业生产经营出现了诸多困难和问题，企业综合负担居高不下。比如，企业普遍反映各类行政审批前置经营性服务收费标准高、项目多、审批周期长；中介机构收费缺乏有效竞争，指定服务和垄断经营的情况不同程度地存在；部分政府机关及社会各种机构组织职能错位，用行政手段干预企业正常生产经营和决策；不依法办事，乱收费、乱核查、乱评比、乱拉赞助等现象仍时有发生。

今年4月18日，中央全面深化改革领导小组第三十四次会议通过了《关于进一步激发和保护企业家精神的意见》，强调企业家是经济活动的重要主体，要深度挖掘优秀企业家精神特质和典型案例，弘扬企业家精神，发挥企业家示范作用，造就优秀企业家队伍。要营造依法保护企业家合法权益的法治环境，营造促进企业家公平竞争、诚信经营的市场环境，营造尊重和激励企业家干事创业的社会氛围。国务院也多次召开常务会议，要求多措并举减轻企业负担。依法依规帮助企业排忧解难。

多年来，省委、省政府历来高度重视企业权益的保护问题，先后出台了《四川省企业负担监督管理条例》《四川省〈中华人民共和国中小企业促进法〉实施办法》等一系列涉及企业权益保护的地方性法规，对优化我省投资环境和生产经营环境发挥了积极作用。然而，这些法规从总体上还不能完全满足新形势下我省企业和企业家合法权益保护的需要。目前仍有不

依法办事、不公正司法，影响企业正常生产经营的事例发生。截至 2016 年年底，广东、福建、广西、河北等 10 个省市相继制定出台了企业和企业家合法权益保护方面的地方性法规，为我省地方立法提供了借鉴和参考。因此，为了进一步加大对企业和企业家合法权益的保护力度，激发企业的内在潜力和外部活力，尤其是提振企业家的信心与进一步激发"双创"动力，优化我省投资和生产经营环境，制定一部专门的保护企业和企业家合法权益的地方性法规是十分必要的。

社会主义市场经济就是法治经济。早日出台《四川省企业和企业家合法权益保护条例》是释放改革与制度红利，弘扬"敢为天下先，爱拼才会赢"企业家精神的需要，是推进法治四川建设的需要，也是我省社会和谐发展、可持续发展的需要。具体体现了以下三点重大意义：一是体现了党中央和省委省政府关于加快推进法治建设、依法治国、依法治省的要求；二是有利于进一步推进"法治政府"和服务型政府的建设；三是顺应了广大企业和企业家的诉求和社会的期望，有利于贯彻落实好"清"和"亲"新型政商关系，营造一种尊重劳动，鼓励创新，容许失误，宽容失败的良好社会环境。

企业兴、国家旺。企业家是企业的灵魂和统帅，是国家创新驱动战略的核心推动力，是社会主义市场经济的关键力量。因此理应受到社会的理解、尊重与支持，受到国家法律的保护。一个国家、一个地区的竞争力要靠一大批具有核心竞争力的企业支撑；一国的品牌与国际话语权要靠一大批敢于创新实干的优秀企业家引领创造。因此，随着国家创新驱动战略和"一带一路"倡议等的推进，加快维护企业和企业家合法权益的立法工作不仅具有迫切重要的现实意义，更有深远的历史意义。为此，我们参与此次调研的法律工作者是十分荣光与富有价值的。我相信，我们辛勤调研的成果更能彰显我们法律工作者的社会责任和法律使命。体现我们人生的价值和成就。在此，我代表四川省企业联合会、企业家协会，预祝大家精诚合作，取得此次调研工作的圆满成功！

三、本次专项调研的安排

本次企业与企业家生存与发展法律环境调研的目的，是为四川省企业联合会启动保护企业与企业家合法权益的立法工作收集足够的、真实的和有效的信息数据，充分了解我省企业与企业家在生存与发展方面面临的具体情况与法律问题，为企业联合会提出立法建议打下坚实的基础，为立法机关提供参考依据。本次调研的主要调查对象为四川境内省、市（州）、县（区）会员企业负责人，同时兼顾不同性质、类型、规模的非会员企业和个体工商户及其负责人。调研的内容包括企业与企业家在生存与发展方面所遇到的问题，如在法治环境、政务环境、司法环境、市场环境保护等方面面临的问题。

调研方式，由省企联维权工委牵头组织，委托我省范围内有责任，有担当，有一定企业与企业家维权经验的律师共同开展调研。一方面，借助律师的调查研究经验确保获得真实有效的信息；另一方面，调研访谈需要一定的法律专业知识，对企业家反映的情况，律师可以正确厘清合法诉求与不当诉求的关系，特别是可能面临一些具体的、现实的维权事例，律师可以直接接受委托，参与企业与企业家维权工作。

调研的步骤是：①调查准备阶段。调研牵头人省企联维权工委在做出时间进度安排，确定调研对象划分，落实责任与分工后，起草调查问卷、调研访谈提纲，并于6月15日前将工作方案报省企联备案。②调查对象（企业、企业家）确定阶段。省企联负责联系市州企联，委托其对辖区内企业进行筛选，确定此次调查的具体企业清单。市州企联于7月5日前将拟调查企业清单报省企联备案。③调查实施阶段（现场访谈，问卷填写）。按照市州的区划成立专项调查组，根据市州企联与企业确定的访谈时间，由调研人员按照企业清单逐户实地调查，并指导企业负责人如实填报《调研问卷》。省企联维权工委组成专项督查组，对各地专项调查组工作进展进行专项督查。调查实施工作应当不迟于9月30日前完成。④调查数据整理阶段。主要由省企联维权工委与有关专家、律师对调查数据进行整理及汇总，召开调研访谈人员情况汇报会议,将访谈调研问卷之外发现的情况进行收集整理,形成调研报告的基础数据资料。⑤调研报告征求意见阶段。省企联维权工委根据调查情况,组织专家、律师起草调研报告草案,将调研报告草案报省企联及相关领导审查,并同时发送给参与调研人员征求意见。调研报告的草稿与发送时间不迟于10月31日,征求意见时间为15天。⑥调研报告公示、提交阶段。12月上旬调研报告正式完稿,按照立法议程提交相关立法议案。同时向参与调研工作的人员发送正式报告。

所有参与调研工作的人员将以适当方式在报告中体现,并报相关部门建议表彰。

最后,古人讲:"积力之所举,则无不胜也;众智之所为,则无不成也。"我相信,此次立法调研虽然任务重、时间长、覆盖面大,但我们有依法治国大政方针指引及主管部门的支持,有广大企业和企业家的热情参与,更有包括在座的众多精英人士的直接加盟与"操刀",一定能圆满完成这一神圣而光荣的任务。我们的目标一定要达到,我们的目标一定能够达到!谢谢大家!

(原载于《四川企联网》2017年6月5日)

天地英雄气,千秋尚凛然

——在四川省革命伤残军人医院慰问革命伤残军人和
复员退伍军人、庆祝八一建军节上的演讲

2017年7月27日

红旗猎猎展全场,革命军人豪情壮。今天一走进会场,就体会到壮气飘扬,军歌嘹亮,非常振奋。首先,我代表四川省企业联合会、企业家协会向

在座的革命军人表示节日的祝贺！向在座的老军人尤其是在座的为革命和建设浴血奋战、身残志坚的同志们表示崇高的敬意！

忆往昔峥嵘岁月稠。从南昌起义的第一枪到井冈山会师，从四渡赤水到平型关大捷、百团大战、三大战役，再到抗美援朝、对越自卫反击战，在我们的心目中共和国的军魂及英雄军人的形象就是我的榜样，始终激励着我们。十八勇士、杨靖宇、董存瑞、黄继光等成为我们共和国崛起的永恒的红色记忆。从曾经我爱唱的"长征组歌""英雄赞歌"，到耳熟能详的"义勇军进行曲"等改编成交响乐的经典，再到新时代流行版的"映山红"等红歌，一脉相承，革命英雄主义赞歌代代传唱，永远铭刻在我们心中。在中华民族最危险的时候，千千万万英雄抛头颅、洒热血，书写了气壮山河的英雄史诗，唤起了万众一心，共御外敌的民族觉醒，这正是中华民族从黑暗走向光明，从屈辱走向富强的力量所在，也是以此鼓舞亿万人民沿着英雄足迹前进的勇气所在。尤其是跨过鸭绿江，一军打三军（志愿军刚入朝鲜时没有海、空军），一国打16国（联合国军），取得的抗美援朝战争的伟大胜利成为中国的立威之战，彻底扫除了近代以来中国任人宰割、仰人鼻息的耻辱，彻底扔掉了"东亚病夫"的帽子，中国人民真正扬眉吐气了。

可谓"打得一拳开,免得百拳来",由此打出了至今近七十年的和平。

"吃水不忘挖井人"。今天,有两家企业代表我们四川企业家群体前来参加今天的纪念慰问大会并提供捐助,他们不仅弘扬了企业家的责任与担当精神,更是怀着对老一辈"甘洒热血写春秋"豪情的敬仰,心藏对在座各位为了共和国的崛起不惜付出生命代价的精神感动和"横眉冷对千夫指,俯首甘为孺子牛"的爱憎分明、铁骨柔情的尊崇,用企业的使命与持续发展来扛起共和国的强盛并传承革命军人的英雄主义精神,担当起今天的新时代使命,为革命军人献上一份爱心与感恩。借此,我希望有更多的企业家同仁们、朋友们参与到为伤残军人的服务中,特别是为老兵、退伍军人在"大众创业,万众创新"中提供更多的就业机会、便利和渠道。同时也用企业和企业家对社会的回报,让革命军人过得更好,尤其是伤残军人过得更健康,晚年更幸福。伤残军人在战场上是英雄、是勇士,你们用鲜血和生命为中国革命和建设谱写了绚丽的篇章,以勇往直前不怕牺牲的大无畏精神,为我们树立了光辉的榜样。你们负伤后,克服伤残带来的各种困难,仍然自强不息、身残志坚、继续奋斗,你们身上及军魂中所凝聚、体现出的红色基因,正是今天实现伟大"中国梦"不可或缺的精神动力,是激励我们战胜任何艰难困苦的底气、骨气、志气和豪气。因此,赓续英雄报效家国的光荣传统,弘扬敢于斗争、勇于牺牲的伟大精神,让英雄成为民族精神家园中永不熄灭的灯塔,正是历史赋予我们企业家新时代的光荣使命。

今天我作为企业和企业家代表组织的管理者,借中国人民解放军建军九十周年之际,从老英雄、老军人代表我们中华民族,甚至是世界文明史上的伟大精神境界中,吸取这种强大的正能量,想与广大企业家朋友们共同分享三点感悟:

首先,要发扬长征精神,以价值观为引领搞好我们企业的文化建设。企业能够走多远,看我们的魂指向哪里。而"革命理想高于天""一不怕苦、二不怕死"的精神是我们今天继续新的长征、实现伟大中国梦不可或缺的精神动力。

其次，要发扬延安精神，延安精神的核心就是独立自主、自力更生。在艰苦卓绝的抗战中，中华民族用自己的行动与血肉筑成的长城向世人证明，我们有同敌人血战到底的气概，有在自力更生的基础上光复旧物的决心，有自立于世界民族之林的能力。经过改革开放 30 多年的高速发展，今天的中国已经成为世界第二大经济体，我们的技术，尤其是核心技术靠市场、靠金钱再换不来了，只有靠我们自己的努力，奋发图强。不管是当下从经济崛起走向军事崛起，还是下一步从军事崛起走向文化崛起，最终实现伟大的中国梦与建设人类命运共同体，我们还有很多科技方面的短板需要补上，这只能靠我们独立自主、自力更生。

再次，我们要发扬雷锋精神，新世纪建设更需要雷锋的钉子精神，即干一行爱一行，刻苦钻研，助人为乐。因为中国制造走向中国创造要赢得全人类的尊重，靠的就是品牌，品牌的核心是企业家的创新精神加一丝不苟、精益求精的工匠精神。这也是我们军人作风中完美执行力在和平建设时代的体现，是雷锋精神的再现。

今天，中国彻底摆脱了积贫积弱、任人宰割的屈辱历史，创造了世人瞩目的"中国奇迹"。前景令人鼓舞、催人奋进。但幸福不会从天而降，梦想也不会一蹴而就。实现中华民族伟大复兴，还需要一代又一代人为之努力奋斗。在新的长征路上，我们还有许多"雪山""草地"需要跨越，还有许多"从头越，苍山如海，残阳如血"的战斗；但只要我们传承好"军民团结如一人，试看天下谁能敌"的革命传统，我们就一定能争取更大的光荣，创造更伟大的奇迹。就像历史昭示的那样，中华民族创造了 5000 多年的灿烂文明，也一定能创造出更加美好的明天。

最后，"人生自古谁无死，留取丹心照汗青"。再次向英雄致敬！向英雄主义学习！衷心祝愿革命军人永葆革命本色，永葆青春活力！在以习近平同志为核心的党中央的坚强领导下，为伟大的中国梦、强军梦继续贡献我们的英雄主义情怀与智慧、热血与壮志，在军民融合中走出一条中国特色的强军道路。同时，也请您相信，你们打下的江山，我们一定能守护好并建设得更好，使这个江山成为全世界令人羡慕、受人尊敬的江山。谢谢大家！

以文学的"真善美"提升管理的"精气神"

——在 2017 年四川省文促会年会上的演讲

2017 年 9 月 25 日

在这"清溪流过碧山头，空水澄鲜一色秋"的爽朗时节，很高兴应邀出席此次盛会。首先，我代表四川省企业联合会、企业家协会、四川省企业管理协会对大会的召开，以及新当选的理事会成员和领导班子表示祝贺！对受到表彰获奖的作者及会务工作者表示敬意！

四川省文艺工作者在以文化建设推进四川可持续发展，尤其是经济与社会和谐发展中做出了巨大的贡献，也为企业的发展、企业家的成长营造了良好的生态环境。借此机会，对全省文艺工作者坚持"四个自信"，尤其是"文化自信"中，积极弘扬社会主义核心价值观，弘扬以爱国主义为核心的民族精神和以改革创新为核心的时代精神，不断增强精神文化力，为四川文化繁荣与社会进步所做出的贡献，致以崇高的敬礼！

四川省企业联合会、企业家协会作为在政治和法律上企业和企业家的代表组织，本着"为企业和企业家服务"的宗旨，坚持"融智创新、敬业奉献、维权服务、自强自律"的核心价值，秉承"平台化发展、品牌化运营、价值链共赢"的服务理念，真诚地愿意和各级协会、各方人士共谋发展，携手合作，为创建一个让民族自尊自信、让自主创新成为常态、让中国品牌深受世人推崇的全球化文化生态而共同努力。

学习领悟中国梦的伟大理论与实践，回顾本人专著《长盛力——缔造富有灵商的管理文化》提出的企业文化生态理论，"文化崛起"是企业文化生态发展高级阶段的社会表现形态。中国现在实现了经济崛起，军事崛起、文化崛起正逐步实现。目前，中国经济社会与国家战略正处于第二阶段，即军事崛起阶段。因此，军民融合是企业的重要战略与发展取向，也为广大文艺工作者创造了很多的创作创新思路与时代主题。而民族复兴、实现伟大中国梦，最终表现为文化崛起。越来越多人意识到，没有文化的崛起，单一的经济崛起与军事崛起并不能说是真正的崛起。因此，坚持"四个自信"的最高境界就是文化自信。中华民族重返世界之巅，实现伟大中国梦并构建人类命运共同体，最终是要让世界人民爱上中国品牌，热爱中国文化，尊崇中华文明。对此，我结合文艺与管理跨界性的联系并力求兼容，学习性地谈三点感悟：

第一，文艺对生命的解释给管理提供了强大的正能量，解释了生命的"真、善、美"。运用在管理上就是如何提升人的"精、气、神"。"真"，让我们先哲遗传下来的文艺作品能深入人心。如《诗经》所体现的"桃之夭夭，灼灼其华。之子于归，宜其室家"的朴实写法；影视作品从抗日战争时期的李云龙形象，抗美援朝的王成形象，还有热播反腐剧《人民的名义》到最近的《战狼2》等现实的表现手法，这就构成了不同历史时代的感召力，文艺工作者也因此真实谱写了历史并创造了历史。运用在管理上的重要的原则就是"一切凭数据说话"，不管是收视率、传播率还是品牌影响力，这些依托于互联网大数据的计算离不开的就是"真"，就是科学管理的基础。"善"让中华文脉赓续弘扬。我们先哲们所描述的"人之初，性本善""上善若水""止于至善"与管理结合就是诚信、利他、共享等，是企业与企业家需要履行的使命与职责，和文学是血脉相通的。"美"让中华文化誉满天下。"爱美之心，人皆有之""美美与共"，使文艺与企业、企业家息息相通，为美好生活而创造、奋斗成为企业和企业家的本色。如我会副会长单位通威集团及四川省杰出企业家、董事局主席刘汉元所倡导的"为了生活更美好"的愿景与信仰，始终如一率领通威集团坚定信念和信心，成为国际知名品牌。苏东坡的"大江东去，浪淘尽，千古风流人物"，毛泽东的"数风流人物，还看今朝""更喜岷山千里雪，三军过后尽开颜"，文天祥的"人生自古谁无死，留取丹心照汗青"等，都抒发了人的情感并创造了极高的美学价值。这些情怀让我们中华民族延续到今天。自然与生活的和谐之"美"是人类命运共同体民心相通的共识。"采菊东篱下，悠然见南山""曲径通幽处，禅房花木深"等历史上的无数美文，与今天习近平总书记提出的"创新、协调、绿色、开放、共享"相呼应。从"上邪，我欲与君相知，长命无绝衰。山无棱，江水为竭，冬雷阵阵，夏雨雪，天地合，乃敢与君绝"到"但愿人长久，千里共婵娟"等唯美诗句，对爱情忠贞的赞美，跨界用于企业管理上就是对企业价值观、使命的忠诚。而郑板桥"删繁就简三秋树，领异标新二月花"就是用文学语言表达的创新之美。现在自主创新战略作为国家强大、民族圆梦、人民美好实现的核心战略，也是打造企业核心竞争力、塑造国际化品牌之路的指南针、方向标。新中国企业界也创造了举世闻名的优秀而大美的企业文化。如"两弹一星"精神、"大庆精神"、"东汽精神"等都是值得我们讴歌的时代主题。

第二，世界观、人生观、价值观通过优秀文艺作品的表达，展示了更有意义与价值的人性探索，为企业以人为本的价值观驱动，创造了人性化的坐标。文化的力量是最持久、最深入、最长盛的力量。"三观"落地、开花、结果，从管理角度来说就是境界决定眼界，眼界决定世界。"昨夜西风凋碧树。独上高楼，望尽天涯路"就是一种境界，更是一种管理战略与文化引领的目标定位。"衣带渐宽终不悔，为伊消得人憔悴"是实干精神、奉献精神、牺牲精神，是执行力文化的核心。"众里寻他千百度，蓦然回首，那人却在灯火阑珊处"体现了坚忍执着和管理的结果导向。这些美妙的诗篇与现代管理很好地融合在一起，为现代管理提供了取之不尽、用之不竭的情感力量、创新细胞与灵商智慧。

第三，文艺创造为管理创新提供了灵商智慧。如我们四川人都熟悉与喜欢的"非物质文化遗产"中的"川剧变脸"，它的艺术表达手法与技巧，为管理学提供了两大定律的融合之道。即"世界上唯一不变的就是变化"和"以不变应万变"。彰显了"经验＋科学＋艺术"，为此，我认为管理的最高境界就是"艺术"。也因此，我今天的演讲看似跨界，实则"一脉相承"。

先哲讲："物有甘苦，尝之者识；道有夷险，履之者知。"文艺大师歌德说："你若要喜爱你自己的价值，你就得给世界创造价值。"欢迎大家深入企业，深入火热的创新创业实践中，深入广大优秀企业家、劳模、工程师、工匠的现场体验生活，积累创作素材，获取创造灵感，充实美好生活。四川省企联将真诚地发挥好桥梁纽带作用，为大家牵线接头服好务。最后，衷心祝福广大作家、艺术家朋友及文艺精英、各方志士仁人在伟大的中国梦文艺篇章四川创作实践中，涌现出更多像有"20世纪中国文学的良心"之称的巴金和魏明伦那样的"鬼才"老乡，以创造出更大实践价值和更优秀社会价值的作品，为四川人争脸，为中国人争光，为文艺人争气，实现更辉煌的人生价值！

拥抱新时代，努力打造四川企业综合金融服务平台

——在四川企联创投工委第二届理事会暨四川首届资本论坛上的报告

2017年12月12日

在中国特色社会主义进入了新时代之际，我们邀请政府相关部门领导、专家学者、产融企业及企业家代表，兄弟省市企联领导及我省市州企联及有关协会代表、各界朋友，济济一堂，为新时代下四川多层次金融创

新服务体系建设共谋盛举，为新生态下四川企联创投工委搭建金融专业化的创新服务平台出谋划策。在此，我代表四川省企业联合会、企业家协会及创投工委对大家百忙之中莅临本次会议，致以热烈的欢迎和衷心的感谢！

近年来，四川企联遵照"成为最具品牌力、长盛力的雇主组织"的愿景，以精准化的真诚服务理念，践行"一只手放在企业的脉搏上，一只手搭在企业家的肩上"，围绕企业所需、企业家所想、政策允许、自身有能力整合资源的服务项目，开展了诸多创新性品牌活动，得到各级政府的支持和企业界的赞许，受到了社会各界的广泛关注与好评。而金融方面的服务就是我们其中之一的创新项目。现在，就我会创业投资促进工作委员会及省"双创"平台投融资专委会（以下简称创投工委）的相关建设与发展情况向大家报告如下：

一、设立创投工委的初衷

回顾2010年前后，一方面因为多种因素，融资难、融资贵成为制约中小企业发展的共性问题，为此，国务院调研组专程到四川做过调研；另一方面国家出台了包括《国务院关于进一步促进中小企业发展的若干意见》《国务院关于鼓励和引导民间投资健康发展的若干意见》等一系列的有关促进中小企业发展与投融资的政策。因此，我会经过调查研究，报省经信委批准，在四川省民政局登记注册，2010年11月19日正式成立了创业投资促进工作委员会，作为我会的二级专业委员会，以"促进专业金融机构、投资机构与企业之间的对称沟通、交流与合作，同时推动四川投融资行业的进步，提升本地投融资行业环境的成熟度，为企业，特别是中小企业的发展提供有力支持"为目标，开展了一系列工作。

针对新的投融资方式种类不断涌现，而众多中小微创新创业企业面临资金紧张这一矛盾，我们认为，金融服务，特别是根据企业不同发展阶段需求的多层次投融资服务，成为健全创新创业服务体系不可或缺的一环，成为促进创新创业企业发展的重大服务要项。因此，从2016年开始，面对企业与企业家越来越迫切的创新创业综合金融服务需求和省经信委主抓的省"双创"平台投融资专委会的工作要求，以及金融领域独特的专业性与复杂性，经我会调研评估，选拔认同协会价值观、富有进取精神的金融领域专业人才，任命其为新的执行秘书长，组建专职团队，开展专业化、系统化、落地化建设。

经过近两年的筹备运作，创投工委工作在组织体系建设、职能完善、运营机制、实务服务、活动开展等方面取得了长足进步并日趋成熟，让多个地区、多家企业受益，形成了较好的社会效应和影响力，为企联品牌和服务能力提升及平台建设提供了新的支撑。

二、过去两年创投工委的发展情况

过去两年，创投工委紧紧围绕创新创业企业的投融资需求，认真学习研究国家及地方政府相关政策法规，结合四川经济与企业发展情况，广泛联系省内外、国内外金融服务机构，积极开展了以下工作。

（一）进一步明确了金融专业化服务的职能定位，为健全四川企联服务体系补上了短板

创投工委是四川企联的二级专业委员会，是由银行、信托、证券、投行、会计师、律师等多家金融及服务机构组成的社团分支机构，承载四川企联金融服务职能。创投工委秉承四川企联"面向企业，为企业和企业家服务"的宗旨，以国家金融政策为指引，以打造"产业—金融生态圈"为愿景；通过"构建金融服务联盟，搭建金融服务平台"，促进多层次、多渠道的投融资交流，切实为企业、企业家提供一站式金融服务，将较大地为丰富四川企联为企业和企业家服务的内容，完善企联服务功能，提升企联品牌提供有力支撑。

（二）完成了秘书处专职化组织架构和运行机制建设

创投工委秘书处通过专、兼职队伍的建设，已初步实现了金融联盟管理、政策服务、金融服务、理事成员服务的专人专职的项目管理及对接。"金融服务联盟"建设初具雏形，具备了对创业创新多层次投融资服务的组织能力。

目前，创投工委的金融服务联盟成员单位涵盖了银行、信托、证券、租赁、保险、投行资管、基金、小贷、会计师、律师、税务事务所、各类咨询公司等金融机构和金融延伸服务机构近100家，初步形成了联盟单位实质性服务机制，能够充分满足企业多层次综合金融服务需求。

同时，初步建立包括联盟联络沟通机制规范、金融服务联盟业务流程规范、业务服务品质规范、专家顾问规范、活动开展规范、平台展示规范等金融联盟服务运行公益化、企业化、市场化的机制，形成了有效有序的良性互动。

（三）丰富了金融服务的内容与方式，初步构建了投融资平台化集约服务模式

目前，创投工委服务内容与方式已经涵盖了政府扶持资金申报、银行信贷、短融中票、股权质押、各类债券、ABS、PPP、融资租赁、保理、VC、PE、新三板、定增、并购重组、政策类保险等方面，为企业与企业家选择合适的投融资方式组合，降低企业运营成本，为提高投融资效率提供了有效的保障。

遵照省企联"平台化发展、品牌化运营、价值链共赢"的服务理念，创投工委以建设"金融服务联盟"为抓手，组建综合金融专家团，整合金融工具与项目，以企业综合金融需求为导向，充分发挥省级金融服务联盟平台与各市（州）企联（中小企业服务中心）落地网络相结合的优势，实施推广了"三大机制"：

一是主动式订单服务机制："市州申报与信息采集窗口＋创投工委分析

评估平台＋对应金融服务联盟平台复函企业＋精准项目对接",目前正积极与各市州进行试点流程衔接。

二是公益巡讲对接机制:"创投工委专家组公益巡讲计划＋市州公益巡讲组织＋专家一对一咨询＋参会企业需求调研表＋精准项目对接"。2016—2017年,在攀枝花、广元、达州、巴中、乐山等地,以及"机械行业协会""汇都产业园"等商协会或园区,进行了政策和多渠道整合融资模式公益讲座,参加企业已逾300家,其中部分中小企业成功获得融资项目精准对接。

三是重点企业走访机制:"创投工委组织专家组＋企业现场走访＋企业需求现场互动＋精准项目对接"。2016—2017年,通过走访机制,走访了如广汉汉舟电气、乐山易华录、四川路桥、四川能投、巨星农牧等几十家企业,既有大型国企,也有小型民企,与金融服务联盟机构一起为企业投融资问题出谋划策,确保精准对接。

综上所述,目前创投工委专职化建设已初见成效,在团队能力、服务内容、运营机制等方面,已经初步具备满足不同企业类型及企业不同发展阶段的多层次金融服务需求。

(四)存在的问题

我们也要看到创投工委的工作还存在的不足之处,看到面临的困难和挑战,包括:服务覆盖面不足,如何让更多企业参与和受益的问题;服务精准对接能力不足,如何提升金融专业化能力的问题;运行机制有待完善,如何实现金融联盟、省市州协会组织、实体企业之间的服务网络高效对接问题;创新需要加强,如何根据新的环境动态实现实效创新问题等,这些问题都需要大家携手合作,融智创新进行逐步解决。

三、新时代创投工委应努力的方向

今天是创投工委第二届理事会组建的日子,新时代对我们的工作提出了新要求，新一届创投工委的工作在新时代下要有新的气象、新的作为、新的成效。

（一）新时代创投工委发展的指导原则

第一，新一届创投工委的发展，要以党的十九大报告所指出的"深化金融体制改革，增强金融服务实体经济能力，提高直接融资比重，促进多层次资本市场健康发展"作为工作指引，出实招、下实功、见实效。

第二，新一届创投工委的发展要坚持四川企联"融智创新，敬业奉献，维权服务，自强自律"的价值观，以构建和完善四川省级多层次金融服务枢纽平台为目标，在省政府相关部门指导和支持下，由创投工委与投融资专委会承担执行，聚合省市州多地域、协会桥梁组织、金融服务企业、实体企业和专家顾问等多方资源，形成功能完善的产融共享平台。

第三，新一届创投工委的发展，要以"融合共享，助力双创"为工作方针，切实贯彻落实中共中央、国务院关于创新驱动的发展战略，通过多层次综合金融服务创新，实现产融企业之间创新创业的有效碰撞和对接，共同发展，共赢未来。

（二）完善多层次综合金融联盟组织

积极响应国家宏观政策的导向和引领，认真配合省经信委及相关职能部门"双创"投融资平台建设及支持实体经济发展的相关政策落地，以"产业—金融生态圈"为愿景；以各类企业不同发展阶段的投融资需求为导向，在国家政策及上级部门的指导下，坚定不移地完善平台金融服务联盟组织发展与规范机制建设，持续组织链接各类金融及服务机构，搭建专业完善的多层次综合金融服务联盟，实现服务平台的融合，使产融生态更加健康优良。通过不断改进、整合投融资工具与服务，切实为企业和企业家提供务实、高质、有效的综合金融服务。

（三）进一步构建和完善创投工委秘书处的团队建设

发扬和执行省企联"和谐友善，同担共享"的团队精神及企联文化，进一步完善创投工委组织机构及职能建设，充分匹配和实现从事多层次综合金融服务的职能定位。与此同时，要认真落实好省企联"博采众长，勤学修为"的学习理念，努力创建学习型服务团队，培养和引进金融专业人才，加强秘书处专职专业队伍建设；进一步完善和规范联盟兼职人员和专家顾问的工作机制和激励机制，调动他们的积极性、主动性、创造性，确保各项专业服务的落地。

（四）努力完善服务对接机制与全省区域服务网络的建设

扩大服务对接试点地区与范围，广泛实现创投工委与市州企联及相关协会组织对接，成功实现对目标协调预设、常态联络员、衔接流程化、分工明确化、项目案例化、阶段总结优化等机制的梳理与调整。

坚持深化推动"公益巡讲对接机制"，实现全省巡讲受益企业过千家。

坚持深化推动"重点企业走访机制"，实现高效的个性化综合金融服务。

（五）加强"互联网＋"服务平台建设

以线下服务为基础，开发建立有效的"互联网＋"线上服务平台。建立企业与企业家在线投融资需求与服务供给的信息交换及一站式的综合金融服务对接。分步骤实现创投工委的"投融资信息对称示范平台""投融资对接示范平台""投融资信用示范平台"的建设与发展。

（六）持续推动对外交流，促进跨区域合作与发展

创投工委将以"中国制造2025""大众创业、万众创新""军民融合"等战略为引领，把握"一带一路"倡议的机遇，加强与其他省市、地区及国

际间的交流，为四川企业与企业家的跨区域合作和"一带一路"走出去发展提供有力支持。

我们将在与中国政法大学等单位发起组建的"一带一路·法律研究中心"的基础上，尽快通过创投工委主动融入和开创性工作，联合国内外金融、资本服务机构及企业成立为四川企业"一带一路"提供保障的投融资与资本服务平台，为走出去与将要走出去的企业提供法律、资本的双翅膀，增加服务川企参与全球化与人类命运共同体建设的底气，助力我省企业沿"一带一路"飞行，飞得更高、更远、更实、更好。

企业家同仁们，朋友们："大厦之成，非一木之材也；大海之阔，非一流之归也。"让我们高举习近平新时代中国特色社会主义思想的伟大旗帜，集众人之势，用众人之力，合众人之心，共谋、共建、共创、共享四川企业综合金融服务平台，为营造更加美好的企业生态、提升全要素价值链竞争力而携手奋进，为伟大中国梦四川新篇章企业和企业家与企联创投实践做出新的更大的贡献！

值四川企联创投工委第二届理事会及首届资本论坛隆重召开之际，以兼任创投工委理事长之名，特以本次会议"融合共享，助力'双创'"的主题赋藏头诗一首，以表祝福。

    融智创新开拓路，
    合作多赢资本助。
    共建平台无边界，
    享受生态动能足。
    助推创业价值出，
    力拔千金增服务。
    双翼扶摇放眼见，
    创客协举添众福。

（原载于《四川企业管理》2017年12月12日）

投身"一带一路"建设，助力川企拓展非洲市场

——在西南地区中非经贸合作信息通报会上的演讲

2018年2月2日

非常荣幸参加此次会议。作为会议的指导单位，首先，我代表四川省企业联合会、企业家协会、四川省企业管理协会对大会的召开表示衷心的祝贺！

"一带一路"是中国国家主席习近平于2013年提出共建"丝绸之路经济带"和"21世纪海上丝绸之路"倡议的简称。这一合作发展的理念和倡议，是依靠中国与有关国家既有的双边多边机制，借助既有的、行之有效的区域合作平台，传承古代丝绸之路的历史符号，高举现代和平发展的旗帜，弘扬合作共赢的精神，主动地发展与共建"一带一路"国家的经济合作伙伴关系，共同打造政治互信、经济融合、文化包容的利益共同体、责任共同体和命运共同体。"一带一路"发源于亚欧大陆，非洲则是"一带一路"的自然和历史延伸，在共建"一带一路"进程中，非洲不能缺席，在中国与非洲共同发展进程中，中国西南地区也不能落下。

四川省企业联合会、企业家协会作为四川企业和企业家的代表组织，拥有几千家大中型企业会员，几乎四川所有的百强企业都是我们的副会长或理事单位。我认为，在四川企业及会员单位的产业链及其产业结构中，具有五大突出优势可以和非洲大陆对接。

第一，基础设施建设能力。非洲这块热土方兴未艾。四川企业在铁路、公路、机场、码头、水利水电等方面的建设能力，无论是"国字号"还是"川字号"，实力都非常强。比如，"川字号"四川铁投集团2017年预计

实现销售收入700亿元，华西集团2017年的营业收入也超过了500亿元。"国字号"在川企业的中铁五局、中铁八局、中铁二十三局等实力同样不言而喻，它们都是已经成功"走出去"并具有丰富国际工程经验的企业。另外，中国水电集团的水电五局、水电七局等都是相当具有国际优势的企业，全世界最高、最长的大坝就是它们修建的。因此，我们四川的企业在基建能力上非常的强大，并具有明显的竞争优势。

第二，现代制造业。总部设在四川的两家中央直属企业：东方电气集团（以下简称东方电气）和中国二重集团（以下简称二重）。目前，二重已被重组。东方电气是国内领先、世界知名的装备制造业集团，是具有火电、水电、风电、太阳能、核电大型主机制造和国际工程总承包能力的企业。除此之外，还有中核建中、成飞集团等，民营企业宏达集团、通威集团等，它们的技术、资本、人才实力都是非常雄厚的。其中，宏达集团已经在非洲投资了矿产开发项目（宏达集团已经成功中标非洲坦桑尼亚国家最大招标国际项目——姆处处玛煤矿和林钢嘎铁矿综合开发利用项目）。在非洲自身的发展过程中，能源也必然先行。非洲有广袤的土地和灿烂的阳光，光伏产业将有很大的前景。光伏板生产制造商，如刚刚所提及的通威集团已经是世界领先了，目前它也是全球唯一一家全面盈利的光伏产业集团。在我们地方省级企业中，四川能投集团、四川投资集团、四川发展集团也都在投资能源及阳光产业，在这一块领域的合作，我们将有很大的空间。

第三，电子产业。如四川省企业联合会的副会长单位长虹电器、九洲电器等，它们都是具有核心技术、优秀的管理团队和良好的品牌优势，这一板块也是可以和非洲对接的。

第四，现代农业。非洲这块土地广袤肥沃。在中国土地红利相对吃紧的背景下，让农业企业"走出去"，不失为一条很好的道路。新希望集团是全世界最大的饲料生产企业，通威集团亦是全世界最大的鱼饲料生产基地。另外，我们四川邛崃的高宇集团也已经在非洲进行了非常成功的投资。

第五，旅游产业。我们四川旅游产业所拥有的天赋资源在全国排名第二。非洲有广袤的原始风光、独特的动植物资源和热情好客的人民,那是我们向往的地方。我曾在十五年前去过非洲,去了南非和扎伊尔。南非当时买我们的产品,而对扎伊尔来说,是我们买他们的产品,虽然是带着商务目的去非洲,但也给我留下了非常美好的印象。我相信,未来我们和非洲还会有更多的互动与合作。

四川省企业联合会、四川省企业家协会为了推动企业"走出去",从2016年就已经开始谋划"一带一路"为企业和企业家的服务项目,先前与美国西复资本等进行了"一带一路"项目的对接。去年我们已经和中国政法大学、波兰华沙大学、天府新区管委会等联合发起成立了"一带一路"法律研究中心,这是我们助推企业"走出去"的第一个翅膀。今年,我们正在积极筹划与美国西复资本、中铁信托、四川能投集团等对接,准备发起筹建"一带一路"专项基金。期望依靠资本和法律这两个翅膀,可以为四川企业"走出去""飞起来"保驾护航。那么,如果要到非洲去,"机场"在哪里呢?正好中国世贸组织非洲委员会贸易促进中心西南分中心成立了。中国有句古话叫"来得早,不如来得巧"。希望你们能办成一个让四川企业在非洲"落地签"(签署合同和实施、项目落地等)的一站式服务平台,也就是我们所说的"共商、共建、共享"的一种模式。与此同时,我们协会也提出了"平台化发展、品牌化运营、价值链共赢"的服务理念。我们搭建的是一个大平台,所有愿意为企业和企业家服务的机构都可以到这个平台上来实现"为企业和企业家服务"的价值与价值增值。

"中国制造"要走向"中国创造",就要解决一个"三去一降一补"和转型升级的问题。更重要的是,按照习近平主席倡导的"构建人类命运共同体"这个理念,让中国智慧、中国能力、中国方案、中国创造能全人类共享,真正把"一带一路"办成"和平之路、繁荣之路、开放之路、创新之路、文明之路"。这也是我们协会一直遵循并积极在做的工作。借此机会,我呼吁四川企业家一定不要错过"一带一路"的发展机遇,这是走向新的"蓝海"、跨越"红海战略"、真正亮剑的时候。与此同时,我们也提出了要打响"川字号"品牌的构想。从目前来看,四川具有一定优势。在中国500强里面有15家四川企业上榜。比如,我刚刚提及的那几家企业几乎都是中国500强。同时,在2017年最新的世界品牌500强里面,也有两家四川企业上榜。一家是长虹,电子生产型企业,曾经闻名于世的"彩电大王";另一家是五粮液。说到五粮液,它代表着我们四川在农副食品深加工、农业产业化上的优势。我了解到非洲盛产木薯、土豆,它们都是可以做食用酒精的原材料。我希望通过我们协会、中非贸易平台,能够真正搭建起桥梁和纽带,使四川企业真正"走出去",完成产业链的对接,实现价值链共赢,形成全球化创新链。

"海内存知己,天涯若比邻。"中非在历史上源远流长,公元前2世纪,张骞通过丝绸之路,已经把我们的产品带到了非洲;在唐代,中非已经开始正式进行贸易交往,距今中非贸易已经有了两千年的历史。另外,坦赞铁路(坦赞铁路是目前为止中国对非洲最大的援助项目,同时也是非洲交通的一条重要动脉。这条铁路的建成极大地促进了坦赞两国的经济发展,也为当时的非洲民族解放发挥了重要的积极作用)使中非开始交朋友。随后,有非盟会议中心(非盟会议中心位于埃塞俄比亚的斯亚贝巴,也是非盟总部的所在地,这是中国继坦赞铁路之后,最大的援建项目,总投资两亿多美元。2009年开工,于2012年建成)等项目成为中非友谊的见证。现在,蒙内铁路(蒙内铁路即蒙巴萨港—内罗毕,是东非铁路网的起始段,连接肯尼亚首都内罗毕和东非第一大港蒙巴萨港,全长480千米)使中非友谊更加坚固。这也证明了非洲对中国是敞开胸怀的,是真诚的,是可以信赖的伙伴。非洲有一句谚语,"如果你要走得远,就得找个同伴"。而我们中国同样也有一句话,"一个篱笆三个桩,一个好汉三个帮"。这两句话意思相近,这正好也说明我们中非文化是相近的,这也印证了"一带一路"最高的境界是文明之路和实现民心相通。

"志合者,不以山海为远"。我希望广大企业和企业家擦亮眼睛,向已成功"走出去"的企业请教和学习,向我们(四川省企业联合会)这个平台自荐自销。我们愿意陪伴大家一起成长壮大，愿意助力广大企业沿着"一带一路"飞得更高、走得更远、活得更健康。

最后，期望广大企业家践行习近平总书记"不忘初心、牢记使命"的号令，为推动构建开放、创新、活力、联动、包容的全球经济新格局，做中非"一带一路"的开拓者、中非友谊的使者、中非命运共同体的建设者，真正收获"一带一路"建设中应该收获的伟大价值！

预祝大会取得圆满成功！祝伟大的"中国梦"所引领的人类命运共同体能够齐心合力，创造出更美好的世界！

同一个世界、同一个梦想

——在"构建人类命运共同体"国际论坛上的致辞

2018年5月16日

尊敬的中外嘉宾、专家、企业家代表们，女士们、先生们、朋友们，大家上午好！

在这"九天开出一成都,万户千门入画图"的美好季节,我们相聚在美丽的成都,与中外嘉宾、各界同仁一起探讨"构建人类命运共同体"这一时代话题,是全川企业家和企业界的一件盛事。借此机会,我代表主办方之一的四川省企业联合会、企业家协会热烈祝贺此次会议的召开!对来自海内外的嘉宾们、专家们、企业家代表们、各界同仁朋友的莅临表示热烈的欢迎!向北极光基金会和北京对外交流协会对四川企业和企业家的关心,尤其对我们灾后重建及四川可持续发展所给予的大力支持和帮助表示衷心感谢!并对会议秘书处盛情邀请,提议用本人参加2008北京奥运会口号全球征集被采用的"同一个世界、同一个梦想"为题做论坛致词,深表荣幸,深情致谢!

"天下大同。""构建人类命运共同体"的主张是用中国智慧解决当今世界难题,追求人类可持续发展的有效方案。"以和为贵"是中国文化的根本特征和基本价值取向。"君子和而不同"正是对"和"这一理念运用的具体化。"和而不同"追求内在的和谐统一,尊重彼此的差异,而不是表象上的相同和一致。今天,"和而不同"是人类共同生存的基本条件和基本法则。这就把中华优秀传统文化中的长青基因与互联网时代特征、国际一体化规律和许多新时代创新元素结合起来,从而形成了人类共有的价值主张。

在我们当今这个不可控及预见性越来越差、颠覆性越来越大的时代,一方面,"互联网+"带给我们云计算、大数据、人工智能、区块链等一系列战略性新兴产业的崛起,为我们人类发展提升到一个新的台阶提供了可靠的机遇和条件;另一方面,我们人类同样也面临着新的单边主义、新霸权主义、极端主义,以及人与自然的不协调所产生的气候变暖及所带来的海平面上升、冻土解冻、动植物消失、自然灾害、新型病毒等不可控因素的挑战和危机。因此,我们在这里共同探讨"构建人类命运共同体"的意义非常重大。

我们经常这样讲,国家兴来源于企业兴;企业兴来源于企业家精神的崛起;企业家精神崛起是经济复兴的动力,也是我们从蓝海战略走向蓝天战略、实现人类的可持续发展必不可少的核心要素。因此，我在此呼吁四川广大企业界朋友们、企业家们要发扬优秀企业家精神和工匠精神，把"构建人类命运共同体"作为我们核心价值的制高点，树立全球化眼光，开启国际化智慧。在企业未来可持续发展过程中，尤其在建设幸福企业的道路上，一定要把可持续发展的理念及人类命运共同体理念融入企业生态的重构之中，确立新的生态观与绿色和谐发展理念，强化社会责任和企业公民意识，把企业的愿景与人类命运共同体愿景相融合，使企业的战略定位从利益共同体转型升级至价值共同体，并最终上升为命运共同体。推动企业的产业链升级为价值链，价值链升级为全球创新链，引领企业在新时代为绿色、低碳、和谐、可持续发展做出中国贡献，为人类命运共同体建设奉献"中国方案"。

习近平总书记作为"人类命运共同体"的倡导者，他指出："一个强劲增长的世界经济来源于各国共同增长。各国要树立命运共同体意识，真正认清'一荣俱荣、一损俱损'的连带效应，在竞争中合作，在合作中共赢。"四川省企业联合会、企业家协会作为企业和企业家的代表组织，始终秉承"平台化发展、品牌化运营、价值链共赢"的理念，愿意为在座的各位嘉宾、各位专家、各位同仁搭好桥、牵好线、服好务，并愿与中外嘉宾一起，为人类的可持续发展、为四川企业家的成长和企业生态环境的改善共同塑造一个美好的明天！

"万物并育而不相害，道并行而不相悖。"我们的祖先早在2000多年前就认识了人类开放包容与不同文明间的和谐共生、互学互鉴、交流合作的哲理。这是人类进步的必然。人类只有一个地球，尽管有种族、文化等千差万别的不同，但追求和平、发展、文明、美好的幸福之梦却是共同的。

1988年诺贝尔奖获得者在巴黎宣言中讲道："如果人类要想在21世纪生存下去，必须回到2500年前去吸取孔子的智慧。"今天，站在新的历史起点上，把中华文明伟大智慧和时代发展的趋势相结合创造出的"构建人类命运共同体"方案，是当今中国对人类社会具有"普世价值"的新贡献，是中华民族优秀传统文化血脉传承的新光辉。我相信，四川企业和企业家将为"同一个世界、同一个梦想"注入新的活力，为"构建人类命运共同体"注入新的能量。

最后，预祝大会圆满成功！谢谢！

（原载于《四川企联网》2018年5月16日）

弘扬新时代优秀企业家精神，打响"川字号"品牌
——在首届四川品牌大会上的主题演讲

2018年8月7日

在"萧瑟秋风今又是，换了人间"的立秋丰收之时，又恰逢改革开放40周年，我们以"弘扬新时代优秀企业家精神，打响'川字号'品牌"为主题，在这里隆重召开首届四川品牌大会。作为中国品牌节的序幕，它是四川企业界的一件大事，也必将成为一届影响广且意义深远的历史性品牌

盛典。借此机会，我谨代表主办方四川省企业联合会、四川省企业家协会，对各位的莅临表示真挚的欢迎！对支持单位、协办单位及赞助单位表示感谢！向奋战在品牌建设一线的企业家们对"川字号"品牌塑造和"中国品牌"的贡献表示崇高的敬意！

当前，全省上下正在深入学习贯彻党的十九大精神和习近平总书记对四川工作所做的系列重要指示，以及省委十一届三次全会所做出的《中共四川省委关于全面推动高质量发展的决定》精神，在"大学习大讨论大调研"活动中，治蜀兴川的新思路日益清晰地展现在我们面前：一是"发展要有新突破"；二是"发展要有新商机"；三是"发展要有新增长"。

"新突破""新商机"和"新增长"，对于四川企业家来说，就是要善于借"新时代"之势，创"新常态"之举，弘扬新时代优秀企业家精神，外修于形，内练于心，全面打响"川字号"品牌，实现从四川产品向四川品牌的转变、从四川品牌向中国品牌的提升、从中国品牌向世界品牌的跨越。

企业的发展遵循产品→资本→以品牌为核心的人本经营的生态链提升轨迹。因此，品牌不仅是一家企业的名片，同时也是一个国家影响力、竞争力的象征，甚至决定着这个国家在全球经济体系中的话语权、主导权，更是跨越"中等收入陷阱"和"修昔底德陷阱"的必由之路。

2014年，习近平总书记在河南考察时做出"推动中国制造向中国创造转变，中国速度向中国质量转变，中国产品向中国品牌转变"的重要指示。今年，他在我省天府新区视察时再次强调推动这三个转变，同时强调要提高企业自主创新能力和国际竞争力。这些重要论断既阐明了新时代我国经济发展与转型升级急需解决的主要问题与自主创新定位，也为我国品牌建设由"中国制造"走向"中国创造"指明了方向。自2017年，国务院将每年5月10日设立为"中国品牌日"，目的就是让全民进一步认识到品牌建设是有效推进供给侧结构性改革、引领经济高质量发展、促进全要素生产力提高、解决人民日益增长的美好生活需要和不平衡不充分发展矛盾的重要驱动力量。因此，不能仅仅将品牌建设看作企业和企业家的事，而应明确为国家战略。

改革开放40年来，四川在制造业、农业、服务业等领域培育了一批标杆企业，形成了一批像五粮液、长虹、泸州老窖那样的中国名牌。近几年，在四川省委、省政府的正确领导下，四川企业家坚持品牌引领，"川字号"品牌不断走向全国、走向世界。开展质量强省，推动"品质革命"，培育四川品牌，已成为全省的重要共识。

尽管如此，我们还是要看到两个事实。

一是看中国。我国的经济总量稳居世界第二，在2017年全球500强企业中以115家企业居二，而在全球品牌500强企业中只有37家企业；在福布斯2018年发布的全球品牌100强企业中，仅有华为一家上榜。

尤其是此次"中兴事件"给我们上了一课，也给中国企业和企业家敲响了警钟，一块芯片可以轻而易举地让中国千亿级企业，甚至万亿级产业停摆，在中高端中国制造中"一剑封喉"的危局严重存在，"缺芯缺钙"的危机随时可能发生，我们必须有足够的危机感和自省力。因此，我们必须清醒客观地认识到，中国与美国、日本、德国等创新与品牌强国比，差距较大，追赶时间还有一阵子。中国仍然处于制造大国、经济大国、品牌弱国的现状，离强国的目标还有很长的路要走。

二是看四川。2017年，四川省经济总量达到3.698万亿元，居全国第6位，但在2017年中国品牌研究院发布的《第十一届中国品牌价值500强》榜单中，仅有12家四川品牌入榜；在《2017胡润品牌榜》200强最具价值中国品牌中，四川仅有3家。

可以看出，四川省虽说是经济大省、人口大省、农业大省、生态大省，却是一个品牌小省。

如何进一步提升中国，尤其是我省的品牌地位？是靠政府还是靠企业？

我看，进一步提升我省的品牌地位，固然需要各级政府的政策与制度杠杆给力和全社会的支持，以形成品牌建设良好的企业生态，但从根本上说，品牌是市场经济的产物，一个产品能否成为品牌，最终是市场说了算，而市场说了算的事情只能靠企业，特别是企业家的拼搏、创新、坚持才能实现。换句话说，能否成就一番品牌大业，关键还是要靠企业家，靠企业家精神。正如党的十九大报告指出的，"市场活力来自于人，特别是来自于企业家，来自于企业家精神"。这是党的代表大会报告中首次关注"企业家精神"，自然也引起了人们对新时代企业家精神的思考。什么是新时代优秀企业家精神？如何培育和弘扬新时代中国企业家精神？这些问题需要我们在深化供给侧结构性改革、推进自主创新和《中国制造2025》等一系列谱写伟大"中国梦"四川篇章的企业实践中做出认真地回答。

什么是企业家精神？从18世纪30年代法国经济学家理查德·坎蒂隆首次提出企业家精神以来，最有影响力的要算美国经济学家熊彼特的观点了。他认为企业家精神的本质是创新精神，并将企业家精神与经济发展联系起来。随后还有许多新的观点，例如，德国社会学家马克斯·韦伯所说的敬业精神；美国经济学家道格拉斯·诺斯提出的合作精神。我认为，企业家精神是企业家所特有的时代精神，是人类最宝贵的财富，他们以其狂热的气质、伟大的人格、博大的胸怀、远大的目光和超常的灵商，营造超高的人气，聚集一流的人才，建设卓越的团队，不断筹划宏伟的目标，造就伟大的公司，创造和谐长盛的企业生态，成就美好的事业。创新是企业家精神的灵魂；冒险是企业家精神的天性；合作是企业家精神的精髓；使命是企业家精神的动力；学习是企业家精神的关键；执着是企业家精神的本色；诚信是企业家精神的基础；担当是企业家精神的核心。2017年9月，中共中央、国务院印发了《关于营造企业家健康成长环境 弘扬优秀企业家精神 更好发挥企业家作用的意见》（以下简称《意见》），这是中央首次出台文件聚焦企业家精神。《意见》提出了"三个弘扬"，即弘扬企业家爱国敬业、遵纪守法、艰苦奋斗的精神，弘扬企业家创新发展、专注品质、追求卓越的精神，弘扬企业家履行责任、敢于担当、服务社会的精神。

今天，在首届四川品牌大会上，我们围绕打响"川字号"品牌这个话题，向全省企业家再提企业家精神，而且是旗帜鲜明地高唱新时代中国优秀企业家精神，无疑具有十分重大的实践意义。下面，我谈五点体会和思考，与大家交流和分享。

一、弘扬新时代优秀企业家精神，用创新精神塑造"川字号"品牌

党的十九大报告明确提出"要激发和保护企业家精神"，各级政府正在积极致力于从外部给企业家营造一个健康向上的发展环境，激发企业家的创业、创新和创造活力。对企业来说，创新是一个生生不息的过程，伴随云计算、大数据、区块链、人工智能时代的到来，市场竞争比以往更趋激烈和复杂，企业生态的不确定性与颠覆性加剧。企业要想在竞争中立于不败之地，更需要企业家弘扬新时代优秀企业家精神，强化具有国际化眼光、全球化思维的品牌意识，并根据时代的发展与市场迭代的需求，不断推出新产品与新服务。而要实现这一企业的基本定位目标，企业就必须适时推动产品创新、技术创新、管理创新、商业模式创新等。

创新是企业家的本色。创新意识是企业家精神的核心组成部分，这种创新意识可以为企业带来新思路、新策略、新产品、新市场、新模式、新发展。具有创新精神的企业家能够用灵商逐梦驱动企业远行，能够捕捉一般人所无法发现的商业机会，能够运用一般人所不能运用的生态资源，能够找到一般人所无法找到的解决办法，能够达到一般人所无法达到的品牌境界，能够创造一般人无法企及的人生辉煌。如四川企联倾力共同打造的国电大渡河创新文化，上周日由中国企联主办、在国电大渡河召开了全国企业文化最佳实践基地现场会，其"智慧企业"的创新文化成为大数据时代中国企业创新的标杆，其成果荣获国家管理创新一等奖。主创人、四川企联副会长、国电大渡河总经理涂扬举也荣获了2017—2018年度"全国优秀企业家"称号。

创新引领品牌，品牌成就长盛。企业家精神是塑造企业品牌、城市品

牌乃至国家品牌的强势推动力和内在支撑点，只有弘扬以创新为核心的新时代优秀企业家精神，才能不断地提升企业核心竞争力，打造企业良好的可持续发展生态，成就百年老店，塑造千年品牌。

弘扬新时代优秀企业家精神，用创新精神塑造"川字号"品牌，当前至少要注意以下七点。

一是聚集核心技术研发，加大专有技术投入，提升自主创新能力，千方百计地突破"一根稻草压死一头骆驼"和"一块芯片停摆万亿产业"的危局与"一剑封喉"的困境，筑牢中国品牌的基础。

二是在既有技术范式下通过突破性商业模式创新创造新品牌。

三是关注用户体验，在与用户的互动中实现更加有针对性的技术改进，提升自主创新能力，进而促进产品开发模式的创新，并不断推出个性化、差异化、体验化的新产品与新服务。

四是以变应变，适时捕捉市场环境的微小变化，充分利用市场机会实现品牌资产的迅速扩张，提升品牌附加值。

五是通过实行组织变革促进企业各项能力的提升以提高品牌的潜在竞争力。

六是通过品牌并购培育自主品牌，有条件的企业要转变过去只重视买技术、买设备的观念，在防范风险的前提下，积极开展对国际知名品牌的跨区域并购。

七是注入文化内涵和工匠情怀，通过渐进式价值链的微创新，不断优化质量和提升品质，塑造受人尊敬的品牌文化。

为此，塑造品牌文化要修炼好三步曲：第一步，从"颜值"到"气质"；第二步，从"气质"到"品质"；第三步，从"品质"到"增值"。

二、弘扬新时代优秀企业家精神，用冒险精神拓展"川字号"品牌

企业发展需要遵循市场规律，但循规蹈矩地唱"同一首歌"的战略形

成不了真正的企业家精神。一个按部就班或随波逐流的企业可能在一段时期能平稳发展,但很可能在瞬息万变的市场竞争之下随时被颠覆,甚至因遭受毫不知情的"跨界打击""降维打击"而失去竞争力。只有拥有冒险精神的企业家,才能撑起巨变时期企业发展的风帆,在惊涛骇浪中行稳致远,让企业始终成为时代的企业。

"企业家是冒险事业的经营者和组织者。"冒险精神不仅是企业家的"标配",更是企业家精神的重要表现。这里所说的冒险,决不是盲目、痛快淋漓地冲杀;而是通过深入研判后,对市场、对企业发展格局大势的把握,表现在对企业发展战略的决策和对企业未来混沌状态下决胜力的掌控,是"未出茅庐而知三分天下"的先人一步。如四川企联副会长、四川省杰出企业家、恩威集团薛永新董事长创业近40年来,以冒险精神不断创新,战胜重重险阻,率领企业百折不挠地走到了今天,成就了全国知名品牌。

在量子时代,要成为伟大的企业,就好比在星空中穿越,企业所面临的挑战与考验有许多是未知的。这需要企业家去探索,更需要企业家去冒险。冒险考验着企业家的胆识和勇气,考验着企业家对市场局势的判断,考验着企业家对构建生态与协同进化的平台领导力,更考验着企业家灵商智慧与变革力。

尤其要警惕的是,在漫长的经营岁月中,一些企业家产生了"打江山"后的"坐江山"、不想走出"舒适区"、不敢去闯"无人区",甚至极少数贪图"安逸"的思想,从敢于打拼、勇于开拓,变得瞻前顾后、患得患失。如果不克服这种思想,即便是创业的辉煌成功也会变成偶然的一次成功,不会成为真正人生的成功。真正优秀的企业家是那些历经风雨,甚至遭受折腾仍然初心不改、百折不挠、砥砺奋进,率领团队不断打胜仗的人。

弘扬新时代优秀企业家精神,政府及社会各界也应用和谐包容的政策举措,鼓励创新,宽容失败,允许试错,为企业家冒险提供强有力的生态保障和人文关怀。中国为数不多的卓越企业家的成长与成功的案例证明了这一点：华为是，阿里巴巴是，海尔也是。有了冒险，任正非才有"暮色苍茫看劲松，乱云飞渡仍从容"的定力；有了冒险，张瑞敏才能自我砥砺、苦练内功、勇于改革，创造出"海尔模式"，实现了"任凭风浪起，稳坐钓鱼台"的全球化生态平台的布局。这正是习近平总书记所倡导的"敢为天下先、爱拼才会赢"的企业家精神中所隐含的大智慧。

三、弘扬新时代优秀企业家精神，用敬业精神培育"川字号"品牌

企业家精神是企业家所拥有的一种与众不同的精神特质。虽然在不同的国家、不同的历史阶段，对企业家精神有着不同的表述，但当代中国的企业家精神有一个令人肃然起敬的特质，那就是敬业精神。

在人类漫长的历史长河中，中国曾经长期居于世界的巅峰。改革开放，中国用了短短40年走完了西方国家一二百年走过的历程，再次成为世界经济大国，这在许多国际友人看来是一个不可复制的过程。曾有人问我，中国成功的秘籍究竟是什么？我说了几条，前两条是：第一，它源自于有中国特色的社会主义的制度优势；第二，它也是当代中国企业家群体及全民敬业精神的完美呈现。

当代中国企业家敬业精神是怎样产生的？说来话长，故事颇多。改革开放初期，改革开放总设计师邓小平提出"摸着石头过河"的理念，以及国家鼓励"让一部分人先富起来"的政策，在当时是非常有吸引力和爆破力的。中国企业进入市场，绝大部分是企业家自己开球，踢出第一脚，然后才得到政府，尤其是地方政府某种方式的认同、鼓励、帮助扶持。四川省优秀企业家华东电气集团虞文权董事长以"四千万"（走遍千山万水，历经千辛万苦，道尽千言万语，赚回千千万万）的温商敬业精神成就了企业的辉煌。

在这种政府给政策、企业闯市场的大背景下，有着优秀民族文化基因和强烈家国情怀的中国企业家以其特有的"天降大任于斯人也"的担当与敬业精神,在短短40年时间里创造出了令世界震惊的"中国速度"和产业体系最全、制造门类最齐的"中国制造"。正是这些敬业的中国企业家在市场竞争中迅速成长,为积累社会财富、创造就业岗位、促进社会发展、增强综合国力、保障国际供应链稳定、促进人类进步做出了不可替代的贡献。

2017年以来,全球经济出现了稳定向好态势,但世界经济增长依旧乏力,贸易保护主义、单边主义、民粹主义等思潮不断抬头,世界和平与发展面临的挑战越来越严峻,国际企业之间争夺优势资源进行"暗战"与"隐实力"的竞争也越来越激烈。这个时候,我们强调要弘扬新时代中国优秀企业家精神,用吃苦耐劳、勤奋学习的敬业精神培育"川字号"品牌,其意义更加深远。

南宋哲学家朱熹说过:"敬业者,专心致志以事其业也。"这是对敬业精神很好的概括。这种敬业的发展轨迹必然是从敬业走向爱业,最终达到乐业的境界。企业家作为大写的人生,也从做"事情"走向做"事业",最终在历史上留下"故事"。

四、弘扬新时代优秀企业家精神,用合作精神凝聚"川字号"品牌

在经济全球化时代,品牌日益成为一个国家与地区经济发展的重要战略性核心资源。品牌建设是一项涵盖经济、社会、文化等各个领域的系统工程,需要政府及其职能部门与企业、社会通力合作。

合作的本质是各方通过资源与能力的交换和协调实现协同效应,最终达到参与各方都受益的结果。在新时代下,弘扬新时代优秀企业家精神,用合作精神凝聚"川字号"品牌,要着重推动以下三方面的协同。

首先,是企业内部的合作。一般来说,企业内部都会存在着不同程度的内耗,往往有一些部门和个人专门制造矛盾,而另一些部门和个人负责

解决矛盾。这些内耗有结构、功能、因素、时序等多方面的原因。解决问题的关键在于企业家用合作精神再造流程、再造企业,创建和谐的企业文化,最终通过部门之间、个人之间的合作行为促进企业的发展。

其次,是企业与产业链、价值链的合作。随着"互联网+"的发展,企业单打独斗的时代已经终结,企业不再仅仅是同静态环境下显形的竞争对手进行竞争,而是同新技术的发展变革所进行的动态竞争,是同潜在,甚至隐形的对手竞争。企业的竞争已演变为产业链、价值链的竞争。由于企业自身能力有限,为了降低研究开发成本,分散风险,弥补技术、资金、人力等资源的不足,降低过度竞争等,企业必须与产业链、价值链相关的其他企业进行资源共享和核心能力互补,创造共赢局面,共同占领下一轮产业革命和新技术革命制高点,获取竞争的"势能"。

最后,是企业与企业生态系统的合作。企业生态系统是企业与企业所处环境形成的相互作用、相互影响的体系。和自然界生物一样,没有一个企业个体或单个组织能够长期单独生存。企业直接或间接地依靠别的企业或组织而存在,并形成一种有规律的组合,即价值共同体。在这个共同体中,相对于每一个企业个体来说,生存在它周围的其他企业个体或组织连通自然、社会、经济等大环境构成了其生存与发展的外部环境;企业与环境通过物质、能量和信息等价值的交换,构成一个相互作用、相互依赖、相生相合、协同进化、共同发展的整体。东方白集团马雪梅总裁主动融入省企联为企业和企业家服务的大生态,冠名联办此次四川首届品牌大会,既彰显了优秀企业家的社会责任,又使其品牌在生态圈中获得了更高的知名度、美誉度。

当前,四川省上下正掀起学习贯彻《中共四川省委关于全面推动高质量发展的决定》,"开展质量提升专项行动"和"实施品牌创建行动计划"已在企业拉开大幕,已经建立了"企业主体、政府推进、部门监管、行业参与、社会监督"的品牌工作机制。作为企业家,要弘扬新时代优秀企业家精神,就要用合作精神凝聚"川字号"品牌,争取企业生态的赋能,通过努力实现转型升级，进入战略性新兴产业、优势特色产业、区域特色产业当中去，加大自主品牌的培育力度，促进资本向品牌集中、技术向品牌集成、人才向品牌集合、资源向品牌集聚，起到"培育一个品牌、发展一个行业，带动一方经济"的名牌效应。与此同时，要利用品牌去拓展市场，推进"长江经济带"的联动、"一带一路"的协调，不断提高自主品牌的影响力、集聚力和辐射力，形成品牌"抱团式""板块式"发展态势，提升品牌带动产业协同高质量发展的能力。

五、弘扬新时代优秀企业家精神，用诚信精神守护"川字号"品牌

诚信是市场经济的基石，是品牌价值的基因。尤其是在"互联网＋"时代，诚信是企业构建价值平台或融入生态圈、参与共享创新链的通行证，是塑造国际化品牌大树的"根"。

孔子说："古者言之不出，耻躬之不逮也。"诚信是人生最美丽的容颜，是心灵最圣洁的鲜花；它是一面镜子，一旦打破，你的人格就会出现裂痕；它是通往成功的道路，随着开拓者的脚步延伸，他的事业将变得更有品质和分量；诚信更是一种智慧，随着诚信所获得的灵商资本的积累，人生将变得更有价值、富有意义和拥有幸福。

前不久，在世界范围内闹得沸沸扬扬的日本神钢事件、东芝财务造假事件、德国汽车排放门事件等都是企业家诚信缺失的具体表现。看似一个企业的事情，其恶劣影响不仅伤害了企业本身，对整个"日本制造"和"德国制造"的声誉都造成了致命打击。

先哲讲："其身正，不令而行；其身不正，虽令不从。"用诚信精神守护"川字号"品牌，企业家应该把诚信提到企业价值观的高度来认知和倾力执行，并通过企业家自己身体力行、言传身教，用其品格力和心定力影响企业的每一名员工，从而在"诚信做人，诚信经营"的实践中赢得企业可持续发展的未来。

企业是品牌建设的主体。实施品牌战略,基础在企业,重点在产品,关键在企业家。这次大会秉承企联"发挥桥梁纽带作用,为企业和企业家服务"的宗旨及"平台化发展、品牌化运营、价值链共赢"的服务理念,为大家提供了一个沟通交流的平台,期望大家珍惜这次交流机会,充分挖掘会议成果,认真吸收、借鉴各方面的好经验、好做法,着力提高创建、维护、经营与传承品牌的素质和能力,推动四川品牌建设再上新台阶。

品牌是综合国力的表现,我们应该有自己的拳头产品,创造出自己的世界品牌,否则就要受人欺负。

古人云:"无边落木萧萧下,不尽长江滚滚来。"产品竞争的时代已成为过去,当今已进入了品牌竞争时代,这是新时代的历史潮流和大趋势。我们广大企业和企业家务必把握好时代的机遇和保持坚韧的定力。

"世上无难事,只要肯攀登。"让我们在通向世界品牌的大道上励精图治、奋勇开拓、努力赶超、创新图强,为"川字号"品牌成长为"世界品牌",为"中国制造"成长为"中国创造"而"撸起袖子加油干"。

(原载于《企业家日报》2018年8月12日)

精工善成,兴城弘业

——在"四川省企业文化建设示范单位"现场会(成都兴城投资集团)上的讲话

2019年4月29日

"长恨春归无觅处,不知转入此中来。"在这春意盎然的氛围中,我们不仅感受到春的温暖,而且感受到了企业文化现场会带给我们的魅力与芬芳,令人愉悦和振奋。根据会议安排,我作一个小结;因为热炒热卖,我就

谈三个"感"字，一个共勉。一是感谢，二是感受，三是感悟，最后一个是共勉。

一是感谢。今天这个会，党委书记任志能董事长、敬正友副书记代表成都兴城集团全系统、全视角地介绍了"精善文化"的建设过程，以及获得"四川省企业文化建设示范单位"的成功经验，使我们感受很深，大家都得到了分享的快乐。另外，尹援平副会长、彭渝顾问两位领导高屋建瓴，点赞了成都兴城集团企业文化建设单位的成果，更重要的是，给我们指明了下一步企业文化建设的方向，使我们找到了奋进的目标。省国资委吴晓曦副书记宣读的表彰文件，站在另外一个高度，那就是作为共和国脊梁的国有企业，作为"四川省企业文化建设示范单位"所具备的优秀企业品质给予了充分肯定。刚才张黎明教授做的精彩点评，使我们看到了成都兴城集团作为"四川省企业文化建设示范单位"的引领力、感染力、凝聚力和品牌力，看到了红日高照的未来与发展力。这次会议开得很精彩、很圆满。借此，我代表四川省企业联合会、四川省企业家协会及四川省企业文化研究会，代表广严会长对各位领导、专家、企业家代表，尤其是在座从事一线企业文化建设的组织者、实施者、践行者，对推动四川省企业文化建设所做出的贡献，以及以文化为导向推动四川经济和社会发展所做出的努力，特别是对四川省企业联合会、四川省企业家协会的支持和帮助，表示感谢！

二是感受。"精善文化"从刚刚开始提出，从培育到现在，我都是积极的参与者。在总结提炼兴城15年的奋斗历程，提出了"精工善成、兴城弘业"这八个字作为企业核心价值观。这里面作为"精"的角度，我理解为：精心善谋、精细做事、精益求精。这个"善"，是我们传统文化中最重要的起点与本色，就是"上善若水，止于至善"，最后加上一句"达善天下"。专家组组长在最后研讨的时候归纳了这些，这一点给我的感受至深。这不是简单的提炼。实际上，"精善文化"就是按照习近平总书记的要求，把我们传统的优秀文化与我们"互联网+"时代的创新文化进行了有机的融合。因此，成都兴城集团创建"四川省企业文化建设示范单位"，其"精善文化"的核心内容，实际上是新时代认真贯彻执行习近平总书记对"文化强国"指示精神的具体体现，是坚持"四个自信"生动的企业和企业家的实践，也是四川省企业联合会、四川省企业家协会积极践行习近平新时代中国特色社会主义思想的结晶。

三是感悟。"文化兴、国运兴，文化盛、民族强"，我们的企业要从大走向伟大。第一步是要大，第二步要强大，第三步要伟大。现在成都兴城集团第一个目标已经实现了，去年已成为成都市属国企第一个进入中国500强企业。第二个目标，体量大、担子重、任务艰。冲击世界500强还有一段路程要走。第三个目标，成为世界一流企业。对目前兴城集团来讲是一个奋斗的方向。今天，数字化与国际化环境需要我们去面对不确定的因素，甚至颠覆性的因素，只有用优秀文化继续引领这个优秀的团队，才有希望从优秀到卓越，也才有可能成就伟大。

今天出席会议的都是从事企业文化研究的专家、精英，鉴于此，我结合兴城的"精善文化"，分享一下我现在的感悟，有以下三点。

第一，要以文化为导向，走自主创新的道路，真正用文化的力量推动企业的转型升级，打造企业可持续发展的核心竞争力。实际上，习近平总书记多次强调"文化是一个国家、一个民族的灵魂"。从文化的角度研究，"文化自信"就是"四个自信"的最高境界。这就要求我们企业按照这个大视角来制定战略，这是企业从大到强再到伟大这个过程中必须贯彻始终的一条思想路线。在当今，无论是党和国家、政府还是企业、企业家面临的最大的挑战，都是针对中国由大到强，实现伟大"中国梦"最需要补上的一块短板，那就是自主创新能力的建设。关于自主创新能力与企业文化的关系，我用了六句话来阐述，"文化创新为先导，科技创新为核心，商业模式创新为源泉，管理创新为支撑，体制机制创新为动力，企业家创新为关键"。我们作为企业文化建设的工作者、实践者，也作为创新文化的弘扬者，我认为我们努力的方向，可以沿着这六个方面进行探讨。

第二，在加强企业文化建设，特别是创新文化的研究与实践的过程中，按照习近平总书记要求讲好中国故事的指示，作为企业和企业家的文化使命，就是要讲好新时代中国优秀企业家的故事和优秀企业品牌的故事。希望成都兴城集团作为国有大型平台型的公司在"一带一路"倡议的引领下，成为"一带一路"走出去、做优做强做大做久的楷模。这一点，既是成都兴城集团冲击世界500强的方略与路径，也是我们四川省企业文化工作者的希望。做好这一点，才能把国务院《中国制造2025》、省委省政府"5+1"等战略，真正融合到以文化引领的自主创新与转型升级的道路上，才能真正做到从"中国制造"到"中国创造"的飞跃，实现"中国产品"向"中国品牌"的提升。

第三，我们要大力弘扬并通过全价值链推进工匠精神、工匠文化、工匠工法的建设、弘扬与传承。近两年，我拜访了不少四川的企业，除了和企业的董事长、总经理交流外，也到现场看包括现代制造、军民融合等第一线，发现进口高精尖设备很多，包括某些核心原材料都是进口的。在比较分析研究中，我发现我们的工艺创新、具体的技术创新，尤其是细到具体的工步上，存在较大的差距。比如，"五轴联动"加工中心，同样的设备、同样的原材料、同样的软件，为什么产品质量，如一次性合格率，连续工作载荷，还有疲劳试验、破损试验的数据，和美国、德国、日本有差距？我分析总结认为，这就是缺乏工匠精神，关键点就是人。企业文化建设的作用，就是在于"以文化人""文化自觉"。只有真正把文化渗透到每个员工的心里，成为每个员工灵魂深处、血液基因的组成部分，这样的企业、这样的团队将是战无不胜的！

最后，说一些话与大家共勉。

其一，"一花独放不是春，万紫千红春满园"。今天我们参会，看到了一片美丽的鲜花，或者叫一道彩虹，让我们振奋。但我们四川到目前为止，只有16个省级企业文化示范单位，两个全国企业文化示范基地，因此，真正的春天还没有到来。期望或者是祝福我们在座的企业文化的创造者、推动者、组织者、践行者，共同努力，创造出四川更多的省级企业文化建设示范单位、全国性的企业文化建设示范基地。前两天，我陪中国企联尹援平副会长到中石油西南油气田公司调研。西南油气田公司长期以来坚持以企业文化为引领，发扬"大庆精神""铁人精神"，确确实实干出了许多一流的业绩，他们提出把原来省里面五个企业文化建设示范单位整合，创造全国企业文化建设示范基地，成就全国性的一块名牌，大胆沿着"一带一路"走出去，真正为打造"世界名牌"注入强劲的文化活力与魅力，塑造出新时代中国企业精神的丰碑和品牌价值。从目前来看，省企联宣传文化中心认真贯彻执行企联的宗旨和工作方针、目标，以时不待我的精神和顽强的工作作风，努力践行"真心、真诚、真情"的工作态度与扎实的执行力，积极挖掘企业文化建设潜力，精心培育企业文化建设生态与价值链，做了大量富有成效的基础性工作。对于正在培育的国家级示范基地的后备企业，要按照"最有平台实力，最有文化实力，更具有企业家精神"的方针来打造。时间紧、任务重、要求高，希望我们共同做好这一企业文化建设的创新性工作。

其二，"凡是过往，皆为序章"。功劳是暂时的，辉煌是暂时的，挑战是永续的。尤其是我们在座的企业文化工作者，我们一定要培养全球化的视野、国际化的眼光，要有一种宽广的胸怀和博大的文化底蕴，不断用新知识武装我们自己。正如泰戈尔所讲："知识是珍贵宝石的结晶，文化是宝石放出来的光泽。"只有成为终身学习的文化人，我们才能在企业文化建设实践中走得更远、走得更好，让中国故事、中国企业家精神、中国企业品牌走向世界。

其三，"莫嫌海角天涯远，但肯摇鞭有到时"。方向明确，目标笃定，关键在努力。正如爱因斯坦所说："努力从来不会白费，只要坚持，哪怕无法在这个枝头开花，也可能在另一处结出果实。"我们协会也立了"纵横自有凌云笔，圆梦需要实干家"的牌匾。希望我们共同努力，不忘初心、牢记使命，发扬"艰难困苦，玉汝于成"的精神，为我们祖国更加强大、为伟大中国梦早日实现再立新功！

"大鹏一日同风起，扶摇直上九万里。"祝愿成都兴城集团在以党委书记任志能董事长为核心的董事会的率领下，坚持党的领导，坚持以先进文化为先导，与我们在座及广大的企业文化优秀工作者、专家及企业生态链各方一道，为早日实现成都兴城集团迈进世界 500 强，并向世界一流企业挺进及我们共同的幸福梦，奋发有为、携手前行！谢谢大家！

（原载于《四川企联网》2019 年 4 月 29 日）

不负韶华，忠实履行为企业和企业家服务宗旨

——在泸州市企联第七届二次理事（扩大）会暨 2020 年会上的演讲

2020 年 1 月 21 日

"天地风霜尽，乾坤气象和。"这里是冬天里的春天。非常高兴应邀参加此次盛会。

首先，把省企联过去一年的工作给大家作个简单的通报。过去的一年，我们在省委、省政府与中国企联的领导下，忠实践行"四个全面战略"和新发展理念，遵照省委、省政府发展战略和省经信厅的部署，在弘扬企业家精神、营造企业健康成长环境上，尤其在忠实履行自身职能及助推企业可持续发展上，做了大量实实在在的工作。归纳起来，我们去年实现了三个突破。

第一个突破，在维权上有了新突破。省企联经过近三年努力，自筹资金，发挥了700多名律师及法律工作者与多个合作方的参与作用，在省经信厅的关心指导下，去年已经省人大通过，列为2020年即将出台的地方法规，即《四川省企业和经营管理者保护条例》。大家知道，在依法治国的今天，尽管党中央、国务院的文件已经规定了企业联合会作为企业和企业家代表组织的政治与法律地位，但在实践中我们只能是有为才有位。比如说，环境整治当中的"一刀切"现象。过去企业听从政府的规划安排，在企业战略布局上是符合当时的规划，现在按照新的条例，尤其地方新政的执行界限与度的把握就有原则性的差异了，甚至就可以讲不符合时政了。而这一切带给企业的可能是灭顶之灾。此时,某大型民营企业老总万分火急找到我们,我们义不容辞,夜以继日,急为企业所急,想为企业家所想,及时向相关领导部门,甚至向北京的主管部门汇报协调,帮助企业边整改边生产,渡过了难关。

第二个突破,在助力企业品牌和企联自身品牌的提升上,实现了新突破。一个是"全国企业文化最佳实践企业"创建,成都市乃至四川省最大城市投资建设营运集团——成都兴城集团。从前年开始,我作为领衔的咨询专家,一直陪伴企业及咨询团队的成长,我们见证、助力企业实现了两个目标:第一个目标是企业冲进中国500强,实现了对成都建工集团的兼并,目前对成都农商银行的兼并工作正在推进阶段,省这一级已通过并上报国家银监局审批,为早日冲击世界500强夯实基础。同时,在我们首先把它推举为"四川省企业文化建设示范单位"的基础上,用最短的时间,帮助、协同、推荐并通过中国企联审批,创建成为"全国企业文化最佳实践企业"。第二个目标是去年我们成功推荐了9个全国管理创新成果,获得1个一等奖、8个二等奖,创造了新的历史纪录。传统服务项目取得了品牌突破,使四川企业在转型升级、自主创新、企业文化建设、创新发展等方面的管理成果得以在全国展示并获得高度认可。另外,我们自身品牌的创造也在加速。去年召开了首届四川省技术创新大会,这在全国企联系统也是率先的。我们努力推动企业管理创新加技术创新这项创造性工作的融合,这两个翅膀协举发力,使我们为企业和企业家服务有了新的抓手和支撑,成为我们自立自强自治的能力"硬核"与可持续发展的基石。加之品牌联盟等创新性活动的展开,使四川省企业联合会、企业家协会服务平台的系统化能力建设与品牌影响力走在了全国企联系统的前列。

第三个突破,助力企业改革创新有突破。去年,我们受民营经济办等省级相关部门委托,组织了3个专家团队,一共对中小企业,尤其是民营企业180余家进行了现代企业制度建设咨询。对中小微企业的健康发展，打造差异化竞争力，真正做优、做强、做大、做久，做了精准服务工作，也使我们四川企联管理咨询品牌在企业界更具影响力。其中，有一个最典型的案例就是阆中天然气公司。我作为专家组组长，亲自带队先后三次深入企业，为其做了企业文化咨询。我们给他们提炼的企业文化核心理念就八个字，叫作"心无距离、善达天下"，现在已经在阆中高铁出站口矗立。为什么呢？阆中市作为文化名城，旅游业是其支柱产业。过去风水文化是我们传统文化，也是阆中抢眼的一张名片，传承到了今天，一直成为文旅产业的亮点与卖点。今天我们用伟大中国梦构建人类命运共同体，让不同信仰、不同肤色，甚至不同派别的人，到我们这里来旅游，我们靠什么来吸引他们？不能简单地就传统而传统，在传承优秀传统文化的基础上，我们还需要创新，需要新的时代感。因此，我们提出了这本属于企业核心价值的八个字，却巧妙、自然地为大众所接纳与认同。它既体现了"山川异域，日月同天"的人类朴实的共情心，更彰显了"同一个世界、同一个梦想"的新时代尊崇人本、人格、人心的人类共享价值观，从人类命运共同体的视角创造了一个企业肩负社会责任、社会价值、社会奉献的新使命。所以，做这件事，企业和企业家高兴，地方政府也高兴，广大民众也欢喜。

其次，简要介绍一下省企联今年的创新性工作计划。四川企联 2020 年计划推进三个创新。

第一个创新，是我们四年前开始推动，现在已经交由中国企联主办，工业和信息化部等国家部委指导的"智慧企业"建设项目的继续推进。

这是我们协会创造的第一个在全国有较大影响力的国家级品牌，下一步期望在我省中小企业中推广应用。大数据时代，数据就是最大的资源，比如面对全球化市场，面对人工智能挑战，中小企业怎么在这个大生态里面获取自己的价值？哪怕在这个产业链上、在这个价值链上我们只是一颗小小的螺丝钉，但是，大生态给我们 1 寸宽的地，我们要做成 10 千米深。这样，只要你做深、做透、做精了产品或服务，产业链及其他企业都离不开你，市场更离不开你。我们的目的就是把智慧企业建设这种原本在大企业、大集团推广的做法也期望通过精准性、差异化改进在中小企业中进行推广。当然，要做成做好这件事挑战是很大的。想当初，在推动国电大渡河作为全国首家"智慧企业"创建试点过程中也经历了不少难忘和难得的记忆、挑战与困难。当时我向中国工业经联会长、工业和信息化部老部长李毅中同志汇报，向国务院国资委党组副书记、副主任邵宁同志汇报，向中国企联常务副会长兼秘书长朱宏任等领导、专家们汇报，在得到他们大力支持与高屋建瓴的指导后才与企业一道，明确了方向，坚定了信心。尤其是经过我会副会长、国电大渡河公司党委书记、董事长涂扬举创新、担当、执着的坚持及多个合作团队的共同努力，才好不容易做成了这件事。此成果荣获了"国家管理创新成果一等奖"，国电大渡河公司也成为中国数字经济时代管理创新的标杆企业。我们下一步准备在2020年把这套体系（已由中国企联颁发了标准）探索应用于中小企业（原来这套体系的标准更适合应用于大企业、大集团），争取做成区域品牌或四川品牌。

第二个创新，推动区域品牌与企业品牌的融合。

前几天，我有幸受自贡市人民政府邀请参加第26届国际恐龙灯会开幕式和招商会。在座谈的时候，我和他们经信局等四个局领导交换了意见。自贡作为历史文化名城，悠久并亮铮铮的金字招牌就是"千年盐都"这个美誉度极高的名片。几届市委、市政府都想打造一块能代表"千年盐都"的上市公司及文化名片，曾经花大力气，整合了自井盐厂、大安盐厂等几大盐厂，培育了一家大型制盐企业，打算在新加坡上市；但现在看样子离政府、职工及合作伙伴的期望渐行渐远了。下一步，我们协会愿意和自贡市相关部门共同努力（当然，作为曾经的自贡人大代表、自贡市人民政府科技顾问，这也算是我的分内之事），尤其是与具有替代前面这个"盐老大"潜力的企业携手合作，打造一个具有差异化并力争具有核心优势（在全球盐产业中有传统底蕴文化＋创新品牌力）且能上市的公司。虽说盐是大众化的必需品，但是如何把大众化、普通化，做成差异化、特质化及精品化并具有品牌竞争力，这是一件需要我们共同运用互联网思维与创新才能做成的事。

第三个创新，我把它叫作"新咨询"。

传统的咨询方式已经不太适合数字经济时代了。前几天，遂宁市住蓉办事处主任来协会交流座谈，我表态愿意为家乡做点实事，我把它叫作"新咨询"。我建议遂宁要运用观音文化、生态文化、和谐文化三张牌，在价值链招商引资、运用引进创新型项目招商引资、聘请产业领军科学家候鸟式驻遂研发＋以科技成果吸引投资上下功夫。在这样一个充满不确定性与颠覆性的时代，用传统的方式招商引资已经不适应了，因为我们企业、企业家与投资商并非只看重眼前的短期红利，可能过去靠土地价格或者承诺的减税、免税条件等土地红利、政策红利取得了招商引资的成功。但是，今天有眼光的企业家想到的是产业链配套，讲究的是企业生态的协同，看重的是全球化供应链、创新链的便捷，这一点是非常重要的。

再次，面对今天的形势与企业家的一些困惑，借机也给大家分享一些企业家们关心的热点、难点。我用三点感悟来表达，也算是共勉或期望吧！一个民族，尤其是一个伟大的民族，它之所以伟大，是在于它传承了好的东西，继承了优秀的文明基因，同时发扬了持续的创新精神。

第一，毛泽东同志说"雄关漫道真如铁，而今迈步从头越"。

在改革开放40年的发展中我们取得了辉煌成就，GDP进入了全球第二。特别是进入21世纪以来，我们在座企业和企业家能够闯过"融资的高山、转型升级的冰山、自主创新的火山"，走到今天非常不容易。因此，此刻我首先是以一种敬佩的心情向大家表示由衷的祝贺！狄更斯说："这是一个最好的时代，也是一个最坏的时代。"怎么看待这个问题？眼前大家最关心与焦虑的问题，也是一些企业、企业家找我聊天问得最多的一个问题："中美贸易摩擦，最后怎么走？"我说了，第一阶段已经达成协议，这是暂时的，正好符合我13年前专著《长盛力——缔造富有灵商的管理文化》中企业生态论的观点。我们企业从产品经营走向资本经营,再从资本经营走向品牌经营,在其成长与可持续发展的第二阶段中,这些贸易的摩擦与纷争都是可以称之为合理的预见与出现。该发生的一定会发生,这既是坏事,也是好事。因为世界历史的发展已经证明了这一点。那么,眼前我提醒大家的是,我们从贸易战,也可以叫作 GDP 的数量战,开始了一个回合的战役。下一步或下一个战役也许已经进入了科技战,这个战役对我们全球化的供应链,特别是高技术产品,如芯片等将带来很大的不确定性破坏,因此,我们要多几个像华为一样的企业,并做好备胎。再下一步将进入(或许某些投资领域已经遭遇了)货币战,甚至看不见的其他隐形战,如网络战、基因战、病毒战、气象战等。美国人打的这个主意,正如当初如何高唱"人权",在原住民累累白骨上建立美利坚"灯塔之国";如何高举"自由"旗帜,黑白通吃,弄垮德国,超越英国;后来又打着"公平"的旗号,如何用"广场协议"搞定后来居上、大有超越美国之势的日本;尤其是运用"民主"的所谓"普世价值",如何把强大的对手苏联从内部制造分裂,从外部用舆论制造出"星球大战"计划耗损其经济,最终用冷战和苏联人自己的手把自己搞垮。全世界明白人都知道,这不是什么秘密,更何况还有公认的"修斯底德陷阱"理论。所以,我们一定要先知先觉,做好打持久战、全面战的准备。面对新一轮技术革命,我们有很多手法可以选择,比如大数据与区块链技术、量子计算、边缘计算、物联网、人工智能等。这一点,我在新书《融创论——自主创新驱动企业转型升级》中做了一些思考和功课。比如,我建议我国应大力发展区块链技术,认为区块链技术就是我们赢得竞争、和平崛起的利器,就是我们的"王炸"。尤其是打货币战,我们一定要运用我们数字经济所拥有的巨大市场、网民及其"一带一路"、"中国制造"全球化供应链、价值生态链等优势,尤其目前 5G 的先发优势及北斗的系统支撑所带来的"数字主权"地位与企业品牌国际化的跃升走好这步棋。用科技与新模式的融合手段,而不是沿用传统简单的意识形态手段与传统战法以"以其人之道还治其人之身",实现让世人尊敬的超越。对此，我们广大企业家一定要有危机感与使命感，要不断修炼与提升灵商，要有清晰与高远的视野、境界和战略。

为此，广大企业家应深度思考三个问题：其一，我们制造业的核心技术在哪里？为了不使中兴事件再次或大面积发生，为了弘扬华为事件带给我们的不屈不挠的奋斗精神与市场竞争力，我们下一步该怎么想，怎么做？其二，在服务业我们的优势又在哪里？尤其是以金融、保险等为代表的服务业所面临的挑战，下一步也不比制造业小。其三，产业转型升级的斗争焦点是知识产权问题。因此，我要特别提醒大家的是，这次中美达成协议的同时，给我们企业的一个重要急迫的挑战就是知识产权问题。

第二，百年老店同仁堂的对联"修合无人问，存心有天知"。

中药是中华文明的瑰宝，是中华文明生生不息延续至今的护身符。同仁堂能走到今天，能代表"国药"，说简单一点就是这种精益求精、从一而终的工匠精神、诚信文化与人文情怀。这种精神文化与情怀是中华民族优秀品格的结晶，是做企业放之四海而皆准的真理。因此，我们企业家一定要静下心来苦练内功，坚定地走自主创新之路，在中国改革开放40年的辉煌历程中，从"站起来"到"富起来"的过程主要是在"洋为中用"的基础上，通过企业家及广大民众艰苦奋斗取得的。而进入新时代，我们更要善于"古为今用"，从民族优秀文化中淬炼出世界大同的治心真谛，努力提升企业和企业家的品格力，倾力打造学习型团队，形成持续创新能力，构建核心竞争力，才能实现中国从"富起来"到"强起来"的跨越。关于这一点，我想与大家分享企业自主创新的六个要点：文化创新为先导、科技创新为核心、商业模式创新为源泉、管理创新为支撑、体制机制创新为动力、企业家创新为关键。因此，我们真正的企业家应该感到很光荣，你们不仅是国家的脊梁，也是新时代的明星。你们集使命担当、创新奉献、功成名就、时代楷模等于一身，令人敬佩。因为创新的本质使你们既生得光荣，活得自豪，即使死也死得伟大。正如司马迁所讲："人固有一死，或重于泰山，或轻于鸿毛。"我相信，大家会选择前者。为此，再一次向时代骄子、共和国脊梁们致敬！

沧海横流，方显英雄本色。从企业家创新的角度，华为领袖任正非为我们树立了英雄史诗般的标杆与新时代企业创新发展的经典，值得我们学习。其一，一定要以目标整合资源，而不是像绝大多数企业家是以资源来确定目标。其二，一定要把企业当作自己的生命一样珍爱，建立一个良好的企业生态。我们开放搞联合，我们分享与合作，不外乎是为共同打造一个更大、更好、更安全、更持续的平台，让企业能够抱团，让企业上下供应链、价值链能够贯通，生态链能够构建，我们与生态各方面，如政府相关政策杠杆、投融资杠杆、市场杠杆、产学研杠杆等实现无缝链接并成为环境友好型伙伴，达到 1+1+1+…>N 的效应，实现平台化发展、品牌化运营、价值链共赢。其三，遇到困难、特别是遇到重大挑战和危机时绝不退缩。否则，华为就出不了"麒麟"芯片，就出不了 5G 标准。因为芯片作为现代产业的"核心"，是一个长期投入消耗战、持久战的结果。这就需要耐力、韧力与恒力。这是卓越企业家品格的一个共性。"遇事无难易，而勇于敢为。"去年，在我们省企联帮助下渡过危机的企业中，有两位大企业的老总也很值得敬佩，一个企业董事长超过 70 岁，经营企业 40 余年，曾经也创造行业多个第一；另一个董事长也接近 70 岁，做企业超过了 30 年，在国外也有企业，而且是第一个在非洲建立中共党支部的民营企业。他们的成功，不得不令我们佩服。他们曾经遇到过许多困难和各种挑战、险阻，甚至马上趴下的情况都有；但是，百折不挠的韧力和只争朝夕的战斗力使他们顽强地活下来了，并且还有一种"老骥伏枥，志在千里"的雄壮感与美感，更有一种"老夫喜作黄昏颂，满目青山夕照明"的获得感、成就感与幸福感。其四，心无旁骛、埋头做事。就是要有坚强的定力。尤其是企业家的心定力特别重要。企业家在创业创新路上是非常艰辛的，在成为世界一流企业伟大梦想的进程中，我们只有同时具备"暮色苍茫看劲松，乱云飞渡仍从容"的心态，加上前仆后继、持之以恒、坚定不移的毅力与果敢，才能感动上苍，达到"天助我也，替天行道"之"大道无为"佳境，实现事业与人生的交相辉映。

第三，唐朝诗人高适的"莫愁前路无知己，天下谁人不识君"。

博古通今应成为当代卓越企业家修炼的必修课。伟大的企业家不仅是创造财富的巨擘，更是传承文化与创造文明的先锋。这个"知己"，就是我们企业和企业家要营造的企业生态，包括客户、供应链、政府、员工等企业生态系统。若一个企业在这个生态里真正做好了自己，那么，它永远是不可替代并长盛不衰的。

这个"君"就是品牌。大家知道，我们已经进入了品牌竞争的时代。伟大的小平在1992年南方谈话时曾指出，中国人要有自己的世界名牌，要有自己的拳头产品，否则就要受人欺负。30多年过去了，中兴事件、中美贸易摩擦及华为事件等，证明了改革开放总设计师小平同志的远见卓识。我于2017年中国首个品牌日开启之际，应约在公开发行的《经营管理者》杂志上发表了一篇卷首语，认为"品牌＝企业家精神＋工匠精神"。企业家精神这里我就不讲了，我强调一下工匠精神。我们改革开放40年取得了令世人瞩目的伟大成就。但反思、批判我们管理上最大的短板，就是缺乏工匠精神的培养、传承与弘扬。过去一度风行的全民娱乐性的追星文化与急功近利的价值导向，形成了"明星唱首歌，开口十万不算多；大牌演部片，最少五百万"的不良社会风气，使埋头苦干、兢兢业业、流血流汗的工匠们难以做到"两耳不闻窗外事，一心只钻技术活"。试想，没有热爱本职工作、倾心于本职工作、把产品视作艺术品的心力怎么可能保障生产与工艺过程质量的稳定与高的优良率呢？因此所带来的是一丝不苟、精益求精、忘我工作的人少了，投机取巧、弄假成真、得过且过的人多了。这一点是我们广大企业家一定要高度重视并从机制上需要下功夫的问题。这也是"中国制造"成长为"中国创造"并最终成为人类热爱的"中国品牌"的最大人为制约因素。我建议运用我们传统文化中最优秀的精神国力来武装我们年轻的一代，包括"革命理想高于天"的长征精神、"独立自主、自力更生"的延安精神，还有"铁人精神""雷锋精神"等。大家知道，像"两弹一星"的郭永怀、邓稼先等老科学家们一生报国志、终身献忠诚。尤其是像核潜艇之父黄旭华，为了国家的"撒手锏"从0到1，接近30年没回一次家，除了对国家和人民的忠诚，还把最美的韶华、最强盛的灵商与创造力和执着的激情都无私奉献给了伟大的理想。这就是"为有牺牲多壮志，敢教日月换新天"的英雄主义、脊梁精神。十多年前我就发文呼吁GDP不是核心竞争力，我们不能因GDP崇拜而丢失了我们民族昌盛的优秀文化、废掉了精神国力。因此，我们该紧急刹车了，在努力转型升级提升硬核的同时，也急需加快软实力即企业精神和国家精神的提升。

这次国庆大阅兵既是一种展示，更是一种觉悟，显示了党中央高度重视精神国力的建设与弘扬，是新时代新的价值观重塑的伟大号令。我在专著《融创论——自主创新驱动企业转型升级》中也建议树立新时代"新追星文化"的价值观，就是让科学家、大国工匠、英雄人物、企业家等成为我们新时代的国家名片，成为教科书中的人物，成为代代相传颂的明星。这样，国家真正由大到强才有脊梁，民众获得幸福才有安全保障，才会在国家遭遇重大危机以至生死存亡关头有顶天立地的英雄力挽狂澜，有众多不怕牺牲、义无反顾的勇士冲得上、顶得起、打得赢。

"莫等闲，白了少年头，空悲切。"优秀的人物创造未来，普通的人等待未来。新的一年里，期望广大优秀企业家发扬习近平总书记在新年贺词中所指示的"只争朝夕，不负韶华"的精神，在动荡中坚守从容，在混沌中保持淡定，在困惑中保持定力，在挫折中保持思考，在开拓中保持激情，为伟大中国梦所引领的人类命运共同体建设的企业和企业家实践而再创辉煌。

最后，还有几天就春节了。借此机会，我代表"企业和企业家之家"的省企联，向全川广大企业家和企业经营管理者及关心企业发展和企业家成长的各界朋友拜年。恭祝大家新春和美，万象更新！

（原载于《企业家日报》2020年3月2日）

勇于担当、善诚履职，为抗疫复工作贡献

——在中国企联召开的全国企联系统抗击疫情、
支持企业复工复产工作视频会上的交流发言

2020年3月19日

遵照党中央、国务院及四川省委省政府和省经信厅的相关指示精神与指令，在中国企联的关怀指导下，四川省企业联合会、四川省企业家协会以高度的责任感、使命感和战斗精神迅速投身到抗疫主战场。号召全体员工，尤其是全体会员单位及广大企业和企业家，要坚决贯彻落实党中央和省委省政府的决策部署，坚定必胜信心，有序参与防控和安全复工，为坚决遏制疫情扩散、夺取防控斗争与恢复经济社会发展活力的双胜利贡献力量。

一、勇于担当，主动作为，在抗疫战争中彰显企联地位

四川企联在灾难中积极主动为企业发声，迅速占位，主要表现在以下六个方面。

其一，成立疫情防控领导小组，并向全省会员单位企业和企业家发出了《四川企联全力防控新冠疫情倡议书》。号召企业和企业家"争做自觉响应号召的先行者、主动科普宣传的践行者、新时代文明新风的倡导者、积极防控疫情的贡献者，弘扬优秀企业家精神的时代楷模"。与此同时，及时下发《四川省企联关于开展新冠肺炎疫情对企业影响的问卷调查》，表明了企联与广大企业和企业家心连心、共克时艰的鲜明态度。

其二，在《四川企联网》开辟"抗击疫情专栏"，已连续推出《勇于担当，共克时艰——四川企联会员单位企业及企业家以高度的社会责任积极投身抗击疫情》共七期，宣传报道上百家理事单位众志成城、"一方有难、八方支援"地参与抗疫保供战斗的报道，为企业积极履行社会责任和企业家精神鼓与呼。

其三，在政策层面上始终高举企联旗帜。根据国家三方文件和中国企联文件精神，结合四川省实际情况，与四川省三方反复沟通交流形成"四川省人力资源社会保障厅等四部门《关于做好新型冠状病毒感染肺炎疫情防控期间稳定劳动关系支持企业复工复产的实施意见》并下发；下发了中企联《关于贯彻落实〈国家协调劳动关系三方关于做好新型冠状病毒感染肺炎疫情防控期间稳定的劳动关系支持企业复工复产的意见〉的通知》。与此同时，按主管部门四川省经信厅要求，四川省企业联合会、四川省企业家协会（以下简称我会）维权工委编写发布了《新型冠状病毒肺炎疫情期间企业应对法律风险提示》，共60条场景式问答，主要涉及企业积极应对、妥善解决用工、合同、外贸等方面的纠纷，加强为企业提供法律服务援助。

其四，为安全有序推动企业复工复产、恢复经济发展，我会职工代表省企联执笔《关于在推动企业复工复产中需要注意的几个问题的建议》的专报，获得中共四川省委常委、成都市委书记范锐平同志重要批示，中共成都市委办公厅将专报编辑上报中共中央办公厅，受到了采纳和表扬。

其五，向有关部门及时转报我会副会长单位四川省民营旅行社协会《关于抗击新型冠状肺炎重振旅游对旅行社行业给予政策扶持的报告》，对减免税费、缓交社保、发放补贴、退还质量保证金、金融支持等提出了建议并被采纳。

其六，本人公开发表《全民抗疫：伟大精神国力的爆发》的卷首语等文章，有效助力提升企联的政治站位、曝光率和社会价值。

二、急企业所急、想企业所想，善诚履职，雪中送炭，在扎实帮助企业复工渡难关中凸显企联价值

（1）帮助副会长单位中石油西南油气田公司等近10家会员单位协调复工急需口罩近4万只。

（2）帮助副会长单位四川省高宇集团有限公司等七家单位上报国家发展改革委紧急报告，协调复工资金、环保、混合所有制改造及产业链等问题。

（3）帮助并协调副会长单位中铁二局、华西集团等近10家企业对接防疫物资。

（4）与省经信厅技术创新中心等部门合作，协调省卫健委、科技厅等部门，助力技术创新型企业开展中药抗疫药物的研发。

（5）根据我会调研问卷，紧密结合企业复工需求，我会创投工委二月

初就投入战斗，通过在线办公，连续推出了三大板块的公益活动，为企业提供"家"的服务。

一是开辟针对中小微企业"助力战役"金融线上服务绿色通道。

二是"支持企业复工投产，金融驰援助企解困"系列专项公益活动。展开了金融驰援助企解困线上培训与对接，助力企业"信贷支持，减费让利、续贷延期、减免罚息"等相关金融支持。

三是联合四川省软件行业协会、四川省中小企业发展中心等单位开展《疫情防控期及后疫情时期企业数字化转型升级》线上培训。

（6）协调副会长单位四川省民营旅行社协会上报《关于尽快恢复业务经营的请示报告》，为四川省GDP贡献的第一大产业支撑——文化旅游产业全面复工创造企业生态。

（7）我会培训工委在《四川企联网》上推出"企业继续教育在线学习中心"，并与西南交大可持续发展研究院联合开办"企业云学院"，首期推出公益在线课程"疫情下的经营形势分析"。

（8）受省经信厅委托，为促进产业链对接支援湖北企业抗疫和早日恢复产能，实现川鄂企业供应链及价值链互补共赢，我会下发通知和《四川省企业承接湖北省疫情影响产业情况表》及《川—鄂企业（产业）合作情况表》，为四川企业与湖北省特别是武汉市企业有委托加工、协议生产、产业转移、收购重组等合作方式的会员单位及相关企业提供对接服务。

三、化危为机，与时俱进，在服务创新中探索提升企联品牌的新途径

受疫情影响，四川省企业联合会以往的开现场会、集中培训、到企业现场调研等传统服务方式受到了严重挑战，而此次疫情倒逼我们所采取的在线培训与咨询、企业云学院等在线对接服务方式，使四川省企业联合会向"互联网＋服务"的方向迈进了一大步，对企联品牌的知名度、美誉度及服务方式、服务项目、服务价值增值等转型升级也是一次有益的探索。

下一步我们将秉承"平台化发展、品牌化运营、价值链共赢"的四川企联服务理念,在中国企联的指导和省经信厅的领导下,为创新服务方式,打造一个让政府和社会满意,让企业和企业家喜欢,让市场与合作者称道并成为最具品牌力、长盛力的雇主组织而努力

(原载于《四川企联网》2020 年 3 月 19 日)

疫情下与后疫情时代对企业发展的思考
——在四川省扶贫开发协会民营企业会员
社会扶贫现场经验交流会上的演讲
2020 年 5 月 11 日

在这夏花烂漫、中国抗疫取得基本性胜利、全面复工复产稳定推进的今天,省扶贫开发协会在此召开民营企业会员社会扶贫经验交流会,是一件非常好的事。借此机会,我代表四川省企业联合会、企业家协会对大会

的召开表示热烈的祝贺！向在座各位战斗在一线的扶贫工作者、扶贫攻坚带头人，尤其是扶贫战线的企业家同仁们、朋友们在扶贫攻坚中所取得的业绩、推动全面建成小康社会所做出的突出贡献表示崇高的敬意！

疫情在世界范围内爆发至今，截至 2020 年 5 月 10 日，累计确诊新冠病例患者已达 405 万多，累计死亡人数近 28 万。我们中国虽取得了抗疫的阶段性胜利，但抗疫压力依然很大；因为中国在世界上不可能独善其身，在全球的产业链和全球的价值链中，更不可能一花独秀。因此，既存在国内一个后疫情时代的问题，也同时存在全球化状态下疫情正酣的问题。面对国外非常猛烈的疫情，我们如何思考？如何布局与决策应对？我们企业家，尤其是参与精准扶贫的企业家，一方面要抗疫，一方面要加快复工复产，还要拿一部分精力来完成精准扶贫、全面建成小康社会的伟大使命。因此，特殊时期的企业家应具有特殊的使命与担当，更应彰显特殊的历史价值与社会价值。为此，我们社会各界应形成共识，即企业兴则国家强。保护企业和企业家就是保护国家命脉，就是保护国家经济和社会发展。因此，激发企业家精神、保护并激励好企业家就保住了企业健康发展，就保住了就业和稳定，就保住了经济大盘，从而保障了国家长远发展的大局。

一、中国抗疫胜利的启示

（1）优秀传统文化在这次抗疫中得以弘扬，彰显了"中国精神"。此次抗疫斗争的胜利，实现了中国精神国力的大爆发，让"中国故事"广为流传，弥补了改革开放 40 余年来，中国由经济崛起逐步走向军事崛起和文化崛起的道路中的精神断档，为伟大中国梦引领下的人类命运共同体建设做出了积极、伟大的贡献。同时，使改革开放 40 多年经济高速发展所出现的精神国力短板问题得以修正。有五点值得点赞与大力弘扬。

一是大爱无疆的精神。从 1998 年抗洪、2003 年抗击"非典"、2008 年"5·12"抗震救灾及此次抗疫，可以向世人证明，中华民族是在危难中成长起来的。之所以有人类唯一五千年的文明传承至今，源于我们有"仁义忠信，乐善不倦"这种大爱无疆的民族精神。而我们在座的诸位践行好党中央精准扶贫，实现扶贫攻坚、全面建成小康社会的战略，尤其是在全民奔小康中不让一位同胞落下与返贫就是一种大爱无疆精神的集中体现。

二是"一方有难，八方支援"。广大的逆行者是我们新时代最美的人，他们召之即来、来之能战、战之必胜的信念和甘于奉献的精神把我们老祖宗所愿的"四海之内皆兄弟"化为了现实的情谊与美景。

三是"天下兴亡，匹夫有责"。在这场没有硝烟与看不见敌人的战斗中，钟南山院士、李兰娟院士等挺身而出，危难时刻冲在第一线，这就是新时代和平发展中英雄主义的体现，也是中华民族患难与共、砥砺前行的文化基因。通过此次灾难的洗礼，全民真切感受到了笔者在《融创论——自主创新驱动企业转型升级》中所提出的新时代树立"新追星文化"的重要性和紧迫性。借此我再次呼吁，应让英雄人物、科学家、企业家、大国工匠等时代楷模真正走到我们历史舞台的中央。期望国家荣誉的平台与史册上有他们更多忠诚的品牌荣誉，让他们的事迹形成"中国故事"而进入我们的教科书。要让子孙后代学习与铭记在民族危难的时刻，是谁顶天立地，是谁不怕牺牲，是谁引领中华民族由逆势转为优势。鲁迅先生说，"中华民族自古以来就有埋头苦干的人，就有拼命硬干的人，就有舍身求法的人，就有为民请命的人，他们是中国的脊梁"。基辛格在《论中国》中说过："中国人总是被他们之中最勇敢的人保护得很好。"无论什么时候，在我们之中，总有那么一群最勇敢、最有担当的人在关键时刻挺身而出。他们就是鲁迅先生所说的中国的脊梁，在最崎岖艰险处牵引这个民族渡过苦海的纤夫，就是民族之魂所在。

四是人命关天。我们始终把生命至上放在实际行动中。以民为本、以人民为中心，这是真正意义上最大的人权与平等，彰显了中华文化的伟大和博大精深。

五是"上下同欲者胜"。人心齐、泰山移。正值 2020 年春节期间的特殊时点，疫情的突袭而至给我国社会治理，尤其是危机、应急管理带来了前所未有的极大挑战。习近平总书记亲自部署、亲自指挥这次战"疫"行动，多次召开会议，听取汇报并现场视察，多次作出重要指示，强调要坚决打赢疫情防控的人民战争、总体战、阻击战。全国人民众志成城，令行禁止，上下一心，迅速遏制了病毒的蔓延。而自诩为所谓民主自由人权"标杆"的世界唯一超级大国的美国，从疫情发展至今，还看不到逆转的迹象；甚至为了选票并取得党争的胜利，其总统在视察口罩厂时竟然以大无畏的"英雄"气概不戴口罩，背景音乐还放着《生死由你》。由此可见其执政理念，尤其是文化差异与领袖人物的个性特征所产生的强烈对比是如此的鲜明。

（2）制度优势更加凸显，彰显了"中国智慧"。有力提升了"中国模式"的国际化价值，让"中国品牌"日趋靓丽与响亮。

一是社会主义公有制所形成的全民利益共同体的共同价值观的集体认同，尤其是于大灾大难斗争面前所表现出的巨大感召力、同心力、向心力，使社会主义核心价值观得以巩固并深入人心。

二是中国共产党坚强领导核心所形成的磅礴号召力、凝聚力、战斗力，所表现出来的排山倒海之势、投入战斗的勇气和前仆后继的牺牲精神，再次彰显了中国共产党坚守全心全意为人民服务的根本宗旨与初心、人民利益高于一切的执政理念。在新时代以习近平同志为核心的党中央坚强领导下，我们高举旗帜，全面推动建设小康，消除绝对贫困，这在世界历史上是绝无仅有的。这是中国对人类人权事业、进步与民生改善的伟大贡献。这里面也包含着我们每一位参与扶贫事业人士的荣光与骄傲。

三是集中力量办大事的超强治理能力和资源聚合效应，极大地提升了全民执行力。

全国一盘棋的战略、决策、指挥、执行、协调、督察的治理体系，实现了"统一领导，统一部署，统一指挥，统一行动"，做到了步调一致，信息高度共享，举措科学专业，责任层层落实，行动迅速有效。中央一声令下，对2000多万人的大武汉严格"封城"，42000名医护人员从全国各地驰援武汉，极短时间增加了六万个床位，两个月就控制了突袭而至的疫情。这在其他国家是无法想象的。正如联合国秘书长古特雷斯、世卫组织总干事谭德塞称赞的那样"中国了不起的努力""中国是在为全人类作贡献"。"中国措施"不止是在保护中国人民，也是在保护世界人民。

（3）中国抗疫斗争最终胜利并帮助世界各国分享"中国经验"。中国力所能及地帮助世界各国并与其携手共克时艰，取得全球战"疫"的胜利之日，将标志着中华文明重返世界之巅的伟大转折之时，是新时代伟大中国梦引领构建人类命运共同体、中华文明对世界文明做出巨大创新性的贡献之时。

此次抗疫在很短时间取得的重大战略成果，使"中国制造"供应链体系优势得到磨炼，彰显了"中国力量"，更加坚定了全国人民昂首挺胸走好"中国道路"的自信，让"中国经验"成为可复制的国际化范本。"中国制造"的强大"刚性""韧性"和"速度"受到了一次伟大的实战检阅、"淬火"与"调质"，使中国经济的抗风险强度得以提升。"刚性"主要表现在量的保供、科技水平（率先公布病毒基因序列等）、医疗设备、物资及生活必需品等方面；"韧性"表现在系统性的指挥调度及终端供应集成的效果与质量上（如人力、电力、社会基层管控等）；"速度"则表现在10天建成火神山、雷神山及大量的方舱医院等标志性战役成果上。仅以四川抗疫"硬核"为例，在口罩极度短缺期间，四川决定上口罩生产线。省经信厅接到上级指令后，为确保解决口罩生产中关键核心设备口罩机无法保供的问题，厅领导现场指挥协调服务，迅速组织科研、工程技术人员夜以继日攻关，仅用五天时间就完成了700多张图纸设计，并用七天时间就制造出口罩生产线，由此可见"中国制造"体系的完整性及供应链支撑的优秀能力。

二、对企业与企业家积极应对疫情及化危为机的思考

从近期看，中国经济提前复苏和回暖，使中国企业在全球产业链中拥有一定的时空优势和"先手效应"。因此，企业家务必把握好这个宝贵的窗口期。这是企业化危为机的关键节点。

（1）树立底线思维，捂紧"钱袋子"，保证活下来。

这是个现金为王的时代，活着才是硬道理。在全球化不可逆转的今天，

做企业必须具备国际化眼光、全球化思维,要有动一发以应全局之变、走一步着眼未来风雨的谋略智慧。同时,当遇到各种困难、挑战、责难,甚至断供时,既要有全球化的竞争意识、风险意识和忧患意识,还要有习近平总书记所强调的"治大国若烹小鲜"的战略气度,应有"暮色苍茫看劲松,乱云飞渡仍从容"的心定力。

一是顺势、取势、借势而为,充分运用好国家扶持资金等政策杠杆。充分运用国家疫情防控期间所出台的一系列扶持政策,挖掘政策红利,包括财政、金融、退税免费、补贴、再贷款、混合所有制改革政策等。

二是强化现金流管控。非硬性开支必做减法甚至除法。努力降低成本,如运用远程及互联网手段把用户座谈会等搬到网上。

三是尽快降低应收账款及风险。

四是断臂求法,迅速消化和处置库存(包括闲置设备等),强力推行精益生产,减少周转占用资金,提升议价变现的能力。

(2)树立艰苦奋斗精神,勒紧"裤带子",苦练内功,提高免疫力。

任正非讲"伟大是熬出来的"。因此,面临外部供应链、市场的离心力、可能断链的巨大压力和内部疫情防控下的资金及人员流动可能的断档困境,企业家应树立风控与危机管理意识和艰苦奋斗精神,充分运用疫情带来的"空挡"期提升反省力,在企业"内功"修炼及团队素质、工匠精神提升等方面下实功、苦功和真功。眼下要努力做好控成本、稳客户、练团队、提质量、上云端、强品牌、提效率,树立原创意识与敢于领跑的自主创新精神。我把它归纳为"三化"和"三变"。"三化"为:精准化、精细化、精益化。要倾力用"三化"实现"三变",这也是我们稳固产业链,特别是中小企业目前化危为机、提升管理水平、转型升级的方向。即变"扫射"为"点射";变"漫灌"为"滴灌";变"狂轰滥炸"为"定点清除"。

(3)具备打持久战韧力,捆紧"鞋带子",坚持长征才能最终胜利。

丘吉尔曾说,不要白白浪费一场危机。此次疫情就是一场没有硝烟的战争。毛泽东主席著名的《论持久战》可以为我们此次打赢抗疫战争提供"冷眼向洋看世界，热风吹雨洒江天"的战略思考。

对国内外形势的分析研判，我认为企业生态的外部环境基本面总体是稳定的。

其一，经济全球化大趋势未改变。一意孤行的逆全球化及"脱钩"等思潮与个别大国的"优先"做法，不符合经济与市场规律。互相伤害的"冷战思维"与做法有可能会搬起石头砸自己的脚。

其二，中国深化改革的政策与举措进一步加大。如"放管服"的深化、海南自贸区的建立、雄安新区的建设，尤其是大力推动由5G技术支撑的大数据时代的智慧城市与工业互联网建设，让我们看到希望所在，看见了市场与需求所在。

其三，扩大开放的力度强劲。今日中华民族腾飞的翅膀：一只是"一带一路"，另一只就是"中国制造2025"。仅以"一带一路"为例，今年一季度我国疫情带来了GDP史上最大下滑（-6.8%）。面对疫情造成的外贸订单因不可抗力而被取消的困难期，我们眼睛向内的同时，仍然要坚持扩大开放并创新商业模式，坚持走数字化转型升级之路，长期看能减轻出口急剧下滑的压力。因为人们的需求会始终存在，加之已经形成的对"中国制造"大众化价廉物美商品的依赖度和消费惯性。仅以我们身边发生的故事为例，如今年一季度成都国际铁路港跨境电商交易首次突破百万大关，实现逆势飞扬。

其四，国内需求释放潜力大，产业链韧性强。

其五，亚洲对全球经济的引擎力逐年提升。

此外，企业面临的发展机遇如下。

其一，重点地区战略性新兴产业链集群的崛起。仅以四川"5+1"产业中20个重要行业1—4月增加值增速为例，在整个"5+1"产业营收及增加值增速仅为1.4%的大变局下，电子信息产业高达11.6%，说明了新兴产业有广阔的市场前景与发展后劲。

其二，支撑数字经济的新基建云服务方兴未艾。5G、特高压、城际高铁和轨道交通、新能源汽车充电桩、大数据中心、人工智能、工业互联网将带来新一轮投资拉动效应。

其三，几大城市群都市圈建设的提档增速带来的基础设施改造与升级，比如粤港澳大湾区建设、成渝双核经济圈可为在座企业家带来福音。我们要早规划，早出击，早合作，尤其对我们身处成渝经济区的企业家来讲，应把"老基建"与"新基建"相融合，把成、渝的互补优势、聚合优势等全要素优势契合贯通起来，将其努力打造成国家新的经济增长极与创新发展、可持续发展的区域经济高地。

其四，国家对企业和企业家的政策与改革红利将持续释放。仅以四川为例，省委省政府贯彻一手抓抗疫，一手抓恢复经济的战略，非常时期以非常的政策杠杆支撑经济高质量发展。2020年2月5日省政府及时出台《关于应对新型冠状病毒肺炎疫情缓解中小企业生产经营困难的政策措施》，3月13日又出台应对疫情、稳定和促进服务业发展的指导意见；21个市（州）相继出台贯彻实施方案或配套政策，有序推动政策落地，以高"含金量"的条条"干货"，帮助中小企业渡过难关。如省经信厅"20条"，四川银保监局"12条"，省文旅厅"10条"等。四川鼎能建设（集团）有限公司人力资源部负责人算了一笔账，仅社保政策措施的落实，6个月可为公司缓解上千万元资金压力。速度与效率还体现在政策落实上。同年3月26日，总投资额亿元的1416个重大项目集中开工。3月的最后一天，中江县农村信用合作联社把1000万元贷款打到了四川雄健实业有限公司的账上。作为全省发放的首笔"战疫贷"，这笔贷款从申请到成功到账，仅用时5天。公司董事长陈明雄感慨："做了30年企业，没见过这么快的放贷速度。"

三、期望与共勉

面对疫情在全球蔓延的态势和美国的长臂管辖及西方势力的甩锅大赛

此起彼伏，我国发展也面临着前所未有的不确定性、颠覆性、复杂性、破坏性风险的叠加。中国全球化的供应链，尤其创新链将面临空前骤增的挑战。特别是对中国高科技企业的围剿将成为中美贸易摩擦的升级版战争。我们需做好最坏的打算，做好战略、战术的谋划，切实做好重大风险防控与科技战、货币战、文化战等战争的准备。与此同时也应坚信，历史是一本最好的教科书。中国人民"为有牺牲多壮志，敢教日月换新天"的斗争与牺牲精神，"热爱祖国、无私奉献，自力更生、艰苦奋斗，大力协同、勇于攀登"的"两弹一星"意志与毅力，尤其是多次突破"黑老大"式霸权主义的封锁、创造人间奇迹的优秀民族文化传承，都是我们战胜敌人与艰难困苦、夺取胜利的法宝。借此，就让我们从文化自信的源泉中找到国家自强的答案并提供破解企图遏制中国崛起的种种图谋的辩证思考与方法吧。

一是"沉舟侧畔千帆过，病树前头万木春。"此意用于现在疫情之战最好不过了。历史潮流滚滚向前，春天总会来临，美好的未来总会到来。境界决定眼界，眼界决定世界。为了实现人类命运共同体的愿景，我们企业家必须努力抢占道德（文化）的制高点，并努力使之成为我们永恒的"初心"与"使命"。我归纳为"两顺、两坚、三敬"。即顺应规律，顺势而为；坚定信心，坚守信仰；敬畏自然（地球需降温，病毒无国界，更无"主义"，与自然和谐就是最大的"科学"），敬畏生命（关注关怀人民生命就是最大化"民主"），敬畏科学（尊重科学、把握规律才能使人类获得最大的"自由"）。只有达成共识、共享真理，同舟共济，人类才能最终战胜疫情，也才能取得人类命运共同体建设的最终胜利。经营企业亦如此。

二是"疾风知劲草，岁寒见松柏。"我们要弘扬千百年来中华民族战胜苦难所铸就的自强不息、百折不挠、玉汝于成的精神；在危机与逆行中更应发扬"敢为天下先，爱拼才会赢"的企业家创新精神；发扬与学习华为"以奋斗者为本"的精神；牢记与践行"中华民族历史上经历过很多磨难，但从来没有被压垮过，而是越挫越勇"的精神。

三是"天若有情天亦老，人间正道是沧桑。"习近平总书记指出，新冠疫情再次证明，只有构建人类命运共同体才是人间正道。此次抗疫，中国向世界交出了满意的答案，向世界展示了"四个自信"所带来的举国抗疫的"硬核"和为人类命运共同体所提供的"中国经验""中国速度""中国智慧""中国贡献"。这也给中华民族重返世界之巅积累了更多的软实力与硬实力提升机遇。

四是"得民心者得天下。"中华民族的崛起顺应历史规律与民心。而脱贫攻坚的最终胜利并全面实现奔小康的伟大目标就是最大的民心，这是中国共产党率领中国人民创造的又一惊世奇迹；是中国为构建人类命运共同体迈出的坚实步伐，更为中国、为世界人民的福祉交出漂亮"中国方案"的历史善举。刚才听了大家扶贫攻坚的经验与成果分享，也使我增加了难得的学习机会，使我深感在扶贫工作中，企业家们做了很多艰辛的工作，表现得非常有担当。其中最大的亮点与最大贡献就表现在产业发展所带来的当地老百姓的观念、创业能力及环境、就业、税收等方面的极大改善与提升。到 2020 年现行标准下的农村贫困人口全部脱贫，是党中央向全国人民作出的郑重承诺，必须如期实现。没有任何退路和弹性。这是一场硬仗，越到最后越要紧绷这根弦，不能停顿、不能大意、不能放松。作为省扶贫开发协会的首席企业管理专家，我愿意珍惜和大家一道参与扶贫攻坚的机会，在党中央、省委、省政府的坚强领导下，通过融智创新鼓励企业家及社会资本积极参与到产业扶贫之中，坚持真扶贫、扶真贫，推动产业高质量发展，运用现代科技、资本与互联网平台，让"绿水青山就是金山银山"的理论成为新农村建设的核心价值与人类共享的品牌，让贫穷一去不复返！期望在伟大的中国梦实现的征途中，只争朝夕，群策群力，留下我们共同为脱贫攻坚奔小康、产业振兴谋幸福而奋斗的荣光！谢谢大家！

（原载于《企业家日报》2020 年 6 月 12 日）

文化筑梦同心圆，创新塑造"东方"牌

——在东方电气集团"同·创"文化发布会上的贺词

2020 年 8 月 25 日

尊敬的邹磊董事长及东方电气集团全体同志：

今天应邀参加东方电气"同·创"文化发布会，我感到非常高兴。借此机会，我代表四川省企业联合会、四川省企业家协会、四川省企业文化研究会对东气集团"同·创"文化发布会的成功召开表示热烈祝贺！向为"同·创"文化做出贡献的东方电气集团（以下简称东方电气）干部职工致以崇高的敬礼！

我记得在中华人民共和国成立 70 周年的国庆盛典上，当四川的彩车在天安门广场出现时，我们会因彩车上的华龙一号的模型而激动，华龙一号被赋予"中华复兴、巨龙腾飞"的寓意，是中国第一个拥有完整自主知识产权的三代核电站技术，也是中国核电"走出去"的高端代名词。而"华龙一号"出现在四川彩车上，说明它绝对是四川的一大名片。这个标志着中华人民共和国正由核电大国迈向核电强国的大国重器，就是由东方电气制造的，请允许我向专注于把大国重器及核心技术掌握在我们自己手中的东方电气人致以崇高的敬意！

前天，在新闻联播中很高兴地看到了东方电气研制的全球首台百万千瓦水电机组精品转子成功吊装。前些日子，我有幸拜读了邹磊董事长刊登在《旗帜》上的题为《守产业报国初心，担制造强国使命》的文章，为东方电气创造"两个世界第一""四个中国第一"，正在挑战的"两个世界第一"，感到骄傲！也让我看到了一个具有开拓精神、勇于创新、敢于拼搏、爱国敬业的杰出企业家守初心、担使命的精神和情怀，很好诠释了习近平总书记"市场活力来自于人，特别是来自于企业家，来自于企业家精神"的论断。

东方电气是唯一总部坐落在四川的中央企业，走过筚路蓝缕的三线创业年代，挥手雄关漫道的改革发展岁月，挺进波澜壮阔新的时代，经过一代又一代东方电气人接力奋斗，今日之东方，在以习近平同志为核心的党中央坚强领导下，为建设制造强国，奋力推动治蜀兴川再上新台阶，挑起了制造业高质量发展的工业大梁。

近年来，东方电气积极投身国家"一带一路"建设，足印寰球、货殖天下，以绿色动力驱动共建"一带一路"国家共同繁荣发展，用数以百计的合作项目打造"绿色丝绸之路"，无论是瑞典布莱肯风电项目，还是印度发电工程的总承包，或是埃塞俄比亚"非洲三峡"和巴西"南美三峡"等项目，在造福各国人民的同时，都不断打响了"中国制造"走向"中国创造"的中国名牌。

去年2月，我参观了白鹤滩、乌东德在建水电工程施工现场。看到了在现场安装施工的东电集团制造的100万千瓦全球最大水能发电机组的安装调试施工现场，令人震撼，过目难忘。从该领域"白纸一张"到世界领先，彰显的是东电人自力更生、发奋图强、顶天立地的英雄主义豪气和"硬骨头精神"。面对新冠疫情带来的冲击和挑战，东方电气集体党组号召，东方电气人发扬泰山压顶不弯腰的"东汽精神"，在疫情防控阻击战中积极发挥主观能动作用，保证各项国家重点任务稳步推进，在这次大战大考中彰显了"中国制造"的神工，发挥了中国装备制造核心企业顶梁柱的作用。

今天，在东方电气"同·创"文化的发布上，我看到东方电气人对"三线精神""东汽精神""求实、创新、人和、图强"企业精神的传承与弘扬。也看到以丁一为代表的第一代东方电气人所展示出的"开拓创新"的企业家精神在今天"守初心、担使命"新时代的企业家精神中的传承和升华。

特别令人兴奋的是，蕴含东方电气传统内核、积淀东方电气最深层的精神追求，彰显东方电气独特文化魅力的东方电气"同·创"文化是在继承中发展，在发展中创新、提炼、渗透于企业高质量发展和增强全球竞争力的基因中，打造出了一套旨在引领企业发展、适应企业生态变化，增强"六种力量"的新时代东方电气文化品牌。

四川省企业联合会、企业家协会作为四川企业和企业家的代表组织，秉承"融智创新，敬业奉献，维权服务，自强自律"的价值观和"全心全意为企业和企业家服务"的宗旨，真心、真诚、真情地与东方电气携手前行，风雨无阻，陪伴始终，做好服务。

恩格斯指出："文化上的每一个进步，都是迈向自由的一步。"东方电气要成为翱翔在自由、绿色、和谐、浩瀚天空中的一只雄鹰，成就世界一流企业的梦想，就必须拥有一流的企业文化。在此，我衷心地祝愿为中国经济发展和建设做出重大贡献的杰出企业——东方电气，以党中央"四个自信"为统领，在"同·创"文化的引领下，以文化创新为先导，科技创新为核心，商业模式创新为源泉，管理创新为支撑，体制机制创新为动力，企业家创新为关键，以全球化视野、国际化战略，矢志不移地在"十四五"低碳、绿色、高质量发展的道路上高歌猛进、行稳致远，早日成为令人尊敬的世界名牌，为中华文明重返世界之巅和人类命运共同体建设勇立潮头，再创辉煌！

品牌彰显川企力量，数智引领创新发展

——在2020（第三届）四川品牌大会暨第八届西部
人力资本高峰论坛上的主旨报告
2020年11月18日

蓉城深秋杏叶黄，天府之国品牌亮。恰逢党的十九届五中全会胜利闭幕、全国上下掀起学习贯彻高潮之际，我们今天又相聚一起，共同参

加"2020（第三届）四川品牌大会暨第八届西部人力资本高峰论坛"。首先，我代表大会主办方四川省企业联合会、企业家协会对各位嘉宾的莅临表示热烈的欢迎和衷心的感谢！向广大企业家以"敢为天下先，爱拼才会赢"的企业家精神取得抗疫斗争伟大胜利，带领团队为全面复工复产，实现"六稳六保"，推动经济和社会健康发展所做出的贡献表示崇高的敬意！向关心支持企业发展、企业家队伍成长的各级领导及各界人士表示衷心感谢！

此次大会是为贯彻落实习近平总书记在企业家座谈会上的指示，十九届五中全会精神和四川省委省政府关于高质量发展的战略，引导我省企业在构建以国内大循环为主体、国内国际双循环相互促进的新发展格局中，发挥企业和企业家的主体作用，在后疫情时代不确定性骤增的企业生态下，实现品牌逆势成长与企业健康发展。今天的大会主题以"品牌彰显川企质量，数智引领创新发展"作为主题，展示川企品牌形象，凸显品牌价值，彰显社会责任，探讨分享企业数字驱动智能化建设与转型升级的经验，促进企业的高质量可持续健康发展。

目前，全球疫情依然处于大流行阶段，欧洲等地已爆发第二波疫情，美国大选刚刚结束。我们要在这样一个有多种变数的外部环境中保持"任凭风浪起,稳坐钓鱼台"的战略定力,首先要认清三个趋势不会改变:第一,疫情对世界经济社会及企业生态链的影响在短期内将无法逆转;第二,中美之间将继续走向对抗,区别只不过是以缓和或激进的方式,美国内部撕裂将越来越严重,世界局势也有可能会受到牵连;第三,中国的崛起依然势不可挡。因此,全球政局和经济的不确定性因素会有所增加,但我国疫情虽局部地区偶有风险提示,但是整体环境稳定,经济长期向好,市场空间广阔,发展韧性强大,正在形成以国内大循环为主体、国内国际双循环相互促进的新发展格局。

2020年10月16日,中共中央政治局审议了《成渝地区双城经济圈建设规划纲要》。这预示着成渝地区双城经济圈未来将逐步形成优势互补、高质量发展的区域经济形态,也是我省企业拓展市场空间、优化和稳定产业链与供应链、打造区域化品牌与创新链的良好时机。为此,四川省企业联合会、企业家协会(以下简称我会)于10月20日和11月3日分别在成都、重庆两地与重庆市企联召开了川渝企业家交流座谈会并在第一次成都会议上签署了《川渝企联关于共建川渝企业服务平台融入成渝双城经济圈建设合作备忘录》,旨在共同推动实现基础设施互联互通、产业发展链条互补、社会事业共建共享、产业协作抱团发展。对此,广大企业和企业家要积极行动起来,推动"双循环",唱好"双城记",献礼"双百年",为加快建设国家高质量发展增长极和民族复兴的动力源做出更大的贡献。

成渝地区社会和经济的高质量发展自然离不开企业的品牌建设、区域的品牌打造和国际化品牌的培育。为此,四川企联于2018年发起成立了四川品牌联盟,借助四川省企联的综合性优势,搭建了企业交流平台,聘任了一批来自高校和知名企业中有影响力、实战经验丰富的品牌专家,助力企业品牌培育和建设,得到了政府部门、行业协会、研究机构和企业界的大力支持与积极参与。今年,四川品牌联盟召开了第一届理事会,理事长单位由创建了我国首个"智慧企业"国家品牌,充分彰显数字化时代大数据、云计算、人工智能等融智创新所形成的数智引领创新发展的标杆企业——国家能源集团大渡河公司担任,副理事长单位由七化建、四川航空、九洲电器、恩威集团、景茂集团等知名企业担任。这些企业既是四川企业界品牌建设的榜样,也是积极履行社会责任的模范。未来品牌联盟的阵容还将不断扩大,逐步发展为成渝地区、西部地区的品牌联盟,携手多地品牌企业共商、共建、共创、共享西部地区品牌高地。

四川品牌大会先后于2018年、2019年连续组织召开了首届和第二届。今年的大会在前两届的基础上,隆重举行了"四川省品牌建设示范企业"的授牌仪式,这是四川省企业品牌建设史上的里程碑事件。"四川省品牌建设示范企业"的创建工作是我会贯彻落实党中央、国务院创新发展战略的重要举措,是四川省高质量发展的实践成果。七化建作为四川省首家"品牌建设示范企业",我们省企联已经关注、培育、服务近三年。七化建之所以能成为首家品牌"示范企业",是因为它们在品牌建设上取得了显著成效,不仅在国外的重大工程合同中取得了单笔金额近千亿人民币的中国企业创纪录的大单,而且成为全球产业链中具有先进性、示范性和行业代表性的企业,其知名度高、信誉好、发展潜力大、综合实力强、责任担当好、美誉度高。通过对"示范企业"先进经验的宣传推广,一方面促进了"示范企业"的品牌塑造和传播,提高了企业的品牌影响力、忠诚度和品牌价值;另一方面树立了品牌建设标杆,有利于发挥品牌示范企业的引领和带动作用,有利于进一步推动四川省企业品牌发展和品牌竞争力的提升。

品牌建设离不开标准。我会先后制定了《四川省企联企业质量建设与品牌培育服务清单》《四川省企业联合会团体标准管理办法》在今年已经获得组织、编制并在"全国团体标准信息平台"发布团体标准的资格。该平台是根据国务院《深化标准化工作改革方案》关于"对团体标准进行必要的规范、引导和监督"的要求,由国务院标准化行政主管部门——国家标准化管理委员会组织建立。培育发展团体标准，其目的是将政府单一供给的现行标准体系转变为由政府主导制定的标准和市场自主制定的标准共同构成新型标准体系。政府主导制定的标准由6类整合精简为4类，分别是强制性国家标准和推荐性国家标准、推荐性行业标准、推荐性地方标准；市场自主制定的标准分为团体标准和企业标准。政府主导制定的标准侧重于保基本，市场自主制定的标准侧重于提高竞争力。因此，企业参与制定团体标准有利于提高自身品牌竞争力和社会信誉，提升市场认可度和行业影响力。我会率先在全国企联系统创新性地推动这一工作，其目的就是更精准、扎实、高效地服务于企业和企业家，为企业自主创新、知识产权保护和价值提升提供了强有力的支撑。

与此同时，下一步我会将继续联合相关智库及研究机构，编制企业品牌竞争力指数相关参数、指标并制定标准，发布四川省百强品牌竞争力榜单。目前已初步完成了"四川品牌百强评估模型"和"四川省企业品牌竞争力评价体系"。榜单将坚持以科学性、公正性、专业性标准进行数据收集、指标设定、科学审查、公平评审，以期助力企业品牌建设可持续健康发展。同时，也期望打造出四川企联在全国的又一张创新名片。

众所周知，企业的品牌建设离不开企业家的奋斗。企业家是最稀缺的资源，也是最宝贵的社会财富。习近平总书记在企业家座谈会上指出："企业家要带领企业战胜当前的困难，走向更辉煌的未来……"面对当前新冠疫情在全球的蔓延没有止步和中美斗争的长期化所带来的巨大不稳定性甚至颠覆性的企业生态，我们既不能盲目乐观，但也没有理由去悲观。我们眼前的最大优势和底气就是这次抗疫斗争取得伟大胜利所积累的国家品牌财富。抗疫斗争的完胜，不仅彰显了中国精神、中国智慧、中国力量，更让全世界分享了中国经验，更重要的是使举国上下对"四个自信"的共感所形成的磅礴精神国力得到了大力彰显。尽管中国抗疫斗争取得了"一花独放"的好环境，但"一花独放不是春"。我们大企业，尤其是许多企业仍面临供应链，甚至创新链断档的危机，中兴事件、华为事件就是典型例子。

刚才工业经济专家型领导海林主任、健翔厅长都用产业发展的趋势与数据化的精准阐述，告诫我们未来的品牌之路，只有一条路可走，即自主创新。党的十九届五中全会指出："坚持创新在我国现代化建设全局中的核心地位，把科技自立自强作为国家发展的战略支撑。"这具有深远的战略意义和重大的现实意义。这是中华民族重返世界之巅的战略引领。我们中国企业从跟跑到并跑再到领跑，是一个艰难的过程，正所谓"高处不胜寒"。领跑就意味着要突破无人区，关键核心在自主创新。我们广大企业家要紧盯我们的短板，保持定力和耐心，苦练内功，甚至断臂求法，在自主创新上狠下功夫。要以文化创新为先导，科技创新为核心，商业模式创新为源泉，管理创新为支撑，体制机制创新为动力，企业家创新为关键。

各位来宾，各位朋友：面对世界百年未有之大变局和新的发展格局与历史机遇，正逢"十四五"规划开辟新发展征程的战略谋划切入点与伟大新征程的起点，希望四川省企业和企业家们落实新发展理念，不忘初心、不负韶华，继续奋斗。四川省企业联合会、企业家协会将与大家同舟共济，秉承"融智创新，敬业奉献，维权服务，自强自律"的价值观和"平台化发展、品牌化运营、价值链共赢"的服务理念，进一步与社会各界通力配合、大力协作，发挥平台优势，助力四川品牌，打造更多具有新担当、新作为的四川品牌榜样！

最后，正如企业家任正非所言："除了胜利我们别无选择！"借此，我送各位企业家及同仁们三句话共勉之。孙中山先生指出："世界潮流浩浩荡荡，顺之者昌，逆之者亡。"毛泽东同志教导："世上无难事，只要肯登攀。"习近平总书记指出："幸福都是奋斗出来的。"顺祝大家身体健康，事业兴旺，人生美满！谢谢大家！

（原载于《企业家日报》2020年11月18日）

创新无止境，赶超正当时

——在 2020 四川企业技术创新发展云会议上的讲话

2020 年 12 月 17 日

今天是冬天里的春天，在国际疫情肆虐的情况下，我们在安全、美丽的成都召开四川省第四届四川企业技术创新发展大会。这也是冬天里的报春花，正如古人所讲，"前村深雪里，昨夜一枝开"。这次会议是我们进一步贯彻落实党中央创新驱动发展战略，落实党中央十九届五中全会精神，坚持创新在我国现代化建设全局中的核心地位，把科技的自立自强作为国家发展的战略支撑，尤其是习近平总书记关于要采取"非对称"赶超战略，在关键领域、卡脖子的地方要下大功夫的指示精神的重要实践。因此，今天的大会是一个具有长远意义的盛会。

本次大会是中科院成都分院、四川社科院作为顾问单位，由中国企业联合会、省经信厅、省国资委指导，四川省企业联合会、四川省企业家协会牵头，与四川省技术创新中心、四川经济日报社、四川省企业信用建设指导中心联合发起，并与 8 个省级研究院（所）共同主办的"云大会"。大会在新格局与新起点上推动四川企业自主创新方面具有重要价值和鲜明特征。

第一，四川企业技术创新发展大会是中国企业联合会系统一个全新并趋于成熟的项目，是我们省企联在过去坚持 20 多年推进管理创新及成果发布基础上的又一次新跨越，是一个以新时代背景下搭建更加贴近企业和企业家需求的创新性品牌项目，为四川企业和企业家在创新发展中插上了又一腾飞的翅膀，也使省企联在贯彻国家大政方针、弘扬优秀企业家精神、切实推进管理创新和技术创新上实现了有效融合。

第二，这次会议是后疫情时代中未中断召开的（第四届）技术创新发展大会。本着我们既然在推动技术创新，就应该率先采用技术创新的手段来开好这样一次有影响力的"云大会"的初衷，进行了技术创新支撑疫情防控期间会议模式的有益探索。这也为以后"云大会"常态化奠定基础。

第三，这次大会表彰了四川企业技术创新百强、最具发展潜力20强、发明专利拥有量100强，以及企业技术创新的突出贡献人物，同时还要发布"四川制造好产品"。这从技术创新的不同维度上给广大的四川企业和企业家树立了标杆，为企业自主创新驱动转型升级增强了信心，为我们企业通过核心竞争力的提升、锻造"撒手锏"技术，打造出更多、更优秀的产品，成为"四川造"名牌并朝着国际化品牌迈进奠定了现实而有力的基础。

第四，这次特殊时期的会议是在各个企业单位，尤其是科研单位的大力支持下，发扬抗疫斗争的伟大精神，联合攻关与紧密合作，成功实现了预期目标，印证了我们在技术创新指标上的客观超越。比如我们本身评价所采用的这套算法，是通过四年不断完善评价系统、标准和大数据采集优化的结果，是由硬实力所支撑的。从中看出我们整个四川工业在研发强度上、在发明专利及科技创新的贡献率上都有较大幅度增长。

"新故相推，日生不滞。"创新，推进着中国富强、民族复兴、人民幸福的中国梦，成为新时代最温暖、最有感召力的热词与行动指针。在这个属于奋斗者的时代，人人都有创新的梦想，人人都有创新的权力，人人都是创新者。让我们在党中央自主创新战略指引下，谨记马克思"在科学上没有平坦的大道，只有不畏劳苦沿着陡峭山路攀登的人，才有希望达到光辉的顶点"的教导，保持艰苦奋斗的作风，坚持锲而不舍的精神，精诚团结，共同奋斗，激活蕴藏于每位员工梦想之中的创新创造伟力，迎来科技强国生机勃勃、欣欣向荣的春天。借此机会，我代表联合发起单位及主办方，向奋战在四川企业技术创新发展一线的广大科技工作者及团队致以新年的问候！向奋战在企业新产品开发前线的同仁们及企业家们表示崇高的敬意！祝朋友们新年安康、万事如意！谢谢！

（原载于《四川企联网》2021年1月18日）

坚定信心，迎难而上再出发

——在2020年成都百强企业发布会暨企业数字化转型高峰论坛上的演讲

2020年12月25日

初冬的蓉城，银杏泛金，处处洋溢着"冬天到了，春天还会远吗"的豁达、开朗与喜悦。恰逢党的十九届五中全会胜利闭幕、全国上下掀起学习贯彻高潮之际，我们今天又相聚一起，共同参加2020年成都百强企业发布会暨企业数字化转型高峰论坛，这是成都乃至四川企业界的盛事。为此，我谨代表四川省企业联合会、企业家协会向大会的召开表示热烈祝贺！向广大企业家以"敢为天下先，爱拼才会赢"的企业家精神取得抗疫斗争伟大胜利，带领企业为全面复工复产，实现"六稳六保"，推动经济和社会健康发展所做出的贡献表示崇高的敬意！向关心支持企业发展、企业家队伍成长的各级领导及各界人士表示衷心感谢！

不久前，中国企业联合会、中国企业家协会发布了中国企业500强榜单。从发布的数据看，过去一年，我们企业在高质量发展上有了可喜的进步，500强营业收入增长了8.75%，资产总额增长了4.41%；利润增长了10.3%，入围门槛提升至359.61亿元，可以看出我们经济向稳、结构有所改善。另外一个指标，申报的400多家企业平均研发强度为1.61%，回升到了最高值，千亿级企业已经达到了217户，比去年增加23家。四川上榜企业15家，其中千亿级企业有四家：新希望、长虹、铁投、五粮液。而作为中国500强代表的成都兴城集团也前进了50多位。从世界500强来看，我国企业在世界500强的量上有了飞跃，但在质的各方面，还要看到我们的差距，2019年，美国上榜企业有121家，中国上榜企业有133家，世界500强企业营业收入达到33.3万亿美元。继去年后，中国第二次在全球大企业比拼中超过美国，拔得头筹。中国企业成长性较好。但是，我比较了几个效益指标，中国133家企业的总收入是8.74万亿美金，美国这121家企业的总收入比中国133家企业高了1.5万亿美金，与500强平均水平，尤其是同美国相比，我们的结构与发展质量还有差距。我们的人均销售收入不到美国的60%；销售收入利润率低于全球500强平均水平，比美国低3个百分点；净资产收入利润率低于全球500强平均水平，比美国低5个百分点；研发强度低于全球500强平均水平，比美国低3个百分点。

"自古英雄多磨难。"应对外部种种挑战与打压，关键在于做好自己的事，坚守好企业的本分，坚持好企业家创新精神。而这一切，核心在于战胜自己。只有先战胜自己，才能战胜挑战者与敌人。

同仁们！面对世界百年未有之大变局，党中央做出"加快形成以国内大循环为主体、国内国际双循环相互促进的新发展格局"的重大决策。2020年10月16日，中共中央政治局召开会议审议《成渝地区双城经济圈建设规划纲要》，成都被国家赋予重任，将是未来发展的热土。我们四川企联与重庆企联也于10月20日签署了《川渝企联关于共建川渝企业服务平台、融入成渝双城经济圈建议合作备忘录》，并召开了两次双向的企业家座谈会。成都作为西部崛起的领头羊，更作为四川百强企业70%的聚集地和战略性新兴产业的引领高地，在"双循环""双城记"中起着核心主导作用。期望成都企业和企业家不负使命，不辱重托，卧薪尝胆，积极推动"双循环"，唱好"双城记"，为加快建设国家高质量发展增长极和动力源做出更大的贡献。

"逆水行舟用力撑，一篙松劲退千寻。"面对疫情、供应链、成本三重叠加的压力，我们应心如止水，找准企业大而不强、大而不优的"短板"、"难点"攻关、突破，树立迎难而上、逆流而上的信心和勇气，系统性、整体性、全要素、全过程提升企业核心竞争力，让百强企业真正成为创新企业、品牌企业、长青企业。最后，顺祝大家身体健康，事业兴旺，人生美满！谢谢大家！

（原载于《四川企联网》2020年12月25日）

推进智慧企业建设是数字经济时代企业家的创新之举

—— 在国能大渡河公司智慧企业沙龙100期上的专家点评

2021年3月26日

今天是个特别的日子，正好是智慧企业沙龙100期。这不仅是国能大渡河公司、四川企联、中国企联智慧企业推进委员会给我们党100周年华诞献上的厚礼，也是中国现代管理史上一个里程碑的事件。我作为大渡河智慧企业建设的谋划者、参与者、推动者，尤其是品牌的传播者，想谈三点感悟。

一、为什么智慧企业诞生在国能大渡河公司

大家注意看网上或《今日头条》，我很多次公开的演讲都提到国能大渡河公司（以下简称大渡河公司）的智慧企业建设案例。智慧企业不仅是大渡河公司全体员工创造的管理财富与创新成果，也是我们四川省企业联合会、四川省企业家协会和大渡河公司共同推动、深度参与的，作为我们四川企联与大渡河公司共创共享的一张了不起的品牌，由此载入了我们企联的史册。

我认为有三条理由，可以回答这个"为什么"。

第一，是企业创新生态的优化。党中央提出了创新驱动战略，尤其是习近平总书记提出的"创新是引领发展的第一动力"，我们四川省委省政府也提出"5+1"战略，这个"1"就是数字经济。到去年年底，我们四川数字经济已经突破2万亿元，而我们四川的GDP是4.68万亿元，数字经济的占比超过了40%，这就是企业生态变化的其中一个重要结果。

第二，是应用场景的巨变。这里面主要有企业的竞争力和产业竞争力提升的需要。大渡河公司的五大发电厂，随着管理变革和自身能力提升的需要，要成为一流的水力发电企业，内在需求是有的。而我们四川省整个环境又如何呢？四川是农业大省、制造业大省、水电大省。我认为，通过智慧企业建设，大渡河公司的首创精神及品牌影响起到了非常大的作用。

第三点是最关键的，就是企业家精神和我们这个富有战斗力、凝聚力与可持续能力的团队。结合涂总刚才分享的《智慧企业运行机理》指出的

智慧企业建设的成功关键在"人",实际上我在 2006 年出版的专著《长盛力——缔造富有灵商的管理文化》中关于"企业文化生态论"里面也有专门阐述,指出企业的成长要历经产品经营、资本经营、人本经营的不断上升的三个成长阶段。而智慧企业已经进入企业成长生态位及管理的高级阶段,即人本经营阶段。这里面涂董事长和我之间可能有一种冥冥的缘分,即灵商的共振现象。记得 2006 年我们同时获得"四川省优秀创业企业家",合影时他站在我的后排,比我站得更高。实践证明,他确实站得更高,而且比我看得更远。因此,他把这个事做成了。现在看来,他不仅把事做成了事业,还把事业做成了故事。因此,值得大书特书。巧合的是,四川省企业联合会、四川省企业家协会已成立 40 周年,唯一一张保存在会议室作为存档的当年优秀企业家合影的照片仅此一张。所以我说我们两位心有灵犀一点通(当时受表彰合影时我们还不认识,我来协会工作后才认识他)。他在产业界、企业界推动的管理变革与进步,比我更有成就。他真正践行了"敢为天下先,爱拼才会赢"的企业家精神,以责任、担当、使命、奉献来做这件事。后来,他 2008 年荣获了"四川省杰出企业家",2018 年又荣获了"全国优秀企业家"。在推荐评选省杰出企业家的调研时,我偶然发现了他们智慧企业这个课题,感觉找到了兴奋点。于是,在与省国资委等部门领导交流的时候,我也报告过此事,他们也认为这个企业做得不错。最后我向广严会长报告的时候,他同意把它作为一个典范案例。于是,在 2016 年 8 月 14 日我会主办的"首届西部信息化峰会"上,我作了《展翅云天,努力建设智慧企业》的总结讲话。来自 13 个省、市的千余人参会,是我们四川有史以来,乃至全国信息化建设峰会规模最大、影响力最广的论坛之一。我们当时率先提出的建设智慧企业倡议受到了热议。灵感是谁给的?创意是谁的?是我们大渡河公司的涂总,这一点必须肯定。在他创新精神的率领下,一个优秀的团队在加速成长为卓越。我在专著《长盛力——缔造富有灵商的管理文化》中提出了"三识三性"的人才观,即学识、见识、胆识、理性、悟性、韧性。我没有做到,涂总做到了。博士、博士后都能体现你的学识水平。而见识高于学识，这个见识就是广博的"世面"，就是国际化眼光、全球化思维。境界决定眼界，眼界决定世界。见识就是这样来的。最高的"识"叫胆识，胆识是在前面二者基础上成长、积累、创造出来的。这个胆识不是胆子大、胆子莽。另外，有了学识才有理性，有了见识就有悟性，最后有了胆识便具备了韧性。真正的人才，只有真正拥有了韧性，事业才能取得成功。所以，大渡河公司智慧企业建设取得成功，是非常不容易的。这一点值得学习和敬佩。

二、大渡河公司智慧企业建设对四川企业乃至全国企业到底有什么影响，有什么价值

第一，尽管大渡河公司智慧企业理论框架的创造及在实践中的构建是一个动态演进且不断优化的过程，但为我们数字化经济时代下四川企业界如何弘扬优秀企业家精神，如何成为现代企业管理的标杆树立了榜样。因此，凡是重要的企业参观交流学习，我都介绍或亲自带队到大渡河公司智慧企业管理的现场来。这是一个杰作，它不是简简单单的工业技术加信息技术加管理技术，而是一种集成的自主创新理论的实践，就是在《融创论——自主创新驱动企业转型升级》中我提出来的融智创新观点，即"文化创新为先导，科技创新为核心，商业模式创新为源泉，管理创新为支撑，体制机制创新为动力，企业家创新为关键。"

第二，大渡河经验推动了我们四川企业转型升级和战略性新兴产业的成长。为什么这样讲？我到大企业、大集团调研，比如中铁工服也是很有名的新秀企业，成都兴城集团最有可能成为四川本土第一家问鼎世界五百强的企业，我也向它们推广大渡河智慧企业建设的经验。

为什么说大渡河经验对四川企业转型升级做出了贡献。回顾一下，先说两个大企业，一个是民营企业通威集团，它是全世界鱼料产业的第一，全世界光伏板产业的第一。五年前我去考察，和去年去考察，情况是两码事。它的"渔光一体"模式值得称道，也写进了我《融创论——自主创新

驱动企业转型升级》的案例中，我还为该企业及全国优秀企业家刘汉元写了一首藏头诗附在案例后面。通威集团通过智慧企业建设，把湖面上的光伏板发电与水下的鱼养殖的温度、湿度等数据信息结合起来，极大地提高了资源整合利用效率，实现了现代农业与工业的跨界融合，创造了"通威模式"，这就是大数据时代下智慧企业的成功。以往，一片鱼塘，常常需要一帮人劳作，打的是人海战术，现在没有了，数据中心即中控室看得清清楚楚，无论是在芜湖还是在西昌，投饲料、输氧等都智慧化了。这是一个现代农业运用智慧企业建设的典型成果。另一个是中石油西南油气田公司。上个月我去调研，我们准备配合他们创建首个工业文明遗产最佳实践基地，向建党100周年献礼。为什么？因为西南油气田公司有一张毛泽东主席视察的照片。这张照片历史意义很大。毛泽东主席不仅是中国共产党和中华人民共和国的缔造者之一，也是中华民族的伟大英雄，也永远是我们人类历史上最伟大的巨人。围绕这个话题，我给西南油气田公司出了个主意，将此纪念馆打造成现代工业文明的示范基地，不仅可成为工业文明及红色文化的教育基地，也可以把当地的乡村振兴及旅游业带动起来。这是我们企业提升品牌价值和社会责任竞争力的很好机会且非常富有历史意义的事。通过智慧企业建设，不仅气田的现场大部分人工省掉了，而且通过创新、攻关，川中油气矿磨溪油田在石油大会战没有打出油气，现在打出来了。钻井深度不仅创造了新的纪录，也成为中石油系统目前最大的天然气出量井。去气矿采气现场参观，没人值守，全是运用大数据管理，通过大量的传感器等数据的传输处理到控制中心，使作业现场的压力、温度等技术指标、安全指标都在平台的监控中，这就是应用智慧企业成果取得管理现代化的成功。我再说几家中小企业。攀钢积微物联是攀钢的子公司，它们运用智慧企业的原理也实行了钢材物料供应链的智慧管控。还有，我前天到传统建筑产业的代表华西集团去调研，它的集采公司（子公司）也是运用智慧企业的理念，把整个建材的物流通过大数据管控起来。再说一家，是民营企业的四川华东电气智慧企业建设的案例。2016年12月12日，在中国企联指导下，在省经信厅、省国资委指导下，我们和大渡河公司一起，举办了"首届智慧企业创新发展峰会"。会上，四川企联在全国率先授予了大渡河公司"智慧企业管理创新实践基地"的称号。这不仅是四川企业管理界的一件突破性事件，也是在中国管理史上具有里程碑的纪录。华东电气参与会议并受到启迪，也提出了智慧企业建设的构想并付诸实践，成为在成都"融智创新园区"中的明星企业和中小企业智慧企业的推动者。这也是我们智慧企业成果的再创造。

第三，智慧企业建设是我们四川企业品牌在全国乃至国际上的一次提升。智慧企业的建设与经验推广，对我们四川企业的知名度、美誉度、忠诚度及可持续发展能力是一个肯定。无论是中联办、国家行政学院举办的古巴高层能源培训班到现场参观学习，还是海外一些著名的管理咨询机构，或是国内一些知名企业来大渡河公司参观学习，都留下了非常难忘的印象。我说过这样一句话：在四川工业战线，若真正算得上第一的一项技术，那就是大渡河公司智慧企业的发电技术，加上我们的超高压输送电技术。美国能比吗？日本能比吗？德国能比吗？不能。因为他们没有我前面说的企业生态、应用场景和像涂董事长这样拥有士大夫情怀而忘我奉献的新时代企业家。

三、推动智慧企业建设进一步深化、优化、品牌化的建议

虽然我们当前已做得算优秀了，但是，时代在变迁，新技术革命是非常快的，再加上中美之间的较量是一个较长期的过程：第一步是贸易战；第二步是技术战；第三步是货币战；第四步是文化战。我们现在已经处在第二步了。面对以美国为首的西方在技术上的围追堵截，加之竞争对手也在不断成长，未来我们还有很长的路要走。智慧企业下一步怎么做？我有四点建议。

其一，我们一定要在算法上创新，在算力上提升，包括刚才有位博士讲的边沿算法，要精准性地与我们的技术创新链融合。比如，与政资产学

研一体化中芯片研发的企业联合来做好这件事，才能真正以系统集成突破"卡脖子"的短板。

其二，面对智慧工厂、无人工厂，甚至黑灯工厂的大量诞生及智能工厂的普遍升级，如何处理好在智慧企业建设中"人"和"机器"及具有人工智能，甚至超越人类某些智能的"机器人"的关系？这是个最现实，也是最根本的问题。怎么处理好道德边界、管理约束边界、生命安全边界等问题，这是非常考手艺的，这是下一步要努力探索与去做的开拓性工作。

其三，如何利用最新的科技革命带来的突破性创新技术，比如脑机联接技术、区块链技术、量子计算技术等，在除了提高算力、提高效率以外，还有一个很重要的，就是在国际化进程中的数据安全问题。我们既要按国际化的市场原则行事，比如诚信、公开等，又要按照互联网基本思维的跨界、融合、创新、分享来创造与实现价值。在技术上怎么突破？如何实现核心技术的保密？如何保障数字主权？如何实现数字资产的资本化？尤其是在未来赢家通吃的时代，核心知识产权的保密甚为重要。

其四，如何在智慧企业的价值链延伸上做实、做深、做透？现在第一步做得很好，智慧企业建设在四川已有几家样板企业了，其中一个很大的成果就是成立了成都智慧企业研究院有限公司。但是，从宏观上如何把智慧企业价值成果变成智慧产业、智慧城市、智慧社会？这是我们要考虑的大课题。从中观上看，我们的所有模块，比如智慧检修，从设备机器由少到多地不断链接与传感技术的快速迭代，如何利用人工智能把设备的数字化管理转型升级为资产数字化管理，最后变成资本管理？这就不是一个单纯的企业管理了，而是上升到一个行业、产业，即智慧产业建设，甚至是实业资本与金融资本相结合的产融界做的智慧产融了。另外，智慧工程这一块也可以动脑筋，一系列工程的创新，怎么把智慧工程升级为工程建设的系统解决方案提供商。中国的这个市场非常大，比如"内循环"的乡村振兴，尤其"老基建+新基建"融合"走出去"推进"外循环"，做好了前途无量。从微观上看，就是前面所谈及的从纯技术角度上如何实现关键核心技术的突破。

最后，祝愿智慧企业在中国企联智推委领导下，在国家能源集团战略引领下，在以涂董事长为核心的，从优秀到卓越的班子带领下，让智慧引领企业，让智慧照耀产业，让智慧成就中国，让智慧善达世界！

（原载于《企业家日报》2021年5月10日）

学党史，铸忠诚，提境界，聚精气，谋奋斗
——在省企联学党史支部会上的报告
2021年5月9日

习近平总书记在党史学习教育动员大会上的重要讲话，向全党发出了学党史、悟思想、办实事、开新局的动员令，为开展好党史学习教育指明了正确方向、提供了根本指南。遵照省经信厅党组及机关党委的部署（川经

信党组〔2021〕34号和川经信党组〔2021〕52号文件），对省企联来讲，学习党的历史，就是要把四川省企联"发挥桥梁纽带作用，全心全意为企业和企业家服务"的宗旨与对党忠诚、提升境界、聚心聚力、继续奋斗，切实担负弘扬好习近平总书记倡导的"敢为天下先，爱拼才会赢"的企业家精神，推动企业高质量发展及忠实履行好"维权、服务、智库"的企联职能，为伟大中国梦四川篇章企业和企业家实践做出新的更大贡献。

一、学党史要学出忠诚的品质

我们党成立一百年来，实现了中国沧桑巨变，建立了丰功伟绩，主要是：指明了实现中华民族伟大复兴的正确道路，改变了中国人民的历史命运，做出了解决全人类问题的中国贡献，形成了中华民族伟大复兴的坚强领导核心。中国共产党成立以来的一百年极不平凡，是中国人民根本改变历史命运的一百年，是中华民族迎来伟大复兴的一百年，是中国为全人类发展做出卓越贡献的一百年。而所有这一切，都因为有我们党这个坚强的领导核心。这是中国人民之幸、中华民族之幸。我们党成就中国百年沧桑巨变的丰功伟绩，是世界上其他任何政党都无法比拟的。

百年来，我们党团结带领人民前仆后继、顽强奋斗，中国由贫穷落后日益走向繁荣富强，神州大地早已换了人间。近代以来久经磨难的中华民族迎来了从站起来、富起来到强起来的伟大飞跃，迎来了实现中华民族伟大复兴的光明前景。特别是党的十八大以来，经过8年持续奋斗，我国现行标准下农村贫困人口全部脱贫，贫困县全部摘帽，消除了绝对贫困和区域性整体贫困，近1亿贫困人口实现脱贫，取得了令全世界刮目相看的重大成就。延续几千年的绝对贫困问题在我们这一代人手中得到了历史性的解决，全面建成小康社会胜利在望。许多国际政要、学者评价中国脱贫攻坚是"人类社会发展史上前所未有的创举"。特别是抗击新冠疫情的胜利并第一个恢复增长的主要经济体，充分彰显了中国共产党中流砥柱的核心作用。中国人民抒写了一部惊天动地的壮丽史诗，无比自豪地向世界宣示——"今天,我们比历史上任何时期都更接近中华民族伟大复兴的目标,比历史上任何时期都更有信心、有能力实现这个目标"。

"明镜所以照形,古事所以知今。"以习近平同志为核心的党中央和新时代中国共产党人,不断总结与吸取历史经验,善于把握历史规律,英明驾驭时局,与时俱进,面对世界百年未有之大变局,应变创新、高瞻远瞩地提出了新时代伟大中国梦与引领构建人类命运共同体建设的一系列创新理论。党的创新理论是前进的旗帜、发展的方向和奋斗的动力。学党史就是要传承好学理论用理论、在理论中找方法找答案的优良传统,保持好理论联系实际、理论指导实践的良好学风。

通过学党史,锤炼对党忠诚的品质。对党绝对忠诚的要害在"绝对"两个字,就是唯一的、彻底的、无条件的、不掺任何杂质的、没有任何水分的忠诚。对党忠诚是对党员的基本要求,也是共产党人最重要的政治品格;是政治标准,更是实践要求。要坚持党的领导,加强党的建设,不折不扣贯彻落实习近平总书记的重要指示批示精神和党中央决策部署,始终筑牢"听党的话,永远跟党走"的"根"和"魂"。

二、学党史要悟出新的境界

境界决定眼界,眼界决定世界。思想就是力量。一个民族要走在时代前列,就一刻不能没有理论思维,一刻不能没有思想指引。悟境界就是要从党的百年非凡历程中深刻感悟马克思主义的真理伟力和实践力量,系统掌握贯穿其中的马克思主义立场观点和方法,更加坚定自觉地用习近平新时代中国特色社会主义思想武装头脑、指导实践、推动发展。为此,要切实搞懂三个要点。

一是笃学真信,不断提高政治领悟力。理论上的追随是最内在的追随,思想上的看齐是最根本的看齐。过硬的政治领悟力要求对党的创新理论能够正确认识、准确把握和科学运用。四川企联党支部必须坚持把学习贯彻落实习近平新时代中国特色社会主义思想作为首要政治任务,在学懂、弄通、做实上下功夫，原原本本学、逐字逐句学、全面系统学、带着感情学，深学细悟、笃学真信、学思贯通，在跟进学习中准确理解，在深入领悟中深化认识，在不断实践中提高理论素质、政治素养，从根本上增强历史自觉、保持战略定力、筑牢信仰之基，确保四川企联始终沿着正确方向前进。

二是知行合一，不断增强政治判断力。作为为企业和企业家服务的平台，要善于从讲政治的角度思考和分析问题、把握和研究形势，特别是在重大问题和关键环节上要确保头脑特别清醒、眼睛特别明亮，确保在重大政治原则上毫不动摇、在大是大非问题上毫不含糊，理直气壮地为企业做优、做强、做大、做久，为持续推动经济社会高质量发展而"融智创新、敬业奉献、维权服务、自强自律"。

三是善谋敢为，不断修炼政治执行力。"艰难方显勇毅，磨砺始得玉成。"把学习党史，特别是对老一辈革命家的敬仰，对英勇人物的崇拜及红船精神、长征精神、延安精神等转化为终身的修炼，不断提升党性觉悟，提升思想境界，提升政治执行力，时刻保持全心全意为人民服务这一宗旨的精神基因活力和为企业、企业家服务的满腔热忱。与此同时，要高举习近平新时代中国特色社会主义思想的伟大旗帜，不负韶华，弘扬新时代的"新追星文化"（这是我在《融创论——自主创新驱动企业转型升级》中的观点之一）。让英雄人物、科学家、优秀企业家及工匠精神等正能量的研究成果、宣传成果转化为公众"追星"的驱动力，转化为价值观及由企业文化引领的企业核心竞争力，推动企业做优、做强、做大、做久，倾力打造中华崛起的创新力和可持续的发展力。

三、学党史要凝聚精、气、神，拧紧持续奋斗的发条

开展党史学习教育，就是要做到学史力行，务求实效，在办实事，尤其在为企业和企业家服务的过程中进一步深化与践行对党的性质和宗旨的认识。先哲讲："感人心者，莫先乎情。"我们坚持"一只手搭在企业

的脉搏上，一只手搭在企业家的肩上"，就要用真心、真情、真意成为模范的"企业和企业家之家"，切实为企业和企业家排忧解难，扎实、高质量地服好务，风雨同舟、荣辱与共，鼓起迈进新征程、奋进新时代的精、气、神。

唯有不变初心，方可告慰历史，告慰先辈，方可赢得民心、赢得时代，方可善作善成、一往无前。当前，我们越接近中华民族伟大复兴的目标，越考验耐力，越应拧紧发条。习近平总书记强调："一切伟大成就都是接续奋斗的结果，一切伟大事业都需要在继往开来中推进。"实现中华民族伟大复兴，是无比壮丽的崇高事业，需要一代又一代中国共产党人带领人民接续奋斗。今天，历史的接力棒传到了我们手里。历史和人民既赋予我们重任，也检验我们的行动。崇高信仰始终是我们党的强大精神支柱，人民群众始终是我们党的坚实执政基础。只要我们永不动摇信仰，永不脱离群众，永不放弃"先锋队"的荣光，我们就能无往而不胜。

"征途漫漫，惟有奋斗。"作为企业和企业家代表组织的企联，学习党史并向党100年献礼的最大成绩就是努力践行好党中央和习近平总书记"创新是引领发展的第一动力"的指示精神，在帮助与推动企业"补短板"、解决"卡脖子"等一系列核心重大关键问题上，大力弘扬优秀企业家创新精神，即"文化创新为先导，科技创新为核心，商业模式创新为源泉，管理创新为支撑，体制机制创新为动力，企业家创新为关键"，切实为自主创新驱动企业转型升级、打造更多的世界一流品牌企业只争朝夕，继续奋斗。牢记"大力发扬为民服务孺子牛、创新发展拓荒牛、艰苦奋斗老黄牛"精神的教导，为中华民族重返世界之巅而不忘初心、再创佳绩。

带着对党的深厚感情，特以"百年大党缔造伟业"为题赋藏头诗一首，向党的百年华诞献礼。

百载历程铭党史，
年轮翻转巨轮驶。

大国江山是人民，

党章领纲凝共识。

缔造辉煌求实事，

造化神州初心始。

伟烈大爱铸英明，

业圆梦想创盛世。

（原载于《四川企联网》2021年5月9日）

推进产融结合，实现"双碳"目标

——在碳达峰、碳中和生态下企业低碳发展之道研讨会上的演讲

2021年7月23日

"晓看红湿处，花重锦官城。"今天我们选择了这样一个低碳绿色的环境研讨，真是紧扣主题。风景这边独好，心情非同一般，预感得到的收获和启发将不同寻常。

首先，我谨代表四川省企业联合会、四川省企业家协会对此次研讨会的成功举办表示热烈祝贺！感谢四川省经济和信息化厅、四川省政府国有资产监督管理委员会、四川省生态环境厅对本次会议的关心和指导！感谢招商银行成都分行对本次会议举办的大力支持！感谢两位专家智慧的付出！还有各位企业家代表给予的智慧碰撞、充满激情的思考！借此机会，我也代表研讨会主承办单位对我们在座的领导、专家及企业家代表敢为人先、敢于"吃螃蟹"、敢啃"硬骨头"，向"双碳"目标奋进、拼搏，对经济社会绿色低碳高质量发展所做出的积极贡献，表示崇高的敬意！

其次，我就本次会议作一个简要的小结。应该说，无论是三位省主管部门领导的致辞，还是两位专家的报告，都从宏观层面对我们阐明了实现"双碳"目标任务的必然性和重大意义，内容十分深入，富有研究与思考，用专业的精神和宏观与微观融合的视角为我们深度揭示了"双碳"的机理与企业低碳发展之道，既有指标数据分析，又有理论阐释，还有产业与企业挑战与机遇分析，尤其是在碳交易和绿色金融领域，让我们有了更深度的认识。随后的研讨环节，我们企业家朋友也结合企业实际探讨了"双碳"目标实现的奋斗方向与路径，在如何把握"双碳"的挑战和机遇，如何搞好企业节能减排改造、技术创新和管理创新等多方面发表了自己的感悟和思考。会议休息期间，我和一些企业家做了交流，大家感觉今天的会议干货很多，得到了一次很好的思想洗礼和智慧提升。

再次，作为参会代表我也谈谈自己的几点感悟。

（1）"双碳"目标是社会经济绿色低碳可持续发展的必然要求，是富有规律性的。我们人类从改造自然到顺应自然，现在是与自然和谐、友好相处，这是一个认知的变化提升过程。企业生态发展理念本身也有其规律性，是以自然、社会、人文等相匹配并经历了三个发展阶段，即产品经营阶段、资本经营阶段、人本经营阶段。同时，人类对地球的改变也分为地球变暖、拯救地球、美丽地球三个阶段，终极目标就是实现美丽地球。我们现阶段为什么叫拯救地球？因为地球变暖带来了极端天气和突发灾难。若人类始终抱着"征服自然"的态度和采取"取之不尽、用之不竭"的手段，不加节制地向自然界索取以满足其欲望，人类将被自己所消灭，最终也将被自然所淘汰。

（2）"双碳"目标的实现是中国梦引领人类命运共同体建设的历史里程碑。从某种意义上看，现在是中华民族重返世界之巅的一个伟大转折点。"双碳"目标是以习近平同志为核心的党中央提出、顺应全球化的人类战略，是对人类只有一个地球所做出的庄严承诺，更是构建人类命运共同体的大国担当，是一个里程碑事件。对于"双碳"，我最近也在积极主动学习，因为下一步四川企联的工作必须率先贯彻落实好党和国家战略，具体就是在"双碳"行动中如何服务好企业和企业家。在低碳、绿色、循环、创新发展中，在产业链对接、价值链提升、全球化创新链打造上为企业家提供实实在在的帮助。今天的会议只是一个开端。当前，我们面临巨大的国际环境压力。在"双碳"上有两个指标数据，一个是当前全球有120多个国家和地区提出了碳中和。在碳中和承诺时间上，我们相对欧美推迟了10年。第二个数据是欧洲国家在20世纪末就实现了碳达峰，美国也在2007年实现了碳达峰。同时，我们中国目前的碳排放总量超过了美国和欧盟之和，单位GDP净碳排放也与美国、日本和欧盟差距更大。因此，过去的粗放发展方式已经不行了，这就形成了巨大的国际压力。这里除了我们自主创新、"补短板"、解决"卡脖子"问题及转型升级发展新能源、再生能源以外，"双碳"目标也是体现企业社会责任和构建人类命运共同体的国际责任。2020年9月，习近平主席在第七十五届联合国大会一般性辩论上宣布了中国"双碳"目标。当年又在12月的气候雄心峰会上重申了"双碳"目标，并提出了非化石能源占比要达到能源消费总量的25%左右等具体目标。2021年3月，在中央财经委员会第九次会议上，习近平总书记作出了重要指示：实现碳达峰、碳中和是一场广泛而深刻的经济社会系统性变革。

（3）"双碳"目标下的自主创新、绿色发展带给我们前所未有的挑战和机遇。2020年我们煤消耗占全球的56.6%，标准煤占全球的26%，碳排放占全球的31%。比2019年煤消耗降低了两亿吨，虽然进步也很大，但面临的挑战也大，尤其与欧美、日本等发达国家相比，能源的使用效率差距甚大。另外，为什么说是机遇？在"双碳"目标下，新能源、再生能源、储能技术等及其相关产业不仅有巨大的投资机会，也为推动技术进步带来巨大潜力和机遇。要迎挑战、抓机遇，核心还是自主创新。自主创新是系统工程，更是需要大量投入耐心资本和创新资本的长期而艰苦的过程。我们要以"文化创新为先导、科技创新为核心、商业模式为源泉、管理创新为支撑、机制体制创新为动力、企业家创新为关键"，以"双碳"目标硬约束倒逼碳技术、能源技术等的快速提升，加速"补短板"、解决"卡脖子"技术创新的过程，切实推进融智新。

（4）我们需要明确几点。其一，"双碳"目标实现的关键是以能源转型为突破，发展替碳技术，用风能、太阳能、氢能、核能和地热等替代石化能源，并且最重要的是怎么形成能源系统转型。其二，发展减碳技术，比如节能减排改造。其三，发展固碳技术，比如生态林、生态农业发展等。其四，运用数字技术、大数据、人工智能、区块链等为"双碳"生态链提质增效，同时积极推进智慧企业建设，促进企业系统性节能减排提质增效。其五，除了技术手段外，还要充分运用管理手段。其六，通过商业模式创新促进绿色低碳消费和低碳生活方式的形成。

（5）对企业家来说，实现"双碳"目标，就是我们社会责任竞争力的一次伟大跨越。"双碳"行动对企业来说，要从产品的低碳设计开始，贯穿生产制造、供应链服务、消费直至回收再利用的所有环节，这也必将成为企业创新发展的一次伟大跨越。

最后，说一些名言与大家共勉。

第一，"万事开头难"。今天的大幕已经拉开，各位参会企业家良好的反馈与满满的自信，说明今天我们这个会就是"双碳"行动的良好开端，良好的开端就等于半个成功。

第二，"浩渺行无极，扬帆但信风"。我们一定要顺应大势，积极作为，千万不能有消极心理。在新时代，我们企业家一定要先知先觉，做国家战略的执行者，做产业的引领者，做创新的开拓者。

第三，"绿水青山就是金山银山"。实践证明，这一新时代生态文明理论在精准扶贫与乡村振兴、幸福乡村建设与美丽中国、健康中国推进，人民对美好生活的向往与获得感、安全感、幸福感的提升等"中国梦"全面实现的过程中，成为人类发展史上耀眼的"中国方案""中国模式"与光明的"中国道路"。

第四，"从实践中来，到实践中去"。"双碳"目标的实现还有许多技术难题需要攻克，绿色金融也是一个需要在实践中检验并不断提升、总结形成理论指导实践、实践上升为理论的循环过程。

第五，"用行动才能赢得信赖"。"双碳"目标的实现需要付出持续的努力，尤其是与环保相关的"硬约束"指标，需要企业家付出较大的"耐心资本"与"韧性资本"。愿同仁们有伟大企业家乔布斯"活着就是为了改变世界"的雄心壮志，只有志存高远，才能比别人看得清未来之路，从而实现基业长青。

"功夫不负有心人，苍天不负奋斗者。"希望我们群策群力、团结一心，以新时代"航空航天精神"攻坚克难，突破技术壁垒，勇闯"无人区"。四川企联愿与在座的"产、学、研、资、用"社会各界精英携手前行，为企业早日实现"双碳"目标，不断提升企业的社会责任竞争力和绿色发展核心竞争力，为美丽中国及人类美好家园建设再立新功，再创辉煌！

（原载于《四川企联网》2021年7月30日）

坚持文化引领，推进企业高质量发展

——在中建八局西南公司党建文化论坛上的专家点评

2022年6月30日

首先，非常感谢中建八局西南公司盛情邀请，参加党庆101周年暨党建文化论坛。借此机会，我代表四川省企业联合会、企业家协会向此次会议的圆满召开表示祝贺！向受到表彰的同志们表示敬意！尤其是对中建八局西南公司为西部崛起、为四川经济社会高质量发展所做出的突出贡献的各位同仁们，表示崇高的敬意！

其次，我聆听了咱们公司党建文化论坛中"如何发挥党建引领，赋能支撑保障企业高质量发展"等四个子题目的现场对话交流，我一边在听，一边在记，一边在想我点评什么。因为事先不知道对话题目及内容，我只好"热炒热卖"，就用四句话来概括我的感悟，那就是：党建引领、文化筑魂、品牌强企、创新发展。在四川省这个范围内，作为带队咨询、塑造了三个国家级企业文化建设示范基地（企业文化最佳实践企业）和五个省级示范基地的咨询专家组组长，听了今天的交流，我认为有两个差异化特色。

第一个差异化特色是文化筑魂。

文化是一个国家、一个民族的灵魂。从我们管理者（企业家）的角度来看，企业文化就是企业成功的基因，就是企业的核心竞争力。我们团队在分享中所反映企业文化建设与落地的故事及表现出来的精、气、神，给我的感觉可以归纳为三句话、十二个字：以文化人，文化自觉，文化制胜。落脚点在文化制胜。由于时间关系，我就不阐述了。刚刚在我进会场之前，我送给咱们党委书记一本书，是我2016年出版的《长盛力——缔造富有灵商的管理文化》，是一本专门研究企业文化的专著，今天你们取得的优异成绩，正好印证了我在扉页上写的两句话，即"党建引领文化力，试看天下谁能敌"。听了同志们的精彩对话，我才知道，从举世闻名的三星堆新博物馆建设项目到我老家遂宁新宋瓷博物馆的项目，都是咱们干出来的。那可是顶天立地、响当当的项目。每一个项目不仅是一个企业品牌，而且是一座文化的丰碑。这就是文化制胜给我们带来的社会责任竞争力和品牌力。其中，在我们文化制胜里面，感触特别深的就是你们把"军魂匠心""红色先锋"主题融入了新时代的文化建设之中，在文化传承与创新上做得很好。一个个案例、一项项精品，让我们的建筑因富有文化而变得伟大，让感受此魅力的大众由衷地伸出大拇指。能让三星堆三千多年历史的文明与人类最辉煌的宋瓷文化活起来并与当今艺术创新完美地融合，真正践行了习近平总书记所讲"不忘历史才能开辟未来，善于继承才能善于创新"。因此，我们中建八局西南公司是真真实实、坚定不移地践行了总书记的指示。

第二个差异化特色是对党建文化里面的品牌强企有新的创造。我有三条认识。

（1）把支部建在项目上，真正体现了党建引领、文化筑魂。

（2）把战斗堡垒筑在工地上。

（3）军魂匠心通过流程、制度、工艺等贯彻到工序及操作细节之中。大家都知道，品牌的一半是文化。其品质所表现出来的就是天使和魔鬼的对垒，而天使和魔鬼都隐藏在细节之中，即"100-1=0"。不久前，习近平总书记到四川视察，尤其在三苏祠考察时，又再三强调了文化自信，从文化自信谈到道路自信。因此，企业和企业家如何坚定"四个自信"，关键在文化自信。从企业实现可持续发展的生态构建看，第一步是产品经营；第二步是资本经营；最后是人本经营，也叫文化经营。因此，企业最终的决胜力就是文化力。中建八局西南公司以李彪党委书记、董事长为核心的团队，在上级战略的指引下，在践行"四个自信"、新发展理念中以世界级的成果与品牌力、优秀的社会责任力、一流的文化创建力做出了圆满的回答。

中共中央印发的《国有企业基层党组织工作条例（试行）》把企业文化建设提升到了党的政治建设的高度。文件指出："坚持以社会主义核心价值观引领企业文化建设，传承弘扬国有企业优良传统和作风，培育家国情怀，增强应对挑战的斗志，提升产业兴国、实业报国的精气神。"面对世界百年未有之大变局，加之中美摩擦的长期性所带来的多种不可预见的多层叠加因素，对我们企业提出了严峻的挑战。尽管如此，但我们依然要坚信，只要有以习近平同志为核心的党中央坚强卓越的领导，只要我们始终如一坚持"四个自信",保持"任凭风浪起,稳坐钓鱼台"的决心和定力,胜利一定是属于我们的!

再次,期望与祝福。在上次贵司企业文化年会上我给李彪书记送了一本我的专著《融创论——自主创新驱动企业转型升级》,扉页上也写了两句话给他,即"李白诗文融风华,彪炳史册创伟大"。此时借此美言,真诚期望作为"企业和企业家之家"的四川企联在未来的进程中,与中建八局西南公司及企业界携手同行,共谱灿烂文化,共创企业辉煌。这里就把我在《融创论——自主创新驱动企业转型升级》中的核心观点送给在座的同仁共勉,即"文化创新为先导,科技创新为核心,管理创新为支撑,商业模式创新为源泉,体制机制创新为动力,企业家创新为关键"。衷心祝福中建八局西南公司在以党建文化为引领、打造一流的品牌之路上实现又快又好的高质量发展。

最后,为表达我对中建八局西南公司在企业文化建设上所做出的佳绩,以其"拓新笃行卓越共赢"的品质文化赋藏头诗一首,以示敬意!

拓土开疆战八方,
新貌启开中建光①。
笃定目标成"一最"②,
行稳致远有担当。
卓尔不凡育工匠,
越山攀高志如钢。
共谋共享创"三强"③,
赢得众心文化彰。

(原载于《四川企联网》2022年7月20日)

注:①"开光"是中国传统文化的重要仪式。这里指中建八局西南公司的创新成果为中建集团品牌增光添彩。

②"一最"指中建八局西南公司奋斗目标中"打造最具核心竞争力的六大系统管理优势"。

③"三强"指"十四五"期间,公司综合排名要进入中建股份区域公司前6强,要实现中建系统西南区域综合实力最强,要达到四川省百强企业前40强标准。

坚定文化自信，打造一流企业

——在四川省第十四届企业文化年会上的专家报告

2022 年 11 月 2 日

同志们、同仁们、朋友们：

大家下午好！

党的二十大光芒照亮千秋业，企业家不待扬鞭自奋蹄。今天非常高兴与在座各位共同学习分享党的二十大精神。我分享的题目是《学习贯彻党的二十大精神，创造人类文明新形态——坚定文化自信，打造一流企业》。

一、从企业文化生态看世界一流企业本质

我从企业文化生态简析、人本文化是世界一流企业的本质、"金字塔

模型理论"在人本文化中的应用这三点跟大家分享。我在《长盛力——缔造富有灵商的管理文化》中揭示了企业成功的基因是企业文化，在《融创论——自主创新驱动企业转型升级》中揭示了企业自主创新的规律与方法。长盛力是水平维度，融创力是空间维度。两个维度构成了企业可持续发展地图的横、纵坐标。从企业文化生态的角度讲，企业成长的规律是从低级向高级，即从产品经营到资本经营最终到人本经营三大阶段。企业成长历程的三大阶段所对应的经济、社会、政治等诸多方面是相辅相成、彼此联系的。因为它是我们人类生态重要的核心组成部分。因此，一个企业的成长都是从员工到普通团队，再到优秀团队，最终成为卓越团队。从构建世界一流企业这一角度的底层逻辑看，它是由温饱生存型到产量扩张型，到质量效益型，再到生态赋能型。同理，从纵向看，企业要成为世界一流企业，首先它是一个学习型团队，在这一基础上它形成持续创新能力，在持续创新能力上构建企业核心竞争力。只有在拥有核心竞争力的基础上，企业才能成为世界一流企业。所对应的企业战略可分成四阶段：起点是堡垒战略，这一阶段完成后进入第二阶段红海战略，第三阶段是蓝海战略，第四阶段是蓝天战略。我认为这是人类发展的规律在经济社会与企业身上的体现。人类在推进经济社会发展过程中从陆地走向海洋，到共创蓝海，再到走向蓝天，人类最终将达到天人合一。从企业文化建设角度看，是企业从组织文化到管理文化，到学习文化，最后到人本文化。从国家及政府做决策的发展观来说，它也与之对应，是一个由低级向高级的发展过程，揭示了经济基础所决定的国家治理方略（上层建筑）。目前，我们正处于企业生态的资本经营阶段，也是企业国际化经营阶段。

企业文化包含五大功能。针对其中的"凝聚功能"，我在《长盛力——缔造富有灵商的管理文化》中提出了"新木桶理论"，这是对企业文化研究的创新提法。过去在研究企业发展过程中一般是以"短板理论"为出发点来提出系统解决企业的问题，以通过对短板的"补齐"与能力提升，增强企业做优、做强、做大的管理素质。现在进入资本经营阶段，国际化的企业明显的短板是没有了，与国际化接轨的"拿来主义"，通过学习与创新，企业家与企业经营管理者迅速地提高了境界与硬实力，而决定"木桶"关键的指标，如强度、可持续性是由板与板之间的黏合度与黏合力所决定的，这种"黏合"就是企业的软实力。这与任正非先生提出的"浆糊理论"殊途同归。

对于新时代企业文化的主要特征，我归纳为创新文化、速度文化、融合文化、品牌文化、健康文化、元宇宙文化。在此我仅简述一下创新文化、健康文化和元宇宙文化。创新文化在《融创论——自主创新驱动企业转型升级》中已系统地做了研究，简要概括为：文化创新为先导，科技创新为核心，管理创新为支撑，商业模式创新为源泉，制度创新为根本，企业家创新为关键。后面重点要讲企业家创新。作为健康文化，党的二十大报告也提出了"健康中国"的理念，因为人民对美好生活的向往就是我们党奋斗的目标。人民幸福常值、幸福指数的提高从基础上讲，就源于健康。健康的观念就是人本文化的体现，是世界一流企业的文化要求。从健康观念引领健康制度，再到健康行为。而健康行为就是我们建设幸福企业的主要标准。我斗胆给元宇宙文化下一个定义，即元宇宙文化是第四次工业革命前夜继互联网文化、数字文化、5G文化、人工智能文化、量子文化等诞生而处于探索、形成并运用于指导新场景创力、算力与共情力的实践，通过人在数字中的灵性穿梭与创造，形成肉体、情体、慧体、灵体的不断融合，为人类提供无限想象空间与激活暗物质能量，激发人们灵商智慧与深度体验，释放沉浸式创意消费的人本意义与生命价值的增值。它是人类最终实现"蓝天战略"、达到"天人合一"之终极目标提供文化路径与全身心、全生命的实践场景。因此，"元宇宙"未来很可能成为人类第四次工业革命的标志。元宇宙文化让人们通过科技手段开发人的潜能，比如下一步的"脑机链接"，未来的"意念驱动""灵商共振"与"时空穿越"等,通过"量子纠缠"技术等的研发,不断提升人的灵商智慧显现力,让人们在不可穷尽的元宇宙生态体系中既能恢复渺小生命的本我、真我,又能实现博大生命的非我、无我。元宇宙文化从中国传统文化视角来看,也就是《长盛力——缔造富有灵商的管理文化》中从灵商的视角观察,它本质上就是一种灵境文化,就是我们灵魂的量子态与天、与地、与现实数字对话的实践。从目前的技术水平看,它包括数字孪生文化、虚拟原生文化、虚实共生文化三个部分。很高兴,昨天国务院五部委联合发文,要大力支持虚拟文化向虚拟产业的发展,这是我们人工智能探索与发展的一个很重要的步骤,必将为元宇宙产业的发展奠定更坚实的基础。

习近平总书记指出:"不忘初心,方得始终。"人类的规律、人性的本质、人心的规律是一致的。因此,建设一流企业必须明确初心文化。第一,员工与企业幸福常值的持续提升,为人类持续进步不断做出贡献。要实现共同富裕,重要的不是看幸福指数,而是"梁氏理论"中提到的幸福常值。要使每一个劳动者的幸福常值得到持续提升,就必须确保其幸福基值基本上的均衡,逐步消除资本经营阶段所带来的收入的较大差距与心理落差,为共同富裕奠定基础。第二,客户满意度、美誉度、忠诚度的持续提升。第三,员工美满度、敬业度、忠诚度的持续提升。第四,由长盛力、融创力所构建的永续经营的企业生态的共谋、共建、共创、共享、共产的黏度持续提升。因此,导师马克思所缔造的共产主义理论及为共产主义而奋斗的方向不是空幻的,至少从管理学这个角度看,我认为人类社会发展的这一高级阶段会成为现实并符合规律。也正因如此,人类才能以"地球人"的整体身份实施"蓝天战略",成为"宇宙人"中永远延续的一分子。"梁氏理论"一个重要的贡献就是在管理学界第一次构建了"幸福模型"与"成功模型"(也包括首次提出的"蓝天战略")。而世界一流企业的终极目标就是幸福企业。

企业文化与一流企业的关系，通过企业文化生态三个阶段——产品文化、资本文化、人本文化的对应可以看出，一流企业对应的是人本文化。我们说"以人为本"，以什么人为本？我下了一个结论，即"以信仰企业核心价值观、能力又符合企业要求的人"。什么是人本管理？就是"以价值观为本＋普通的人性化"。马斯洛先生早年就提出了普通的人性化，人类需求层次分别为：生理需求、安全需求、社交需求、尊重需求和自我实现需求。以人为本就是以心换心的管理模式，叫理解人、关怀人、培养人、使用人。让心照亮路径、让心引导团队。"金字塔模型"的贡献之一就是提出了灵商管理理论。回顾人类企业管理理论的发展，我认为20世纪之前管理理论的启蒙至20世纪80年代，是以智商为主的管理理论，20世纪后期到21世纪初，是以情商为主的管理理论，到现在是逐步进入以灵商为主的管理理论。以灵商智慧产生的管理理论代表当今的创造型理论。它为人类迎来人工智能、量子世界、元宇宙世界并践行"蓝天战略"提供了思想武器与强大的开发能力。人与团队的成功假设用金字塔来表达，它的底边是康商 HQ，两边一个是智商 IQ，一个是情商 EQ，真正决定人和团队成功的本质动力则来源于金字塔的高度，即灵商智慧 SQ。人类成功的"金字塔模型理论"在哲学与人本文化及未来量子管理里的运用是非常具有潜力和应用前景的。相对应的底边，肉体是我们的材料，情体和慧体构成两个边，灵体就是高度。将智慧反映在人本管理理论方面叫灵体智慧。这些假设在理论上需要我们广大的学者、科学家、专家继续深入研究，更需要广大企业家在实践中运用、提炼与创新。"幸福模型"也是一个非常前沿的具有代表性的理论。幸福与地位、财富没有直接的关系，与康商呈强正相关，与灵商智慧呈几何极数关系，与幸福常值、智商、情商、边际效用成正比，与欲望成反比。即：

$$幸福 = \frac{HQ^2 \times (K+IQ+E)^{SQ} \times 边际效用}{欲望}$$

"金字塔模型理论"在人本文化上的应用。一是归纳为"4W",即为什么,是什么,做什么,怎么做?人生的因果与人类的规律是一致的。"人"字一撇一捺,是最简单的一个字,但也是最不好写的。伟大企业家必须要有国际化顶尖战略,即"人"的最高点,这里面灵体决定了慧体,慧体引导着情体,情体滋养着肉体,肉体支撑着灵体。而只有当这"四体"合一,人才能真正进入天人合一(灵境)的状态。二是"三共"。①从人类的"因果"关系来剖析,形成了思维共振(命运共同体),包含了精神文化和物质文化,精神文化体现了企业目的、使命、愿景、价值观、企业家精神等。物质文化体现在安全感、使命感、幸福感和自我认同感等方面。②形成志趣共频(事业共同体),即"道",涉及企业的制度文化,即管理体系、商业模式、共享机制等。③形成行为共举(利益共同体),即"术",通过行为文化形成企业的凝聚力、意志力、韧力、执行力和决胜力。

二、企业文化结构与世界一流企业标准的耦合

传统企业文化的圆盘结构分为物质文化、行为文化、制度文化和精神文化四层。我在《长盛力——缔造富有灵商的管理文化》中加入了企业家精神(核心)。把过去企业文化由外力驱动变成了内驱动,这个驱动力就是企业家精神,是企业家文化非常重要的实践上升与理论创新。

中央全面深化改革委员会审议通过《关于加快建设世界一流企业的指导意见》,提出世界一流企业"产品卓越、品牌卓著、创新领先、治理现代"的16字标准。我认为,"品牌卓著"是世界一流企业的结果体现,"产品卓越、创新领先、治理现代"是"品牌卓著"的关键支撑,其中"创新领先"又是企业实现世界一流的核心。

"产品卓越"就是能够给消费者带来更丰富的获得感、更厚重的幸福感、更精彩的升华感,卓越产品源于卓越的科技和工艺,卓越的科技让产

品成为时代引领者，卓越的工艺让产品成为质量标杆。

"品牌卓著"是指优异与显著，卓尔不凡，深入人心，它包括品牌知名度、美誉度和忠诚度。因此，品牌是企业乃至国家竞争力的重要表现，是赢得世界市场与消费者黏度与热爱的通行证，是中国企业家率领团队实现中国梦、让世界爱上"中国造"，为构建人类命运共同体建立丰功伟绩的核心"标配"。

"创新领先"是企业发展的核心动力，是企业长盛不衰的发动机，是企业核心竞争力的"硬核"。企业要实现创新领先，就必须聚焦关键核心技术，尤其应通过体制机制创新建设起创新人才平台，从而抢占产业制高点，通过加大研发投入与强化产学研资用及实验室等研发生态建设来积累与夯实可持续创新的根基，从而实现自主创新。党的二十大报告强调"人才是第一资源"，同时也提出了广纳贤才为我所用，这充分说明了我们自主创新的核心在于人才。

"治理现代"是发展的保障，也是加快建设世界一流企业的护航舰。世界一流企业要在行业内具有全球领先的产品竞争力、行业领导力和社会影响力，获得广泛的认可，一定要与时俱进、长期并持续推进治理现代化。"中国式现代化"目标是我们企业今后长期的发展与创新并打造世界一流企业的指南。"中国式现代化"有五大特征：是人口规模巨大的现代化；是全体人民共同富裕的现代化；是物质文明和精神文明相协调的现代化；是人与自然和谐共生的现代化；是走和平发展道路的现代化。

综上所述，"产品卓越"是企业物质文化的最高标准，"品牌卓著"是企业精神文化的最高彰显，"创新领先"是企业家精神和企业行为文化的最终硕果，"治理现代"是企业制度文化的最终回报。

三、坚定文化自信，以企业家精神引领一流企业建设

（一）文化自信是建设一流企业的灵魂

增强文化自信必须打造企业先进文化力。习近平总书记指出："坚定中国特色社会主义道路自信、理论自信、制度自信，说到底是要坚定文化自信""文化自信，是更基础、更广泛、更深厚的自信""中华民族有着五千多年的文明史，我们要敬仰中华优秀传统文化，坚定文化自信""文化是一个国家、一个民族的灵魂。文化兴国运兴，文化强民族强。没有高度的文化自信，没有文化的繁荣兴盛，就没有中华民族伟大复兴"。习近平总书记很多关于中国文化崛起、中华文明复兴等战略思想与指示对我们企业和企业家来说是指引，是明道，是开悟，我们必须深入学习领会和坚定不移贯彻执行。无论从企业文化生态理论视角，还是从新时代中国特色社会主义思想角度，以及人类社会未来的趋势讲，习近平总书记的指示与论断可以说是顺应了历史的发展规律。

党的二十大报告在铸就文化新辉煌方面为我们企业和企业家指明了方向与学习重点。报告中指出："激发全民族文化创新创造活力，增强实现中华民族伟大复兴的精神力量。""创造人类文明新形态。"其中，"创造人类文明新形态"这一全新提法，将成为用伟大中国梦引领人类命运共同体建设、中华文明重返世界之巅的响亮号角。

党的二十大报告中指出："推进文化自信自强，铸就社会主义文化新辉煌。"从五个方面进行了表述：第一，建设具有强大凝聚力和引领力的社会主义意识形态；第二，广泛践行社会主义核心价值观；第三，提高全社会文明程度；第四，繁荣发展文化事业和文化产业；第五，增强中华文明传播影响力。就此，我根据企业文化生态理论与学习党的二十大精神相结合，与大家分享以下片段。

（1）从社会学视角看传统文化与企业文化生态关系，中国历代明君治国理政的最高境界就是"大道无为"。"道"不是一天形成的，首先是"知道"，其次是"修道"，再次是"得道"，最后是"成道"。境界一层比一层高，最终达到"大道无为"。

（2）从管理学讲传统文化与企业文化生态关系，其追求的最高境界就是"无为而治"。"无为而治"按照企业生态发展的三阶段理论，也是一个由低级向高级的过程，即对应产品经营、资本经营、人本经营。第一阶段是"有为而妄为"；第二阶段是"有所为，有所不为"；第三阶段是"无为而无所不为"。当下，大家最关注并担忧的热点问题是中美斗争。依照企业生态理论，我把它划分为四个阶段：一是贸易战（即产品经营的起点）；二是科技战；三是货币战；四是文化战（即人本经营的终点）。第一阶段的贸易战，我们依靠世界上最健全的"中国制造"体系与强大的制造能力，至少未输。目前科技战还打得很艰辛，不仅华为等一批高科技企业被美国以所谓"国家安全"为名，实施疯狂打压，甚至动用国家之力与意识形态大棒进行围追堵截。而且美国等国家组建"芯片联盟"，企图让"中国制造"芯片供应链形成"孤岛"。为此，我们必须在芯片技术、新材料技术、高精度工业母机这三个"要命"的短板上用举国体制聚焦，持续努力，发奋攻关。同时，"两弹一星"精神与实践的成功让我们更应坚信"世上无难事，只要肯登攀"。党的二十大报告中多次提到"斗争精神"。当前，面临中国重返世界之巅特殊而关键的时刻，斗则进，不斗则退。正如近代董必武所讲："逆水行舟用力撑，一篙松劲退千寻。"对此，我们必须形成高度的文化自觉和战胜强敌的坚强自信，不忘"帝国主义亡我之心不死""下定决心，不怕牺牲，排除万难，去争取胜利"的告诫。因为只有一条路可以走，除了斗争取得胜利，别无选择。与此同时，斗争也必须掌握艺术。以中华文明对付伪装成国家的资本，这是我们中美斗争应把握的全局思维。具体应注意：其一，"螳螂捕蝉，黄雀在后"；其二，"以其人之道还治其人之身"；

其三,"隔山打牛,一剑封喉"。这是未来二十至三十年中美斗争策略之我见。

(3)从企业家的站位看传统文化与企业文化生态关系,企业家的成长不是一天完成的。它遵循着从"生意人"到"商人"再到"企业家"的成长规律。要从生意人超越商人、成为企业家,其成长过程是:第一阶段追求"功利",第二阶段追求"道德",最后实现"天地"。企业家个人的价值取向,从生意人"暴利"开始,到商人的"红利",再到企业家"互利",这是一个价值成长过程。把企业家价值(功名)成长按传统文化分析,分为"儒"—"佛"—"仙"三个阶段,这三个字左边构成都是"人",右边构成便代表"人"的"社会价值"。第一个阶段"儒",表示大家都"需"要你("亻"),在这个阶段企业家为很多人提供了"需"求并同时满足人们"需"要;第二个阶段"佛",表示着大众对你的敬仰;第三个阶段"仙",表示应像高山一样顶天立地,这就是伟大企业家的终极目标。正如《长盛力——缔造富有灵商的管理文化》所指出:"伟大的企业家是做生态,生态型企业将永垂不朽。"成了"仙"级的企业家,将会成为被历史铭记的人物。

恩格斯指出"文化上的每一次进步都让我们向自由迈进一步",文化是一个国家、一个民族的灵魂。东方文明以中华文明为代表的崛起,这是人类的共识,也符合历史发展的趋势。英国著名社会学家汤因比指出:人类的未来在东方,中华文化会成为世界的引领者。美国的大预言家珍妮也指出:美国必将衰落,东方势必崛起,中国将会取代美国成为新的超级大国。

另一方面,赓续中华文脉,坚定文化自信。我们的人生观是仁爱、平等、中庸、和谐;价值观是修身、齐家、治国、利天下;世界观是世界大同、天下一家。从企业生态视角剖析,老子讲:"道可道,非常道。"这就是我们现在讲的规律、取势,企业家的最大成功就是要顺势而为。孔子讲:

"工欲善其事，必先利其器。"这就是聚能、夯基。孙子讲："势者，因利而制权也。"讲的是战略、战术。王阳明讲："与其为数顷无源之塘水，不若为数尺有源之井水，生意不穷。"讲的是创新。龚自珍讲："不能胜寸心，安能胜苍穹？"讲的是修炼。这也是我后面要讲的生态型企业家最核心的能力——"心管理"。这里重点谈谈我对"道可道，非常道"的现代理解。这是企业家、管理学者、文化使者（包括我所接触的国外的专家）常常交流中国文化时用得最多的一句话。这句话，老子的原意和我们现在理解的有很大的时空演化差异。用于当今大数据时代，用"梁氏理论"来理解，第一个"道"代表 IQ，即智商；"可道"代表 EQ，即情商；"非常道"代表 SQ，即灵商。将"金字塔模型理论"用人工智能的理论来表述，构成金字塔的三个角分别是：IQ 是算法智能，EQ 是语言智能，SQ 是想象智能。鉴于此，可预测在人工智能方面，未来中国一定能够引领由人工智能、元宇宙等为代表的第四次工业革命，一定能在人工智能的开发上成为世界的领跑者。

基业长青的世界一流企业都具有强大的文化力。世界一流企业能胜出的根本原因，就在于这些公司善于给他们的企业文化注入活力，这些一流企业所形成的文化力有五大支柱：以客户为中心，团队协作精神，企业价值观遵循始终如一，平等对待员工，激励与创新。不断积累与提升文化力是企业家的神圣使命。为此，企业家应抓好以下几项工作。

（1）用文化基因提升对抗"大企业病"的免疫力。这里我深有体会，四川省 21 个地市州，至少我曾见过 10 个市州的民营企业"首富"，他们失败的根源从战略上肯定是多元化排在首位；而从文化的角度，就是因为企业扩张太快，犯了"有知识而无文化""有钞票而无品位"的毛病，身躯一路狂奔，灵魂却找不到方向，从而滋生出"大企业病"，所以死亡是必然的。这里面有几个对策：一是"形散而神不散"，要构建开放包容的文化；二是强化管理的微调；三是提升"控"与"放"的艺术；四是与时俱进，提升灵商智慧，扩展量子思维，实现系统性的熵减。企业越大，熵增现象越严重，这是物理学所揭示的一般规律。

（2）用文化融合提升混合所有制企业的生命力。大力推进混合所有制改革是党中央、国务院的一项战略。在我们实际的调研过程中，混合所有制成功的企业基本上是相似的；不成功的，各有各的原因。通用电气公司前 CEO 韦尔奇说："资产重组可以提高生产力，但若没有文化上的改变，就无法维持高生产力的发展。"韦尔奇的过人之处是把文化引领战略推到了顶点。一方面，他在战略层面上提出了"数一数二"战略，韦尔奇先生曾创造一天卖 7 家公司的纪录；另一方面，在执行层面他提出了"六西格玛"的管控理论和方法。德鲁克先生说："企业重组是否成功，关键在于重组方对被重组方的态度，能否双赢，关键在于是否尊重对方并发挥其积极性。"杰出企业家宋志平先生说："混改就像茶与水的关系。"凭这一点，宋志平先生在国有企业混改中创造了奇迹。他是全球唯一同时在职担任两家世界 500 强企业（中国建材、中国医药）的董事长。在他主导中国建材的高速发展过程中，靠石膏材料起家，没有水泥。在他以文化融合为导向的战略决策及"三精"管理下，中国建材成了全世界水泥产量第一且绿色发展的企业。在兼并过程中，他把国有企业所倡导的文化比喻为"茶"，被并购等入盟的广大的民营企业和市场就是"水"，"茶水"就是一家人了。这也是用中国传统茶文化创造的一个新的管理理论。哈佛大学对之前百年公司兼并做过详尽的考察，得出的结论是将近 70% 的合并未达到预期效果，原因正是并购整合过程中没有达到企业文化的融合。

（3）构建实验文化。这是我们过去企业在创新方面的短板。企业要成功创新，成为世界一流企业，必须加强实验文化建设。真正能够实现我们全要素生产力和全产业链创新的体系化优势的提升必须从实验室开始。制造百万千瓦汽轮机的东电集团等都是我们值得骄傲的杰出企业。他们的实践可以证明这点。比如东电集团，我专门去现场考察学习过他们的实验平台建设，一台大型汽轮机拥有两万多个零部件。在这种非常复杂结构的运转中，怎么考虑传感技术？其数据的可靠性、敏捷性等必须通过实验平台来验证，以便不断提高和改进，确保出厂质量及系统的安全性、可靠性。

（4）警惕"好人"文化。传统"中庸"文化的负面影响，在讨论方案、决策风暴时，为避免冲突，团队表面和谐一致，甚至奉行好人主义，导致团队创新和责任感降低，存在触发危机、扼杀创新、误伤人才、决策延时、助长官僚、争"打酱油"等危害。与"好人"文化作斗争，要做到阐明期望、绩效标准和会议目的，以及公开质疑现状、保护坦率正直、直面绩效。

（二）企业家精神是企业文化建设的核心动力

党的二十大报告中指出："弘扬企业家精神，加快建设世界一流企业。"我从五个方面与大家一同分享。

（1）什么是企业家精神？我在《融创论——自主创新驱动企业转型升级》中诠释了企业家精神的概念：企业家精神是企业家所特有的时代精神，是人类最宝贵的财富。他们以其狂热的气质、伟大的人格、博大的胸怀、远大的目光和超常的灵商，营造超高的人气，聚集一流的人才，建设卓越的团队，不断筹划宏伟的目标，造就伟大的公司，缔造和谐的企业生态，成就美好的事业。从管理学来研究企业家精神，我认为创新是灵魂，冒险是天性，合作是精髓，使命是动力，学习是关键，执着是本色，诚信是基础，担当是核心。

（2）着力营造弘扬优秀企业家精神的良好环境。一是做好维护企业家权益工作，进一步保护企业家精神；二是大力宣传优秀企业家精神，进一步营造尊重和鼓励企业家干事业的社会氛围；三是加强对企业家的社会荣誉激励，进一步激发企业家精神。四川省企业联合会、四川省企业家协会一直坚持30多年，每一年推荐、评选、表彰优秀企业家。党的二十大报告中指出"空谈误国，实干兴邦"。省企联也以"纵横正有凌云笔，圆梦需靠实干家"为座右铭，以彰显企业家精神就是创新创造的实干家精神，而实干家精神是中华民族伟大复兴的楷模和基石。

（3）努力提升企业家的灵商领导力。"乌卡时代"（VUCA）企业家所面临的决策环境特征是脆弱易变性、不确定性、复杂性、模糊性。过去的时代主题是和平与发展，现在的时代主题是治理与发展。过去的决策环境犹如"登山"，现在的决策环境更像是"冲浪"。当下，努力提高企业家灵商领导力应该进一步强化企业家危机领导力。俄乌战争及美国所操纵的各种冲突与疫情等阴招、阳谋交织，使人类处于极其危险的边缘。要想成为真正一流的企业家，不仅要有"暮色苍茫看劲松，乱云飞渡仍从容"的心定力，也要有"莫看江面平如镜，要看水底万丈深"的眼鉴力，更要有"山重水复疑无路，柳暗花明又一村"的前瞻力。必须具备运势力、感召力、融创力、决断力、学习力、反省力、风控力、长盛力。

（4）以企业家精神引领新时代企业文化建设新方略。根据习近平总书记对企业家精神的相关指示，结合中国国情及中国式现代化要求，以企业家精神引领新时代企业文化建设新方略，我有以下思考：①以企业家爱国精神的新内涵，标明企业文化建设的新高度；②以企业家创新精神的新品质，开辟企业文化建设的新路径；③以企业家诚信精神的新要求，确立企业文化建设的新标准；④以企业家担当精神的新诠释，丰富企业文化建设的新内容；⑤以企业家豁达精神的新境界，拓展企业文化建设的新格局。

（5）以企业家精神引领新时代企业文化建设新路径。企业家的创新创业精神，必须转化为企业的创新文化，成为企业应对发展环境变化、增强发展动力、把握发展主动权、实现建设一流企业梦想的新路径。具体表现为六个方面的特征：第一，勇于担当、不辱使命的时代性特征；第二，勇于变革、以我为主的自主性特征；第三，勇于超越、追求成功的卓越性特征；第四，勇于学习、海纳百川的开放性特征；第五，勇于冒险、宽容失败的包容性特征；第六，自强不息、勇于牺牲的奉献性特征。

（三）以企业家精神引领世界一流企业建设

（1）从世界500强看中国企业成长为一流的差距与努力方位。今年《财富》世界500强公布，中国共有145家（其中中国台湾9家）公司上榜，美国124家公司上榜。到今年中国已经连续三年位居世界第一位，其中营业收入占500强总营业收入的31%，首次超过美国。从1995年公布世界500强榜单至今27年了，中国由3家到145家，实现了历史性跨越。从500强榜单看中国企业成为世界一流，我们必须认清差距，看清未来的大方向、定位及努力路径。从发展质量上看，销售收益率、总资产收益率、净资产收益率这三个指标我们低于世界500强平均水平，和美国相差较大。从产业结构来看，均衡性、合理性、持续性存在较大风险。在中国上榜公司利润率排前十的公司中，除了腾讯、台积电和华为外，全部是商业银行。而进入榜单的中国银行共有10家，这10家银行利润占全部上榜中国大陆企业利润总额的41.7%。从拥有核心技术的高新企业领域看，我们还存在代差。仅以全球最为激烈的信息和通信技术产业企业为例，美国有19家上榜企业，平均营业收入1262亿美元，平均利润达237亿美元。中国有12家企业上榜，平均营业收入787亿美元，平均利润77亿美元。

坚定文化自信，以企业家精神引领一流企业建设。基于企业实力，构建"七力模型"：同行公司的竞争力—购买者讨价能力—替代品威胁力—合作者能力—外部生态协同力—潜在进入者威胁力—供应链议价能力。基于一流目标规划30年，我有以下几点建议：一是超越商人思维，形成企业家思维；二是超越机会主义，形成战略格局意识；三是摆脱羊群效应，形成狼群集体奋斗；四是保持系统开放，形成有效管控；五是掌握高维思维（如量子思维是一种本心思维，有利于发现和运用隐藏力），形成动态生态。按照一流企业目标从高处取势聚力、低处发力来推进，我们是降维打击。

（2）塑造以奋斗者为本文化。境界决定眼界，眼界决定世界。一流企业家的境界很重要。在塑造以奋斗者为本文化方面，我们要向华为学习。塑造奋斗者文化的路径与方法：企业家精神与价值观驱动；吸纳真正的奋斗者；以榜样营造奋斗氛围；创建有利于奋斗者成长的制度与机制；不让奋斗者吃亏。

（3）赋能传统行业建立数字文化。中国企业应该向海尔学习。"人人是创客"，这是企业家中的哲学家、海尔领袖张瑞敏先生的高明提法。海尔文化已经上升到哲学维度了，它的卓越是用自主人、自组织、自循环创造了新模式、新生态、新范式。

（4）重塑一流企业家的领导风格。要建设世界一流企业，首先企业家一定要成为一流的企业家。对于如何重塑一流企业家的领导风格，我归纳为三个"五"。知识赋能的"五以法"：以人为鉴，找到知识源；以简御繁，萃取知识点；以法为教，确立知识树；以长续短，复制好方法；以一持万，创造新知识。关切赋能的"五关法"：关怀心灵，做好心理疏导；关注发展，谋划职业发展；关爱健康，保持健康状态；关照生活，消除后顾之忧；关心家庭，顾及员工家人。角色赋能的"五角法"：角色期望，实现使命引领；角色规划，塑造主人翁意识；角色定位，明确核心任务；角色构建，助力树立权威；角色行为，界定标准动作。一流企业家最大的核心能力就是为团队、为生态链赋能。

（5）努力提升企业家生态领导力。

最后，借本次企业文化年会的核心理念"文化强企，筑梦远航"为题赋藏头诗一首，以示庆贺。

文明大旗川企飘，
化作秋色天府娇。
强力铸造产业魂，
企兴人和谋高招。
筑基强魂夺分秒，
梦创一流百年眺。
远仰红日托初心，
航道路渺我为翘。

与此同时，为今天省企联开启学习宣传贯彻党的二十大精神之大幕，让我们在以习近平同志为核心的党中央指引下乘风破浪、逐梦远航，早日成为一流企业。特以"二十大领航中国梦"为题献诗一首，共庆党的二十大，同圆中国梦。

二十大开华夏庆，
十年非凡万象新。
大党丰功世界殊，
领袖挥手阔步行。
航向坚定涌民情，
中流砥柱江山定。
国耀东方新文明，
梦圆神州两个"行"。

（原载于《企业家日报》2022年12月8日）

奋发有为七十载,乘风破浪再扬帆

——在中国石油四川销售公司 70 年总结大会上的致词

2022 年 11 月 16 日

"万物霜天堪入梦,春光静待展风流"。在全省上下掀起学习、宣传、贯彻党的二十大精神的气氛中,非常高兴应邀参加中国石油四川销售公司 70 年总结大会。首先,我代表四川省企业联合会、四川省企业家协会、四川省企业管理协会对大会的召开表示热烈的祝贺!

忆往昔,峥嵘岁月稠。70 年来,中国石油四川销售公司高举以"苦干实干""三老四严"为核心的"石油精神"大旗,高唱"我为祖国献石油"的主旋律,踏着铁人的脚步,为四川工业起步、三线建设、改革开放、能源保障、应急抢险、精准扶贫、民生保障、社会和谐、创新发展提供了强大的动力支撑与积极履行社会责任的榜样力量。借此机会,我代表四川广大企业和企业家,向中国石油四川销售公司坚守初心使命、不负韶华,

七十载披荆斩棘、砥砺奋进所谱写的壮丽篇章和全体员工为四川经济社会可持续发展所做出的积极贡献表示崇高的敬意！

四川企联作为企业和企业家的代表组织，在中国企业联合会、中国企业家协会和省委、省政府的关怀下，在历届领导和广大企业和企业家的大力支持下，始终坚持"全心全意为企业和企业家服务"的宗旨，充分发挥桥梁纽带作用，认真践行"融智创新，敬业奉献，维权服务，自强自律"的价值观，以"为政府分忧，为企业解难"为使命，以"维权、服务、智库"为主要工作职能，不断加强自身建设，积极走中国特色的社会组织发展之路。在推进企业改革、提升素质、强化管理、转型升级，自主创新和培育、激发与弘扬"敢为天下先，爱拼才会赢"的企业家精神，营造企业家健康成长的良好环境及优秀经营管理者团队建设等方面开展了大量卓有成效的工作。与此同时，顺应时代之变并紧盯政府和企业之需，由单纯推动企业管理提升和企业素质培育，向积极履行雇主组织代表职能，反映企业和企业家呼声，维护其合法权益，构建和谐劳动关系，为政府提供决策参考，为企业提供全要素、全方位、全面的智力服务等方面转变，努力为企业提升核心竞争力，积极推进产业链对接、价值链提升和全球化创新链打造，做优、做强、做大、做久和打造国际化一流品牌献计献策。期望在新征程上，与广大企业和企业家及社会各界风雨同舟、携手前行，与作为我会副会长单位、四川省企业文化研究会理事长单位的贵公司更加精诚合作、共谋共商共创共享未来。在此，向长期以来关心、支持我会发展的贵公司及社会各界表示真诚的感谢！

习近平总书记在党的二十大报告中指出："弘扬企业家精神，加快建设世界一流企业。"面对世界百年未有之大变局与企业所面临的脆弱易变性、不确定性、复杂性、模糊性叠加的"乌卡"时代，期望中国石油四川销售公司高举习近平新时代中国特色社会主义的伟大旗帜，乘党的二十大东风，坚定"四个自信"，在上级战略的引领下，聚焦"产品卓越，品牌卓著，创新领先，治理现代"的世界一流企业目标，全面推进以"文化创新为先导，科技创新为核心，管理创新为支撑，商业模式创新为源泉，体制机制创新为根本，企业家创新为关键"的自主创新方略，积极履行"为社会创造幸福，为员工创造幸福"的价值追求，实施好"11356"治企规划，为新时代中国式现代化道路建设，为四川经济社会绿色低碳高质量发展再立新功，再创辉煌！

最后，特以"贺中石油四川销售"为题，赋藏头诗一首，向"铁人精神"的守正创新者致敬！

贺庆佳绩破三"千"，

中意六"一"勇争先。

石化报国未等闲，

油品先行重任肩。

四表建站不畏艰，

川流不息七十年。

销冠巴蜀红引擎，

售迹一流永向前。

（原载于《四川企联网》2022年11月18日）

为实现共同富裕而奋斗

——在四川省扶贫开发协会理事会上的即兴演讲

2022年11月22日

非常高兴应邀参加本次理事会，刚刚受必武秘书长之邀临时增加一项议程，请我代表兄弟协会并同时以扶贫开发协会企业管理首席专家的身份讲几句。

首先，我谨代表四川省企业联合会、四川省企业家协会、四川省企业管理协会并以四川省扶贫开发协会企业管理首席专家身份为大会的成功召开表示热烈的祝贺！借此机会，向战斗在精准扶贫一线、为四川全面建成小康社会，为四川经济社会高质量发展、和谐发展、绿色低碳发展做出巨大贡献的扶贫一线的同仁们表示崇高的敬意！向在座的各位领导、嘉宾、同仁们、朋友们对四川省企业联合会、四川省企业家协会、四川省企业管理协会的大力支持，尤其是对四川企业高质量发展所给予的智慧力量和四川企业家群体的成长所付出的心力及辛劳表示深深的感谢！

　　其次，每次参加扶贫开发协会的大会我都有不同的感受。党的二十大报告指出，中国式现代化有五个特征，第二个特征就是全体人民共同富裕的现代化。从党和国家的战略层面来看，在习近平总书记坚强领导下，在座的同仁群策群力和全国的扶贫战线同志们一道完成了举世瞩目的、在人类历史上从未有过的伟大的功绩——全面小康。为我们党新的历史功绩增添了光辉，为人类发展史上增添了中国智慧、中国力量、中国道路和中国方案。下一步的目标是共同富裕，我认为是精准扶贫奋斗到全面小康的2.0版。我们在座各位任重道远，既有光荣的使命，同时又面临种种挑战。我坚信，有以习近平同志为核心的党中央英明领导，有省委省政府战略指引，有四川省扶贫开发协会以志康会长为核心的优秀敬业团队，有这样一支为社会责任勇于担当、勇于奉献，甚至勇于牺牲的团队的大力支持与在座同仁肝胆相照、齐心合力，把我们的梦想、初心、智慧、财富、激情、坚韧结合起来，我们的目标一定能实现！

再次，四川省企业联合会、四川省企业家协会作为企业和企业家代表组织，也与我们四川省扶贫开发协会、四川省扶贫基金会一道建立了同舟共济、融智创新的紧密合作关系，为四川精准扶贫做了大量有益的工作。去年我去了三次遂宁市蓬溪县拱市村，我在多个场合、多次报告中专门提到了四川扶贫开发协会所做出的典范就是蒋乙嘉书记带领的拱市村。过去村子山穷水尽，没有道路，男人讨不到媳妇。乙嘉同志作为优秀的退伍军人，积极践行自己的使命，勇于承担社会责任，和我们在座众多嘉宾一样把自己的信念与理想、财富与身价、事业与奉献投入为家乡扶贫和振兴之中。他的付出我们看得见、摸得着、记得住。他不仅做出了让家乡改天换地、名震一方且使人油然而生敬仰的业绩，而且为自己的人生书写了光辉的篇章，同时在我们扶贫史上也建立了丰功。我作为四川省扶贫开发协会企业管理首席专家，在此表态，愿意在未来产业振兴及乡村振兴，尤其是按照习近平总书记的指示我们要完成人类又一次伟大历史性创造——建设共同富裕的社会，让社会主义社会真正成为一种人类新的文明形态的伟大实践中，与大家风雨同舟、荣辱与共，真抓实干。我坚信，我们共同努力曾经创造出的扶贫文化、攻坚文化、产业振兴文化等将为我们这个新时代、这个新的历史阶段及新的文明形态的建设添砖加瓦，为中华文明在复兴的道路上做出新的贡献。由此，我们在座各位仁人志士、各位奋战在一线的同志们的初心、智慧和大爱无疆将凝聚成实现伟大中国梦的磅礴力量。

最后，借此机会与大家共勉，也是对大家的期望。不忘历史才能开辟未来，善于继承才能善于创新，只有从传承民族文化的血脉中开拓前进，才能做好今天的事业。今天的中国离中华民族重返世界之巅越来越近，这是因为它继承了5000年中华文明中厚德载物、上善若水的精神。我们每一位曾经战斗在扶贫战线和现在投身于乡村振兴及共同富裕的同志都是一名伟大的使者，一名值得骄傲的光明天使，既神圣光荣又冒着种种挑战。为此，我想借先哲的智慧与大家分享三句话。

第一，"逆水行舟用力撑，一篙松劲退千寻"。我们虽然实现了全民小康，但是在未来共同富裕的道路上，还有很长的路要走。改革开放毕竟只有40余年，广大农村在很多基础方面还较薄弱，完全可能出现返贫现象，加上可能的自然灾害所造成的破坏无法预料和不可抗力。因此，扶贫永远在路上，共同富裕任重更道远。针对这些问题，我们要认真思考、统筹布局、因地制宜，如何按照习近平总书记指示及党的二十大精神在围绕共同富裕的道路上通过产业振兴实现乡村振兴，从而走上一条可持续发展的共同富裕之路、幸福之路。因此，我们现在还不能松懈，更不能居功自傲，一定要发扬艰苦奋斗的传统，实现我们下一步的伟大目标。

第二，"宝剑锋从磨砺出，梅花香自苦寒来"。广大企业和企业家作为扶贫战线，也是下一步乡村振兴与共同富裕的主力军，应深入学习、理解、把握、践行共同富裕的一个很大特征就是通过第三次分配实现。我在此呼吁广大企业和企业家一定要有"苟利国家生死以，岂因祸福避趋之"的士大夫情怀和要以不辱使命、勇于担当、乐于奉献的企业家精神，积极践行党的二十大精神，贯彻落实习近平总书记中国式现代化建设的相关重要指示，要用中华优秀传统文化中的"愚公移山精神""铁人精神"等推动共同富裕。通过企业和企业家的创造、奉献与带动，让企业和企业家品牌更响、让乡村更富、让人民过上更加美好的生活。

第三，"好风凭借力，送我上青云"。党的二十大光芒照亮前程，关键在怎么落实。"空谈误国，实干兴邦。"现在是一个切切实实需要实干、需要创新、需要奉献的时代。借此，我衷心地祝愿各位领导、嘉宾，尤其是战斗在一线的广大扶贫工作者、企业家同仁们、朋友们，我们借党的二十大春风，在下一步推动乡村振兴、共同富裕，以及经济社会高质量可持续发展、健康中国、美丽中国建设过程中，大展宏图，再立新功。谢谢！

（原载于《四川企联网》2022年12月8日）

新征程，新使命：全力推进大企业大集团高质量发展
——2022四川大企业大集团发展峰会主旨报告
2022年12月15日

各位企业和企业家代表、各位嘉宾、朋友们：

大家好！在全川上下掀起学习贯彻党的二十大精神高潮之际，2022四川大企业大集团发展峰会在成都隆重召开。首先，我谨代表四川省企业联合会、四川省企业家协会、四川省企业管理协会（以下简称四川企联），向参加本次会议的企业和企业家代表、各界人士表示热烈的欢迎！向入围2022四川企业100强、制造业企业100强、服务业企业100强、数字经济100强的企业表示诚挚的祝贺！

2022年四川企联在多年开展"四川企业100强分析"工作、积累丰富

经验的基础上，在中国企业联合会500强工作指导委员会的统一部署和指导下，结合多方权威机构榜单数据，继续推出"四川百强企业"排序。除发布百强名单外，还进行基本经济指标、企业发展趋势、变化情况及企业的竞争力状况跟踪分析、研究，发布成果报告，对四川省企业认清自己所处行业地位，找出发展差距，制定正确发展战略具有重要的指导意义，同时为政府相关经济主管部门制定发展规划和政策措施提供有效的参考依据。

今年的榜单我们看到又有了一些新的变化：在国际形势依然复杂严峻，疫情防控长期影响的情形下，四川省大企业大集团不忘初心、砥砺前行，实现逆势发展，百强入围门槛较2021年进一步提高。

综合100强入围门槛54.19亿元，比2021年继续上升1.2%，更多第三产业企业与混合所有制企业进入榜单。制造业与服务业入围门槛分别为9.42亿元与4.33亿元，达到历年最高。综合100强企业全年总营业收入达到31561.43亿元，较去年（27923.79亿元）增长13%，依然保持着四川经济中流砥柱的地位。营业收入超千亿元的企业今年更是增加至6家，分别是新希望控股集团有限公司、蜀道投资集团有限责任公司、成都兴城投资集团有限公司、四川长虹电子控股集团有限公司、四川省宜宾五粮液集团有限公司、通威集团有限公司。其中，新希望控股集团有限公司再次入榜世界500强，蜀道投资集团有限责任公司、成都兴城投资集团有限公司两家企业新晋上榜，实现四川本土省、市属国有企业世界500强零的突破。

100强企业总资产额有一定回落，一部分原因是在疫情的影响下，传统重资产企业逐渐退出竞争，在市场的变动和产业的重组下，一些企业开始向轻资产模式转变，以及部分互联网科技型企业开始跻身百强。与总营业收入额一样，总利润额也达到历年的一个峰值，呈现出较强的增长势头，实现利润在100亿元以上的企业3家，超过10亿元的企业达到36家，亏损企业继续减少。通过与去年的数据进行对比，可以看到，2022年四川企业100强的总体规模指标除资产外都有一定提升，从历年的发展趋势来看，除2017年经历了一个小幅下降，随后开始慢慢爬升，体现了良好的发展趋势和后劲。

从所有制方面来看，在2022四川企业100强中，国有企业65家，营业收入、利润、资产、从业人数指标分别占100强的68.07%、72.24%、81.12%、57.64%，仍然在企业规模指标上占主要地位，资产总额占比体现了显著的"重资产"特征。民营企业和其他所有制企业35家，较去年有所增加，在企业规模、人均指标等主要数据上仍然与国有企业有较大的差距。2021年国有企业资产负债率超过80%，今年下降到71.53%，经营风险进一步降低。

从地区分布上来看，在100强中入围企业数最多的是成都（72家），继续保持着龙头地位，其营业收入、利润、资产、纳税总额等指标依然在100强中占据绝对优势，体现着全省经济增长核心极的作用。同时，省内各市州也不忘积极发展本地企业，不少地区的龙头企业开始跻身百强，在经营效率上也展现了较强的实力，宜宾、泸州、攀枝花等效率与效益数据表现不凡。

随着我国构建创新型国家进程的推进与信息技术的不断发展，100强企业继续深入实践创新驱动战略，80家企业研发费用投入总额444.3亿元，平均每家企业5.55亿元，较去年增长27%，研发投入超过1000万元的企业达到74家。研发费用增长率超过100%的企业有12家，大多数企业研发费用增长率超过10%，充分体现了四川百强企业对研发的重视，以及创新驱动在企业的深入实践。

2022年经我会（四川省企业联合会、四川省企业家协会）积极推荐报送，四川企业综合15家、制造业12家、服务业11家企业入围中国500强，入围名次和数据指标都有提升，在西部各省市中名列前茅，继续保持着西部企业与经济的龙头地位。

由于时间关系，这里只对综合百强的情况做简要介绍，更多的榜单情况与排序分析大家可以参考《2022四川企业发展报告》。从这些数据和分析中我们可以看到，以四川企业100强为代表的大企业大集团，在过去的几年里，认真贯彻落实习近平总书记治国理政的新理念、新思想、新战略，积极融入新发展格局，直面世界百年未有之大变局，坚持稳中求进总基调，努力战胜供应链危机、新冠疫情冲击等不利影响，抢抓机遇布局"新赛道"，夯实产业链、延伸价值链、构建创新链，积极营造企业生态，以自主创新驱动企业转型升级，保持了快速、健康、高质量发展，在做强、做优、做大的道路上取得了突破性进展，综合实力和竞争力明显提升，为四川经济社会高质量发展做出了重要贡献。

党的二十大站在民族复兴和百年变局的战略制高点，科学谋划了未来五年乃至更长时期党和国家事业发展的目标任务和大政方针，发出了"高举中国特色社会主义伟大旗帜，为全面建成社会主义现代化强国、全面推进中华民族伟大复兴而团结奋斗"的动员令。习近平总书记在党的二十大报告中指出："完善中国特色现代企业制度，弘扬企业家精神，加快建设世界一流企业。"当前，世界百年未有之大变局正加速演进，新一轮科技革命和产业变革带来的竞争愈来愈激烈，面对复杂的国际环境和艰巨的国内发展任务，进一步推动企业在经济社会抵御冲击、奋勇前进中发挥更大力量，是时代对企业和企业家的期望和要求。因此，企业家应用管理的确定性对付"乌卡时代"的种种不确定性与风险，在战略生态化、组织平台化、人才合伙化、领导赋能化、要素市场化、运营智能化、品牌国际化上创新思维、迎难而上，敢闯"无人区"，敢破"天花板"，以足够的战略耐性、顽强的战术韧性、扎实的执行悟性、坚定的创新灵性摆脱对过去成功路径的依赖，用新思维理解新时代，用新聚合构造新生态，用新业绩创造新未来。

虽然从数据上看，四川省大企业大集团在近年来取得了长足的进步，成绩卓然，但与国际一流企业相比，差距仍清晰存在，在新经济、新产业领域，特别是在供应链主导权、行业话语权、自主知识产权等方面还有较大差距。今年以来，国内虽然疫情得到了最大限度的控制，管控政策逐渐放松，给生产恢复提振了一定的士气，但结构性、体制性、周期性问题依然存在，国际摩擦有增无减，中美斗争明暗交织，后疫情时代的各种新的问题纷至沓来，我们企业比任何时候都更需要提振信心、找准方向，不畏艰难、勇于突破，构建真正的核心竞争力，对标"产品卓越、品牌卓著、创新领先、治理现代"的世界一流企业目标，在历史的新征程中迈出扎实的步伐，不负新的使命，创造新的辉煌。下面，我就企业的发展谈几点个人看法和意见，供大家参考。

一、准确把握发展大势，争当排头兵，做好领头羊

以中国式现代化全面推进中华民族伟大复兴，是新征程新阶段我们面临的重要战略任务。在中国式现代化进程中，无论是在未来五年的主要目标中还是2035年总体发展目标体系中，高质量发展都已经成为全社会的共识。我们应该认识到，高质量发展相关目标的完成不可能是一件轻轻松松就能实现的事情。当前，面对复杂诡谲的外部环境与疫情的长期影响，党中央适时提出要构建以国内大循环为主体、国内国际双循环相互促进的新发展格局，以期稳定经济预期，提升产业链、供应链的韧性和张力。在全球价值链重构和新发展格局构建的双重背景下，无论是国际产业转移还是我国国内区域间产业转移都势必迎来全新的发展趋势，呈现新的演变特征。同时，我国已经全面建成小康社会，制度优势显著，制造业及工业体系完整强大，社会大局稳定，市场空间广阔，新冠疫情的冲击正在稳步消化，企业持续发展具有多方面的优势和条件。

大企业大集团作为国民经济的中流砥柱，进入新发展阶段，准确把握发展大势，就是要以习近平新时代中国特色社会主义思想武装头脑，以长远眼光和战略思维引领企业，主动把企业发展融入国家发展战略大局，把党中央重大决策部署贯彻落实到企业创新发展中。既要解决好自身的改革发展与创新驱动问题，又要统筹兼顾，积极关注经济社会相关领域改革，积极主动配合相关改革措施的落地，在深化改革中充分激发企业活力，逐步破除阻碍企业高质量发展的桎梏。

今年以来，四川省先后出台《四川省抓项目促投资稳增长若干政策》《关于进一步支持中小微企业和个体工商户健康发展的财税政策》《四川省促进工业经济稳定增长行动方案》等文件，发放一系列政策礼包，为企业带来了"利好"。我们百强企业要审时度势，用锐利的眼光和缜密思维利用好一切能够利用的资源和机遇，勇当先锋、敢打头阵，主动担当、积极作为，充分发挥大国重器的顶梁柱作用，当好"排头兵""领头羊"，带领四川省企业跨步迈进全新的发展征程。

二、深耕实体，聚焦主业，以技术创新打造高端制造

党的二十大报告中提出，"坚持把发展经济的着力点放在实体经济上，推进新型工业化，加快建设制造强国、质量强国、航天强国、交通强国、网络强国、数字强国"。实体经济是我国国力发展的物质基础，是构筑未来发展战略优势的重要支撑。四川是工业大省，深耕实体经济，坚持工业当先、制造为重，提升主导产业的优势增量，对四川省产业发展驱动作用巨大。坚持以高新技术为主导，大力实施先进装备制造业倍增、智能制造赋能、产业链供应链提升等，把主导产业的长板拉长，实现优势叠加，才能在推进产业体系现代化、实现高质量发展的进程中跑得更快、更稳。

下一步，围绕省委十二届二次全会提出的"以工业为主擎建设具有四川特色的现代化产业体系"，四川将重点实施"三个工程"，即在核心零部件、元器件、材料、基础工艺、软件等七个领域实施产业基础再造工程；围绕四川省重点产业技术和装备的安全自主可控及优势提升实施重大技术装备攻关工程；针对四川省重点产业链薄弱短板和缺失环节实施强链补链工程。广大企业要抓紧时间和机会，牢牢抓住科技创新这一"牛鼻子"，聚焦主业，积极行动，特别是在关键领域和环节，持续加强原创性、

引领性科技攻关，尽快补齐技术短板。充分利用好政府鼓励自主创新的各项政策和各种社会资源，加强与高校、研发机构及政府、中介平台等的有机结合，加强协作互动，构建以市场为导向、产学研资用相结合的协同创新体系，深入推进关键共性技术联合攻关，在解决"卡脖子"问题方面取得更多更大突破，助力四川省实现高端制造"补短板"，引领经济高质量发展。

三、努力践行数字强省，立足新赛道，构筑发展新动能与新优势

当前，随着基础性信息技术和前沿热点通信技术加快迭代演进，深度融入社会各个领域，数字化、智能化日益成为推动经济社会发展的先导力量。加快数字布局，建设新型产业创新载体，成为抢占未来竞争制高点的关键一招。近年来，四川省深入贯彻实施国家大数据战略，抢抓国家"东数西算工程"重大机遇，加快建设全国一体化算力网络成渝枢纽节点，协同推进数据汇聚融合、共享开放和开放利用，大力推动经济社会数字化转型，新的产业格局和全新优势赛道正在形成，软件与信息服务、新型高端装备、新能源和智能网联汽车、电子信息、特色消费品等众多领域都孕育着革命性的突破与机遇。

四川省企业必须在转型升级思路上有所突破，以数据中心、人工智能、工业互联网建设为抓手，构建高速、移动、安全、泛在的新一代信息基础设施，形成数字化转型支撑力，尽快在管理理论、运营工具、操作系统等方面取得突破，以应用场景为载体，着力推进数字技术与业务的深度融合，使数字化真正深入关键业务和核心流程，充分释放数据价值，增强数据资本的增值能力，培育形成新的业务模式和新的增长点，积极探索和参与发展新领域、新赛道，力争在航空航天、生物及健康产业、"双碳"产业、元宇宙及智慧企业等新的应用场景上实现新突破，构建具有国际竞争力的战略性新兴产业集群，推进产业园区优化升级，以数字赋能四川省在全国大局中的战略支撑。

四、坚定人才强企,提升企业持续创新力,打造核心竞争力

新时代是奋斗者的时代,更是人尽其才的时代。必须坚持人才是第一资源,深入实施人才强国战略,坚持人才引领驱动。打造具有可持续发展能力的一流企业,迈步新征程,全方位培养、引进、用好人才,厚植人才资源竞争优势已成为社会共识。

国以才兴,业以才旺。人才是创新驱动的第一要素,是推动科技发展的重要原动力,也是推动企业转型升级中最为活跃、最为积极的因素。当下四川省企业改革发展面临的一系列瓶颈和问题,归根结底是人才队伍缺乏竞争力的问题。现代竞争市场,谋事在人,成事也在人,我们企业要坚定人才强企战略,以"海纳百川""知人善任"的胸怀与举措进行人才的储备和培育。一是要通过深化机制体制改革,积极营造尊重人才、公正平等的环境,积极营造大胆创新的良好企业生态,让各类人才进得来、留得住、用得好,聚天下英才为我所用,努力打造人才"高地",激发企业创新活力,实现更多领域的自主可控,为实现高水平科技自立自强注入"源头活水"。二是建立人才发展的长效机制,完善人才培养、使用、激励体系。顺应时代潮流,坚持"以人为本"原则,培育具有国际视野和全球化战略眼光的管理人才,加速培养适合企业创新发展战略的新型人才,用好股权、分红、科技成果转化收益分享等中长期激励工具,构建多元化的激励制度。与此同时,我在此建议,国家应逐步探索建立科学的鼓励创新、敢于冒险、包容试错、宽容失败、勇于担责的机制,为杰出创新型人才取得科技重大突破建立"安全阀"。三是要更加注重数智人才的培养。数字人才匮乏已经成为制约企业数字化转型发展的关键瓶颈问题,许多企业既缺乏数字化高端领军人才,也缺乏数字化的技能型人才,全员数字意识和数字素养也普遍欠缺,造成数字化转型升级迟迟不能落地。只有解决好"人"的问题,才能从源头解决好企业创新、经营、发展的问题,源源不断地提供企业竞争力提升的内生动力。四是要扎实弘扬工匠精神。"天下难事必作于易,天

下大事必作于细",真正形成全社会尊重劳动、尊重工匠、尊重人才的良好氛围,让世界发明专利第一、工程师队伍第一的数量优势转化为精益求精的产品质量和品牌价值优势,让科学家的创造、企业家的创新、全社会的"双创"通过无数工匠的深耕细作与匠心打磨,成就更多更优秀的"中国创造"和"世界名牌"。

五、贯彻"双碳"战略,推进绿色发展,提升国之栋梁的社会责任竞争力

为应对全球气候变化,我国庄严承诺,力争2030年前二氧化碳排放达到峰值,2060年前实现碳中和,这必将会带来一场广泛而深刻的经济社会系统性变革。四川省作为工业制造大省,作为推动碳中和实现的重要一员,高耗能产业占比仍然较高,污染物排放和生态保护任务仍然非常艰巨。我希望我们大企业大集团,要积极履行企业公民的社会责任,加快制定切实可行的"双碳"达标规划,从产品生态化设计的源头出发,不断优化能源结构和工艺流程,发展低碳能源、清洁生产和循环利用,加快绿色低碳技术创新和推广应用,带头支持行业建立低碳创新联盟,探索有利于碳减排的产业发展模式。大力提升产品供给质量,减少无效、低效供给,减少资源浪费,锚定碳达峰、碳中和目标任务,高质量打造国家清洁能源示范省和全国优质清洁能源基地,实现绿色发展,助力实现碳达峰、碳中和目标。

"莫为浮云遮望眼,风物长宜放眼量。"过去几年可以说是异常艰难的几年,复杂的内外环境考验着我们,也锻炼着我们,鞭策着我们,但站在历史视角看,这只是短短的一瞬间。我们要坚持用全面、辩证、长远的眼光看待当前的困难、风险、挑战与机遇,强化使命担当,以奋勇前进的决心,以敢于斗争的精神,以高质量发展之姿,迈入全新的发展征程,努力在危机中育新机、于变局中开新局。四川企联作为企业和企业家代表组织,将始终践行"发挥桥梁纽带作用,全心全意为企业和企业家服务"的宗旨,秉承"平台化发展、品牌化运营、价值链共享"的服务理念,与企业和企业家一道，努力持续推进大企业大集团高质量发展与世界一流企业建设。我坚信，有以习近平新时代中国特色社会主义思想为指导和省委、省政府"四化同步、城乡融合、五区共兴"的战略牵引，只要我们群策群力、融智创新，攻坚克难、真抓实干，在推动四川由经济大省向经济强省转变、加快建设中国式现代化的道路上必将迈出新的步伐，创造新的辉煌。

谢谢大家！

（原载于《四川企联网》2022 年 12 月 16 日）

创新赋能，推动酒业高质量发展

——在"2023 首届中国酒业消费高峰论坛（爆款节）"上的致辞

2023 年 4 月 11 日

尊敬的各位领导、嘉宾及参加此次成都糖酒会的来自五湖四海的酒界企业和企业家代表、同仁们、朋友们：

大家上午好！

天府之国多佳酿，蜀都自古酒飘扬。在成都最爽、最"巴适"的季节，非常高兴我们相聚在此，共同探讨"创新赋能，推动酒业高质量发展"。首先，我代表四川省企业联合会、四川省企业家协会祝此次峰会取得圆满成功！对来自五湖四海的参会企业及企业家代表、同仁们、朋友们表示热烈的欢迎！特别对战斗在拼经济一线的企业家代表、同仁们、朋友们，对大家在推动高质量发展、绿色低碳发展、和谐发展中所做出的贡献表示崇高的敬意！借此机会我与大家分享三点感悟，并与大家共勉。

第一，以酒为媒，用酒文化推动中国文化弘扬光大。《汉书》曰："酒为百礼之首。"中国乃"礼仪之邦"。礼之酒，蜀地传承近五千年。最新的三星堆出土的大量酒器，进一步佐证了在人类文明史上，酒始终是社会、经济、文化、生活的重要组成部分。酒与中国历史文化，尤其与中华文化重要的创造者、传承者、先贤、广大文人墨客结下了不解之缘，像李白、杜甫、黄庭坚、范仲淹、王羲之等，他们都是斗酒诗百篇的中国文化巨匠与标杆。其中，我们四川人引以为豪的全民偶像苏东坡先生不仅是中国酒文化的丰碑，也是世界文化的灯塔。时至今日，酒与中国文学艺术及传统文化仍保持着千丝万缕的联系。敬天地、叙情谊、品历史，可壮志凌云、可举杯邀月、可佐书万卷，正伴随着中华民族重返世界之巅，尤其是"一带一路"的推进，成为文化自信的重要载体与民心融通的软实力。

第二，用陈酿体味工匠精神，打造爆款与塑造品牌。酒产业可持续健康发展的核心在品牌，品牌的内核在品质，品质的关键在于工匠精神。以工匠精神打造爆款与塑造品牌，必须在吸眼力、口碑力、圈粉力上下功夫，从而赢得知名度、美誉度、忠诚度和高人气的消费黏度。从消费者视角看，企业应在品牌、渠道、黏度三个爆点上结合行业特征、市场细分上发力，用精益求精的工匠精神创造一流的口碑、质量、性价比和满意度。

第三，真正的创新赋能是持续不断创造价值与价值增值的企业家精神。追寻企业家精神，尊重企业家精神，弘扬企业家精神，是推动酒业及经济社会高质量发展的源泉。让企业家放眼世界、放手拼搏、放胆拓新，不断为市场、客户创新创造，追求卓越，坚守长期价值，是最大的政策红利和最宽松的创新创业环境。因此，我呼吁，各级政府贯彻落实党的二十大精神及中央进一步改革开放政策，切实推进企业生态的进一步改善，是最实际、最有效的举措，也是实现中国式现代化的重要支撑。因此，期望广大酒业企业及企业家精心谋划，彰显文化；厚积薄发，构建品牌；规范竞争，突出个性；创造需求，体现溢价。

四川企联作为企业和企业家的代表组织，秉承"全心全意为企业和企业家服务"的宗旨和"平台化发展，品牌化运营，价值链共赢"的服务理念，愿意真诚、真情、真意地为广大企业和企业家维好权、服好务、站好台，共谋、共商、共创、共享酒业与经济社会高质量发展的春天。

最后，祝酒产业早日成为健康中国、美丽中国的重要推动者和人类命运共同体的贡献者！祝广大酒企和企业家为高质量发展、和谐发展、幸福发展与伟大中国梦的实现再立新功！祝各界同仁们、朋友们：人生就似一杯酒，盛满情谊天长久。天若有情天亦老，人间正道是沧桑。

（原载于《四川企联网》2023年4月14日）

相关文章链接

"梁氏理论"：重释人性和人性化管理

从企业的角度来看，康商是原始资本，智商是固定资本，情商是流动资本，灵商就是无形资本。人类社会发展的必然趋势是无形控制有形，无形资本大于有形资本。

8年前，四川省企业联合会副秘书长梁勤在其专著《长盛力——缔造富有灵商的管理文化》中，创造性地提出了"人类成功的金字塔模型理论"。此理论一度被业内定义为"梁氏理论"。有专家如此评论，"梁氏理论"以"灵商"理论为核心，在管理学上首创了"幸福模型""成功模型"，开辟了管理学研究的新理论、新领域。

"梁氏理论"为何得到如此高的评价？它对企业的现实管理到底有何帮助和启发？带着一连串的问题，本刊记者近日采访梁勤，揭开了"梁氏理论"的神秘面纱。

一、金字塔模型理论假设

在20世纪早期和中期，心理学家、管理学家在人才的选择标准上探讨较多的是智商问题。而到了20世纪中后期，心理学家、管理学家则把人才选拔取舍集中到以情商高低的研究上。那么，决定人成功的因素到底有哪些？它们之间有什么关联？关键要素是什么？

"梁氏理论"创立了一个非标准的"金字塔模型"，形象描述了康商（HQ）、智商（IQ）、情商（EQ）与决定人最终成功的灵商（SQ：即Spiritual Quotient）对于人成功的作用及它们之间的关系。梁勤表示，用金字塔象征人的成功。康商是指人的生理与心理的健康程度，它是人成功的"基石"。假如幸福或生命的价值能用数字代替，那么康商就是"1"，至于金钱、地位、爱情等都是"1"后面的"0"，只有在拥有"1"的前提下，后面的"0"越多价值越大。否则，不管有多少个"0"也毫无意义。

智商是指人智力水平的高低，情商是指人情绪调控能力的高低，智商与情商共同构成人生成功相互依存的两翼，缺一不可。灵商是指人灵魂的深度或高度，是藏匿于人心灵深处且不易被激发的核心聚变力，是人生成功进入最高境界能力的聚合，是主宰人成功的"纲"。灵商也是人创造力的泉眼，是准确认识与把握现实世界的慧眼，是探索与感知未来的天眼。它隐含并动态地融合了人的财富商数、胆识商数、韧性商数、快乐商数、创造力商数、魅力商数、逆境商数等。

"康商、智商、情商的互动与变化，制约着灵商的高度。"梁勤认为，人的成功与康商、智商、情商成正比例关系，与灵商成超强正比例关系，与自我实现的期望目标（欲望）成反比关系。灵商与机运次数相互影响，机运次数越多，灵商越高；而灵商越高，把握与创造机遇的能力越强。

从企业的角度来看，康商是原始资本，智商是固定资本，情商是流动资本，灵商就是无形资本。人类社会发展的必然趋势是无形控制有形，无形资本大于有形资本。1998年做过一个统计，美国前两百位的企业无形资本价值占企业总资本的88%，微软的有形资产相当于通用的4%，但其市值却是通用的4倍。

二、灵商是人类的第三只眼睛

梁勤认为，灵商是人通向成功奇特、独到、无形的超现实力量，是常处于"冬眠"状态下超智慧的附着力。

在现实生活中，尽管人的运气会有好有坏、时好时坏，但灵商高的人，无论遇到好事或坏事，事情总会朝有利于他们所期望的方向发展，其最终结果总是证明，他们所做的恰好是正确的事情。灵商高的人往往能超越自己的经济社会背景、个人的经历、学历、能力，获取非凡的成功。

灵商理论非常适用于企业管理。因为管理没有定式，单靠成形的理论、制度解决不了复杂多变的管理问题，需要管理者更多地运用自己的潜能、悟性、韧性、决断力和魅力，以及依赖于自己的见识、胆识、机运与品格力和抗挫力等，而这一切，正是灵商所涵盖的内容。李嘉诚在总结成功经验时，特别提到灵商，说灵商的作用是"超越问题"。张瑞敏也说："人生最重要的是悟性和韧性。"

英国科学家曾提出，造成人类创造力差别的是看不见的"含量"。梁勤认为，这"含量"正是人类的灵商。"智商是人类的第一只眼睛，情商是第二只眼睛，而灵商是我们的第三只眼睛，也就是'天眼'。智商是抓住机会，情商是利用机会，而灵商则是创造机会。"

（一）灵商理论的五层内涵

梁勤认为，灵商理论拥有五层内涵，包含灵商的知觉、体验、修炼、滋养剂、润滑液五个方面。"知觉"在于生命的两层含义。在一般人眼中，生命就是眼前的样子，然而生命确实有两层含义。"你不会有那美丽的相逢，除非之前，你能忍受等待的孤独。你不会有那明朗的清晨，除非之前，你的睡梦能忍受黑夜的迷雾。你不会找到路，除非你敢于迷路。"灵商可以让人透过表象看清本质，拨开迷雾，见众人所未见，感众人所不能感。绕过烦扰、避开危险，从捷径抵达成功。

"体验"为人心无价。梁勤说："想一想，你愿意花时间去了解多少人，你愿意帮助多少人满足需要？又有多少人了解你？多少人愿意帮助你？"

1860年，林肯与民主党候选人道格拉斯竞选总统。道格拉斯依仗财势，专门准备了一辆竞选列车，还在后边安装了一门礼炮，所到之处都鸣炮32响。然而，竞选的结果却让他的这些"壮举"变成了无谓的炫耀——穷小子林肯击败道格拉斯当选总统。

梁勤认为，林肯是一个灵商很高的人，他参透了人心无价的道理。他明白，天平永远会向人心所向的一边倾斜，即便他处于弱势，也能让这种弱势转化为有利自己的强势。

"修炼"为心灵的韧度。有些人处处碰壁，做任何事都不顺畅，而有些人盯紧一个目标，百折不挠，仿佛知道自己一定能在那个领域成功。心灵的韧度，可以说对一个人一生的发展都是至关重要的品格，当你认为你的选择合适并勇敢地接受生活中随之而来的一切，你就获得了属于你的自尊、自信，就获得了心灵的自由，而外界也会对你所做的这灵魂的选择做出理解支持和帮助的举动。这种心灵的自由，只有灵商高的人才能真正拥有。百折而不挠，韧性十足，从不向困难低头，这是很多人最后走向成功的秘诀。

"滋养剂"为挫折。在人生中，什么样的"得"隐含着真正的"失"，什么时候"舍下"反而"得到"，你所经历的，哪一段看似幸福却隐含着人生之大不幸？哪一段看似辛苦却最终促成人生之大成呢？实际上，经历人生的挫折和磨砺也是对灵商的一种修炼。

"润滑液"为爱。在这个世上你最爱什么？最爱谁？或许多数人的回答是"自己"。但灵商高的人却懂得，人越想爱自己、给自己，就越是要去爱别人、给别人。越是只爱自己、只想给自己，就越会失去爱，越可能一无所有。因此，爱别人就等于爱自己。

（二）灵商理论拥有六大辐射力

梁勤认为，灵商理论的辐射力包括六个方面，即自我心理定位力、自我意识的控制力、潜意识的浮现力、潜能的裂变力、下意识的机运创造与把握能力、梦想和信念的坚持力。

自我心理定位力。自我定位是一个人对自己的期望与要求，对有关自己的各种问题自觉的心理反应和心理活动。存在生命器官之中先天具有的自我定位能力，是一种助人成功的能力，具有这种能力的人就容易找到人生支点，找到真正的"内心倾向"。不可否认，人的可塑性很强，很多人都有可能做到干一行爱一行且有所成就，但人的精力毕竟有限，如果一个人充分了解自己，给自己做出一个合适的定位，再利用生命中最优良素质实现人生的目标，这样的人生就是理想的人生，个人的效率就可以达到最大化。

自我意识的控制力。自我意识的控制力大小，决定着一个人的思想感情和行为习惯的行为控制点是自身内部还是自身之外的。具有自我意识控制力的人，内部控制力较强或很强，能够主动驾驭自己的生活，这一类人灵商高。而外部控制特征明显的人，他们认为自己的思想感情状态，生活工作成效乃至一生的命运是由环境、机遇和他人所控制和摆布的，是外部因素那些难以预料的力量主宰着自己的一切，这一类人灵商较低。

潜意识的浮现力。人的思想分两部分，一是显意识，二为潜意识。北京师范大学认知科学国家重点实验室刘嘉教授认为，我们所感知的世界信息就像一座冰山，但以意识的方式呈现出来的仅为冰山一角。很多信息只能是处于非意识状态，存储在大脑的某个部位。在某些情况下，这些信息会"莫名"地呈现。而这些潜信息的呈现能力大小正取决于每个人的灵商高低。潜意识通过人所不知的一种程序和方法呈现，只要有明确的发展层面进入潜意识，潜意识就会向无穷的智慧吸取力量，自动将一个人的欲望转变为现实。与潜意识有关的创造性是惊人的，而且是不可思议的。"伟大的内在"当中有一种无法解释的神秘力量，我们能够感受到它的存在。高灵商的人拥有对潜意识的控制力和浮现力，使其呼之即出，并能自如充分地加以运用，帮助自己成就骄人的功绩。

潜能的裂变力。人的潜能是多方面的，然而由于情境的限制，人只发挥了不到 1/10 的潜能。1964 年，心理学家玛格丽特·米德研究发现：每个人只用了他的能力的 6%，还有 94% 的潜力未被利用。1980 年，蜚声世界的心理学家奥托说："据我最近估计，一个人所发挥出来的能力，只占他全部能力的 4%。"也就是说，人的潜能还有 96% 未开发。

上述科学数据清晰地表明，人人身上都蕴藏着巨大的潜能，因此，我们绝大多数人都能比现在的自己伟大百倍、千倍。可悲的是，千千万万的人都从未认真审视过自身的潜能，从未意识到存在于自己身上的巨大潜能。我们身边那些伟大的人物，正是那些灵商闪现，潜能受到激发在某一时刻轰然裂变的人。

下意识的机运创造与把握能力。对比尔·盖茨等成功人士的研究表明，对一个人的成功发生决定性影响的机运是不多的。少的只有一两次，多的也仅四五次。对机运的到来必须要有敏锐的嗅觉和判断能力。当别人对机运的到来还未察觉时，你能捷足先登，抢占先机，就抓住了机运。机运虽然是一种客观的事物，但它是被参与认识世界、改造世界的实践的人创造出来的，它是人的主观能动性与外界环境变化的客观必然性相"合拍"的产物。而且，机运的产生有其内在规律，只要有足够的勇气，睿智的脑袋，敏锐的观察力、判断力，机运也可以被"创造"出来。善于等待机运、抓住机运是一种智慧，创造机运更是一种大智慧，而高灵商正是创造机运的最大资本。

梦想和信念的坚持力。梦想是人生的彼岸，信念是生命的灯塔。专家研究发现，梦想与信念的力量是惊人的，可以创造"奇迹"，甚至可以左右一个人的成败得失、健康，及至生与死！无论历经任何磨难和艰辛，只要不动摇心中的梦想和信念，并且付诸努力与行动，就一定能实现人生的价值与意义，得到真正的成功与幸福。

三、灵商决定人的幸福程度

有人说，作为管理学研究的创新理论，"梁氏理论"也为中国梦的诠释提供了理论支撑。

人们普遍意识到，社会发展和谐与否不能仅看 GDP 的增长与否，而更应该关注广义的社会总体主观幸福感受，幸福感因此被列为全面构建小康的重要指标。那么，究竟怎样诠释幸福，怎样理解幸福感呢？梁勤用"幸福模型"构建出形成幸福感的要素与基因。

梁勤表示，K快乐常数（幸福常值）指个人满足基本需求的快乐（幸福）基值。不同环境、不同阶层、不同信仰等的个体快乐（幸福）常数是不同的。一般来讲，人生的起点越高，起始生存环境越优，快乐常数值越大。

"幸福与欲望成反比，欲望越大，幸福感越少。"梁勤说，从公式中，我们可以明显地看出灵商对于幸福的重要性。在其他条件一定的情况下，灵商高的人幸福感呈级数增长，灵商决定人类的幸福程度，造就不同的人生品质，因此，灵商是人类成功与幸福的缔造力。

或许，普通人对此"幸福模型"难以理解，梁勤在其专著中用普通百姓的语言阐释为"幸福的五天地"即：事业上不求惊天动地，有成则行；爱情上不求感天动地，温馨则行；交友上不求顶天立地，真诚则行；财富上不求铺天盖地，够用则行；身体上不求战天斗地，健康则行。由此成为2008年春节网络祝福最流行的祝词。

（原载于《经营管理者》2014年总第402期）

缔造长盛力的管理王国

一、始之有志：28年的选择

在四川盆地向南的一个历史文化名城，"千年盐都"、闻名全球的"恐龙之乡"，梁勤干了一件同所居住城市名号全然无关的事业，这个事业他一做就是28年。

从冶金机械专业毕业分配到硬质合金厂，其间从技术专业人员转变为一位高层管理人，角色转化的地点，见证自己成长的里程碑都在他现在一手操办的科瑞德企业中。变与不变，都在于梁勤自己的坚持。说到真正留下来的缘由，梁勤说："因为这里有一个平台，我可以实现自己的憧憬和梦想，可以在专业技术上有所施展。"曾有两次去南方沿海城市的发展机会，梁勤都放弃了，包括深圳一家中外合资企业的力邀。当年和他一起分配来的同事，先后离开自主创业，之后都成绩斐然；倒是梁勤留下来，没有离开四川，还常常辅导他人创业。他已成为同学中不可或缺的精神领袖。

对事业的执着，对自贡人文环境的依恋使这位本色的四川人横了心，就是要在自贡做出一番事业来。梁勤很喜欢自贡带给他的人气场，他在这里如鱼得水，非常惬意。如果一个地方带给自己舒意和尊重，他的子民会给这个地方以更大的回馈与报答。身任总经理的梁勤和科瑞德已经成为自贡的一个符号，从旁人眼中看去，他是自贡人的骄傲。

二、人之有长：缔造管理大梦

若论家庭传承，梁勤的个人背景很简单，父亲是位普通职员，母亲是教师，梁勤从他们那里接过的宝贵财富是中国普通家庭里所看重和秉持的正直、诚实及勤奋。在兄弟姐妹四人中他身为长兄，主动承担了许多责任。家事国事，梁勤打理得圆满而周全。他从和谐幸福的家庭出发，坦荡安心放手做事，少了许多后顾之忧。

梁勤有很大的满足感：他可以把自己多年来的管理思想和管理心得施用在企业运营中；同时实践中的各种管理行为还能为他的管理思想注入活力。一正一辅融智互补，使梁勤的管理学养不断丰实。在一个商战的时代，学用相长的文化企业家是中国目前最为缺乏也是最为惜重的人才。其实经济与经营管理是梁勤后来在学习实践中通过自学得到的，自1984年他的论文第一次得奖获得肯认之后，他就笔耕不辍地在管理文化的园地里孜孜以求。没有什么比从事一项自己喜爱的职业更为幸福的事情了。梁勤这样说："圆满幸福的人生，不在于平台有多大，而是有一个能让思想落地生根的地方。"很显然，他不止要做一个实业派，也要成为一名思想家。

酿造精华，等待一名优秀的管理人成长需要多长的时间？在梁勤最近出版的《长盛力——缔造富有灵商的管理文化》一书中，我们发现其有与众不同的论点。时间过去，一个缔造管理大梦的人也在不断历练和成长。梁勤提出的"在快乐中实现管理"能让这本书从众多管理丛书中脱颖而出。进厂前，大门右侧一个外圆内方的标牌吸引了任何一个访问者，上面写着在当天过生日的科瑞德企业员工的名字，以及"生日快乐"的祝语。这是短短时间里，我们所看到的梁勤将思想与实业相结合的最好例子。他的员工无论职务类别大小都以车间工作装为正装，也许这就是为什么员工生日祝福标牌会以外圆内方示人了。在宽和的文化背景下，严谨自律是一个企业历久不衰的生命力。

从担任企业经理人开始，梁勤就着力塑造自己企业特有的文化内涵。从企业文化的倡导中可以折射出管理者的文化精神，以及梁勤所尊崇的管理智慧大师。在管理大楼里可以一目了然。在一楼、三楼的墙面上分别记录了戴尔总裁麦克，戴尔和通用电气公司首席执行官杰克·韦尔奇的名言。这不仅是企业的整体向导和旗帜，也让刚刚到来的人为之振奋。"对一个新企业而言，最大的挑战是你必须展翅高飞，才看得到一条行得通的路。"戴尔的话足以用在梁勤的身上，他就是一个能展翅高飞的人，按照梁勤自己的话来说，他是一个复合型的人，他拥有五项国家专利，同时管理企业，每天还像海绵一样地抽出大量时间阅读书籍。对自己的一生，不仅是梁勤口中多次出现"激情"一词可以完全总结的，但是他的心中确实一直燃烧着一股不灭的火焰，他的成功纯属必然。

三、行之有向：和谐相生，幸福知足

梁勤在书中还提出了一个迥异于当下管理思路"蓝海战略"的"蓝天

战略"。他解释说："这是人类的终极战略。人类只有摆脱了信仰、种族、文化的各种冲突，远离战争进入更为悠远的宇宙中，才会和谐相生，获得最终的幸福。"不久，他发现自己的这一思想与物理学家霍金发表的谈话不谋而合。其实寻求人类幸福的方式有千万种，殊途同归，向往的境界却是相同的。

梁勤对自己目前的生活状态很满意，虽然在工作中仍旧会面临种种问题，面对各种压力，但他切实感受到了生活中的幸福。他最喜欢在家中书房和楼顶花园中看书。他要写三本书。等到老了，还要写一本非管理类反映人生百态的小说。

梁勤说，这一行没有常胜将军，只有不断学习，增加历练才可以减少失败的可能。他没有满足现有的成绩，在荣誉铺天盖地而来时显得很平静，还主动放弃高额奖金。他对时间满怀了感恩之心，如何实现自我价值、回馈社会，是他心中最大的一件事。

（原载于《卓越》2007年3月）

梁勤——一只手搭在企业脉搏，一席话切中创新痛点

2017年春节假期刚过，今年54岁的四川省企业联合会、四川省企业家协会副会长兼秘书长梁勤就又拉开一年忙碌的序幕。他马不停蹄地带领着秘书处工作人员走访企业，考察车间、工地，参加管理层座谈会，拜会企业家，以平均每周走访10户企业的速度，为一年一度的四川省优秀企业家、四川省杰出企业家评选工作做着准备。在他看来，未来对于四川省企业联合会、四川省企业家协会（以下简称四川企联）来说，永远充满着挑战，而且任务更加艰巨。

这些对于梁勤来讲只是协会工作的常态而已。据秘书长助理、会员部部长张恒透露，自梁勤担任副会长及秘书长以来，他总能将一个个挑战化为协会发展的机遇，去努力实现发展的新跨越，"他全身心地投入企联工作，并极具创新力"。

一、华丽转身——从优秀企业家到企联"掌门人"

2010年，梁勤通过四川省公招调入四川企联工作，担任副秘书长兼任四川省企业咨询公司总经理与法人代表。四年后，梁勤任协会秘书长并兼四川省企业管理协会秘书长。2016年当选四川省企业联合会、四川省企业家协会副会长并兼任秘书长。他以三种不同的身份（事业单位、国有企业及社团组织负责人）担起了四川企联这个"家"。

在此之前，梁勤一直在国有大型企业、股份制企业、中外合资企业集团担任中高层管理职务，长期任多家公司管理顾问。2005年被授予"四川省十大杰出青年企业家"，2006年被授予"四川省优秀创业企业家"并被评选为"中国最具影响力的高级管理咨询专家"。

到企联工作后，外界对他寄予了非常多的期望，希望这个具有企业一线实际管理经验与理论丰富的优秀企业家能够带领四川企联上到一个新的高度。

而此时的梁勤，也面临从一个优秀企业家过渡到为企业家服务的角色，身份也发生了根本的转变。但梁勤没有不适应，反而觉得这是一个施展自己更大抱负的平台。他用马丁·路德·金的名言明志："不是每一个人都能出名，但是每一个人都可以伟大，因为伟大通过为他人服务而界定。"

"要做企业家的贴心人，要把协会办成企业和企业家之家。"这是梁勤担任秘书长后给自己及秘书处提出的工作要求。他提出了"举旗子，带团队、调机制，谋发展"的工作方针和"不吃老本、要立新功"的号令，要求团队成员人人树立战略、品牌、危机、服务、创新意识，不断提升企联的知名度、美誉度和忠诚度，确保协会能力提升与实力不断壮大；真诚相待、真诚合作、真抓实干，把协会办成全员命运共同体；团结紧张、严肃活泼，不断开辟新的服务项目，做实、做精、做透品牌项目。注重自我修炼与能力提升，努力搞好传、帮、带，为企联永续发展竭尽心智，倾注激情、奉献才华、成就事业，为实现伟大"中国梦"企联篇章添砖加瓦。与此同时，他提出了"文化立会、实干兴会、品牌强会"的企联系统建设思路。四川民营旅游协会会长、成都中旅集团董事长张哲说："每次与梁秘书长交流都感到亲切和善，有新意，有底气，有正能量，有收获。"

"有为才有位。"经梁勤提议并提请理事会审议通过、会长批准，四川企联对愿景、使命、价值观、服务理念、团队精神、学习理念进行了梳理提炼和定位。秉承中国企联系统"发挥政府与企业的桥梁和纽带作用"的宗旨，梁勤提出"为政府分忧、为企业解难"的使命；践行"融智创新、敬业奉献、维权服务、自强自律"的价值观；坚持"平台化发展、品牌化运营、价值链共赢"的服务理念；塑造"和谐友善、同担共享"的团队精神，贯彻"博采众长、勤学修为"的学习理念，致力于把企联打造成为"最具品牌影响力、长盛力的雇主组织"。

二、热爱与执着——撸起袖子加油干

梁勤的办公室很小，不足 10 平方米，一张办公桌上整齐地码放着各种文件，办公桌后面一排书柜上摆满了书，办公桌前有两个待客的椅子，椅子中间的小茶几上堆满了各种书籍，略显拥挤，但简洁大方。

"看书学习是他多年养成的习惯，知行合一是他的工作常态。"这是对梁勤比较熟悉的秘书长助理、宣传文化中心主任胡雪峰经常挂在嘴边的一句话。梁勤担任秘书长后，要求协会成员都要加强学习、善于学习。他说："企业家乃国之栋梁、民之脊梁，人类命运共同体之大梁，是我们社会精英中的精华。我们要为之服务好，不能成为优品高素、真才实效之人，哪能匹配？正如常人所讲，没有金刚钻哪能揽瓷器活？因此，这项工作要干好既具有非常大的挑战性，更有价值感、成就感。唯一的途径就是终身学习，学以致用。"因此,他的第一个理想与目标就是要把协会打造成学习型协会。他把企联这一职业当作事业来做,还引用了马克思"如果我们选择了最能为人类造福的职业,我们的幸福将属于千万人。我们的事业并不显赫一时,但将永远存在"的名言来激励自己与感染团队。

为此,在梁勤的牵头下,协会制定了《员工手册》《四川企联规章制度汇编》。其中规定定期组织员工政治理论及业务知识学习,一季度举办一次员工内训,鼓励员工学位及专业职称晋升,要求秘书处在岗五年以上的员工全部要取得管理咨询师、国际注册咨询师等中级以上职称认证。在他的鼓励和支持下,两年来,秘书处3名员工通过国际注册咨询师考核认证,5名员工取得了中级职称认证。"参加培训考试的所有费用都是协会承担。"受益获得国际注册咨询师考核认证通过的员工表示。

"因为只有不断地学习才能使人进步。要求协会成员加强学习就是要让每一个人从学习中受益,不断升华自己,掌握真本事,更好地为协会、为企业家服好务。"梁勤说,打铁还需自身硬。梁勤从进入协会第一天起,就把自己交给了协会。他不断地深入企业调研考察,经常与企业家们互动交流探讨,为其出谋划策、牵线搭桥,代表企业鼓与呼,带领团队为会员单位排忧解难。

上任之初,梁勤就表示,要遵照邹广严会长的要求和秘书处工作部署,认真研究新常态下企联工作的新思路、新方法、新途径,带领全体员工努力践行"为政府服务,为企业解难"的企联使命,使企联工作再上新台阶。

随后,企联打出一系列组合拳:行使企业(雇主)代表职能,切实开展维权服务;创新实施系列重点品牌活动;启动企业家健康工程;加强市(州)企联系统组织建设,扩大与省级行协、在川异地商会等组织的沟通交流,整合平台资源,强化功能建设,实现合作共赢。

其中,在梁勤推动下,四川企联为企业打造的定制培训服务深受各界好评。2016年,四川企联与国家行政学院培训中心共同组建了四川大企业、大集团高管"转型升级与自主创新"专题研修班。培训采用定制模式,根据企业需求及行业、产业特征与发展趋势，聘请国务院智库专家、国家部委相关领导、杰出企业家、知名教授及相关行业专家等授课。目前，培训班已经成功举办了两期，受训学员达131人。创新型的培训模式得到受训单位领导参培并高度评价。据统计，仅2016年，定制举办的各种培训达40余次，参培企业1000余家，参培人员4500余人次，其中，企业中高层管理人员达1200余人次。

"他深深热爱着协会的事业，也非常执着坚持创造性地履行着自己的职责与使命。"企联资格最老的员工、办公室主任游绍才动情地表示，每天梁勤都在为协会的发展而操劳，也为怎么样为会员企业服好务而竭尽全力。

三、责任与钻研，扑下身子抓落实

2015年春，在梁勤穿针引线下，四川能投集团成功并购了新力光源，打响了四川混合所有制改革的"第一枪"，同时也使四川能投集团在产业层次提升、核心竞争力塑造及产业链建设与国际化品牌营运方面走在了川企前列。与此同时，梁勤还以管理专家身份策划、联系、组织中国企联、国家银监局、省发改委、省经信委、省旅游局等相关部门，中国三峡集团西藏能投、济南钢铁等企业及专家为混改后的能投新力光源的产业链建设提供了后期的对接服务。

2016年，也是在梁勤的力推下，由青岛海利尔公司主投的、拥有物联网芯片核心技术的西部硅谷落户天府新区，助力四川经济发展。同时，还成立了全国第一家四川企业危困服务中心，实实在在帮助四川企业处理在转型升级、"三去一降一补"中面临的各种危机和困难。

"为企业和企业家服务是我们协会的天职，只有实实在在为企业和企业家服好务，才算合格。同时，我们要力戒'墙上芦苇头重脚轻根底浅，山间竹笋嘴尖皮厚腹中空'和百姓所骂的'骡子吃灰面——一张白嘴'的现象，因此必须真抓实干。"这是梁勤经常挂在嘴边的话，也是梁勤的责任与担当。

责任与担当不是空话，更重要的是看行动、抓落实。据统计，仅2015年梁勤就走访了中邮四川公司、成都建工、十九冶、中核建中等46家企业，为企业提供了关于国家扶持企业资金申报、企业融资需求对接等政策咨询及项目帮扶服务，成功地协助企业实现了产业链对接并朝着价值链提升与创新链打造迈进。

2016年全年，梁勤走访了长虹、九洲、通威、成都兴城投资等近100家企业，并依托旗下11个专业工作委员会，为中小企业积极寻求解决融资、与资本市场对接等难题，深受企业家们好评。2015—2016年，为响应四川省委、省政府送政策下基层的号召，梁勤以管理专家的身份深入绵阳、广元、宜宾、广安、遂宁、攀枝花等市州企业服务平台、工业园区，受邀为四川大学、四川归国人士企业联合会、西部企业创新联盟及大企业、大集团讲授"自主创新驱动企业转型升级""企业文化与团队管理"等主题报告40余场，受到了广泛赞誉。

全国优秀企业家、四川能投集团总经理张志远听了梁勤的报告后表示：梁勤秘书长对企业家充满了感情，对企业服务注入了真情，对企业及企业家之家的建设充满热情，对企联事业充满了激情。

"我担任市经信委主任多年，听了不少名家、大腕来绵阳做报告，这是第一次看到会场人数有增无减，中场休息后还不断有人进入会场听报告。"绵阳市企业联合会副会长兼秘书长、绵阳市原经信委主任李志禄表示，梁勤到省企联担纲，市州企联工作更有信心了。

在梁勤担任秘书长（法人代表）一职以来，他率领团队实现了三个"首创"并受到了中国企业联合会、企业家协会领导的多次肯定和表扬。《四川企联网》以每天上万次的点击率，连续取得全国企联系统点击率排名第一的佳绩；2016年成功举办了"中国西部首届企业信息化峰会"和"首届智慧企业创新发展峰会"。创办了全国首家专为企业和企业家维权的杂志《川企维权》。奠定了企联作为"企业（雇主）代表组织"的行业地位和品牌影响力，也创新了新型社会组织（雇主）的工作方式与服务内容，成为全国企

相关文章链接　365

联系统的标杆。中国企联驻会副会长、安徽省原副省长黄海嵩评价："他是我们中国企联系统中最有思想、最有激情和才干的秘书长"。

在梁勤的推动下，四川企联专委会之一——四川省企业家健康工程也正稳步推进。2015年，正式设立了企业家健康工程基地，定期举办健康知识讲座、分批次为会员企业家免费体检、建立企业家健康管理档案并实时跟踪、搭建了企业家就诊绿色通道服务，得到了企业家热烈的反响与好评。

"我们在关注并管理企业家生理健康的同时，也逐步创造条件重点关注企业家的心理健康中的养脑养心。"梁勤表示。为做到这点，通过与第三方合作，近两年陆续开办了"企业家健康管理大讲堂""易经与企业管理"等十多场公益活动。

与此同时，为进一步弘扬企业家精神，激发企业家激情与活力，宣传表彰四川企业家对社会所作的贡献，梁勤不断探索和创新活动形式，将年度的四川省杰出企业家及四川省优秀企业家表彰宣传工作做得势头不减且有声有色，吸引了众多企业家积极参与，活动的开展也得到省委、省政府的支持及相关部门领导的参与和肯定。此外，梁勤积极组织推荐四川省杰出企业家参加"全国优秀企业家"评选表彰活动。

"我们要用海纳百川的胸怀，兼济所有在川企业，这才能够对得起四川企联作为四川企业和企业家之家的称号。"梁勤如是说。

"正是在梁勤扑下身子抓落实、脚踏实地率先垂范的感召下，企联理事会的决策能迅速精准落地见效，四川企联的发展正迈向更高的目标和境界，我们跟着他也感受到了一种奋进、责任、压力与成就。"秘书长助理兼四川省企业咨询公司副总经理寇大华表示。

省政协常委付志康在参加企联组织的活动后指出："梁勤境界高、胸怀广、知识博、文化深、激情满，事业心强，责任心强，执行力强，综合能力强。协会活动搞好不容易，像省企联活动能搞得这样受企业欢迎，没有梁秘书长这种精神和综合能力是做不到的。"

四、修炼与梦想，融智创新在路上

2008年北京奥运会，梁勤参与应征的五句寄语中，其中一条与北京奥运会组委会最终选定的"同一个世界、同一个梦想"中文主题口号不谋而合。而其专著《长盛力——缔造富有灵商的管理文化》也一直畅销全国。

接触过梁勤的人都有一个感受，就是他演讲从来不带讲稿，到企业调研，无论是涉及技术、工艺，还是财务、营销等方方面面都能迅速找准切入点，与企业各层面的团队成员交流互动，提出的建议意见被很多企业采纳。在为企业做专题培训时，他的PPT都很简单。上百场报告中，他只要一上台，便能条理分明、引经据典地侃侃而谈，而且句句切中要害。录音整理他的演讲也很轻松，不用改动就是一篇充满激情、充满思想的上乘演讲稿范本。省环保协会会长、省环保厅原常务副厅长谢天邀请梁勤为该协会理事会作报告后指出："梁勤秘书长精彩的报告及其有今天的管理成就印证了'冰冻三尺非一日之寒'。省企联搞得这样有影响力，没有梁秘书长这样敬业、创新、忘我的人是办不到的。"

优秀女企业家、青岛海利尔集团董事长唐学书在听了梁勤的报告后也激动地说："梁秘书长的报告充满智慧，很接地气、很有启发指导作用。"

当然，这也不是一朝一夕之功，这要有非常深厚的积淀才行。在繁重的工作与忙碌中，梁勤始终坚持勤奋耕耘。作为全国性公开发行刊物《经营管理者》杂志顾问委员会副主任，为提升杂志及战略合作的《企业家日报·川企周刊》的品位与品牌力，他坚持为其撰写"卷首语"与"特稿""专稿"，其中《管理三境界》《构建和谐劳动关系是企业家的重要使命》《带着问题思考、助力企业成长》《融智创新、建设智慧企业》《供给侧改革——把一只手放在客户的心上》《用"工匠精神"研磨中国名牌》等文章深受读者喜爱并广泛流传。

在做企业家时，梁勤将多年积累的管理思想和管理心得用在企业运营中；同时实践中的各种管理行为也为他的管理思想注入了无穷活力。而他所著的《长盛力——缔造富有灵商的管理文化》一书也成为企业管理者案头必备之书。该书一度再版，一度脱销，成就了国内管理专著不改版，十年依然畅销的奇观。在这本已经出版10年的书中，梁勤写道：灵商是指人灵魂的深度或高度，是藏匿于人心灵深处且不易被激发的核心聚变力，是人生成功地进入最高境界能力的聚合，是主宰人成功的"纲"。它是人创造力的泉眼，是准确认识与把握现实世界的慧眼，是探索与感知未来的天眼。它隐含并动态地融合了人的财富商数、胆识商数、韧性商数、快乐商数、创造力商数、魅力商数、逆境商数等。灵商及其主导的"人类成功的金字塔模型""幸福模型"构成了创造性的"梁氏理论"，创新与丰实了管理学关于人本管理的理论，也成为管理学作为一门学科正式建立百年来，由中国学者第一次系统提出的管理学原创理论。

梁勤认为灵商具有自我心理的定位力、自我心理的控制力、潜意识的浮现力、潜能的裂变力、下意识的机运创造与把握能力、梦想和信念的坚持力六种力量。其中"梦想和信念的坚持力"从人本理论上诠释了"中国梦"的理论之基——即"灵商"所闪现的中国传统文化中"天眼"逻辑的传承与演绎。

在协会的运营和管理中，梁勤的灵商理论也得到了充分的施展和运用。他说："我还要不断修炼、不断思考、总结和完善自己管理理论的内涵，结合近年的学术研究与企业的实践指导，早日出版多次报告并基本框架已成形的《自主创新驱动企业转型升级》一书。"对此，他还引用雨果"已经创造出来的东西比起有待创造的东西来说是微不足道的"的名言，用于自省。

"纵横正有凌云笔，圆梦需要实干家。"梁勤表示，敢闯敢试敢创的成功系数远大于故步自封、裹足不前和因循守旧。无论是"互联网+"带来的跨界融合的想象空间，还是"中国制造2025"激发的产业升级与创新潜能，还有"一带一路"产生的市场容量与需求蓝海，创业创新的内涵与外延都在不断扩展。只有把握机遇，才能凸显灵商价值，获取"双创"红利，实现人生梦想。

"功崇惟志,业广惟勤。"梁勤表示,未来他将用"冷眼向洋看世界,热风吹雨洒江天"的豪情与淡定,用"宝剑锋从磨砺出,梅花香自苦寒来"的苦干、实干的劳模精神、工匠精神和钉子精神,以及"敢为天下先,爱拼才会赢"的企业家精神,用"暮色苍茫看劲松,乱云飞渡仍从容"的定力与心态,以及"世上无难事,只要肯登攀"的勇气与韧性,励精图治,勤奋务实,认清新常态,适应新常态,引领新常态,发扬"咬住青山不放松"的定力和"不忘初心、继续前进"的指示,努力把四川企联办成让政府和社会满意,让企业和企业家喜欢,让市场与合作者称道,让理事会放心的一流组织。逐渐创建成一个让人自尊自信、积极进取、善于学习、勇于创新、乐于奉献,以及有成就感、获得感、幸福感和可持续发展能力的优秀团队。

采访最后,梁勤引用"唯改革者强、唯创新者优、唯改革创新者胜"来表达了"革命尚未成功,同志仍需努力"的心声。

此刻,勤奋、执着、喜欢挑战的梁勤,思想者、布道者、管理者已经成为其身上显著的标签。

(原载于《今日头条》)

一部有文化温度的管理专著

——尹援平　中国企业联合会、企业家协会驻会副会长、
　　　　　中国企业管理科学基金会理事长

首先,衷心祝愿梁勤同志的新书《融创论——自主创新推动企业转型升级》出版。出版著作是一件不容易的事情,可喜可贺,值得称赞。

我受梁勤同志邀请出席新书发布会,他希望我对这本书进行点评。点评说不上,这部书由企业管理出版社刚刚赶印出来,我刚刚拿到,还没有

来得及阅读，只看了全书目录，了解了框架，不能妄加评论。在此，就新书出版想到的几点心得，与大家分享。

一、关于文化人的问题

品书先品人。认识梁勤同志是在2010年，他刚调到四川省企联工作，记得他当时是负责协会刊物的编辑出版工作。他的直率、坦诚、热情给我留下了深刻的印象，后来在多次工作合作沟通中，我逐步了解到梁勤同志是一个什么样的人。

我们常说，价值观相同的人才能成为朋友。梁勤同志是我的朋友，也是我们中国企业联合会的朋友。经过近10年的交往合作，我对他的人格特点概况有三句话：梁勤同志是个文化人；是一位重感情、讲情义，对朋友以诚相待，懂得感恩、热心助人的人；是对工作充满激情，大胆创新、勇于实践、竭尽心智、成就事业的人。

什么人可以称之为文化人呢？标准不一，角度不同。传统意义上把知识分子统称为文化人，实际上知识和文化是不能画等号的。现在社会流传一句话："有的人是有知识没文化。"我也赞同这样的认识。因为文化人的标准除了有知识之外，还必须有道德、有素养等。

我对文化人的理解有这么几点共性的特点：有知识、有教养、有内涵、有气度、有胸怀、有自信；学识渊博，眼界宽阔，在某一领域有独到见解。用这个标准衡量梁勤同志，他称得上是一个文化人。他爱学习，有知识、有文化，发表过很多作品、出版过几部著作，同时还重感情、讲情义，对同事朋友以诚相待，热心助人，特别是对老同事、老领导尊重关心，懂得感恩；另外，他工作起来激情四射，但又脚踏实地，是能够成就事业的人；他坚持不断地学习，努力把学习的知识上升到理论，不断丰富自己的素养和能力，是一个先做人再做事，把工作当作事业干的文化人。

二、学点哲学，增强哲学思考

《融创论——自主创新推动企业转型升级》是一部理论著作，或者说是一部理论联系实际的著作。全书三篇24章，58万字。这一定是梁勤同志多年刻苦钻研而成，花费很多的辛苦和精力，实属不易。

我们常说，理论是行动的指南，理论之树长青。那么，要想在理论上做出成果，我认为首先要学点马克思主义哲学，而且需要抱着以解决时代问题为使命的责任感去学哲学。学习哲学的目的是掌握分析问题的方法，掌握了正确的方法才能探究事物发展的规律。

我上大学时的专业是政治经济学，主要是学习《资本论》，还要求先学好德文，自然很多知识弄不懂，但是老师反复说的一句话始终牢记着，就是要学习和坚持马克思主义学说的基本立场、观点、方法来学习理论，来认识世界和改造世界。今天进入新时代，仍然要坚持这个基本观点。我们知道，19世纪的细胞学说、能量守恒和转化定律、进化论"三大发现"，为马克思主义哲学的产生奠定了自然科学基础。有一篇文章提出，马克思主义哲学是"自己时代精神上的精华"，我十分赞成。马克思主义揭示了人类历史发展的规律，马克思主义是科学。科学技术进步了，人类对世界的认识加深了，但是世界的本质没有变化，自然界与人类社会的规律仍然是不以人的意志为转移的。进入了21世纪，马克思主义哲学的基石依然坚固。可以说，我们中华人民共和国走过的70多年历程，也是不断在实践和丰富马克思主义哲学的过程。远的不说，如今以大数据、云计算、人工智能等为代表的新一轮科技革命兴起，不仅推动以数字经济为主要代表的新产业、新业态，促进世界生产力发展、生产方式变革、经济形态演变、人类文明进步，而且正在改变人们的思维方式、生活方式、交往方式。我们知道，5G时代正向我们走来。如果说4G改变了我们的生活，5G将改变社会。

我看《融创论——自主创新推动企业转型升级》在经济管理理论上做

了积极探讨，在企业经营管理的实践上，准备了大量的国内外企业的案例。我想，梁勤同志在撰写此书过程中一定有很多哲学思考、逻辑推理，并努力探寻大量企业的实践来证明理论的正确。我相信《融创论——自主创新推动企业转型升级》一定会在经济理论方面有所贡献。

三、新书出版的意义

在今天新书发布会上，我认为非常有必要探讨一下该书出版的意义。

第一个意义就是我们要充分认识学习，特别是终身学习的重要性。

我们知道，浮躁是当今社会最突出的问题之一。例如浮躁的表现，不读书，想凭小聪明赚钱；少读书就想有大成功；急功近利要聪明就想成就事业；等等。这在改革开放初期或许可以，但现在是不可能的。现在是网络时代，一天不学习都会落后，甚至说一个小时、一分钟不学习都会落后，克服浮躁，提升自己最有效的办法就是学习。学习最重要又最简便的方法就是读书，我们要通过读书来丰富自己的知识、完善自己的人格。

古人云"书中自有黄金屋"，阅读是摆脱平庸的过程。知识首先从书本中来。当今时代学习太重要了，每一个人都要树立读书学习的自觉性，做与时代同行的人。榜样就在我们身边，我们要向梁勤同志学习，从读书向写书努力。

第二个意义是我们要学习梁勤同志勇于理论创新的精神，做志存高远又脚踏实地的人。

进入新时代，学习习近平新时代中国特色社会主义思想，特别是其经济思想，是我们要自觉做到的。今天的新书首发式现场有来自政府、企业、协会、媒体等各方面的朋友，但是均与企业和经济有关系，所以，为做好本职工作，更需要完善自己，了解和掌握更多的经济与管理方面的理论，这是提高我们自身工作能力的重要途径。梁勤同志新书出版是以实际行动贯彻党中央的要求，值得我们大家学习。

梁勤同志有较深的经济理论基础，担任过杂志主编，论著文章颇多，加上又有在国有大企业、股份制企业、中外合资企业集团担任中高层管理职务并长期任多家公司管理顾问的经历，是他向经济理论著作攀登的基础。我们都有体会，写一般文章还比较容易，但是撰写理论文章、出版理论书籍是一件很难很苦的事情。需要阅读大量的经济学基础理论书籍，需要搜集大量的企业实际资料，更需要分析提炼和研究钻研，最终经过科学逻辑构思和扎实的文字功底才能完成。而且更难的是能够理论联系实际，有理有据地阐述自己的观点，是需要有一种执着精神的。我十分佩服梁勤同志的这种精神，工作之余挤时间钻研经济理论，为丰富经济类理论著作做出贡献。

第三点是文化建设带给协会工作的意义。

我们看到，梁勤同志把著书立说当作自己本职工作的一部分，他非常重视企业文化建设，并把文化力落地在工作实践中，开创了四川企联工作的新局面。明代著名思想家王阳明被称为心学大师，他有一句名言："等风来，不如追风去。"用这句话形容梁勤同志的工作状态很恰当，他正是一位不等不靠、用心工作、主动出击的人。据了解，梁勤同志担任四川企联副会长兼秘书长以来，以先进的文化理念推动各项工作的开展，提出"文化立会、实干兴会、品牌强会"的理念，号召大家"不吃老本，要立新功"，明确要求要有创新意识，努力营造"真诚相待、真诚合作、真抓实干"的精神，努力营造出团结紧张、严肃活泼，不断开辟新的服务项目，做实、做精、做透品牌项目，不断提升四川企联的知名度、美誉度和忠诚度，以保证协会能力不断提升，从而实现竭诚为企业和企业家服务的宗旨。我们从四川企联近些年开展的各项活动看，通过全员素质的提升，文化力在四川企联生根开花结果。现在整个协会系统面临着脱钩改革，也遇到各种各样的困难和难题，有些地方的协会组织已经名存实亡。在这样的大环境下，四川企联的工作业绩突出，各项工作走在了全国地方协会的前列。在中国企联连续三年的秘书长工作会议上，梁勤同志都作为重点发言人介绍四川企联的工作经验。

通过今天的新书发布会，我们亲身体会到，一个人，特别是一个领导者有文化的重要性，感受到一个组织重视企业文化建设的重要性，文化力能够引领带动全员自觉主动的创新思维，自觉主动地开展工作。一个人的力量是有限的，全员的齐心协力才是创新工作、实现理想的最佳途径。最后，预祝《融创论——自主创新推动企业转型升级》有良好的发行预期，并期待梁勤同志下一部著作的面世。

（原载于《经营管理者》2020 年 10 期）

学者梁勤和他的《融创论——自主创新推动企业转型升级》

有人说梁勤是一位企业家，因为他曾是一家大型企业的总经理；有人说梁勤是一位文化人，因为他是多家大学的客座教授，头上还有一大串学术"光环"。

然而，在我看来，梁勤是一位典型的学者；只不过他不是一位"纸上谈兵"的学者，而是一位有良知的、有实践经验的、有学术修养的学者。他善于把他对产业、企业的理解，对经济发展的洞察，以及自己的学识修养和理论研究融合在一起，宏观地观察世界、洞察经济、把脉企业。这样的学者，是有真学问！他写的书，不是那些"标榜"自己的所谓著作，而是一本"有用的书"。

梁勤与我先生是多年的朋友。我先生对他评价非常高，但更多是钦佩。在我先生的眼里，梁勤是一位做事充满激情，说话慷慨淋漓、喜欢大胆创新、勇于实践的人。梁勤有知识、有教养、有内涵、有气度、有胸怀、有自信；学识渊博，眼界宽阔，是一个有独到见解的学者。

在梁勤身上，既有企业家的敏锐，也有管理者的豁达，但更具有学者的气度和学识。他是四川省企业联合会、四川省企业家协会副会长兼秘书长；是高级工程师、高级经济师、高级职业经理、客座（兼职）教授；他还是国家创新基金项目评审专家，中国咨询师协会讲师团成员，《经营管理者》杂志顾问委员会副主任，《中国企业家日报》专家团团长兼首席管理专家，"创客中国"四川专家组组长、四川省首批"双创"导师、西部企业家创新产业联盟首席专家、国家行政学院中国公务员培训网西南分中心首席专家，中国企业联合会智慧企业推进委员会副主任；曾兼任政府科技顾问、经济系列职称评审专家组组长，四川省委宣传部讲师团成员。

翻开梁勤的成长历史，他曾经是国企老总，长期在管理一线，积累了丰富的经验。早期的梁勤擅长企业发展研究、企业文化建设、企业生态研究、产业链研究、团队管理、创新研究等，而今的梁勤已然成为一位学识和著作等身的学者。

梁勤真不简单。2005年他被授予"四川省十大杰出青年企业家"，2006年被授予"四川省优秀创业企业家"，并被评选为"中国具影响力的高级管理咨询专家"。

2006年，梁勤出版了《长盛力——缔造富有灵商的管理文化》，在业界很是"火"了一把。该书2007年和2017年两次重印。近年来，梁勤撰写论著（文）300余万字。此外，他还拥有个人、职务专利五项，并多次获全国、省、市"优秀论文（著）奖"。

最近，梁勤的又一本力作《融创论——自主创新推动企业转型升级》面世，着实又在业界"火"了一把。梁勤的学识与他的著作是等身的。《长盛力——缔造富有灵商的管理文化》仅仅代表了前一阶段的理论探索，而《融创论——自主创新推动企业转型升级》则代表了他在现阶段的学术研究。如果说他的那本畅销书《长盛力——缔造富有灵商的管理文化》是他"梁氏理论"的发端，那么他的这本《融创论——自主创新推动企业转型升级》便是他研究领域的拓展和成熟。两本书就著作本身而言，在社会上的影响足以奠定梁勤的学术地位。《长盛力——缔造富有灵商的管理文化》和《融创论——自主创新推动企业转型升级》珠联璧合，体现他真正的价值观和价值取向，完整地搭建了梁勤管理学"梁氏理论"的基本框架。

《融创论——自主创新推动企业转型升级》是梁勤继《长盛力——缔造富有灵商的管理文化》畅销10年有余之后的又一部系统地、跨界性地研究自主创新理论学说的力作。有人说：梁勤的这本《融创论——自主创新推动企业转型升级》以其理论的前瞻性、探索性、体系性、预见性为企业自主创新驱动转型升级提供了一份及时的学习指南；以其启发性、实践性、普适性、针对性、操作性为企业成就卓越绘制了一张精准的"云地图"，是他多年从事企业管理的历练积累、学术积累、实践成果的研究和探索。我比较认同这一观点。

《融创论——自主创新推动企业转型升级》内容广博、纵横捭阖。面对新技术革命所带来的不确定性和颠覆性，如何以融智创新开启企业全球化生态平台的新竞争模式？本书从"国际自主创新纵览""中国自主创新的历史必然性""融智创新是企业转型升级的根本动力"三个方面，对标美国、日本、德国等创新强国并结合中国国情与企业现状，创造性地提出了以"文化创新为先导，科技创新为核心，管理创新为支撑，商业模式创新为源泉，制度创新为根本，企业家创新为关键"的系统性自主创新的新理论。尤其对企业家精神推进融智创新与开发企业家灵商资本进行了深入探讨。结合中外企业的著名案例，有分析、有提炼、有观点、有思考，有远见、有自信，难能可贵。

翻开厚厚的《融创论——自主创新推动企业转型升级》，从书的构架上便能看出作者的眼光和站位。该书分为三篇，即"企业生态篇""自主创新篇"和"转型升级篇"共24章。开篇就从"文化传承""国家战略""企业战略""企业家""创客"谈起，不仅揭示了"企业生态与融创力"的关系，而且，通过大数据、云计算、人工智能、区块链等企业生态系统的进化，阐明了自主创新环境巨变，令人警醒和深思。

对这本著作，鉴于自己是管理学的"门外汉"，许多东西在我的认知范围之外。因此，不便进行过多的评述。但可以肯定地说，它是一本"有用的书"，是一本具有良知的学术论著。相信有识之士都会喜欢它。

(原载于《文化点读》2021年4月17日)

用金牌礼赞企业家精神

四川省杰出、优秀企业家奖章由四川省企联副会长兼秘书长梁勤、成都印钞有限公司董事长赵平昌主创。奖章的外形整体设计风格借鉴了国徽、英雄勋章等主体元素，涵盖了企业生态的外部核心要素和企业家成长的三大领域，彰显了新时代企业家精神。奖章与其他奖章的差异化与突出的寓意包含以下三大价值主张。

一、历史与梦想

（1）三条悠长的曲线构图代表黄河、长江孕育了伟大的中华民族；四颗星代表中国四大发明对人类的贡献。

（2）中国人的初梦就是飞天梦。三根飘带代表嫦娥飞天、追求天人合一的梦想；百流归大海，四颗五星就代表"五湖四海"，表达中华文明的核心价值与世界价值观的殊途同归。也是"同一个世界、同一个梦想"的历史渊源点，同时也是对改革开放四十周年重新出发的献礼。

（3）四颗星、三条河代表四川的历史称号，即"四川"。

二、文化与使命

（1）三条主线既代表中国优秀文化传统的君子之道（墨子、韩非子），中庸之道（孔子、孟子）、天下大道（老子、庄子），也代表"一生二、二生三、三生万物"的道家核心机理；四颗星代表"四海之内皆兄弟"，寓指人类大同，表达当今"互联网+"时代中国主张"构建人类命运共同体"（"四个自信"最终凝聚成"文化自信"，"一带一路"的"五路"核心是文明之路，"互联互通"关键是"民心相通"等）的历史必然性。

（2）以水作为核心的"洗眼"构图，表达水利万物而不争的"上善若水""厚德载物"的优良品性，从而达到"止于至善"的人生崇高境界，这也是企业家精神的最高境界。

三、企业家精神

三条线也表达了企业家的三重含义。

"企"是"人""止"的地方，寓意着企业是人们修身养性生存之地。企业家精神首先就代表着"责任"与"使命"，这也是企业家有别于"生意人"、超越"商人"的道德势能与"制高点"。

企业家是经营企业的专家。

企业家是以企业为"家"。

四颗星又彰显了企业家创新精神的四大关键要素。

企业家精神的灵魂是"创新"。企业家创新精神由四梁八柱构成。"四梁"就是四大关键要素。即以"文化创新为先导，科技创新为核心，商业模式创新为源泉，体制机制创新为动力。"

（原载于《梁师益友》）

与优秀企业家对话

对话全国优秀企业家任志能：融智创新，兴城弘业

梁勤，四川省企业联合会副会长兼秘书长；任志能，成都兴城集团党委书记兼董事长。

应《企业家》杂志社之邀，四川省企业联合会、四川省企业家协会副会长兼秘书长梁勤与"全国优秀企业家"、"四川省杰出企业家"、成都兴城集团党委书记兼董事长任志能就"十四五，如何开好局、起好步，为下一个百年做出企业家的贡献"这一话题进行了专题对话。

梁勤： 兴城集团坚决落实习近平总书记"绿水青山就是金山银山"重要指示精神，在践行绿色发展战略方面下了很大的功夫，特别是打造了全球最长城市慢行系统、最大城市生态公园，使成都天更蓝、水更清、地更绿、人更爽，呈现出人与城市、人与自然和谐共生的美丽画景，为成都打造雪山下的公园城市和最具幸福感城市做出了突出贡献，请任董事长分享一下这方面的经验。

任志能： 环城生态公园位于中心城区绕城高速两侧各500米范围及周边7大楔形地块，面积为133平方千米，是全球最长城市慢行系统、最大城市生态公园。

在规划建设过程中，我们秉持社会、经济、自然相协调的可持续发展观，积极探索生态价值转换的有效路径，勾勒出"绿满蓉城、花重锦官、水润天府"的公园城市大美生态画卷，不断提升城市宜居度、居民幸福感和城市竞争力。

我们以"生态修复"为抓手，筑牢公园城市生态保育屏障。连通"河湖网"、串联"公园链"，形成城市"绿环"，塑造公园城市区别于传统城市

发展理念的鲜明标识，为城市植绿、治水、降碳提供有效路径。

同时，我们以"生活场景"为抓手，助力塑造公园城市生活新风尚。通过绿道把生活性服务业和创意经济叠加在各个公园内，法国Bistro-X、美国美琪士冰激凌等一批特色IP项目渐次铺开。不断催生出新业态、新模式，以内生动力提升推动外部环境变革，彰显成都生态魅力和现代活力。

梁勤：兴城集团立下了2022年进入世界500强企业的军令状，成为四川地方企业最有可能创造这项纪录的企业，将填补四川企业在世界500强中的空白，我们都为之振奋，请您分享一下有哪些做法？

任志能：成都兴城集团坚决落实中央、省、市国资国企改革工作各项部署安排，坚持全面改革创新，加快推进转型升级，以实际行动践行"冲刺世界500强"企业目标。

我们优化调整产业布局。国际一流的大型企业大都具有精而优的主业优势和强有力的产业链优势。近年来，兴城集团围绕发展定位和功能导向，遵循"建链、强链、补链"重点，产业格局由单一的土地整理、投融资平台向全周期、全产业链多元发展。

我们做强建筑产业支撑。强化创新要素在传统产业中的转化应用，率先建成西部领先的装配式装修生产线，积极参与轨道、高铁、机场建设等项目，建筑产业向高能级领域拓展。

梁勤：创新是企业家精神的灵魂。兴城集团敢于探索、主动创新，特别是在从城市开发商转型升级为综合开发运营服务商过程中积累了不少经验。您作为"全国优秀企业家"和"四川省杰出企业家"，请谈一谈在弘扬习近平总书记所倡导的"敢为天下先，爱拼才会赢"的企业家精神上有哪些体会？

任志能：为让城市生活更美好，成都兴城集团始终坚持以新发展理念为引领，秉承"精工善成·兴城弘业"的核心价值，大力实施组织创新、市场创新、融资创新等举措，为集团的快速高质量发展提供磅礴的内生动力。

在成都市委、市政府的坚强领导下，制定改革纲领，明晰改革路径，创新融资方式，夯实发展根基，强化创新动力，加快向国际化城市综合服务运营商转型，加快"走出去"发展步伐。

梁勤：兴城集团作为地方平台型公司，在企业文化建设、产融结合，尤其是产业链建设与价值链提升和品牌建设方面，成为四川企业的一张名片，请您给大家分享一下这方面的成功经验。

任志能：企业文化是企业综合实力的体现。一流的企业必须要有一流的文化作支撑。兴城集团始终把企业文化建设摆在战略位置，自2003年成立以来，持续实施"文化强企"战略，探索形成以"精工善成·兴城弘业"为核心的"精善"文化体系，先后荣获"四川省企业文化建设示范基地"和"全国企业文化最佳实践企业"等光荣称号。

我们坚持精工善成、以文兴企，聚力提升发展能级。我们以"精善"文化为精神纽带，"精"主业、"善"作为、创品牌，全面提升企业能级，努力打造"国际化城市综合开发服务运营商"。

在产融结合方面，我们坚持产融互促，创新方法路径，加速拓展布局"资本版图"。

梁勤：兴城集团快速高质量发展的同时，不仅为地方经济社会绿色、和谐发展做出了突出贡献，也赢得了市民的普遍赞誉。这充分彰显了兴城集团积极履行社会责任和优秀企业的使命担当，请您谈谈这方面的感受。

任志能：企业是社会的企业，国企是肩负国家意志和国家利益的经济活动主体。对于兴城集团来说，要努力发挥国企"稳定器"和"压舱石"作用，积极投身国家战略、服务社会民生、助力脱贫攻坚等社会责任。

我们服务公园城市建设。加快推动成都环城生态公园筑景成势，全面提升公园城市"碳中和"能力。

我们优化城市空间格局。投资630亿元建设56平方千米的成都南部新区、东部新城，打造极具城市功能和承载能力的城市副中心。

我们升级城市医疗体系。按照"医疗、医药、医养、医美"四大产业布局，引入多家全球顶级的特色医疗机构，带动全市医疗水平整体提升。

我们持续攻坚民生改善。高标准建设人才公寓项目，累计投资上百亿元，建成新型社区 380 万平方米、保障性住房 370 万平方米，以及 500 余所医院和学校，推进城乡融合发展。

我们擦亮"三城三都"（世界文创名城、旅游名城、赛事名城、国际美食之都、音乐之都、会展之都）名片。累计投资 26.3 亿元，将熊猫基地扩建至 35.36 平方千米，打造享誉全球的成都熊猫国际旅游度假区。精心规划建设摩诃池公园、三国蜀汉城等城市地标，打造向世界展示成都的文化窗口。

梁勤： 党的建设是企业的铸魂工程，在建党 100 周年之际，全党掀起了党史学习教育热潮。您作为兴城集团党委书记、董事长，请谈谈在党建引领企业高质量发展方面做了哪些探索。

任志能： 党建是引领国有企业改革发展的旗帜，也是企业做强、做优、做大的根本保证。兴城集团始终坚持把党建工作摆在事关全局的核心位置，与中心工作同谋划、同部署、同推进，充分发挥党的政治优势、组织优势和纪律优势，圆满完成各项任务。旗帜鲜明讲政治，全面加强党的政治建设。

在各级党组织的砥砺奋进下，兴城集团始终坚持党对国有企业的领导不动摇，紧抓思想政治建设不放松，努力做到经营、党建两手抓、两手硬，为集团深化改革发展提供了坚强政治保证和强大精神动力。

梁勤： 兴城集团冲刺世界 500 强，标志着兴城集团新的起点、新的高度。作为公司的党委书记、董事长，下一步，您如何带领团队将企业不断做强、做优、做大？

任志能： "在 2022 年进入世界 500 强企业"，这是我们向市委、市政府立下的"军令状"。进入世界 500 强企业行列，既是成都大城崛起赋予兴城集团的历史使命，也是我们对标现代化、国际化企业，加快提升核心能力的现实需要。未来，集团将把握以国内大循环为主体、国内国际双循环相互促进的新发展格局，抢抓成渝地区双城经济圈建设和大城崛起的时代机遇。

下一步，我们将提升运营能力，服务城市战略。加快成都环城生态公园建设运营，布局更加多元、时尚的消费新场景和碳汇应用场景，着力打造高品质、国际范的城市形象和便捷生活圈。加快对基础设施、产业投资等重大项目的建设。优化城市功能，服务社会民生。

积极探索向"建筑+"和"运营+"可持续运作模式转变，持续壮大金融、建筑、供应链、乡村振兴等业务板块，通过运用新技术、挖掘新产业、打造新业态，促进集团各大业务板块向高附加值的产业领域和产业链环节转移。

改善质量效益，充分参与市场竞争。质量效益是国有企业的生命线。

集团将始终坚持以市场化为导向，继续加大改革步伐，力争在优势领域拓展市场、在新兴领域谋求突破，积极响应"一带一路"倡议，联合全球龙头企业构建国际化贸易伙伴关系，全面提升市场竞争能力和盈利水平，以更加优异的成绩庆祝建党100周年。

（原载于《经营管理者》2021年10期）

对话全国优秀企业家张铀：践行强军梦的企业家

以下是管理专家梁勤与四川省杰出企业家、5719厂厂长张铀的对话。

梁勤： 5719厂作为军队保障性企业，是不穿军装的军人、不拿钢枪的战士，多年来承修了上万台发动机，为空军的飞行训练、遂行任务提供了坚实保障，为战略空军的建设付出了不懈的努力，请张厂长分享一下工厂是如何通过持续创新不断提升装备维修保障能力的经验。

张铀： 航空发动机是"工业皇冠上的明珠"，是典型的高端复杂工业产品，具有高投入、高门槛、高可靠性、研制时间长、服役时间长、维修保障时间长的"三高三长"特点，涉及工程热力学、空气动力学、流体力学、燃烧学、传热学、材料学、机械设计、机械制造、传动与润滑、密封、铸造、自动控制、仪器仪表、电子技术、测试技术、计算机应用等专业学科和工程技术，几乎涵盖了材料、制造、试验等所有现代技术门类。

航空发动机使用寿命的 2/3 以上依靠维修，修理需要很多专有技术，如涂层去除、恢复热处理、叶片叶尖裂纹和磨损激光增材修复、"氟清洗 + 低流动性钎焊"等；另外，发动机研制周期长，制造时采用的材料和工艺到发动机大修阶段，可能暴露出原始设计制造缺陷故障，需在修理阶段加以消除，因此修理的重要性不亚于设计和制造。

因此一直将创新作为工厂发展、能力生成的源动力，通过创新破解我们发展中遇到的各种难题和瓶颈。我们建成覆盖在修各型发动机全部工序的修理科研体系，研发形成了数百项修理技术标准，参与制定了数十项国家和军用标准，掌握了包括再制造技术在内的数十项的核心维修技术，建成了航空发动机试样级、部件级、整机级的试验验证能力；我们以问题为导向，将最新管理理念与工厂发展现状结合，开展一系列的管理变革，建立了航空发动机维修工程管理体系，持续优化组织机构及运营机制，向管理要效益、向管理要能力；我们跟踪当前科技发展前沿，将新技术、新方法和新手段进行工程化实践，改变维修方式、提升维修效率，实现信息化与修理线相融合，实施设备智能化升级，通过创新驱动提升装备维修保障能力。

梁勤：刚才您讲到了再制造技术，据我了解，先进的军用航空发动机技术是我们的"短板"，也是花钱买不来的。但是你们弘扬自力更生、奋发图强的航空报国精神和"敢为天下先，爱拼才会赢"的企业家精神，工厂自行研发的军用航空发动机零部件再制造技术及应用获得了"军队科技进步一等奖""国家科技进步二等奖"，有力地支撑了军用航空发动机的修理保障。请张厂长谈一谈你们是怎样实现"卡脖子"技术突破，引领修理行业技术发展方向的？

张铀：我是 1990 年毕业进厂工作的，在 20 世纪 90 年代初就接触再制造。再制造实际上也是一种维修，是更高层次的维修，它是把报废的零件通过现代的一些技术重新让它恢复新的生命。从1996年在向巧院士的带领下，我们组建核心团队，我有幸成为其中的一员，研究将再制造技术应用于军用航空发动机维修，通过努力，我们在国内率先将再制造、3D打印等技术应用于航空发动机维修领域，构建了航空发动机再制造科研体系、技术体系和工程管理体系，攻克了数十项核心修理技术，形成再制造技术群，多项技术填补国内空白。如果没有再制造技术，将会有超过2/3的发动机因缺件无法按期交付。思路决定出路，敢于突破、善于突破，我认为这是再制造技术取得成果的重要因素。

一是破禁区。首先是认知方面的突破，航空产品可靠性要求高，核心零件的使用工况恶劣，以往我们认为这些零件是修理的禁区，一旦损伤超过故检标准就要报废处理。后来受到徐滨士院士的指导，再加上我们了解到国外再制造理念和实践，认识到使用容限不等同于修理容限，通过理论计算和仿真分析，是能够确定修理极限的。例如我们一直认为压气机转子叶片只能打磨、削角修复，但是通过理论分析研究，自叶片叶尖向下2/3，损伤都是可修的。我们通过研究，将叶片修复技术应用于某型发动机叶片修复，有力地支撑了工厂该型发动机快速形成批量修理能力。

二是破封锁。再制造技术被西方国家列为核心技术，欧美等国家一直对我国严密封锁，我们根本看不到、学不到，只能立足于自主研发。如民航发动机的维护和修理，国内维修单位基本上是进行发动机的分、装、试，按维修手册开展简单的修理工作，涉及核心部附件及关键工序修理均要送到国外去修，防止修理技术流失。工厂在自主研发方面做了大量的工作，包括修理裕度分析、工艺开发、试验验证等，特别是通过大量试样级、零件级、整机级的试验验证工作，确认了再制造技术的可行性，满足了航空产品高可靠性的要求。

三是破垄断。再制造技术是打破国外垄断的重要保证，主要体现在三个方面。第一是扭转了产品断供的垄断格局。再制造技术可以使我国快速形成引进装备国内自主保障能力，有效抵御国外断供"卡脖子"的风险。第二是破除了高额利润的攫取。深修精修减少了大量的换件成本，特别是降低了对进口备件的依赖，多年来为国家节约了大笔的国防开支。第三是缓解新品制造的压力。面对风云变幻的国际局势，再制造技术对材料和时间的节省，有力地支撑了工业部门的新品研发制造，为我国航空发动机体量扩充、产品升级赢得了宝贵的时间。

梁勤： 不破不立、破而后立、敢为人先、敢于担当，正是您作为四川省杰出企业家身上所彰显出的5719厂的精神气质。某项核心技术的突破，可以带动一个产业链的兴起，同时可以引领一个产业未来的发展方向与新业态的诞生。新业态的诞生离不开技术创新和管理创新这两个翅膀。刚才您提到航空发动机体量扩充和产品升级，这也意味着后续维护保障需求的突增，除了技术突破外，请张厂长给我们分享一些在管理创新上的做法。

张铀： 工厂管理创新一直是坚持以问题为导向，通过管理创新塑造了与航空发动机维修特点相适应的大修平台，坚持流程再造，解决发展中的瓶颈问题，充分释放发展潜能，保持战略定力，坚定"向研究型MRO转型"新方向，加快研究型企业模式打造。自2004年导入卓越绩效以来，工厂在人员仅增长16.4%的情况下，涡扇发动机修理量增长13.3倍，修理周期平均压缩2/3，总资产增长3.7倍，年产值增长3.8倍，全员劳动生产率增长2.8倍。

平台塑造。工厂建立之初的主要历史目的是"大修不出军"，使航空发动机维修保障的各个环节在工厂内形成闭环，提升维修效率。从当前军用维修的特点来看，存在着多国技术体系、多型跨代、多功能发动机并存修理需求的实际情况，因此建立集成化、集约化、柔性化的大修基地就成了关键。首先是能力集成化，就是要形成主机、附件的全工序修理能力，使工业部门十几个专业化研制厂所的成果借鉴、消化、吸收，为部队提供集成化一站式服务；其次是建设集约化，就是根据型号迭代、技术更新的延续性，在添置专用工装、测试设备、试车台等资源时，充分考虑满足各型装备差异化的修理需求；最后是资源柔性化，对于人力资源等具有天花板的实际情况，采用项目管理，打破传统行政部门的壁垒，形成以产品为牵引、业务为基础、行政为支撑的"三维魔方"组织结构，实现平台的塑造。

流程再造。坚持问题导向，自发地、有预见性地解决工厂发展中遇到的问题，围绕产品实现、作业流程、管理模式等一系列整体策划和落实的改革调整，称为流程再造。工厂先后实施了四次流程再造，2004年第一次流程再造是解决新型号上能力的问题，初步构建流程化管理模式；2009年第二次流程再造是开展柔性化建设解决多型跨代并线作业问题；2014年第三次流程再造是贯彻全员产品责任制，提升维修保障效能。去年组织实施了"以故检为中心"数字化修理线建设为牵引的第四次流程再造，这是工厂主动拥抱数字化，进一步提升产品质量、提升修理效能的再造，是维修理念和维修模式的变革，故检后修理方式锁定，为数字化建设奠定了基础，数字化建设引申的数据库应用，又为修理水平提升提供了具体抓手，流程再造就是我们工厂管理创新的持续改进。

模式打造。工厂的愿景是"成为飞机心脏的顶级服务者"。"顶级"服务者的标准，就是向用户提供最高水平的产品、提供最高等级的服务，成为行业领军、国内领先、国际一流的研究型MRO企业集团。为了实现这一目标，当前我认为工厂最重要的是向研究型MRO转型，逐步向产业链前端延伸，加速向价值链高端拓展。根据装备修理需求坚定上型号、上能力，提升实战化保障能力和服务水平；构建研发体系，培育研发能力，走系列化发展道路，形成优势技术专利族，具备核心单元体研发、制造、维修能力；逐步由型号催生技术向技术催生型号转变，培养技术敏锐性，敢于投资未来，开展长期研发项目；深化数据治理，实现"数字化、智能化"新跨越，探索机制创新，开创"政产学研用投深度融合"新格局。

梁勤：在企业快速高质量创新发展的同时，5719厂也积极履行社会责任和企业公民义务，带动了地方经济和社会发展。请张厂长谈谈工厂在这方面做了哪些探索。

张铀：勇担社会责任是现代企业、国有企业和军队企业的应有之义。作为"四川联合航空维修与再制造协同创新中心"的发起单位和空军确定的技术成果转化中心西南区域分中心，工厂是空军与四川省乃至西南地区需求对接、协同攻关、成果转化等的桥梁和平台，承办了空军装备部和四川省政府战略合作协议9个项目中的8个。

协同发展。一方面，将民航适航理念应用于军用航空发动机维修中，提高装备的维修可靠性，同时合作开展核心零部件研制，解决制约生产的备件瓶颈问题；另一方面，助推国内民航自主保障能力建设和地方经济社会发展，与中海油、川能投等多家公司合作，打造索拉、西门子燃机修理及现场技术服务能力，突破多项燃气轮机核心修理技术。

人才培育。工厂成立航空工程职业教育公司，打造航空发动机专业化学习工厂。一是开展职业技能培训，针对高校学生，补充学校理论知识与生产现场实操的最后一公里，为行业持续输送有生力量，同时承办国家一类赛事"匠心杯"装备维修职业技能大赛，持续培育输出工匠型人才。二是开展官兵技能培训，针对机务官兵，军改后实施的"官改士"，技术方面存在部分断档的情况，开展职业教育弥补了能力差距，提升了部队的战斗力；同时建成退役军人就业培训基地，依托基地串联区域内产业企业、航空公司等，向其输送培训合格的退役军人，并对接预备役政策要求，定期开展预备役培训，持续保持军事技能解决官兵与地方脱节导致的二次择业困难，解除官兵的后顾之忧。

地方发展。地方政府为国防建设全心全意履职尽责，作为企业也应该积极履行社会责任，带动地方经济发展。自2013年以来，有力地支撑了地方政府依托工厂在驻地设立航空动力特色小镇，持续发挥产业聚集作用，带动工厂相关配套企业落户，"丽春航空动力小镇"产业能级得到有效提升，先后被工业和信息化部等五部委确定为国家级"再制造产业集聚区"、四川省"院士（专家）产业园"。

梁勤：企业文化是企业长盛的基因，是企业凝聚力、创新力、品牌力、战斗力的核心。我注意到你们穿的工作服，胸前印着"诚、新、快、实、和"，左右两臂分别印着"情系蓝天、追求卓越、开拓创新、昂扬向上"，这应该是工厂企业文化的重要内容吧，请张厂长介绍一下，企业有哪些独特的文化成果呢？

张铀："诚、新、快、实、和"是工厂的核心价值观，"情系蓝天、追求卓越""开拓创新、昂扬向上"分别是企业宗旨和企业精神。除此之外，工厂的文化理念体系还包括"给飞机心脏创造新的生命，为航空发展贡献不竭动力"的企业使命，"成为飞机心脏的顶级服务者"的企业愿景，以及质量观、科技创新观、人才建设观等。

文化定位。工厂始建于三线建设的峥嵘岁月，工厂的命运和发展始终是跟人民空军的建设、空军装备的发展紧密地联系在一起。工厂始终秉承红色基因，赓续军队文化、空军文化、空军装备文化血脉，始终突出"姓军为战"的政治属性和"备战打仗"的主责主业。面对国内工业基础薄、技术实力低，以及国外封锁严等现实环境，唯有以"开拓创新"解决难题，以"昂扬向上"直面困难，才能担当起国家赋予的使命责任，才能在确保部队战斗力持续生成中有所作为、有力作为、有效作为。2010年时任中共中央政治局常委的李长春视察工厂时评价道，"企业的管理井井有条，企业的技术精益求精，企业的文化昂扬向上"，多年来我们工厂上下仍保持和发扬这股精气神。

精神践行。文化自觉、文化自信进一步激发创佳绩、增动力，更好提升经营质量、保障空军装备、服务国防建设、贡献航空事业的激情干劲，"诚"信固本、创"新"图强、"快"速制胜、务"实"强基、"和"谐共享，在企业核心价值观的五个方面为深入践行企业文化写下了有力注脚。20世纪90年代工厂承修某型引进三代发动机，千难万苦、玉汝于成，总结提炼了"不等不靠、精益求精、团结和谐、甘于奉献"的新机精神；到2018年承担某型装备的国内自主保障工作，也是秉承我们的新机精神，短短3年时间我们就形成了国内自主保障能力。这种实践传承还包括"顾全大局、勇于担当、精诚保障、崇尚荣誉"的阅兵精神，"不畏艰险，众志成城，勇于胜利；以人为本，尊重科学，自强不息"的抗震救灾精神，精神践行的接续传承彰显的正是文化铸魂的作用。

永续发展。工厂的目标是为部队服务、为战斗力生成服务，因此必须要凝练先进的企业文化、创新的企业文化，将企业精神全方面灌入主责主业工作中。进入新时代以来，工厂主动适应部队战训模式变化，实施集质量控制、外场保障、生产管理、修理技术和科研标准"五位一体"的服务保障模式，精准服务部队。质量控制突出"产品如人品，质量不好就是人品不好"；外场保障突出"情系蓝天，星级服务"；生产管理突出"精益、保质、保量"；修理技术突出"深修、精修"；科研标准突出"以研强修、以研兴造、以研促改、以研带教"。确保做到"联系部队最紧密、完成任务最坚决、修理质量最可靠、服务保障最及时"，成为"部队最可信赖的现代化修理保障依靠力量"。通过理念感化、制度强化、榜样教化，将创新的文化深入员工的思想和血脉，使员工敢于创新、善于创新、乐于创新，充分适应挑战与变革，才能在变化中做到永续发展。

梁勤："不忘历史才能开辟未来，善于继承才能善于创新。"红色基因、红色血脉代代相传，体现着军工企业宝贵的文化价值，彰显了企业家的崇高使命和责任荣光。着眼未来，请问张厂长下一步将如何带领团队在强军梦、中国梦企业和企业家的实践中继续奋斗呢？

张铀：奋进新时代，5719厂将坚持以习近平新时代中国特色社会主义思想和习近平强军思想为指导，牢记初心使命，坚守主责主业，在上级党委和机关的领导下，着力打造围绕战斗力持续生成、信息化智能化全面塑形、向研究型MRO方向转型升级的航空发动机基地级维修保障企业，充分发扬新时代推动高质量发展的企业家干事创业精神，永葆"姓军为战、保障打赢"的红色基因和初心使命，向行业领军、国内领先、国际一流的航空动力MRO企业集团矢志不渝地前进。

（原载于《企业家日报》2021年11月3日）

对话全国优秀企业家李嘉："黄金产业"的使命与担当

有"黄金产业"之称的氟工业是伴随现代工业的发展迅速崛起的新兴朝阳产业，也是提升传统产业和发展新能源等其他战略性新兴产业所需的关键配套材料。"十三五"以来，中昊晨光化工研究院有限公司（以下简称中昊晨光）立足新发展阶段，贯彻新发展理念，融入新发展格局，坚守"化工报国"的初心使命，积极践行自主创新战略，坚持走差异化技术创新发展道路。近期，中昊晨光"高性能聚四氟乙烯分散树脂产业化新技术"被评为"十三五中国氟硅行业优秀科技成果"，同时"全氟烷基乙基（甲基）丙烯酸酯合成新技术及产业化应用"获"四川省科学技术进步奖二等奖"；还上榜了"中国氟硅行业创新型企业"、四川省制造业"贡嘎培优"100户企业名单。中昊晨光是如何通过加快高性能氟材料研发和成果转化，跑出科技创新加速度的？四川省企业联合会、四川省企业家协会秘书长梁勤与四川省杰出企业家、中昊晨光党委书记、执行董事、总经理李嘉围绕使命与创新展开对话。

一、阵痛转型，激励成长：攻克有机氟材料领域技术难关

梁勤：中昊晨光在20世纪末经历了传统院所改制阵痛，转制为科技型企业，当时公司面临哪些艰难处境？

李嘉：20世纪90年代以来，随着我国改革开放的深入推进，传统院所面临人员多、产出少、包袱重等无法回避的发展困境，设备老旧、市场萎缩、库存积压、流动资金枯竭，经历了长达10年的艰难抉择，一度濒临破产。中昊晨光在困境中不断反思、自救。1999年，在经历多次漂迁分流失败后，中昊晨光转制为科技型企业，成为中国昊华化工集团股份有限公司

（以下简称中国昊华）的全资子公司。从 20 世纪 90 年代末到 21 世纪初，在中国昊华的帮助和支持下，"四氟乙烯单体生产新工艺"和"氟橡胶装置"相继试车成功，为产业化奠定了坚实的基础。

砥砺奋进的晨光人接过"化工报国"的接力棒，凭借自建院以来凝聚而成的艰苦创业、无私奉献、团结协作、敢于创新的"三线建设"精神，公司领导班子率先垂范，深入基层，带领中昊晨光步入产业化快速发展的新征程，许多高新科研成果、核心技术在国家政策的支持下得以激活催生，焕发勃勃生机。

从 2010 年 9 月开始，中昊晨光开始踏上第三次创业新征程，提炼形成了"报效祖国、服务社会、造福员工"的企业宗旨和核心价值观。如今，新一代晨光人传承前辈"化工报国"的精神，实施创新驱动发展战略，制定了"聚焦主业、深耕细作，重点实现有机氟技术突破和产业化，调整主业含氟聚合物的产品结构，延伸产业链"的技术创新战略，不断攻克有机氟材料领域技术难关。

梁勤：新的历史机遇下，中昊晨光有哪些新认知？

李嘉：2021 年 5 月 8 日，中国中化控股有限责任公司揭牌成立，围绕氟化工板块，于今年成立了中国昊华氟化工业务协同工作组，大力推进两化业务融合发展。经过两年来对企业文化的深入研讨，中昊晨光于年初铺开了奋进"十四五"的企业发展"作战图"，开启了卓越运营、再创佳绩的新征程。将"引领氟化工，持续创造价值"作为公司使命，将"成为世界一流氟材料科技公司"作为公司愿景。"三线建设"精神在新时代有了新的发展内涵和时代特色，中昊晨光将以"创新、文化、激励、履行承诺"为驱动力，在价值原则框架的自我管理下，在员工不断交付成果的过程中，实现公司与员工双赢的新局面。

二、治蜀兴川，使命担当：为全面建设社会主义现代化贡献力量

梁勤：作为一家在川央企，中昊晨光继承发扬"化工报国"的初心使

命，在积极践行企业公民社会责任方面，有哪些值得分享与借鉴的做法？

李嘉：中昊晨光自 1965 年建院以来，始终将自身发展融入产业战略、服务社会发展。虽然经济周期、科技创新经历了各种各样的变化，"变"的是产业升级、技术更新、经营策略，"不变"的是公司的初心使命、责任担当。作为一家央企，中昊晨光始终心怀"国之大者"，在党和国家需要的时刻挺身而出，在经济社会发展、抗洪救灾、应急救援、疫情防控等工作中主动担当央企责任，贡献央企力量。

经济社会发展。自贡市富顺县以中昊晨光为依托打造"晨光经济开发区"，吸引 30 余家化工关联企业落户发展，形成化工新材料循环经济产业集群，年产值规模近 280 亿元，解决了 2000 余人就业问题。

抗洪救灾。2020 年 8 月，富顺县遭遇特大洪涝灾害，中昊晨光派遣专业救援力量，连续数夜在受灾最严重的区域开展抗洪行动，帮助地方政府守护沱江安全。

应急救援。中昊晨光长期坚持强化应急救援力量，从 2019 年开始投资预算 6816 万元，竭力打造一支"拉得出、冲得上、打得赢"的省级危化救援尖刀队伍，为全省安全生产和应急救援贡献力量。

疫情防控。2020 年年初为应对新冠疫情，中昊晨光积极响应党中央"生命重于泰山、疫情就是命令、防控就是责任"的号召，仅用 5 天时间成功研制 e-PTFE 微滤膜高效防护口罩，全年生产口罩 500 万只，被中国化工、中国昊华、中国石化协会评为"抗击疫情先进集体"，下属工程塑料分厂党支部获评"四川省抗击新冠肺炎先进基层党组织"。

梁勤：中昊晨光不断向打造氟材料"原创技术策源地"和"现代产业链链长"的目标迈进，如何助力公司实现绿色低碳高质量发展？

李嘉："新基建""成渝双城经济圈建设""内循环经济"等战略的推进给氟化工行业提供了广阔的发展空间。2021 年 9 月，中国中化新材料产业基地在自贡沿滩顺利开工，中昊晨光迎来了新一轮发展机遇。

目前，结合"晨光高性能氟材料创新中心"国家级创新平台建设，中昊晨光加快布局氟材料研究和成果转化新基地。围绕中国昊华打造氟化工"原创技术策源地"和"现代产业链链长"的工作目标，集中优势力量，与隶属中国中化的兄弟企业中化蓝天、昊华气体共建业务协同工作组，深入挖掘产业链上下游协同潜质，助力提升氟化工全产业链竞争力，争取更大发展空间。围绕自贡市打造千亿级绿色化工园区的目标，紧抓 2.6 万吨 / 年高性能有机氟材料项目建设，持续加强对项目安全、环保、质量、进度的管理，全力打造阳光工程、优质工程。

当然，一家企业的高质量发展必须以绿色环保、可持续发展为前提，这也是化工企业的底线思维。

中昊晨光已连续五年实现安全生产无重伤及以上事故的安全业绩，以绿色低碳发展为理念，通过污染物综合治理，主要污染物指标排放量同比大幅度下降，全年未发生环境污染事件和职业卫生事件，获评四川省环保厅"环境信用诚信企业"。

下一步，中昊晨光将安全环保作为核心竞争力进行培育，持续强化环境风险隐患排查和整治工作，提升环境风险管控水平，重点抓好富顺基地挖潜增效工作，通过全面推进"水、气、土、噪声"工业污染防治，打造绿色制造、智能制造体系，持续降低能源资源消耗，实现资源高效利用。按照产品全生命周期理念，以提高工业绿色发展技术水平为目标，进一步加大关键共性技术的研发力度。

中昊晨光将继续坚守"化工报国"的初心，以"科学至上"为指导，大力弘扬"敢为天下先，爱拼才会赢"的企业家精神，加紧人才聚集，加大研发投入，加快成果转化，按照中国昊华"成为国内领先、全球一流的高端氟材料供应商"的发展战略，重点围绕含氟聚合物、氟精细化学品、氟制品产业链部署创新链项目，围绕创新链布局氟材料产业链项目，打造一流水平的有机氟材料生产基地和国家高性能氟材料创新中心，为推动新时代治蜀兴川再上新台阶贡献中昊晨光的力量！

（原载于《企业家》2022 年 9 期）

对话四川省杰出企业家刘万波：涅槃重生，再显川煤雄风

川煤集团是四川省综合实力强、规模大、科技领先的煤炭能源企业集团。应《企业家》杂志之邀，笔者与川煤集团党委书记、董事长、总经理刘万波就如何化解企业危机、如何通过国企改革提质增效等话题进行了交流。

一、决策失误，深陷债务危机

梁勤：川煤集团是四川省的"煤老大"，曾深陷债务危机，濒临破产，您是如何化解那场危机的？

刘万波：川煤集团是2005年四川省委、省政府为优化调整煤炭工业结构，促进煤炭工业健康发展，保障四川省能源供应安全而成立的。2005—2013年煤炭行业发展势头迅猛，川煤集团在四川、贵州、云南等地投入了80多亿元用于煤炭资源的开发储备。但从2013年起行业发展趋势发生了较大变化，煤炭价格断崖式下跌，导致2013—2016年累计亏损39亿元，2016年还出现了两次债务违约。面对危机，川煤集团一方面进行精细管理，减能减员想办法生产自救。另一方面，争取"金融帮扶"。银行通过不抽贷、不压贷，降低贷款利率对川煤集团进行帮扶。这些改革脱困举措只是让川煤集团艰难地维持了简单再生产，但始终没能走出债务的困境。

二、打出"组合拳"，稳妥化解危机

梁勤：您是如何让一个负债率高达134%的国有大型煤炭企业"起死回生"的？

刘万波：在省委、省政府和省国资委的正确领导和帮助指导下，川煤

集团经过慎重决策，打出"组合拳"，用不到一年时间化解了债务危机。

第一，协同司法重整，化解外部债务危机。川煤集团贯彻落实省委、省政府和省国资委的决策部署，于2020年6月启动司法重整，扎实做好"六稳"工作，认真落实"六保"任务，将168家下属关联公司全部纳入债务重组与资产重组的范围。2021年6月，川煤集团完成了30万元以下现金清偿和股东工商变更，使资产负债率下降56%，每年利息支出减少9.5亿元左右，重整计划执行首战告捷，稳妥化解了外部债务危机。

第二，推进机制改革，激发内部生机活力。按照"产权多元化、治理现代化、资产专业化、管理扁平化、运营市场化"的思路，川煤集团研究制定了深化内部改革"1+8"方案，与司法重整工作同步推进、落地实施。①推进资产重组。按照"产业相近、行业相关、主业相同"的原则，将原23家二级公司重组为5家专业化公司，承接不同板块业务，与集团总部构建起"1+5"专业管理模式。②精简管理层级。形成集团负责"管资本做战略"、专业化公司做实"管资产做经营"、矿厂"管执行保安全"的扁平化三级管理体系。将原来多达6级的产权管理层级缩减为3级，将3级生产管理层级缩减为2级，将4级销售管理层级缩减为1级。③激活管理机制。打破干部"内循环"等现象，推行全员竞聘上岗。成立薪酬委员会，真正体现"业绩是干出来的，薪酬也是干出来的"的价值导向。④减轻企业负担。完成企业退休人员社会化管理移交工作，专心做主业。

通过实施"组合拳"，川煤集团重新步入了健康可持续的发展轨道。2021年1—10月，实现营业收入115亿元、利润总额7.8亿元，与上年同期相比增盈13.6亿元。

三、三年改革行动，提升治理效能

梁勤：在国企改革三年行动中，川煤集团有哪些成功的经验，取得了什么样的效果？

刘万波：以党建工作为"红色引擎"，将国企改革三年行动与司法重整计划、深化内部改革工作充分结合、融会贯通、共同发力。

第一，针对企业短板弱项，细化89项改革责任清单，明确改革的任务书、时间表、路线图，实现"规定任务"全覆盖和"自选任务"补短板。创新工作推进机制，建立改革任务及时分配、问题及时反馈、经验及时交流的"三及时"信息机制，实施动态监控，压紧压实工作责任。预计今年底完成改革任务的84%，2022年5月底全面完成。

第二，着力完善现代企业治理体系，全面修订董事会、监事会、总经理办公会议事规则，形成党委会引领力、董事会推动力、经理层执行力的"三力合一"运作模式；集团及各子公司实现董事会应建尽建的格局；完成董事会授权工作，进一步提升企业治理效能。

第三，提速经理层改革，以下属企业鼎能公司为试点制定"两协议两制度"模板，全面推进经理层契约化任期制改革。实施企业"应推尽推"，因企制宜、分层分级确定签约期限；科学化设定指标；实施业绩考核市场化。截至目前，经理层任期制契约化管理基本完成，签约率达90%以上。

第四，强化制度建设，筑牢合规管理基石。启动"一个中心、两个平台、多应用系统"数智化建设，实现统一数据采集，统一数据报送，统一数据管理，统一信息资源目录，统一数据存储及统一数据共享应用。按照"中心带动，下级同步"对集团各业务流程进行分解，对重点岗位、重点领域进行风险扫描，形成风险清单库。构筑"业务部门靠前管控、合规部门居中指导、审计监察部门事后监督"的合规风险管控三道防线，实现事前、事中、事后的全面风险管控。

四、"以煤为基、相关多元"协同发展

梁勤：面对未来，川煤集团有哪些构想和具体举措？

刘万波："十四五"时期，川煤集团将锚定"一年总体恢复、两年布局优化、五年转型发展"的战略目标，全面实施"市场化改革＋转型升级发展"的又一个"组合拳"，形成"以煤为基、相关多元"协同发展的产业体

系，打造成为集现代能源、矿山建设、矿山医疗、矿山科技服务、物资产业为一体的综合型能源企业。

加快推进市场化改革。一是公司治理现代化。完善公司法人治理结构，把党的领导全面融入公司治理相关工作，加快全面推行经理层成员任期制和契约化管理。二是股权结构多元化。提升企业核心竞争力，引进战略投资。三是经营机制市场化。压缩管理层级，精简机构和人员，构建以岗位价值为基础、以绩效贡献为依据的市场化考评、薪酬管理制度，建立能升能降的"强激励、硬约束"机制。四是激励约束科学化。建立员工持股、超额利润和虚拟股权激励机制，与员工形成风险共担、利益共享的命运共同体。五是资产运营证券化。积极推进多方上市工作，提高盈利能力和拓展未来发展空间。

协同推进业务板块转型发展。一是做强煤炭核心主业。实施好矿井智能化改造和煤矿资源整合，全面提升煤矿产能。大力推进"五化"融合、有序推进"一优三减三提升"和"双达标"，全员工效达到全国同等煤炭资源条件下领先水平。实现由生产商向综合供应商转型，系统提升市场调节能力和兜底全省能源保障能力。二是做专矿山建设产业。发挥矿建独特优势，开发矿山工程总承包和煤矿托管业务；承接市政道路建设等基础设施、配套设施项目；发展装配式建筑、现代科技建筑、装饰装修等多元化业务。三是做优矿山医疗康养产业。依托矿山医疗专业优势，做强特色专科，提升医院等级；联合养老机构，形成以医促养、医养结合的新格局。四是做精矿山科技服务产业。提升煤炭主业科技服务能力，拓展外部矿山技术服务与合作。五是做活物资产业板块。打造"存量资源培育管理平台"和"低效资产承接处理平台"，形成非煤矿山开采、综合性服务、资本运营"三大经济增长点"，为改革发展发挥好稳定"兜底"的功能。

到2025年，川煤集团力争煤炭供应量达3000万吨，保障四川省煤炭需求50%以上，实现营业收入240亿元、利润总额17亿元。

（原载于《企业家》2021年6期）

对话四川省优秀企业家谭光军：涅槃重生，扬帆远航

谭光军，四川省优秀企业家，泸天化集团党委书记、董事长。

梁勤，四川省企业联合会、四川省企业家协会副会长兼秘书长。

应《企业家》杂志之邀，梁勤与谭光军就泸天化集团实施司法重整、摆脱沉重债务危机而涅槃重生的精彩历程和未来设想进行了专题对话。

梁勤："春风得意马蹄疾，一日看尽长安花。"看您今日容光焕发、喜上眉梢，想必泸天化集团今年的生产经营已取得突出成绩，能否给我们透露一些令人振奋的消息？

谭光军：今年以来，泸天化集团旗下企业生产稳定，产品畅销，形势喜人！其中，我们的主要产品尿素价格创历史新高，新型尿素、复合肥、煤等产品也供不应求，价格直线上涨，为企业创造了良好经济效益。截至今年三季度末，在全体干部职工的共同努力下，泸天化集团已实现营业收入88.7亿元、利润17.71亿元，较2020年同期分别增长39.02%、912.79%，其中实现利润已超过2018—2020年利润的总和。

梁勤：几年前，泸天化集团险些倒闭。你们当时面临的主要困境有哪些？

谭光军：被誉为"中国现代尿素工业的摇篮"的泸天化集团也曾经有过辉煌，但作为1959年建厂的老化工企业，历史包袱沉重。几年前，化工行业产能严重过剩，能源价格直线攀升，致使集团迅速滑入巨额亏损的泥潭。2014年，亏损14.9亿元，负债总额172亿元，其中金融负债高达145亿元。2015年仅利息支出就高达7.5亿元。巨额的财务费用让我们不堪重负，企业严重资不抵债，不得不忍痛降低员工薪酬、拖欠员工社保。当时，

拖欠一年以上工程、材料款资金超过 11 亿元，欠付员工社保及工资 3 亿多元，而且法律纠纷不断。

雪上加霜的是，过去按月结算的天然气费变成按天结算。泸天化股份公司也因连续两年亏损，被深交所戴上了"ST"帽子，实施了退市风险警示程序。企业内部弥漫着"屋漏偏逢连夜雨，船破又遇顶头风"的氛围。在岗员工 12500 余人中有 3000 多富余人员需要分流安置，每年需要承担退休员工企业法定外补贴近 3200 万元。

梁勤：您受命于危难之时，以优秀企业家的精神坚守初心、逆流而上，让一个负债 170 多亿元、濒临倒闭的国有大型企业起死回生，请问您带领团队走出困境有哪些举措？

谭光军：一是通过资本运作化解泸天化股份公司的退市风险。为使上市公司泸天化股份实现扭亏"摘帽"，2015 年年初我们临危受命，积极开展系列资产重组工作，将亏损的天华公司从泸天化股份体系中剥离以减少亏损，并处置闲置土地获取收益，确保上市公司实现盈利，有效地化解了退市风险，为司法重整奠定了坚实基础。二是通过司法重整，彻底化解企业债务风险。为此，集团成立了"司法重整管理人团队"，在探索"市场化债转股"和"重大资产重组＋市场化债转股"化解债务风险路径两次均失败的情况下，我们仍与债权人反复磋商、互谅互让，最终达成"司法重整是化解泸天化集团债务风险唯一路径"的共识。同时，得到国家发展改革委、最高人民法院、证监会、银保监会、四川省及泸州市政府、省市法院及各债权银行等鼎力相助和悉心指导，历经 900 多天的不懈努力，经过近 100 场的艰难谈判，整合集团资源，最终形成利益均衡的重整方案，成功实施了企业的整体司法重整。三是积极有序推进改革创新。我们按照"依法依规、总体设计、分步实施、平稳有序"的总体思路，有力推动企业聚焦主业、剥离副业，妥善处置人员分流、补贴清理等敏感的历史遗留问题，逐步减轻企业运行成本。随后又陆续完成了主业的"三项制度改革"：重新进行"定岗、定员、定编"；对全体经营班子通过"市场化选聘"的方式重新"洗牌";对全部中层干部实行"竞聘上岗",泸天化股份公司中层干部由120多名减至75名;对普通员工推行"双向选择",分流安置富余人员3000余人。通过这一系列改革,基本建立了"管理人员能上能下、员工能进能出、收入能增能减"的市场化用人机制。

面对历史遗留问题,完成了集团公司内"三供一业"改造移交和退休职工社会化移交安置,取消企业工龄工资等10多项法定外补贴,使企业化工板块人均产值由105万元提升到200多万元,管理费用由11.5%降至7%,每年减少人工成本1亿多元。

这几方面工作落实后,企业才慢慢重回正轨。

通过司法重整,泸天化集团100多亿元的金融债权获得全覆盖清偿,达到了债权人满意、社会满意、政府满意、企业发展的良好效果。这不仅有力地维护了地方金融生态环境,而且让企业彻底实现了"降杠杆",集团资产负债率从126%迅速降至49%,上市公司资产负债率降至33%,达到了同行业优良水平,整个集团资本结构和财务状况得到根本性改善,债务风险得到彻底化解。与此同时,上市公司不仅化解了40多亿元债务,还筹集了16.45亿元资金,为企业转型升级、健康发展铺平了道路。

司法重整后,轻装上阵的泸天化集团2018—2020年连续三年实现盈利,累计实现利润超过13亿元。今年前三季度已实现盈利17.71亿元,预计全年利润有望达到20亿元。

梁勤:摆脱困境的泸天化集团要继续生存和发展,最重要的是要有新的造血功能并逐步打造企业核心竞争力,在企业造血及自主创新驱动高质量发展上,你们做了哪些工作?

谭光军:船大难掉头。要让一艘拥有50多家子公司的化工"巨轮"实现自主创新驱动下的转型升级并非易事。

一是加大新产品开发力度。在传统化肥产业上落实减量增效和农业绿色发展要求,由单质肥、传统复合肥向高效复合肥、车用尿素等领域发展,推动传统产品升级。2020年,肥料产品组合已从原来的合成氨、尿素、传统复合肥发展为现在的螯合锌硼、聚谷氨酸、聚安速等新型尿素、缓控释肥、药肥、水溶性粉状肥料、生物有机肥等专用化、多元化产品组合。

二是加强节能减排技术革新。采用节能环保新技术、新产品，大力实施技改技革，提升能源利用效率，提高工艺、装备水平，推动传统产业提档升级。"十三五"期间，仅泸天化股份公司合成氨单位产品水耗下降51.88%，尿素单位产品水耗下降33.43%，能源绩效提升3.8%。我们先后荣获中国氮肥工业协会节能减排先进单位、工业和信息化部第四批"国家级绿色工厂""2020年全球能源管理领导洞察力奖"等称号。

三是推进原料结构调整。为打破传统产品单一的天然气原料结构，我们利用宁夏宁东基地煤炭资源优势，投资52.7亿元，建成年产40万吨合成氨、70万吨尿素并联产20万吨甲醇项目。项目实施后，化肥、甲醇产品生产原料构成由100%天然气变为67%天然气、33%煤炭，提高了抗风险能力。

四是积极进军产业关联且拥有核心技术支撑的新领域。①在新材料领域引进实施了聚碳酸酯项目和杂环项目。2019年，我国首套拥有自主知识产权，采用绿色非光气法专有技术的年产10万吨聚碳酸酯工业化示范项目建成投产，各项技术指标达到国内领先水平。2020年12月，我们与大连理工大学蹇锡高院士合作的新型杂环高性能工程塑料项目在成都彭州市工石化工业园区动工，预计今年年底建成投产。②在环保领域以泸天化环保公司为平台，大力拓展污水处理、生活垃圾处理、养殖废弃物资源化利用等业务。2020年，乡镇污水处理、工业园区污水处理业务领域已初具规模，年新增营业收入上亿元。③在农化服务领域利用泸天化集团在化肥行业中几十年耕耘所积淀的人才、技术和经验等软实力，开展工程设计、建设咨询、设备制造、检修维修、信息化服务等业务。按照"医院＋药铺"模式，以四川众康检测公司为依托，根据农田土壤需求开出"药方"，对症下药、精准施肥，将科学种植技术、农资服务送到田间地头，实现农作物从种植、肥料、病虫防治一体化的新型科技农化服务模式。

2019 年，泸天化集团建成我国首套拥有自主知识产权，采用绿色非光气法专有技术的年产 10 万吨聚碳酸酯工业化示范项目，各项技术指标达到国内领先水平。

梁勤： 通过这几年的改革创新与转型升级，泸天化集团实现了涅槃重生，发展态势如何？

谭光军： 集团目前的产业涉及化工、商贸、煤矿等业务，其中化工板块企业主要集中在泸州纳溪、合江、宁夏银川、广西南宁、重庆江津等地；煤矿分布在古蔺和宜宾筠连等地。到目前为止，泸天化集团旗下共有各级子公司 53 家，其中泸天化股份公司、天华富邦公司等都是国家高新技术企业。集团公司总资产超过 220 亿元，成为集化肥、精细化工、科研设计、建筑安装、农化服务为一体的特大型国有企业。其商贸网络遍布全国，部分化工产品销售到东南亚和南美洲等国际市场。

集团公司具备年生产合成氨 130 万吨、尿素 212 万吨、甲醇 83 万吨、复合肥 80 万吨，煤 345 万吨及各类化学品、精细化工、新材料等 122 万吨的生产能力。

集团公司在岗员工 9100 多人，其中中高级专业技术、技能、管理人才占比 35%。现生产化肥化工产品 20 余种，拥有"工农""天华""九禾"等驰名商标和品牌。拥有国家级技术中心、博士后科研工作站、院士专家创新基地、泸天化创新研究院等科研创新平台。与巴斯夫、中国科学院、中国石油大学、四川大学、重庆大学等国际、国内顶级科研院所和高校有广泛的合作。集团前景远大，未来可期。

梁勤： 目前，泸天化集团站在一个新的起点，正在向"百亿企业、二次腾飞"的目标阔步前进，您有哪些新的构想和打算？

谭光军： 站在新起点，展望新征程，泸天化集团已迎来高质量发展的崭新局面和良好机遇期。从长远发展来看，我们将以稳定现有天然气化工、煤化工产业为基础，积极探索新业态、新模式、新技术，通过原料产品结构调整、自主创新、项目投资、资本运作、现代化服务等方式，从中低端基础化工材料生产向中高端材料与专用化学品研发生产迈进，从肥料生产销售向种养结合循环发展的综合农化服务转变，从单一煤炭生产销售向氢能、生物质能及煤炭清洁高效利用等综合性能源开发拓展，实现泸天化集团的二次腾飞。

我们邀请国际国内顶级专家，结合企业现有产业基础，通过认真研究论证，确定了"新农化、新材料、新能源"的集团《"十四五"战略发展规划》。

首先，我们将通过实施"新农化"战略，将泸天化集团内化肥板块资源重新整合，做强做大泸州化肥产业和以化肥为主的上市公司。其次，结合实施新材料战略，构建聚碳酸酯全产业链，并发展可降解塑料、高端工程塑料等新材料产业，以及现代油脂等精细化工产业，做强做精泸州的新材料产业。再次，在"绿电"丰富的地区，通过"绿电"制"绿氢"，结合泸天化集团的化工优势，发展新能源产业。通过继续深化改革，加强研发创新，强化资本运作，到2025年新增超过年产500万吨化工产品的综合产能，使泸天化发展成为国内大型综合化工产品生产企业；力争"十四五"末资产总额达300亿元，年销售收入达200亿元，年利润总额达20亿元。其中，新材料产业产值占比50%，新农化产业产值占比40%，新能源产业产值占比10%。

（原载于《企业家》2021年4期）

对话四川省优秀企业家潘敏：数智赋能中国工程咨询业发展

目前，我国大力推进建筑业的深化改革，国际通行的全过程工程咨询模式成为建筑行业新风口。在数字技术不断革新的时代背景下，数智化成为未来工程咨询行业的新趋势。在建造过程中充分应用智能化系统，可以有效提高建造过程的智能化水平，实现资源价值最大化。近日，四川省企业联合会、四川省企业家协会副会长兼秘书长梁勤与四川省优秀企业家——开元咨询集团党委书记、董事长潘敏就数智化如何赋能中国工程咨询行业展开了对话。

一、数智化驱动，实施人才强企战略

梁勤：作为国家工程建设项目的顾问公司，开元咨询集团在全过程工程咨询领域进行了哪些探索？所从事的数智化工程咨询有哪些优势？

潘敏：在数智化时代，开元咨询集团（以下简称开元咨询）经过多年探索实践，总结出工程咨询行业创新发展之路是大数据、智能化等新型技术与全过程工程咨询的深度融合，创造性地于2021年确立了"全过程＋数智化"双引擎助力中国建造的发展方向，在数智化发展战略指引下，打造全过程工程咨询服务，打通了建设咨询全产业链。

开元咨询依托集团旗下信息与研发中心的后台，重点研究全咨标准化服务模式及全咨成果的质量管控，逐步完善"全咨体系"，拓展全咨领域，保障全过程工程咨询项目顺利推进。通过自主研发的KSP数智化工程咨询集成平台，建立"BIM+全过程工程咨询标准化服务体系"，助力业主实现项目全生命周期价值管理，开启数智化咨询新模式。

另外，研发部门开展多种咨询工具及线上管理系统的研发工作，现已拥有多款软件专利，领跑行业。

开元咨询经过在全过程咨询八年深耕，致力于为客户提供以项目前期策划为先导、以投资管控为核心、以项目增值为目标的高价值咨询服务，积累了丰富的投融资管控经验。

开元咨询积极推进数智化和全过程工程咨询的深度融合，不断寻找并补齐业务短板，提升综合实力。通过推进全产业链的和谐有效运作，体现全过程咨询产业链的优势作用，为客户创造更大价值。

2021 年是开元咨询品牌元年和数智化初始之年，在数智化发展战略指引下，打造全过程工程咨询服务，打通建设咨询全产业链。借助高效率的 KSP 数智化系统，实现总部对事业部、分（子）公司及项目部的财务、质量、人员、绩效、进度等进行集中科学的平台化管理，有利于优化办事结构、控制运营成本，有效提升工作效率。

同时，开元咨询利用大数据及智能化工具对建设项目进行科学动态管理，进一步提升项目成本管理效能和项目价值。

梁勤： 企业竞争归根结底是人才的竞争，高质量发展的企业一定要拥有素质过硬的人才，开元咨询积累了哪些建设人才队伍的心得？

潘敏： 高素质专业人才是公司的核心资产，企业竞争力的最终落脚点是人才的竞争力，开元咨询在做专、做精、做强的道路上离不开科学的人才管理。通过坚持内外结合的方法，培养"跨界、复合、多样"的高素质人才，已经取得成效。同时，以旗下开元建校为依托，扎实开展各类技能培训工作，把培训教育作为全面提升员工知识、技能的战略工程。在内部培育"主动学习，终身学习"的风气，拓展培训资源，丰富培训方式，不间断地开展岗位练兵，积极鼓励员工参与各项技能大赛。有竞争才有发展，开元咨询积极创造公平、公正、公开的竞争环境，使有能力、有技术、有作为的员工通过努力实现自我价值的有效提升。与此同时，开元咨询积极响应国家关于加强校企合作的号召，以校企共建作为践行企业责任与社会责任的重要抓手，努力探索与高校合作办学，建立校企合作新模式，进一步夯实与各大高校达成的合作共识，促进相关项目实施落地。深化高校的产、学、研深度融合，探索企业人才培养新型模式，推动"数智驱动"战略及"创新引领"的推广应用，并且为广大学生实习、实训、就业提供更多支持，实现开元咨询的业务拓展和高校科技成果的转化落地。

二、践行责任，引领行业与社会可持续发展

梁勤： 勇于承担社会责任是企业的价值追求，也有利于树立良好声誉

和企业形象，从而增强投资者信心，吸引社会优秀人才。开元咨询是如何践行社会责任的？

潘敏：在我看来，无论站在企业的角度，还是企业家的角度，都要勇于担当奉献，时刻不忘肩负的责任。对民营企业而言，积极履行对政府、对社会公益与环境保护等事业的责任，对企业基础竞争力会产生显著的正向影响。

开元咨询在做专、做精、做强的道路上离不开科学的人才管理，通过内外结合的方法，培养"跨界、复合、多样"的高素质人才。

作为四川省工程建设领域的重要力量，开元咨询积极融入成渝双城经济圈建设，参与天府国际机场、中国现代五项赛事中心、大运会比赛场馆、天府国会中心、重庆第一高楼等国家重大项目建设，并努力帮助残障人士就业，以企业发展促进区域经济发展、履行企业责任。在企业内部，通过营造讲担当、懂感恩的企业文化，为每一位员工的工作赋予更多的社会意义，使我们的工作更具备使命感和责任感。多年来，开元咨询长期将回馈社会作为履行社会责任的主要抓手，积极参与灾后重建、扶贫项目建设，参与社区共治共建，积极融入脱贫攻坚、乡村振兴和社区发展治理工作，为解决地方就业做出贡献，积极履行企业社会责任。

开元咨询积极探索行业创新发展之路，勇当行业领军者，通过举办行业发展论坛、参与国家及地方行业标准制定、参与编辑或出版行业专业著作、创办建筑行业技能培训学校等做法践行行业责任。作为民营企业，开元咨询倡导"爱心文化"，鼓励干部和员工有互助仁爱之心，提升员工的凝聚力和创造力。

梁勤：振兴县域经济推动了一大批基建项目落地，给工程咨询行业带来重要的发展机遇。在"一带一路"的倡议下，在成渝双城经济圈建设和县域经济发展的国家战略背景下，未来开元咨询的规划布局是怎样的？

潘敏：随着一系列调控政策的出台，行业竞争进一步加剧，房地产市场的变化挤压着工程咨询行业的生存空间。作为民营企业，从高速发展向高质量发展转变的过程中，如何防范化解经营风险及战略性人才储备是我们非常关心的问题。

成渝地区双城经济圈建设是国家赋予成渝城市发展的又一重大战略性利好政策，将有效促进重庆、成都的城市建设，并带动地产等多个行业的高质量发展。成渝两地必将吸引更多的优质项目入市，也将吸引更多品牌的关注。商业地产的兴盛发展也必将反哺城市经济，共同促进成渝城市建设，助推成渝成为中国经济发展新的增长极。

一直以来，开元咨询坚持党建引领，主动融入双循环，为成渝地区双城经济圈建设贡献力量。成渝双城经济圈战略的实施，让我们看到了未来成渝地区的发展机遇。为响应国家"一带一路"倡议，借助成渝双城在"一带一路"经济发展带上的有利位置，开元咨询在新加坡注册成立子公司，切实落实"走出去"的发展战略。2021年确定为开元咨询的"数智融合发展"年，通过数智融合，科创未来。开元咨询在成都和重庆成立共享作业中心，作为公司中台，为全国各地的项目提供技术支持，节约人力成本，提高工程管理效率和质量。

作为中国数智化工程咨询引领者，开元咨询将有更多的机会参与国家重大项目建设管理和商业地产的全过程工程咨询工作，优质的投资商也更有利于开元咨询的高质量发展。同时，成渝地区科创中心的定位也有利于进一步推动数智化工程咨询的探索和发展，引领行业发展的同时不断推动智慧城市、智慧工地、智慧项目的建设。

2022年不仅是实施国家"十四五"规划的关键之年，也是开元咨询转型发展的全新起点。以全过程工程咨询为龙头、以项目前期策划为先导、以投资管控为核心、以项目增值为目标，从业主投资需求出发，提供产业规划、项目投融资结构设计、项目运作方式策划、片区开发实施方案编写、各项政策性奖补申报、产业导入、政策分析等一站式服务，以"全过程＋数智化"的双引擎为项目赋能，推动区域经济振兴发展。

作为一家富有社会责任感的新型民营企业，开元咨询将充分利用自身优势，以在工程建设、项目管理等方面积累的经验，为地方政府从县域经济与产业融合等方面的投资需求出发，深入参与片区开发前期决策，提供产业规划、融投资策划、商业策划、总体规划、实施模式等全方位前期咨询服务，全面支持前期咨询工作。通过全过程咨询管理服务为项目赋能，提升投资效益，推动区域振兴。

开元咨询将继续坚定发展的信念，肩负引领行业转型发展的使命。开元咨询将全面推进数智化的战略实施方向，以促进数字化、大数据、人工智能同工程咨询深度融合为重点，高水平推进工程咨询数智化升级，按照集团制定的"数智融合，科创未来"指导思路，围绕集团 KSP 数智平台、造价数据库、智能工具库建设，力争在 2025 年前形成 BIM+ 全过程数智化工程咨询平台，实现数智工程咨询能力，提升咨询价值，提高咨询效率，推动行业数智化发展，引领行业未来。我们一定会抓住历史机遇，促进经济社会更好更快发展。

(原载于《企业家》2022 年 12 期)

后　记

"境随心转，以心转境。"正值刀郎《罗刹海市》播放量超人类数量三倍有余的社会兴奋点之时，我的《心语录——梁勤卷首语·演讲文选》完成了审稿。在欣喜的巧合中，我们不得不肯定刀郎以其历史、社会、哲学、艺术等功底实现了"古为今用""洋为中用"的融智创新，创造了音乐界的巅峰之作与历史。它既鞭挞了人性的扭曲、是非的颠倒、优劣的错位，也给人们打开了一扇情绪宣泄、回归正道、追求真善美的心灵之窗。借此，向为人类自身心境明亮、通透包容与心律共频、心谱向阳做出贡献的先导者及有心之人致敬！

毛泽东在《心之力》中指出："世界、宇宙乃至万物皆为思维心力所驱使。"在当今人工智能及泛信息时代，个人、尤其是企业家能不能脱颖而出，甚至独树一帜，关键在于其心聚力所主导的习惯性系统思考力与灵商领导力如何持续地指引、激发、驱动生态的活性与乘势而进的变革创新。

一方面，ChatGPT等生成式人工智能的横空出世，让人类集体开始担忧碳基生命的前途。另一方面，马斯克的脑机接口技术已获美国食品和药物管理局批准开展人体试验，这相当于科技氢弹炸开了人类通往永生、实施"蓝天战略"（笔者在2006年出版的《长盛力——缔造富有灵商的管理文化》专著中率先提出）并走向无穷宇宙的突破口。作为人类科技创新"群山之巅"所集成的数字与人类永生、硅基生命（超级AI+机器人）、元宇宙、暗物质、量子纠缠等科技的突破，为人类走向更高能级、奔向更高维度、创建更高文明提供了阶梯。在这不可抗拒的历史趋势中，唯有主动拥抱、主动应变、迭代创新，才有可能在浩瀚无穷的宇宙中找到自己、国家、民族、人类的定位与持续进化的路径，也才能以"反者道之动，弱者道之用"的先哲心境和智慧建立起一种全新的科技德性与"人—智能机器人—智慧生命"共遵的"同道规程"，以此来锚定"人—碳基生命—硅基生命—宇宙生命"的伟大演进。

不该来的事却真实地来了。眼下俄乌战事久拖不决，进一步耗损了三年疫情创伤所带来的人类耐心资本，世界百年未有之大变局演进中的中美关系更趋复杂，其深度与热度对人类命运共同体的影响不亚于任何一次"冷战"对国际格局的重塑。加之"野火烧不尽"的以加拿大、美国等为代表的自然与人为灾害给地球磁场改变所造成人类情绪资本的严重透支，进一步使乱象丛生的世界更加迷茫和危困："内卷""躺平""代理人战争""核污水排海""新帮派""小院高墙"……因此，以"冷眼向洋看世界"的心态平静地"乐观时变""仁以取予"不愧为上策。借此，愿苍生不仅靠光鲜与灵性博取当下的流量与快感，更要凭心念掌握不确定性、甚至颠覆性时代的生存法则，获得韧性成长至永生。

该来的迟早会来。华为Mate60于无声处暴惊雷，以"遥遥领先"的卓越技术和品质，不仅突破了美国举国之力、前所未有的围追堵截，在极其困难下绝境逆袭，取得了"轻舟已过万重山"的重生，夺得了中华民族重返世界之巅、中美科技战"芯片上甘岭"战役的巨大胜利，而且将"五星红旗"（5G、星闪、鸿蒙、麒麟）插在了以人工智能为代表的第四次工业革命的最前沿阵地，一扫前三次工业革命中国缺席及国大力弱、任人摆布的耻辱，并以艰苦奋斗、不怕牺牲、勇于创新、敢打胜仗的华为精神与信仰，谱写了新时代中华民族软实力与硬支撑融智创新的英雄主义赞歌，成为中华民族伟大复兴骨气、底气、勇气的光辉榜样。由此，我们更有理由相信，华为今天取得的艰辛卓越的胜利是以其领袖任正非超凡的灵商智慧及坚韧的心定力引领的成功，而明天的完胜将是这个英雄集体及构筑的全球化创新生态心心相融的结果。这既印证了先哲"此心光明，亦复何言"的"心语录"，更展示了现代文明下"心无距离，善达天下"的和合之美德。

本书在写作过程中得到了中国企业联合会、中国企业家协会会长王忠禹先生，党委书记、常务副会长兼秘书长朱宏任先生，时任四川省委常委、常务副省长罗文先生，四川省委、省政府决策咨询委员会副主任袁本朴先生，著名产业经济专家、四川省委、省政府决策咨询委员会副主任王海林先生，四川省扶贫开发协会会长傅志康先生，四川省扶贫基金会理事长翁蔚祥先生，四川省西部经济与社会发展咨询院院长刘吾康先生的关心和支持，借此，表示真诚的感谢！

非常感谢中国管理学泰斗、中国人民大学原校长、国家经委原主任、中国企业联合会、中国企业家协会创始会长袁宝华先生对笔者的寄语！衷心感谢著名企业家、优秀管理专家、杰出教育家、锦城学院终身校长、四川省企业联合会、四川省企业家协会原会长邹广严先生为本书出版的指导并题词！衷心感谢著名管理学家、中国人民大学管理学院杨杜教授为本书作序！十分感谢著名作家、知名书法家、《企业家日报》社社长兼总编龙良贤先生的大力支持并为本书题写书名。感谢付坤、蔡莹、胡雪峰、刘建平等同事与四川省企业管理研究院、梁氏企业管理理论研究会（筹）张瑞、徐朝鑫、赵田、成林芸等同仁在资料收集、编辑、校对等过程中所提供的无私协助和付出的辛勤劳动！

真诚感谢为本书提供实践智慧与创作源泉的国能投大渡河公司、成都兴城集团、中石油西南油气田公司、成飞集团、东方电气集团、通威集团、五粮液集团、长虹集团、中石油四川销售公司、中化七建、中车眉山公司、四川能投集团、泸天化集团、蜀道集团、川煤集团、中昊晨光化工研究院等优秀企业和企业家！感谢四川省扶贫开发协会，四川西部经济与社会发展咨询院，《企业管理》《企业家》《经营管理者》杂志社，《企业家日报》、《消费日报》、《四川经济日报》社，四川省犬神公益慈善促进会等单位的大力支持！

特别鸣谢著名作家、《四川经济日报》社社长兼总编李银昭,著名文化学者、四川师范大学教授、成都灵岩书院院长黎孟德先生,全国优秀企业家、中国民营经济国际合作商会常务副会长胡成高先生,四川省杰出企业家、四川省民营旅行社协会会长张哲先生,四川省优秀企业家、开元数智工程咨询集团董事长潘敏先生,四川省优秀企业家、成都济通路桥科技有限公司董事长伍大成先生,四川省优秀企业家、四川威远商会会长李自树先生,践行"一带一路"、共同富裕的杰出企业家、中国搜了集团创始人唐华主席,成都西部泰力智能设备服务有限公司董事长赵全起先生等对本书的出版提供的帮助!

2023年10月